Carl-Auer-Systeme Verlag

Brian M. Alman
Peter T. Lambrou

SELBST HYPNOSE

Ein Handbuch zur Selbsttherapie

Fünfte Auflage, 2004

Carl-Auer-Systeme im Internet: **www.carl-auer.de**
Bitte fordern Sie unser Gesamtverzeichnis an!

Carl-Auer-Systeme Verlag
Weberstr. 2
69120 Heidelberg

Aus dem Amerikanischen übersetzt von Gabriele Dolke, Liz Mc Gill, Bernd Hofmeister

Satz: Beate Ch. Ulrich
Umschlaggestaltung: WSP Design, Heidelberg
Printed in Germany
Druck und Bindung: Druckerei Kösel, Kempten, www.koesel-buch.de

Fünfte Auflage, 2004
ISBN 3-89670-276-9

Bibliografische Information Der Deutschen Bibliothek
Die Deutsche Bibliothek verzeichnet diese Publikation
in der Deutschen Nationalbibliografie; detaillierte bibliografische
Daten sind im Internet über http://dnb.ddb.de abrufbar.

Die Originalausgabe dieses Buches ist unter dem Titel
Self-HYPNOSIS.
THE COMPLET MANUAL FOR HEALTH AND SELF-CHANGE
bei Brunner/Mazel, New York erschienen.

Inhalt

Vorwort zur zweiten Auflage

Die meisten Menschen machen ihre erste - und vielleicht einzige - Erfahrung mit Hypnose durch einen Bühnenhypnotiseur oder durch zweifelhafte Hollywoodfilme. Aus diesen „Informationsquellen“ nehmen die Beobachter dann den Eindruck mit, daß es sich hier um ein mystisches und gefährliches Phänomen handelt. Hypnose wird immer wieder als angsterregende Form von Gedankenkontrolle charakterisiert, wobei das hilflose Opfer jede Art der Selbstkontrolle abgibt.

Wenn das eine akkurate Beschreibung von Hypnose wäre, so würde mich Hypnose wenig interessieren. Als klinischer Psychologe, der Menschen mit einem breiten Problemspektrum behandelt, habe ich noch nicht einen Patienten gehabt, der mich bat, ihm beim Kontrollverlust behilflich zu sein. Im Gegenteil, Menschen kommen, weil sie nach Hilfe suchen, mehr Kontrolle über ihr Leben auszuüben. Hypnose ist dazu das wirkungsvollste Mittel, das mir bis jetzt bekannt ist.

Was Brian Alman und Peter Lambrou in diesem Buch auf so wunderbare Weise geschafft haben, ist, auch Ihnen hier ein Mittel in die Hand zu geben, das Ihnen mehr Kontrolle über Ihre eigenen Erfahrungen erlaubt. Die Autoren sind selbst Kliniker und haben viele Jahre damit zugebracht, Patienten zu helfen, ihre eigenen Fähigkeiten zu entwickeln und Ressourcen in sich selbst zu finden, um Ihre eigene Lebensqualität zu verbessern. Das wird beim Lesen dieses Buches immer wieder bewußt. Alman und Lambrou haben es geschafft, den „mystischen Hokuspokus“ aus der Hypnose zu entfernen, und ermöglichen es dem Leser dadurch zu entdecken, daß „Lebensqualität“ von der Art und Weise bestimmt wird, wie wir Sie empfinden. Sie haben gute Arbeit darin geleistet, den Leser mit Entdeckungen aus dem Gebiet der Hypnose bekannt zu machen, zu dem normalerweise nur Kliniker Zugang haben. Darüber hinaus haben sie abstrakte, wissenschaftliche Literatur integriert und in Beziehung zu Alltagssituationen gesetzt. Und es sind diese Anwendungsmöglichkeiten, die die eigentliche Stärke des Buches ausmachen.

Alman und Lambrou ermöglichen es allen, die daran interessiert sind, etwas für sich zu tun, hier einfache und effektive Wege zum Ziel zu finden. Sie betonen wiederholt, wie das Erkennen der Einzigartigkeit einer jeden Person und das Nutzen dieser Erkenntnis zu Verbündeten werden und wie wir diese Einzigartigkeit entdecken und positiv nutzen können. Sie lehren uns, daß unser Selbstbild und unsere Welteinstellung veränderbar sind und nicht ein für alle Male festgelegt. Und das Beste ist, daß sie uns aufzeigen, wie sich unsere Sicht verändern kann, wenn wir beginnen, die Art zu ändern, in der wir mit uns selbst sprechen. In ihrer sanften und gewährenden Art geben uns die Autoren gute Anleitungen, während sie uns gleichzeitig ermutigen, auf unsere eigene Entdeckungsreise zu gehen, um herauszufinden, was für uns persönlich am besten funktioniert.

Die Autoren sprechen verschiedenste Dimensionen des Lebens an und bieten Ihnen so viele mögliche Ideen zu Erweiterung Ihrer Lebenserfahrung. Von eigenem Vorteil ist es, daß Sie dieses Buch sowohl als Arbeitsbuch als auch als Nachschlagewerk verwenden können. Lesen und wiederholen Sie die Gebiete, die für Sie persönlich von größtem Interesse sind, mehrmals! Die praxisorientierte Art der Materialdarbietung erlaubt es, daß sie Ihre selbsthypnotischen Techniken ständig anpassen und verändern, während sich ihre Fähigkeiten weiterentwickeln. Sowohl der Kliniker als auch der Laie wird durch die vielen Fallbeispiele und Musteranleitungen zweifellos angeregt, Selbsthypnose auf vielfältigen Ebenen hervorragend beherrschen zu lernen.

Die für mich in diesem Buch wichtigste, höchst ermutigende und respektable Botschaft ist die der persönlichen Macht. Die Autoren sind zuversichtlich, daß der Leser die hier beschriebenen Methoden erlernen und von ihnen profitieren kann. Indem Sie aus eigener Erfahrung lernen, daß Sie Kontrolle über Symptome oder Erlebnisse bekommen können, die vorher unkontrollierbar erschienen, kann Ihnen ein wunderbares Gefühl von Stolz und Erfüllung geben. Ich vermute, Sie werden das auf Ihre eigene Weise mit der fähigen Unterstützung von Alman und Lambrou entdecken.

Dr. Michael D. Yapko
Direktor des Milton Erickson Institutes in San Diego, CA

Vorwort zur ersten Auflage

Manchmal wird in der Wissenschaft Fortschritt erzielt, indem Prinzipien, die bisher für unvereinbar galten, auf einzigartige Weise kombiniert werden. Dr. Alman ist ein solcher Sprung in seinem brillianten Buch über Selbsthypnose gelungen. Die meisten dieser Bücher über ähnliche Themen verlangen vom Leser das Einhalten eines strikten Programmes auf dem Wege zur persönlichen Weiterentwicklung. Durch die standardisierte Vorgehensweise ist wenig Spielraum für individuelle Reaktionen gegeben.

Dieses Buch ist anders. Es bietet ein wohlformuliertes, schrittweises Programm zur Selbsthypnose, das auf eine Vielfalt von Zielsetzungen angewendet werden kann. Zur selben Zeit beschreibt es einen individuellen Ansatz. Dr. Alman zeigt den Lesern immer wieder, wie sie dieses ausgezeichnete Programm ihren eigenen, individuellen Bedürfnissen, Interessen, Ressourcen und spezifischen Lebenssituationen anpassen können. Niemand hatte das bisher getan.

Weiterhin ist der Erfolg des Lesers bei der Anwendung von Selbsthypnose nicht von einer einzigen Maßnahme abhängig. Statt dessen schlägt Dr. Alman viele verschiedene Wege zum Ziel vor.

Obgleich das Buch primär für den Nichtfachmann bestimmt ist, werden auch Ärzte, Psychologen und andere qualifizierte Professionelle, die mit Hypnose arbeiten wollen, von diesen gründlichen und pragmatischen Erklärungen klinischer Hypnose profitieren. Tatsächlich gibt es kein anderes Buch, in dem die grundlegenden hypnotischen Vorgehensweisen in der Sprache niedergeschrieben sind, in der sie angewendet werden können und sollten – die imaginative und permissive Sprache, die es den Menschen ermöglicht, sich ihrer eigenen inneren Ressourcen in einer ganz persönlich ureigenen Art bewußt zu werden. Ich vermute, daß dieses Buch bei einigen von Dr. Almans Kollegen auf Kritik stoßen wird. Sie könnten meinen, daß Dr. Alman hier die Juwelen ihrer beruflichen Arbeit an die Allgemeinheit weitergegeben hat, daß er potentielle Klienten selbstständiger gemacht hat. Dr. Alman ist sich bewußt, daß Hypnose den Individuen gehört, die sie erleben. So lehrt er hier die einzelne Person, diesen Zustand fokussierter Aufmerksamkeit auf sehr sichere und gewinnbringende Weise zu nutzen.

Dr. Alman ist ein sehr erfahrener Psychologe und Hypnotherapeut, der zwei der besten Lehrer hatte. Der erste war der nun verstorbene Dr. Milton Erickson, der Mann, der sowohl die Hypnose als auch die Psychotherapie revolutionierte. Der zweite Lehrer war Dr. Almans eigener, extrem schmerzhafter Körperzustand, für den sich Selbsthypnose als die einzig wirksame Medizin erwies.

Zweifellos ist Dr. Almans Selbsthypnose-Programm sowohl in den besten klinischen Ansätzen der Hypnose verwurzelt als auch in seiner persönlichen Erfahrung durch therapeutische Arbeit mit Hunderten von Klienten. Darüber hinaus sind seine Lehrfähigkeiten international anerkannt. Niederländische Kollegen zum Beispiel – zu denen auch ich gehöre –, die von vielen international bekannten Hypnotherapeuten ausgebildet wurden, rechnen Dr. Alman zur Spitze.

Prof. Dr. Onno van der Hart
Niederländische Gesellschaft für klinische Hypnose

Einleitung

Die Schmerzen waren furchtbar. Meine Arbeit, mein Familienleben, mein ganzes inneres Erleben waren monatelang zerstört. Die Ärzte sagten mir, mein ganzer Körper müsse für sechs Monate eingegipst werden, darauf müsse eine Operation folgen, dann nochmal Ganzkörpergips für weitere sechs Monate. Dadurch könne man möglicherweise einige meiner Kreuzschmerzen im Lendenbereich lindern. Doch es gab keine Garantie, daß es mir nach all diesen langwierigen und kostspieligen Prozeduren nicht noch schlechter gehen könne als bereits jetzt.

Ein Freund riet mir, es gegen die Schmerzen mit Hypnose zu versuchen.

Nachdem ich abgewartet, Schmerzen gelitten und mich in bezug auf die Operation nicht hatte entscheiden können, suchte ich Hilfe bei einem in Hypnotherapie ausgebildeten Psychologen. Nach den ersten paar Besuchen bemerkte ich keinen wahrnehmbaren Erfolg. Doch ich lernte mehr über meinen Schmerz. Nach einigen Wochen stellte sich etwas Erleichterung ein. Nach etwa drei Monaten hatte der Schmerz im Rücken fast um die Hälfte abgenommen. Ich hielt das für ein Wunder. Ich ging nochmals zu den Orthopäden, die die Operation empfohlen hatten. Die dachten, Hypnose sei lächerlich, und meinten, daß der Schmerz sicher bald zurückkommen werde und daß ich dann sicher bald auf dem Operationstisch liegen würde. Das trieb mich noch mehr zur Arbeit mit Hypnose an und dazu, mehr darüber zu lernen, was mit mir geschah.

Zu Anfang hatte ich die Meinung der Chirurgen respektiert, doch die engstirnige Einstellung gegenüber meinem Erfolg bei der Kontrolle des lähmenden Schmerzes, unter dem ich gelitten hatte, hatte mich sehr enttäuscht. Ich begann alles über Hypnose zu lesen, was damals erhältlich war.

Die Reise, die damit begonnen hatte, nach einem Weg zur Lösung meines chronischen Schmerzzustandes zu suchen, entwickelte sich zum Berufsweg, Hypnose besser zu verstehen. Mitte der siebziger Jahre studierte ich bei Dr. Milton Erickson, einem wohlbekannten Arzt und Neuerer auf dem Gebiet der Hypnotherapie, bei ihm zu Hause in Arizona. Seine Anleitung und sein Einfühlungsvermögen Patienten und Studierenden gegenüber waren eine Inspiration für uns Lernende. Wir hatten auch die Möglichkeit, unsere eigenen Patienten vorzustellen, um mit ihnen und Dr. Ericksons Hilfe gemeinsam zu arbeiten.

Fast zwanzig Jahre sind nun seit meinen ersten Rückenschmerzen vergangen. Ich bin körperlich aktiv und bin und war in den meisten dieser Jahre zu 99 Prozent beschwerde- und schmerzfrei.

Nach wie vor praktiziere ich täglich Selbsthypnose. Ich habe medizinische Schulen in den USA und in anderen Ländern bereist, Kliniker und die Öffentlichkeit darin unterrichtet, wie die natürliche Fähigkeit zur Selbsthypnose in ihre Praxis und ihr Leben einbezogen werden kann. Ich hatte an diesem Buch viele Jahre gearbeitet, und bei jedem Seminar und Vortrag wurde ich gefragt, wann es denn wohl fertig würde. Schließlich beschrieb ich mit der Hilfe meines Mitverfassers die vollständigsten zur Verfügung stehenden Methoden zum Erlernen und Anwenden von Selbsthypnose. Diese zweite Auflage des Buches umfaßt weitere Erfahrungen und das Wissen, das ich mir angeeignet habe, seit die Ausgabe vor fast zehn Jahren erschien.

Ich hoffe, durch das Schreiben dieses Buches den Gewinn und meine persönliche Bereicherung durch Selbsthypnose mit einer viel größeren Zahl von Menschen teilen zu können, als es mir durch das Halten von Lehrseminaren, selbst wenn mir mehrere Leben zur Verfügung stünden, möglich gewesen wäre. Dieses Buch ist nicht dazu gedacht, traditionelle Therapien oder medizinische Behandlungen zu ersetzen, und wir empfehlen Ihnen, professionellen Rat zu suchen, falls Sie sich über etwas Sorgen machen.

Die in diesem Buch beschriebenen Methoden und Techniken stellen die jüngsten Entwicklungen und Anwendungsgebiete von Hypnose bei der Arbeit mit einer Vielzahl von Problemen dar. Oft sind diese Methoden ein Abschied von „traditionellen“ hypnotischen Techniken, die in Anwendungsbereich und Effektivität begrenzt waren.

Neueste Untersuchungen sowie eigene Erfahrungen aus meiner Praxis zeigen, daß die Kombination von Techniken, die wir hier zusammengestellt haben, im Grunde von jedem angewendet werden können. Das schließt auch Menschen ein, die nach rigidem und spezifischem Testen für unhypnotisierbar befunden wurden.

Aufgebaut in einer praktischen, leicht lesbaren autodidaktischen Weise bietet sich dieses Buch sowohl Einzelpersonen als auch Therapeuten zum Erlernen der Selbsthypnose an. Es kann aber auch als Teil eines Gesamttherapieplanes eingesetzt werden. Beim Schreiben wurde auf leicht verständliche Sprache mit umfassenden Erklärungen und dem Anführen vieler Beispiele geachtet.

Moderne Selbsthypnose wird unter einer Zahl von Namen geführt - Visualisation, geleitete Phantasietätigkeit, zielgerichtete Entspannung, autogenes Training, Selbstsuggestion und andere. Nennen Sie es, wie Sie wollen, Prinzipien und Ziele bleiben dieselben.

Wir alle suchen nach Wegen, unser Leben erfolgreicher zu gestalten. Die Absicht dieses Buches ist es, einige neue Türen zu öffnen, vielleicht ein paar alte Türen wieder zu öffnen und all die bereits geöffneten Türen für positive Veränderungen offenzuhalten.

Die hier beschriebenen Techniken sind weder starr noch unveränderlich. Wir möchten Sie ermutigen, sich selbst in die Techniken hineinzuversetzen und Sie Ihrem eigenen Abenteuer der Selbstentdeckung und Selbstveränderung bestmöglich anzupassen. Lesen Sie dieses Buch und erfreuen Sie sich an Ihren neuen Fähigkeiten für Selbstveränderung und gute Gesundheit.

Dr. Brian M. Alman

Danksagung

Ich bin dankbar für die Beziehungen zu den Menschen, die mich inspirierten, dieses Buch zu schreiben und mehr der natürlichen Ressourcen des Lebens aufzuspüren, sowohl die bewußten, als auch die unbewußten.

Dank meiner Mutter Phyllis für ihre bedingungslose Liebe und meinem Vater Mel für seine Güte.

Meinen drei Kindern Rebecca, Shishana und Michael – danke für Eure liebevolle Verspieltheit und Nähe.

Meinem Bruder Prem und meinen Schwestern Margie und Risa danke ich für ihre tiefe Freundschaft und ihr Vertrauen.

Shelly danke ich für die Liebe und Ermutigung, ihren Kindern Willie und Karen für ihre Unterstützung.

Dir, Peter Lambrou, bin ich dankbar für Deine Kreativität und Deine Hingabe für dieses Buch sowie für Deine Freundschaft.

Dank meinen Klienten für ihre Offenheit, mit der sie so viele Stunden ihres Lebens und ihrer Lebenserfahrungen mit mir geteilt haben.

Und Dr. Milton Erickson danke ich für die Förderung meiner Fähigkeiten, das unbewußte Potential des menschlichen Geistes zu beobachten und zu lernen zuzuhören.

Dr. Brian M. Alman

Ich möchte meiner Frau Dottie danken für ihr geduldiges Verständnis und ihre liebvolle Unterstützung und Ermutigung während der Entstehung dieses Buches.

Herzlichen Dank den Mitarbeitern der Universität von San Diego in Kalifornien und der Bio-Med-Bücherei für ihre freundliche Unterstützung bei der Suche nach Literaturnachweisen.

Ich möchte Brian Alman danken für seine Erfahrung und seine Inspiration. Du bist ein sehr guter Freund!

Dr. Peter D. Lambrou

Teil 1

Lernen Sie Selbsthypnose

Willkommen zur Selbsthypnose – ein Instrument, mit dem Sie Ihr Leben verändern können. Jeder weiß, daß wir im Leben Problemen begegnen. Jedoch nicht jedem ist klar, daß wir die Ressourcen für unser Überleben, für unsere persönliche Entwicklung und für unseren Erfolg in uns tragen.

Dieser Teil des Buches soll Ihnen helfen, Ihre Fähigkeiten zu entwickeln, einen selbsthypnotischen Zustand herbeizuführen und sich selbst bedeutsame und wirksame Suggestionen zur persönlichen Veränderung geben zu können. Lesen Sie diesen Teil des Buches vollständig durch und gehen Sie dann weiter zu den Kapiteln im zweiten Teil, die Sie interessieren.

Kapitel 1

Was Sie von diesem Buch erwarten können

Doktor Albert Schweitzer sagte einmal: „Patienten tragen Ihren eigenen Arzt in sich. Sie kommen zu uns und wissen nichts von dieser Wahrheit. Das Beste, was wir tun können, ist, dem inneren Heiler unserer Patienten die Chance zu geben, seine Arbeit zu tun."

Beschäftigen Sie sich zum ersten Mal mit Selbsthypnose? Dann wird es Sie interessieren, daß fast jeder die Technik der Selbsthypnose erlernen kann, um gezielte Veränderungen für sich zu erreichen: unerwünschte Gewohnheiten zu stoppen, Kopfschmerzen vorzubeugen, Streß zu verringern, Schmerzen zu kontrollieren.

Vielleicht wollen Sie Ihre Entscheidungskraft stärken oder Ihre Konzentrationsfähigkeit steigern? Wollen Sie sportliche Leistungen verbessern? Bessere Kommunikation in persönlichen Beziehungen kultivieren? Ihre eigenen Ziele erfolgreicher erreichen? Oder aber Ihre beruflichen Leistungen verbessern?

Dieses Buch wird Ihnen helfen, Erfolg in all diesen Bereichen zu erzielen oder zu steigern – und noch vieles mehr.

Es wird Ihnen detaillierte Anleitungen geben, wie Sie Ihre Fähigkeit zur Selbsthypnose entwickeln können, um ihre Ziele zu erreichen.

Wer kann Selbsthypnose anwenden?

Die klinische Anwendung von Hypnose war lange damit verbunden, die Suggestibilität der Patienten zu testen. Ärzte, die Hypnose praktizierten, gaben ihnen zuerst einen von mehreren möglichen Tests, durch dessen Ergebnis sie die Hypnotisierbarkeit und damit den späteren Erfolg zu bestimmen versuchten. In den letzten Jahren haben Studien gezeigt, daß Menschen, die schlechte Ergebnisse in diesen

Tests erzielten, dennoch hypnotisierbar waren. Es gibt unzählige Variationen hypnotischer Techniken. Ein schlechtes Testergebnis zeigt nur, daß eine Person nicht auf die spezielle Methode reagiert, die in *diesem* Test gerade angewandt wird. Selbsthypnose, bei welcher der Mensch seine eigenen Wahrnehmungen und sein persönliches Erleben zugrunde legt, ist jedoch bei fast jedem erfolgreich.

Die Idee, die persönlichen Erfahrungen und die Wahrnehmung des Individuums zu nutzen, wurde bahnbrechend zuerst von Dr. Milton H. Erickson eingeführt, einem angesehenen Arzt, Lehrer und Autor. Ericksons Sicht war, daß Hypnose dann die höchste Erfolgswahrscheinlichkeit aufweist, wenn die gegebenen Suggestionen in einer für den Patienten möglichst vertrauten Sprache, Symbolik und Vorstellungswelt präsentiert werden. Er war in der Lage, sich auf diese patienteneigene Welt in wenigen Momenten einzustellen.

Oft wurden Patienten an Erickson überwiesen, die als hoffnungslose Fälle galten und aufgegeben worden waren, nachdem alle anderen Behandlungsmethoden erschöpft waren. Es handelte sich oft um Patienten, die auch bei den Vortests zur Prüfung der Suggestibilität schlechte Resultate gezeigt hatten und somit als ungeeignete Kandidaten für Hypnose eingestuft worden waren. Ericksons Methode flocht nicht nur die persönlichen Erfahrungen des Patienten ein, sondern er benutzte auch eine Sprache, die indirekter, gewährender und flexibler war.

Die meisten Menschen glauben, in der Hypnose werde eine befehlende Sprache benutzt, wie: „Sie werden fühlen ..." oder „Nun werden Sie (das und das tun) ...". Aber Ericksons Suggestionen beinhalteten viele Wendungen wie z.B.: „Sie fühlen vielleicht ..." oder „Vielleicht bemerken Sie, daß ...". Diese Suggestionen sind keine direkten Befehle an die Person. Sie implizieren die Möglichkeit einer anderen Erfahrung und lassen diese offen. Und viele Menschen, die Schwierigkeiten haben, „Befehle" zu akzeptieren, finden es viel einfacher, auf die flexibleren Suggestionen zu reagieren.

Viele andere glauben heute wie Erickson, daß mit der richtigen Methode fast jeder in der Lage ist, sich die Vorzüge hypnotischer Phänomene nutzbar zu machen. Es kommt nur darauf an, *für jeden Menschen die richtige Technik zu finden*. Erickson entwickelte als

Therapeut und Lehrer als erster die Anwendung individualisierter Techniken und Spielarten, um sich an die einzigartigen Erfahrungen und Bedürfnisse einer jeden Person anzupassen. Auch wir folgen diesem Ansatz.

Sie werden in diesem Buch viele Stellen finden, an denen Sie gebeten werden, etwas aus Ihrer eigenen Lebenserfahrung zu suchen, das Sie in die Suggestionen einbetten können. Wenn Sie sich die wenigen Augenblicke Zeit nehmen, die nötig sind, um die Techniken für sich selbst abzustimmen, werden Sie Ihre Ziele schneller erreichen.

Wir beschreiben viele Methoden zum Entwickeln von selbsthypnotischer Trance und zum Erreichen Ihrer Ziele. Sie können die Methode oder die Methoden finden, mit denen Sie sich am wohlsten fühlen oder die für Sie am besten funktionieren. Wir werden Ihnen zeigen, wie Sie sie für die Einzigartigkeit Ihrer eigenen Persönlichkeit, die jeweilige Situation und Ihre Erfahrung modifizieren und anpassen können. Viele Leserinnen und Leser werden eine Vielzahl oder alle beschriebenen Methoden erfolgreich anwenden; falls jedoch die eine oder andere Ihnen nicht angenehm erscheint, so seien Sie geduldig mit sich selbst und benutzen Sie eine andere Methode, um in Trance zu gehen.

Wie Sie am meisten aus diesem Buch machen können

Es gibt eine alte Geschichte über einen jungen Mann, der die Straße hinunterläuft, einen Geigenkasten unter dem Arm. In seiner Hektik hält er einen alten Mann an und fragt: „ Wie komme ich zur Carnegie Hall?“ Der alte Mann schaut den ungeduldigen jungen Mann an und erwidert nüchtern: „Üben, üben, üben …!“

Selbsthypnose ist eine Fähigkeit. So wie man einen Ball wirft, ist es eine Fertigkeit, die wir fast alle von Natur aus können. Mit Übung und Anleitung können Sie den Ball nicht nur ziellos werfen, Sie werden auch das Ziel treffen. Wahrscheinlich haben Sie ein oder mehrere Ziele im Kopf, an denen Sie mit Hilfe der Selbsthypnose arbeiten wollen. Sammeln Sie zunächst einige Erfahrung mit den Techniken, in Trance zu gehen. Während Sie in einer selbsthypnotischen Trance sind, ist der Zugang für Suggestionen an Ihr Unbewußtes dann offen. Einige Leute lernen Selbsthypnose schnell, andere nehmen sich mehr Zeit. Wie schnell oder langsam Sie lernen, hat keinen Einfluß darauf, wie effektiv Sie diese Fähigkeit später, wenn Sie es verstanden haben, einmal anwenden werden.

Wenn Sie Schmerzen haben oder andere Gründe, Selbsthypnose sofort anzuwenden, werden Sie versucht sein, sich direkt an die Arbeit zu machen, um Ihr Ziel schnell zu erreichen. Eine Warnung: Warten Sie, bis Sie die Techniken der Selbsthypnose gut verstanden haben. Dann können Sie beginnen, sich Suggestionen zur zielgerichteten Problemlösung in Ihrer speziellen Situation zu geben.

Selbsthypnose, um Grenzen zu erweitern

Das hypnotische Phänomen ist keine Zauberei, nichts Okkultes. Es ist ein natürlicher, normaler Geisteszustand , den Sie nutzen können, um Ihr Unbewußtes und Ihren Körper anzuleiten und zu führen. Wir tragen alle die Fähigkeiten in uns, Streß abzubauen, Schmerz zu kontrollieren, Angst zu überwinden, Allergien zu heilen und unerwünschte Gewohnheiten zu verändern.

George, ein 48jähiger Geschäftsmann und Klient, litt seit mehr als sieben Jahren an Kreuzschmerzen. Er hatte sich einer Bandscheibenoperation unterzogen und bekam die meiste Zeit alle möglichen Schmerzmittel. Die Schmerzen beeinträchtigten George in praktisch allen Lebensbereichen – Schlaf, Sex, Sport, gesellschaftliche Aktivitäten, Tanzen und sogar in seinem beruflichen Engagement. Nachdem er auf die zuletzt eingenommenen Schmerzmittel allergisch reagiert hatte, suchte er nun Hilfe durch Hypnose. Während der folgenden acht Wochen lernte er durch Selbsthypnose seine Schmerzen so weit zu kontrollieren, wie es ihm vorher nur mit Hilfe von Medikamenten möglich gewesen war. Sechs Monate später fühlte er sich viel wohler und hatte weniger Schmerzen als in der ganzen Zeit seit seiner Verletzung. Nach einem Jahr berichtete er von maßgeblichen Verbesserungen in allen Lebensbereichen, die durch die Schmerzen in Mitleidenschaft gezogen worden waren. Und er nahm praktisch keine Medikamente mehr.

Julie, eine 35jährige Serviererin, hatte seit ihrer ersten Schwangerschaft vor fast einem Jahrzehnt mit Gewichtsproblemen zu kämpfen. Es schien, als hätte sie andauernd auf Diät gelebt. Sie konnte ihr Aussehen nicht leiden. Ihr Arzt hatte ihr nahegelegt, aus Gesundheitsgründen abzunehmen. Den letzten Anstoß gab, daß sie in dem Restaurant, in dem sie arbeitete, zufällig hörte, wie zwei Gäste Kommentare über ihre Figur machten. Sie begann sich Selbsthypnose beizubringen, um ihr Eßverhalten und ihre sportlichen Gewohnheiten zu verändern – um ersteres zu vermindern und letzteres zu erhöhen.

Julie veränderte langsam ihre Einstellung dem Essen gegenüber und kontrollierte ihr Verlangen. Sie benutzte posthypnotische Suggestionen, um übermäßigem Essen zu widerstehen und sich selbst anzuspornen, mehr Sport zu treiben. Julie nahm in neun Monaten 65 Pfund ab. Wichtiger noch: Nach zwei Jahren war das Übergewicht noch immer weg; sie trieb regelmäßig Sport und liebte ihr Aussehen und ihr Körpergefühl.

Durch dieses Buch werden Sie lernen, Ihren inneren Ressourcen eine neue Richtung zu geben, so daß Sie Ihre Ziele erreichen. Sie können durch Selbsthypnose Ihre Fähigkeiten steigern und ausbauen. Die meisten von uns nutzen nur ein Quentchen des eigenen Potentials; selbst die schlausten Leute nutzen nur etwa ein Zehntel ihrer natürlichen Anlagen. Das natürliche geistige Potential, das Ihnen angeboren ist, wartet darauf, daß Sie es anzapfen.

Literatur

Alman, B.M. a. R.E. Carney (1980): Consequences of direct and indirect suggestions on success of posthypnotic behavior. *American Journal of Clinical Hypnosis* 23 (Oct.).

Barber, J. (1980): Hypnosis and the unhypnotizable. *American Journal of Clinical Hypnosis* 23 (July).

Pratt, G.J., D. Wood a. B.M. Alman (1989): Clinical hypnosis primer, expanded and updated. New York (John Wiley).

Kapitel 2

Was ist Hypnose und Selbsthypnose?

Fast jeder hat schon oft tranceähnliche Zustände erlebt – obwohl er es wahrscheinlich nicht mit Hypnose in Zusammenhang gebracht hat. Haben Sie sich schon einmal beim Tagträumen erwischt und alltägliche Abläufe um sich herum nicht mehr bemerkt? Waren Sie schon einmal so in ein Buch versunken oder in ein kniffliges Projekt vertieft und hörten nicht, wie jemand sie ansprach, oder bemerkten nicht, wieviel Zeit vergangen war? Vielleicht haben Sie schon einmal erlebt, daß Sie so in einen Film versunken waren, daß es Ihnen, als er zu Ende war, nicht so vorkam, als wären eineinhalb Stunden vergangen. Oder vielleicht sind Sie auf der Autobahn gefahren und waren so in Gedanken, daß Sie Ihre Ausfahrt verpaßten. Dies sind hypnoseähnliche Trancezustände. Der Unterschied zwischen dieser Art von Tranceerlebnissen und Selbsthypnose liegt in der bei der Selbsthypnose vorhandenen Motivation und den dabei zielgerichtet gegebenen Suggestionen. Hypnose ist Trance, die auf ein Ziel gerichtet ist, z.B. Entspannung oder Schmerzlinderung. Die meisten Menschen glauben beim ersten oder zweiten Mal nicht, daß Sie hypnotisiert worden sind. Das liegt daran, daß diese hypnotische Bewußtseinsveränderung kein total neues, einzigartiges Gefühl ist. Das Vertieftsein, das Sie vielleicht fühlen werden, kommt Ihnen bekannt vor.

Hypnose ist keine Form von Schlaf, obwohl jemand, der in Trance ist, häufig so aussieht, als würde er schlafen. Eigentlich trifft das Gegenteil zu. Die Gehirnwellen einer Person in Hypnose zeigen lebhafte Wachsamkeit. Hypnose ist auf vielfältige Weise definiert worden. Da niemand bisher genau entdeckt hat, wie sie funktioniert, können wir nur ihre Wirkungen beschreiben. Und wie die sieben blinden Männer, die den Elefanten beschreiben, unterscheiden sich unsere Beschreibungen in Abhängigkeit von unserem einzigartigen Blickwinkel und unserer Wahrnehmung. Jede Person erlebt die hypnotischen Phänomene in ihrer ganz eigenen Weise.

Hier ist eine Definition, welche die Wirkungen der Phänomene zu erklären scheint: Hypnose ist ein geistiger Zustand, in dem man viel stärker auf Suggestionen reagiert, als es unter normalen Bedingungen möglich wäre. Während man in Hypnose ist, wird die Kraft der *bewußten* Kritik unterdrückt. Der Fokus der Aufmerksamkeit ist eingeschränkt und der Grad der Konzentration auf einen Punkt ist viel höher als im Wachzustand. Im Zustand dieser konzentrierten Wachsamkeit scheint es möglich, Suggestionen direkt an das Unbewußte zu richten.

Fast alle Wissenschaftler und Forscher, die sich mit diesem Thema beschäftigen, stimmen darin überein, daß der Trancezustand, den wir Hypnose nennen, ein Bewußtseinszustand mit ganz speziellen abgrenzbaren Qualitäten ist. In diesem Zustand können Sie Bereiche von sich selbst kontrollieren, die normalerweise außerhalb der Reichweite Ihres Bewußtseins liegen.

Wenn Sie dies bezweifeln, setzen Sie sich hin und versuchen Sie, passiv, aber bewußt, Ihre Herzrate um zehn Prozent zu verringern, oder versuchen Sie, die Temperatur Ihrer Hand um ein oder zwei Grad zu erhöhen. Dies sind zwei Beispiele für innere Veränderungen, die normalerwiese außerhalb Ihrer bewußten Kontrolle liegen. *Sie können* jedoch in Hypnose *Veränderungen innerhalb Ihrer eigenen chemischen, physischen, psychischen und emotionalen Bereiche bewirken.*

Jede Hypnose ist Selbsthypnose

Viele Menschen glauben, es gäbe einen Unterschied zwischen der Hypnose, die durch eine andere Person angeleitet wird, und Selbsthypnose. Viele Experten hingegen sind sich einig, daß jede Hypnose in Wirklichkeit Selbsthypnose ist. Ein Hypnotherapeut kann Ihnen vielleicht helfen, Ihre Trance anzuleiten oder in Trance zu gehen, immer aber haben Sie selbst die Kontrolle. Es ist Ihre Hypnose.

Dies scheint vielleicht den Dingen zu widersprechen, die Sie gehört oder gelesen haben. Romane, Filme und Bühnenshows sind schlechte Lehrer, um herauszufinden, worum es hier in Wirklichkeit geht. Hypnose wurde mit einer geheimnisvollen Aura umgegeben, die sie nicht verdient. Diese Geheimnistuerei hat die wahren Werte der Hypnose verschleiert, denn Hypnose ist ein Instrument, mit dem wir wichtige positive Veränderungen bei uns selbst machen können.

Bühnenhypnose versus klinische Hypnose

Es besteht ein großer Unterschied zwischen klinischer Hypnose und der Bühnenhypnose, die vielen Leuten bekannt ist. Die Varieténummer ist eine Aufführung, die lediglich zur Unterhaltung gedacht ist. Beim Beobachten von Bühnenhypnotiseuren werden Sie einige der angewandten Techniken erkennen. Zuerst fragt der Schausteller nach Freiwilligen aus dem Publikum. Es sind Leute, die meistens schon ein paar Drinks intus haben, was ihre Hemmschwelle erniedrigt. Viele Besucher sind Stammbesucher, die leicht hypnotisierbar sind und fast immer ausgesucht werden, wenn der Hypnotiseur sie wiedererkennt. Natürlich haben sich diejenigen, die sich auf die Bühne wagen, selbst zur Verfügung gestellt, um bei der Show ihre Rolle zu spielen.

Auf der Bühne versucht der Schausteller oder die Schaustellerin, die Freiwilligen auszusuchen, von denen er oder sie das Gefühl hat, daß sie absolut bereit sind, seinen bzw. ihren Kommandos zu folgen. Diejenigen, die als „dagegen ankämpfend" oder „widerstrebend" eingeschätzt werden, werden wieder weggeschickt oder gar nicht erst ausgewählt. Der Showmaster ist oft sehr geschult, Körpersprache und andere subtile Zeichen zu lesen, die anzeigen, daß die Teilnehmer tun wollen, was ihnen gesagt wird, um eine gute Show hinzulegen.

Nachdem der Darsteller die Gruppe sorgfältig zu einer Handvoll von willigen Teilnehmern ausgelesen hat, beginnt die Show. Es kommt nicht darauf an, ob die gesamte Gruppe wirklich hypnotisiert ist. Die Teilnehmer sind vielleicht in Trance, möglicherweise glauben sie es, oder sie verhalten sich einfach so, als seien sie hypnotisiert. Sobald sie einmal auf der Bühne sind, besteht ein starker Druck, mitzumachen und nicht „die Show zu verderben".

Bis zu diesem Zeitpunkt ist den Teilnehmern schon stillschweigend die Erlaubnis gegeben worden, ihre Hemmungen auf der Bühne abzulegen. Sie haben eine perfekte Entschuldigung für alles, was sie tun – „sie waren hypnotisiert". Die Show kann beginnen.

Es ist nicht nötig, Leute zu hypnotisieren, damit sie quaken wie eine Ente oder schmachtend singen wie Frank Sinatra oder unkontrolliert lachen. Menschen tun sowohl dumme als auch phantastische Dinge, ohne hypnotisiert zu sein. Ein Besuch in einer Bar für Singles an einem Freitagabend kann dies beweisen.

Der Svengali-Effekt

Eine Frage, die oft in bezug auf Hypnose gestellt wird, ist, ob man jemanden dazu bringen kann, etwas zu tun, was gegen seinen Willen ist. Man nennt das den Svengali-Effekt. Viele Leute, die Bühnenhypnose gesehen, Romane gelesen oder Filme gesehen haben, in denen Hypnose vorkommt, stellen diese Frage.

In dem alten John-Barrymore-Film hypnotisierte Svengali – ein bärtiger Verrückter – Frauen, die ihm zu Diensten sein und für ihn Verbrechen begehen mußten. Selbst ziemlich neue Filme und Fernsehshows stellen Hypnose ungenau dar. Aufgrund dessen schrekken viele Leute vor Hypnose zurück, aus Angst, sie würden jemandem erlauben, sie dazu zu bringen, sich blöd zu benehmen, oder etwas tun, das sie hinterher bereuen könnten.

Wir empfehlen Ihnen: ERLAUBEN SIE NIEMALS EINER UNQUALIFIZIERTEN PERSON, SIE ZU HYPNOTISIEREN! Allerdings hat die Forschung gezeigt, daß Menschen nur solchen Suggestionen folgen, die im Rahmen ihrer fundamentalen Interessen liegen.

Natürlich würde ein Forscher innerhalb eines klinischen oder wissenschaftlichen Settings keinen Klienten bitten, tatsächlich einen Mord oder Raub zu begehen. Es gibt allerdings viele Beispiele, die zeigen, daß Personen in tiefer Hypnose, die man bittet, etwas gegen ihre „fundamentalen Interessen" zu tun, entweder den Befehl ignorieren oder, wenn sie unter Druck gesetzt werden zu gehorchen, aus der Trance herauskommen.

Sicherlich brauchen Menschen nicht in Hypnose zu sein, um das Gesetz zu brechen oder Schaden anzurichten. Nur in Filmen, im Fernsehen und in Romanen wird Hypnose mit solchen Handlungen gekoppelt. So entstehen spannende Geschichten, die aber nicht auf Tatsachen beruhen.

Es ist nicht möglich, Ihre „Willenskraft" durch Hypnose zu zerstören, auch wenn das in Phantasiegeschichten anders beschrieben wird. Sie verstehen zu jedem Zeitpunkt, was für Sie richtig oder falsch ist.

Natürlich sind in Selbsthypnose – wenn sie sich selbst Suggestionen geben – solche Bedenken überhaupt kein Thema. Sie werden sich immer positive, konstruktive Suggestionen geben.

Hat Selbsthypnose Grenzen?

Wenn Sie sich selbst in Hypnose versetzen, sind Sie sowohl der Handelnde bzw. Anleiter als auch der Hypnotisierte. Das ist so ähnlich, als wäre man der Regisseur eines Films und zugleich der Hauptdarsteller. Dies bringt jedoch einige Einschränkungen mit sich, da einige Techniken, z.B. Altersregression, vielleicht mehr Übung brauchen.

Sie können allein erstaunliche hypnotische Wirkungen erzielen. In Bereichen wie z.B. bei der Schmerzkontrolle wurden schwere Operationen durchgeführt, bei denen Selbsthypnose die einzige Betäubung war.

Nehmen Sie den dokumentierten Fall des Victor Rausch (1980). Dr. Rausch, ein Kieferchirurg, hatte Hypnose und Selbsthypnose in seiner Praxis angewandt und war sehr erfahren und selbstsicher mit ihrem Einsatz. Als er sich einer Gallenblasenoperation unterziehen mußte, nutzte er die Selbsthypnose als einzige Anästhesie. Die Operation wurde ohne Komplikationen und ohne Schmerzen durchgeführt. Sie werden in dem Kapitel über Schmerzkontrolle mehr über diesen Fall erfahren.

Eine andere körperliche Veränderung, die unter Selbsthypnose möglich wird, ist die, sich von Warzen zu befreien. Man kann tatsächlich bei vielen Hautproblemen Erleichterung finden, wenn man Selbsthypnose anwendet.

Weitere Wirkungen, die Sie erzielen können, sind Angstkontrolle, Stärkung des Selbstvertrauens und Linderung bei Allergien. All diese Themen sind in den späteren Kapiteln detailliert beschrieben.

Das hypnotische Phänomen ist ein natürlich auftretender Zustand, den im Grunde jeder durch Übung erlernen und nutzen kann, um

Ziele zu erreichen, die andernfalls zu schwierig oder sogar unmöglich zu erreichen wären.

Es ist wichtig zu wissen, daß Hypnose Ihnen *mehr* Kontrolle erlaubt statt weniger. In Hypnose sind Sie sich der Außenwelt bewußt und können auf sie reagieren, wenn Sie sich dafür entscheiden. Wie Sie Hypnose für sich selbst nutzen können, ist allein von Ihren Wünschen nach Veränderung abhängig.

Literatur

Erickson, M.H. (1983): Healing in hypnosis, Vol.1 Ed. by Rossi, Ryan a. Sharp. New York (Irvington).

Fromm, E., D.P. Brown, S.W Hurt, J.Z. Oberlander, A.M. Boxer a. G. Pfeiffer (1981): The phenomena and characteristics of self-hypnosis. *International Journal of Clinical and Experimental Hypnosis* 29 (3).

Rausch, V. (1980): Cholecsystectomy with self-hypnosis. *American Journal of Clinical Hypnosis* 22 (Jan.).

Kapitel 3

Praktisches zur Selbsthypnose

Während bei Ihnen der Wunsch wächst, Selbsthypnose zu lernen, kommen Ihnen vielleicht einige Fragen zu praktischen Aspekten wie zu Ort, Zeit oder Dauer. In diesem Kapitel werden diese und andere Fragen beantwortet.

Einen Übungsort auswählen

Manche Menschen können praktisch überall ein Buch lesen – in überfüllten Flughafenhallen, in einer geschäftigen Arztpraxis oder in einem Restaurant. Sind Sie in der Lage, sich auf Ihre Lektüre zu konzentrieren und alles andere „auszublenden"? Wenn Ihnen das gelingt, dann ist es Ihnen auch möglich, ziemlich überall Selbsthypnose zu praktizieren. Die meisten Menschen werden jedoch für ihre ersten Übungssitzungen einen ruhigen, privaten Ort bevorzugen. In unserer heutigen Welt kann es schwierig sein, einen ganz stillen Ort zu finden.

Wählen Sie also einen Ort, der privat ist und so ruhig wie möglich. Machen Sie es sich so behaglich und bequem wie Sie können.

Nachdem Sie damit vertraut sind, leicht und schnell in Trance zu gehen, werden Sie auch in der Lage sein, äußere Geräusche und „Ablenkungen" zur Trancevertiefung zu nutzen. Sie werden in der Lage sein, Selbsthypnose zu betreiben, während Sie im Kino auf den Filmbeginn warten, entspannt im Flugzeug sitzen oder selbst während Sie in einem überfüllten Busbahnhof warten. Sie werden in der Lage sein, überall eine Trance zu genießen. Jetzt suchen Sie sich einen Platz aus, der so ruhig wie möglich ist, um die besten Voraussetzungen zur Tranceentwicklung zu finden, die Ihnen später eine so vertraute Erfahrung sein wird.

Wenn Sie einen Ort draußen an der frischen Luft wählen, sollte es ein privater, ungestörter Ort sein. Besser ein verwinkeltes Eckchen im

Hof als neben der Eingangstür, wo Sie jederzeit gestört werden könnten. Wenn Sie ein bißchen erfahrener sind und es für Sie bequem und einfach ist, in Trance zu gehen und wieder herauszukommen, genießen Sie es vielleicht, in der Wärme und Frische eines sonnigen Tages am Strand oder im Park zu üben. Solange Sie mit Ihren Übungen noch am Anfang stehen, wird es für die meisten von Ihnen in geschlossenen Räumen am besten sein. Ein Schlafzimmer, Nähzimmer, eine gemütliche Kammer oder ein Arbeitszimmer eignet sich für Sie vielleicht am besten – besonders, wenn Sie Kinder haben. Wenn es schwierig ist, zu Hause ungestört zu sein, versuchen Sie es in Ihrem parkenden Auto. Oder wenn Sie bei der Arbeit sind, schließen Sie die Tür Ihres Büros über Mittag.

Tun Sie das Beste, was Sie können, und dunkeln Sie das Licht, wenn möglich, ab. Es ist das Wichtigste, daß der Platz, den Sie sich aussuchen, sich so *bequem, sicher und ungestört anfühlt wie möglich*. Planen Sie Ihre Übungszeit als eine besondere Zeit für sich selbst.

Welche Dauer ist am besten für eine Trancesitzung?

Es ist unerläßlich, daß Sie sich Zeit zum Üben nehmen, wenn Sie Ihre selbsthypnotischen Fähigkeiten entwickeln wollen. Es hilft, wenn Sie erkennen, daß die Zeit, die Sie für Ihre selbsthypnotische Trance reservieren, so etwas wie eine Einzahlung in einer Bank für positive Selbstveränderungen ist. Sowohl die Menge als auch die Qualität der Zeit, die Sie für sich investieren, schafft Werte. Das bedeutet, wir wollen es Ihnen überlassen, wann und wie lange Sie Ihre Trance-erfahrungen durchführen möchten. Vielleicht entdecken Sie, daß mittags der ideale Zeitpunkt in Ihrem Tagesverlauf ist, um eine Trancepause einzulegen. Wann immer Ihre Tagesmitte erreicht ist, so erlauben Sie sich eine Ruhephase, in der Sie die erste Tageshälfte noch einmal Revue passieren lassen und sich auf die folgende Tageshälfte vorbereiten. Sie können einen bestimmten Satz formulieren, der diese ganze Idee umschließt. Er kann dann als Eingangssuggestion und als Auslöser für die Selbsthypnoseinduktion benutzt werden. Zum Beispiel: „Atmen und Ruhen schafft Freude beim Tuen." Sie sollten sich für die ersten Male etwa 15 bis 20 Minuten Zeit nehmen. Später wird

Ihnen die Tranceinduktion schon in acht bis zehn Minuten gelingen. Je mehr Sie in Ihrer Selbsthypnose erreichen wollen und je komplexer Ihre Ziele sind, desto länger sollten Sie in Ihrer Trance bleiben.

Durch wiederholtes Üben werden Sie immer weniger Zeit brauchen, um sich zu entspannen und einen Trancezustand zu entwickeln. Schließlich werden Sie die meiste Zeit, die Sie in Selbsthypnose verbringen, an Suggestionen und Visualisationen für bestimmte Ziele und Veränderungen arbeiten.

Viele Menschen verbringen nur drei bis vier Minuten pro Sitzung in Trance, tun das jedoch mehrmals am Tag. Wiederholung ist eine erfolgreiche Lernstrategie. Durch Vereinfachung der Tranceinduktion werden Sie in der Lage sein, mit Freude immer einfacher und öfter kurze angenehme Perioden der Erleichterung herbeizuführen.

Zielbezogene Erwartungen aufbauen

Veränderung ist ein natürlicher Teil unseres Lebens. Unser gesamtes Universum verändert sich ständig. Die Jahreszeiten und Gezeiten ändern sich, alle Tiere und Pflanzen wachsen und verändern sich. Zellen in unserem Körper sterben ab und werden ersetzt. Selbst Felsen verwittern mit der Zeit. Es ist also ganz natürlich, daß wir erwarten, uns zu verändern.

Wenn Sie sich in Ihrer Erwartung auf Veränderung konzentrieren, werden Sie sich Ihrer Fähigkeit, viele der erlebten Änderungen zu beeinflussen, immer mehr bewußt. Und Sie werden in Ihrem Leben mehr erreichen. Richten Sie Ihre Erwartung jetzt darauf, daß Sie Ergebnisse Ihrer Selbsthypnose sehen WERDEN. Veränderung ist ein Teil der Natur, auch Ihrer Natur.

Beginn der Suggestionsstrategien

Sie können Ihren eigenen, kurzen zielgerichteten Suggestionsreim entwickeln, eine Art Trance-Mantra. Zum Beispiel ein Mantra für morgens: „Vernünftig essen, standhaft bleiben, bewußt genießen ... den ganzen Tag.“

Das wird zum Fokus Ihrer inneren Stimme. Während Sie die Aufmerksamkeit auf das Mantra richten, benutzen Sie Ihre Phantasie, um die Worte zu sehen, die Farben zu empfinden, die Laute einzuatmen. Das kann ein hervorragender Weg sein, um konzentrierte Aufmerksamkeit zu entwickeln. (Mehr zur Entwickung konzentrierter Aufmerksamkeit in Kapitel 7).

Als Suggestionsrhythmus für mittags käme in Frage: „Entspannt und zuversichtlich, was habe ich heute morgen gelernt?"

Und ein Trance-Mantra für den Abend könnte lauten: „Atmen und loslassen, atmen und loslassen".

Vielleicht finden Sie lange, spannende, anregende Trancesitzungen besonders wertvoll. Oder Sie könnten entdecken, daß kurze, konzentrierte, öfter wiederholte Trancezustände und Suggestionsstrategien für Sie am besten funktionieren. Und natürlich kann das Zusammenspiel dieser beiden und anderer Trancetechniken ebenfalls sehr wirksam sein.

Vielen Menschen erscheint die Zeit vor dem Schlafengehen als die beste Zeit zur Selbsthypnose – um sich etwas Gutes zu gönnen und sich gleichzeitig entspannt auf einen guten Nachtschlaf vorzubereiten.

Sollten Sie im Sitzen oder im Liegen üben?

Die meisten Menschen finden eine entspannte Sitzhaltung besser als eine liegende Position. Wenn man sich hinlegt, driftet man leichter ab oder schläft ein, sobald ein angenehmer Entspannungszustand erreicht wird. Falls Sie natürlich vorhaben, die Übung zum Erleichtern des Einschlafens zu benutzen, dann liegen Sie richtig.

Suchen Sie sich einen Stuhl, der bequem ist und eine Rückenlehne hat, die Ihren Kopf stützt oder Ihnen erlaubt, aufrecht zu sitzen. Wenn Ihr Kopf bei der Entspannung zu weit nach hinten geneigt ist, besteht die Tendenz, daß er noch mehr nach hinten fällt. Das kann nach wenigen Momenten unbequem werden. Ein Kissen kann helfen.

Vielleicht hat Ihr Stuhl Armlehnen, vielleicht auch nicht. Legen Sie Ihre Arme zur Seite oder auf die Armlehnen, wenn das bequemer ist, oder legen Sie sie entspannt in Ihren Schoß. Das wichtigste ist, daß sie es bequem haben.

Ist es besser, die Augen zu schließen oder sie offenzulassen?

Die meisten Techniken können mit offenen oder geschlossenen Augen geübt werden. Fast alle Menschen schließen allerdings mit zunehmender Entspannung die Augen durch Ermüdung der Augenlider.

Viele geübte Leute können jedoch mit geöffneten Augen in Trance gehen und sie während der Trance geöffnet lassen. Es ist wirklich egal, ob Sie Ihre Augen offenlassen oder schließen – so wie Sie sich am wohlsten fühlen, wird für Sie das beste sein. Falls Sie wünschen, Ihre Augen geöffnet zu halten, ist es empfehlenswert, auf einen Punkt zu blicken, der sich langsam und regelmäßig oder auch gar nicht bewegt.

Optische Ablenkungen, wie beispielsweise herumlaufende Leute, Verkehr oder Fernsehen, behindert Sie möglicherweise in Ihrer Konzentration. Konzentration ist wichtig, wenn man in hypnotische Trance gehen will. Falls Sie wünschen Ihre Augen geöffnet zu halten, ist es empfehlenswert auf einen Punkt zu blicken, der sich langsam und regelmäßig oder auch gar nicht bewegt. Sie könnten hier experimentieren, um zu sehen, wie Sie eine Trance mit offenen Augen empfinden würden.

Für die meisten von Ihnen dürfte es jedoch am einfachsten sein, beim Erlernen von Selbsthypnose mit geschlossenen Augen zu beginnen. Wie beim Erlernen aller neuer Fähigkeiten ist es am besten, mit der einfachsten Methode zu beginnen und darauf dann später komplexere Methoden aufzubauen.

Von Mal zu Mal die Trance erleichtern

Denken Sie bei jeder Selbsthypnose daran, daß Sie sich zu irgend einem Punkt die Suggestion geben: „Mit einigen tiefen, erfüllenden Atemzügen kann ich zu diesem Zustand konzentrierter Aufmerksamkeit zurückkehren.“ Solch eine Suggestion hilft, die Tranceerfahrung beim nächsten Mal leichter und schneller zuzulassen. Wir werden dies weiter im Kapitel über posthypnotische Auslöser besprechen.

Kapitel 4

Gesunde Atem- und Entspannungstechniken

Es ist nicht überraschend, daß die meisten von uns solch grundlegende Aspekte wie Atmung und Entspannung als gegeben hinnehmen. Wir wissen alle, wie man atmet – oder? Schließlich tun wir es ja seit der Geburt. Wieso sollten wir es nicht richtig machen?

Entspannen? Manche Leute glauben, es sei ein Kinderspiel – das leichteste, was man im Leben tun kann. Manch einer entspannt sich gern in einer heißen Badewanne, ein anderer an einem Swimmingpool in der Sonne. Vielleicht ist es Ihre Art, von der Arbeit nach Hause zu kommen, die Füße hochzulegen und sich in einen Sessel sinken zu lassen. Es gibt unendlich viele Möglichkeiten, die gestaute Spannung und den inneren Druck loszulassen. Sie selbst haben wahrscheinlich schon Ihre Lieblingstechniken entwickelt. Aber gelingt es Ihnen vollkommen, total zu entspannen, auf eine gesunde, schnelle und einfache Weise?

Eine gute Methode, zu der man keine Hilfsmittel oder besonderen Umstände braucht und die man überall anwenden kann, ist tiefes Atmen. Eine sehr alte Technik, bereits in Urzeiten von Yogameistern angewendet und bis heute benutzt, um innere Ruhe, Stille und Gelassenheit zu entwickeln. Ein angenehmer und nützlicher Einstieg in Ihre Selbsthypnose.

Der Unterschied zwischen tiefem Atmen während körperlicher Belastung und zur Entspannung

Es gibt unterschiedliche Arten des tiefen Atmens. Sportliche Anstrengung zwingt uns, tief und schnell zu atmen, um schnell den verbrauchten Sauerstoff zu ersetzen und das entstandene Kohlendioxyd abzuatmen.

Tiefes Atmen zur Entspannung ist jedoch langsam und tritt auf, während wir uns ausruhen oder zumindest keiner körperlichen Belastung ausgesetzt sind.

Das normale, alltägliche Atmen ist eher flach und schnell. Meist dehnt sich dabei der Brustkorb aus und zieht sich zusammen. Aber der Brustkorb und die Rippen haben eigentlich nicht besonders viel Spielraum, um sich zu strecken und auszudehnen. Gesünder ist die tiefe Zwerchfellatmung, die vom Bauch her kommt. Beim Einatmen bewegt sich Ihr Bauch nach außen. Unterhalb Ihrer Lungen befindet sich eine breite Membran, die man Zwerchfell nennt. Wenn Ihre Bauchmuskeln die Membran hinunterziehen, saugen Ihre Lungen Luft ein, um den entstandenen Raum zu füllen. Dummerweise wurde den meisten von uns von klein an beigebracht, unsere Schultern zurückzunehmen und mit unserem Brustkorb zu atmen und bloß nicht den Bauch herauszustrecken. „Schultern zurück, Brust raus", wie man beim Militär sagt. Das sieht vielleicht gut aus, ist aber sehr schlecht für ein richtiges Entspannungsatmen.

Versuchen Sie einen tiefen, vollen Atemzug zu nehmen, bis in den Bauch hinein. Atmen Sie langsam durch Ihre Nase ein und wieder langsam durch Ihren Mund aus. Machen Sie sich keine Gedanken darüber, wie Ihr Bauch ausschaut. Diese Atmung ist gesund.

Langsames, tiefes, rhythmisches Atmen löst eine „Entspannungsreaktion" aus. Dieser Begriff wurde von Dr. Herbert Benson (1976), einem berühmten Herzspezialisten, geprägt, um das Gegenteil der „Kampf- oder Fluchtreaktion" zu beschreiben – den Adrenalinstoß, den wir bekommen, wenn wir ärgerlich sind oder Angst haben.

Durch tiefes Atmen kann ein Teil der Entspannungsreaktion ausgelöst werden, an den sich dann andere positive körperliche Veränderungen anschließen können; so zum Beispiel das Senken des Herzschlags, bessere Durchblutung der Peripherie und Muskelentspannung. Alle diese körperlichen Veränderungen können den Gesundheitszustand verbessern und sind ebenfalls nützlich zur Entwicklung der selbsthypnotischen Trance.

Eine Atemübung

Beginnen Sie mit dem Einatmen und zählen Sie bis drei. Halten Sie Ihren Atem an und zählen sie bis drei. Dann atmen Sie aus und zählen dabei bis sechs. Warten Sie von eins bis vier und beginnen Sie dann den Zyklus von neuem. Ganz einfach.

Beachten Sie unsere Empfehlung, langsamer aus- als einzuatmen. Atmen ist ein Zyklus, der sowohl einen aktivierenden als auch einen entspannenden Teil hat. Tiefes und erfüllendes Einatmen ist aktivierend; Sauerstoff stimuliert das Gehirn und versorgt die Zellen im ganzen Körper. Ausatmen ist das Loslassen; Spannung wird losgelassen, Kohlendioxyd wird ausgestoßen, und die Muskeln entspannen sich während dieses Teils des Kreislaufs.

Sie können Ihre Entspannung verstärken, wenn Sie das Wort „Loslassen" beim Ausatmen im stillen wiederholen. Wie schon früher gesagt, Sie können Ihr eigenes Trance-Mantra entwickeln, das zu einem Teil Ihres Atemrhythmus wird.

Atmen Sie durch die Nase ein – das verhindert, daß Ihr Hals trocken wird. Halten Sie den Atem drei Sekunden lang – das verringert die Tendenz, sich durch das hohe Sauerstoffniveau im Gehirn schwindelig zu fühlen. Atmen Sie dann durch Ihren Mund aus – Sie sind auf diese Weise in der Lage, das Ausatmen zu kontrollieren und zu verlangsamen. Atmen Sie den verbrauchten Atem in der doppelten Zeit aus, in der Sie eingeatmet haben.

Der Rhythmus des Zählens ist flexibel; wenn Sie Ihre eigene Atemtechnik entwickeln, halten Sie vielleicht den Atem länger an. Vielleicht möchten Sie die Ausatemzeit verdreifachen. Machen Sie es sich angenehm, und falls Sie doch einmal schwindelig oder benommen werden, hören Sie für eine Weile auf und machen sie danach weiter.

Es ist nicht nötig, so tief zu atmen, daß Ihre Lunge weh tut oder sticht. Das Einatmen sollte angenehm und entspannend sein. Sie werden bemerken, daß Sie diese Art des Atmens überall praktizieren können, jedesmal, wenn Sie sich angespannt oder unter Druck fühlen. Entspannungsexperten wie Dr. John Mason (1980) empfehlen, mindestens 40 dieser tiefen Atemzüge pro Tag zu nehmen. Versuchen Sie zumindest vier oder fünf langsame, tiefe und zufriedene Atemzüge, bevor Sie mit Ihrer Selbsthypnosesitzung anfangen.

Eine Yoga- und Meditationsatemtechnik geht folgendermaßen: Sie schließen Ihre Augen und benutzen Ihre Vorstellungskraft, um Ihren Atemrhythmus zu sehen, zu fühlen, zu spüren und zu hören.

Benutzen Sie alle Ihnen verfügbaren Sinnesmodalitäten. Sie können es lernen, Ihren Atem auf dem Weg durch den Körper zu begleiten. Dadurch wird Ihre Aufmerksamkeit auf Ihren Körper gerichtet, und Sie sind in der Lage, sich auf einen zentral in Ihnen liegenden Punkt zu konzentrieren.

Progressive Entspannung

„In einem entspannten Körper kann kein ängstlicher Geist existieren", sagte Edmund Jacobson (1964). Er beschrieb eine große Anzahl von Übungen, die dazu dienen, Spannungen und Angst abzubauen, indem man ein bestimmtes Bewußtsein für die eigene Muskelspannung entwickelt. Sein System nennt man „progressive Entspannung", und es besteht aus vielen möglichen Anwendungsformen. Die zwei bekanntesten sind die passive und die aktive progressive (schrittweise) Entspannung.

Im wesentlichen bedeutet progressive Entspannung, daß sie die Aufmerksamkeit einzeln nach und nach auf alle Muskelgruppen in Ihrem Körper lenken; daß sie sich der Spannung bewußt werden, die in jeder Muskelpartie steckt, und sie dann loslassen. Schauen wir uns zuerst eine Spielart der aktiven progressiven Entspannung an.

Aktive progressive Entspannung

Setzen Sie sich oder legen Sie sich bequem hin. Diese Technik wirkt, indem die Muskeln über ihr normales Spannungsniveau hinaus angespannt werden und dann die ganze Spannung losgelassen wird. Dieser Vorgang richtet Ihre Aufmerksamkeit auf jeden Muskel und die Höhe der Spannung darin. Mit Übung wird es Ihnen immer schneller gelingen.

Sie können mit Ihren Händen und Armen beginnen. Ballen Sie eine Hand zur Faust, spannen Sie die Muskeln an und fühlen Sie die Spannung. Während Sie das tun, atmen Sie tief ein. Stellen Sie sich mit geschlossenen Augen vor, wie Verspannung aus anderen Körperteilen ebenfalls zu Ihrer Faust strömt. Spannung fließt wie Wasser oder strömt wie Elektrizität in Ihre Faust. Suchen Sie sich das Vorstellungsbild, das für sie am Klarsten ist, aus.

Wenn Sie die geballte Faust unter starker Spannung beim Einatmen und noch ein paar Sekunden länger gehalten haben, entspannen Sie die Muskeln Ihrer Hand und atmen Sie dabei langsam aus. Visualisieren Sie zugleich, wie Ihre Spannung, Streß und Sorgen sich auflösen wie Rauch in einer frischen Brise.

Nun spannen Sie die Muskeln entgegengesetzt an, indem Sie Ihren Arm vor sich ausstrecken, Ihre Finger so weit wie möglich spreizen und den Handrücken und die Finger nach oben zu sich heranziehen, als würden Sie jemandem winken. Lassen Sie Ihren Arm und Ihre Finger einige Sekunden lang starr ausgestreckt, während Sie langsam tief einatmen.

Während Sie langsam ausatmen, lassen Sie nach und nach die Muskeln in Ihren Fingern los, dann die Muskeln der Hand und des Arms, und legen Sie Ihren Arm locker ab. Fühlen Sie den Unterschied der Muskelspannung vor und nach der Übung.

Machen Sie die Übung noch einmal mit diesem Arm. Dann wiederholen Sie das ganze mit dem anderen Arm. Vielleicht möchten Sie aber auch beide Arme zur gleichen Zeit an- und wieder entspannen.

Gehen Sie genauso mit Ihren Füßen und Beinen vor. Fangen Sie mit den Zehen an und krallen Sie sie so fest wie möglich ein (als wollten Sie damit etwas greifen). Atmen Sie ein und halten Sie die Spannung in den Muskeln. Während Sie Ihren Atem langsam loslassen, entspannen Sie auch Ihre Füße. Spüren Sie, wie die Spannung sich löst.

Ziehen Sie dann so weit Sie können Ihre Zehen hoch in Richtung zum Kopf. Atmen Sie ein, während Sie dies tun. Halten Sie die Spannung wie vorher und lassen Sie sie beim Ausatmen los. Machen Sie dies so langsam wie möglich. Je langsamer Sie es machen, desto effektiver ist es.

Spannen Sie als nächstes Ihre Waden- und Oberschenkelmuskeln an, machen Sie Ihre Beine so steif wie möglich. Halten Sie die Muskelspannung und stellen Sie sich vor, wie sich die Beine mit dem Druck ausdehnen. Fühlen Sie, wie die Spannung Ihres ganzen Körpers sich sammelt und in Ihre Beine fließt. Während Sie langsam ausatmen, lassen Sie sanft die Spannung los und lassen Sie alles von sich abfließen.

Für den Anfang empfehlen wir Ihnen, diese Übung mit jeder Muskelgruppe zwei Mal durchzuführen. Wiederholen Sie die Übung mit bestimmten Muskelgruppen, so oft Sie noch tiefer entspannen oder mehr Spannung loslassen wollen.

Ihre Schultern, Ihr Nacken und Ihre Gesichtsmuskeln halten eine Menge Spannung. Schenken Sie diesen Bereichen besondere Aufmerksamkeit.

Ziehen Sie Ihre Schultern hoch bis zu den Ohren. Atmen Sie währenddessen tief ein. Stellen Sie sich vor, Sie sammeln alle Entscheidungen, die Sie für die Woche getroffen haben. Stellen Sie sich diese Entscheidungen vor als Blumen, Steine, zusammengeknülltes Papier oder was immer Ihnen einfällt. Sie können das gesammelte Gewicht dieser Entscheidungen spüren, während Sie die Schultern anziehen und tief atmen. Lassen Sie dann diese Sorgen und Anspannungen los, so wie Sie vielleicht einen Anker lichten oder eine schwere, regennasse Jacke abstreifen, und atmen Sie dabei langsam aus.

Wiederholen Sie diese Übung mehrere Male, um sicher zu sein, daß Ihre Schultern frei von der angestauten Muskelspannung sind. Dann lassen Sie langsam Ihren Kopf kreisen, erst in eine Richtung, dann in die andere.

Um Ihre Gesichtsmuskeln anzuspannen, machen Sie einen Gesichtsausdruck von übertriebener Überraschung. Öffnen Sie Ihren Mund und Ihre Augen so weit Sie können und ziehen Sie Ihr Kinn auf die Brust. Atmen Sie tief ein und stellen Sie sich vor, wie überrascht Sie sein können, daß Sie sich viel entspannter fühlen, als Sie es je für möglich gehalten hätten. Halten Sie die Position einige Minuten lang, während Sie Ihren Atem anhalten. Atmen Sie dann langsam aus und lassen sie den Kopf wieder hochkommen.

Machen Sie diese Übung mindestens zwei Mal. Achten Sie jedesmal auf die Stirnmuskeln. Lassen Sie so viel Spannung abfließen wie möglich.

Wie Sie sehen, besteht diese Technik darin, Muskelgruppen anzuspannen, während Sie langsam einatmen, den Atem einige Sekunden lang anzuhalten und dann nach und nach die Spannung beim vollständigen langsamen Ausatmen ganz loszulassen. Stellen Sie sicher, daß mit jedem Ausatmen so viel Luft aus Ihrer Lunge herausgepreßt wird, wie es für Sie angenehm ist.

Unten befindet sich eine Liste von Muskelgruppen, mit denen in der gleichen Art von Anspannen und Entspannen geübt werden kann. Es ist nicht unbedingt nötig, bei jeder Selbsthypnoseübung alle Muskelgruppen durchzugehen. Aber wenn Sie sich angespannt fühlen und nicht in der Lage sind, Ihre Aufmerksamkeit leicht zu lenken, gehen Sie alle Muskelgruppen mit der aktiven progressiven Entspannung durch. In Kapitel 11 finden sie ein Script für diese Übung.

- Beine und Füße
- Arme und Hände
- Rücken, Schultern und Nacken
- Bauch und Brust
- Gesäß
- Gesicht und Kopf

Passive progressive Entspannung

Passive progressive Entspannung ist eine angenehme, einfache Methode, bei der Sie Ihre Muskeln überhaupt nicht anspannen müssen. Sie finden vielleicht, daß diese Technik vielleicht in einer ruhigen, friedlichen Umgebung leicht durchzuführen ist, vielleicht wenn Sie im Gras in einem Park liegen oder an einem See oder Strand in der Sonne sitzen. Sie können sie sogar in Ihrem Auto oder in dem bequemsten Stuhl zu Hause ausprobieren.

In dieser passiven Technik bauen Sie, statt ausführlich die Muskeln anzuspannen und zu lösen, auf das natürliche Gefühl von Entspannung auf, das Sie vielleicht in irgendeinem Bereich Ihres Körpers haben.

Beginnen Sie, indem Sie mehrere tiefe, erfüllende Atemzüge nehmen. Schließen Sie Ihre Augen und stellen Sie sich vor, wie die Anspannung aus Ihrem Körper fließt, mit jedem Atem. Machen Sie dies drei oder vier Atemzüge lang. Erlauben Sie Ihren Gedanken und Sorgen aufzutauchen, aber lenken Sie sie mit jedem Atem nach außen.

Stellen Sie sich sorgenvolle Gedanken als Ströme von Wasser vor, die durch einen Kanal aus Ihnen herausgeleitet werden, während Sie langsam ausatmen.

Nach einigen Augenblicken beginnen Sie, Ihre Aufmerksamkeit auf Ihre Zehen zu richten. Denken Sie darüber nach, wie sie sich anfühlen. Denken Sie daran, wie Sie heute gegangen oder gelaufen sind, und daran, wie Ihre Füße und Zehen sich nun ausruhen können. Stellen Sie sich vor, wie die Spannung und der Druck vom Gehen oder Laufen aus Ihren Füßen herausgeleitet wird oder herausfließt.

Versuchen Sie, den Fluß der Spannung zu visualisieren, wie er Ihre Waden hinunterläuft. Fühlen Sie den Fluß, der aus Ihnen herausläuft wie Wasser aus einer Wasserleitung oder wie warmer Sirup aus einem Topf. Finden Sie Bilder, die Sie klar visualisieren können und die diesen Gedanken vermitteln.

Gehen Sie weiter die Beine hoch nach oben und atmen Sie weiterhin langsam und tief. Stellen Sie sich vor, Ihre Beine seien riesige Lappen, die naß und schlaff herunterhängen. Fühlen Sie, wie Ihre Beine schwer und entspannt werden.

Machen Sie diesen Entspannungsprozeß weiter, indem Sie zum Gesäß, zum Bauch, zum Rücken und zur Brust hochwandern. Fühlen Sie die Schwere in ihrem Bauch, wenn die Muskeln die Spannung loslassen. Lassen Sie dieses hinuntersinkende Gefühl sich in Ihrem ganzen Unterleib ausbreiten.

Erlauben Sie, daß sich alle Spannung sammelt und Ihre Arme hinunterfließt. Lassen Sie es hinunterfließen von Ihrem Kopf und Gesicht wie schmelzendes Wachs, das Ihre Arme und Hände hinunter und durch die Finger hinausfließt.

Rollen Sie Ihren Kopf von einer Seite zur anderen und fühlen Sie, wie die Spannung sich befreit und nach unten und hinaus fließt. Nehmen Sie einen tiefen Atemzug, und während Sie ausatmen, fühlen Sie, wie Ihre Hände von der letzten abfließenden Spannung schwer werden. Fühlen Sie, wie die Spannung hinausfließt wie warme Butter. Stellen Sie sich vor, wie Sie das letzte bißchen Spannung und Streß aus Ihren Schultern durch alle Finger hinauspressen. Nehmen Sie einen tiefen, zufriedenen Atemzug, gehen Sie noch einmal durch Ihren ganzen Körper und suchen Sie, ob noch irgendwo ein Rest von Anspannung zu finden ist. Untersuchen Sie

Ihre Stirn, Ihr Kinn und Ihren Nacken. Stellen Sie sich genau vor, wie Streß und Anspannung aus Ihren Rückenmuskeln, Ihrem Gesäß und dem Genitalbereich abfließen. Wenn es irgendwo eine Stelle gibt, von der Sie glauben, daß dort noch ein Rest von Spannung festgehalten wird, richten Sie Ihre Aufmerksamkeit darauf und erlauben Sie ihr, sich warm und schwer anzufühlen.

Versuchen Sie zu visualisieren oder stellen Sie sich vor zu fühlen, wie alle Spannung sich auflöst oder verdampft wie Alkohol aus einem offenen Topf. Fühlen Sie, wie die Wärme die Spannung auflöst, wie Salz sich in Wasser auflöst. Es kann von selbst weggewaschen werden.

Sie sollten diese Techniken ein paar Mal üben, um ein Tempo für sich zu entwickeln, und dann die Übung aufnehmen, während Sie sich die ganze Übung vorsprechen. Es kann hilfreich sein, sich in der Art ein Cassette aufzunehmen. Wir besprechen das Aufnehmen einer Cassette in Kapitel 11.

Beschreiben Sie sich selbst deutlich das Gefühl der Entspannung

Wenn Sie zufrieden damit sind, daß Sie sich so bequem und entspannt fühlen wie möglich, egal durch welche Methode, untersuchen Sie das Gefühl. Beschreiben Sie es sich selbst in so vielen Variationen wie möglich. Behalten Sie dieses Gefühl der tiefen Entspannung im Gedächtnis.

Fühlen Sie es, vielleicht als ein warmes Glühen, wie Kohlen, die Hitze ausstrahlen. Oder sehen Sie es als ein Schimmern von Sand in der Wüste. Stellen Sie sich Ihren eigenen Körper und Ihr Wesen vor, vielleicht als eine Farbe, als orange oder warmes Rosa, wie ein morgendlicher Sonnenaufgang oder ein Abendhimmel ... ein Bild der Natur.

Das wichtigste ist, ein Bild oder eine Erfahrung zu finden, an denen Sie diesen beruhigenden, entspannten Zustand (wieder-)erkennen können. Jedesmal wenn Sie Selbsthypnose üben, können Sie das Bild und die Erinnerung an das Entspannungsgefühl verstärken. Schließlich wird mit einiger Übung allein das Bild oder die Erinnerung zu einem posthypnotischen Auslöser, der das entspannte Gefühl entstehen läßt.

Nehmen Sie wahr und erinnern Sie sich, in welchen Teilen Ihres Körpers der größte Streß und die höchste Spannung war. Jeder Mensch kann bestimmte Stellen haben, wo sich mehr Spannung staut als in anderen Stellen – oft im Kopf, im Nacken und im Kreuz. Arbeiten Sie das nächste Mal ein bißchen länger an diesen Stellen. Versichern Sie sich, daß sich alle Muskelspannung aufgelöst hat.

Viele Symptome, die mit Streß zusammenhängen, wie Kopfschmerzen, Magenprobleme, Müdigkeit und andere Schmerzen und Probleme, sind Auswirkungen von aufgestauter Spannung und emotionalem und körperlichem Streß. Sie können lernen, dies zu STOPPEN – Sie brauchen Ihren Körper nicht als Aufnahmeorgan für Ihre Spannung und Gefühle zu benutzen. Gesunde Atem- und Entspannungstechniken sind Schlüssel, um die Türen zu öffnen und bei sich selbst einmal gründlich durchzulüften.

Entspannung und Selbsthypnose

Das Gefühl tiefer, wohltuender, angenehmer Entspannung ist ein hervorragender Ausgangspunkt für Selbsthypnose. Nutzen Sie bei den ersten paar Malen, wenn sie Selbsthypnose üben, eine dieser Entspannungsmethoden, um sich selbst vorzubereiten. Später ist es vielleicht nicht mehr nötig, jedesmal eine gesamte progressive Entspannungsübung durchzugehen, wenn Sie in Trance gehen wollen.

Wenn Sie Selbsthypnose ein paarmal geübt haben, können Sie Auslöser entwickeln – Handlungen oder Ereignisse, die eine Reaktion in Gang setzen – für bestimmte Ziele. Wir werden in einem anderen Kapitel mehr über Auslöser sprechen. Erinnern Sie sich im Moment einfach daran, daß tiefes Atmen ein hervorragender Weg ist, bei sich selbst etwas auszulösen; die Gefühle von Entspannung zurückzuholen, damit Sie sich selbst außerhalb einer hypnotischen Trance ruhig fühlen.

Während Sie in Selbsthypnose sind, geben Sie sich die Suggestion, daß jedesmal, wenn Sie den Wunsch haben, sich zu entspannen oder sich weniger angespannt zu fühlen, mehrere tiefe, erfüllende Atemzüge das gleiche Gefühl von angenehmer Ruhe und Entspannung bewirken werden.

Diese Verstärkung des Auslösers für tiefes Atmen in der Trance wird die Entspannungsreaktion ausdehnen und verstärken und Ihnen helfen, es zu jeder Tageszeit anzuwenden, wenn Sie den Druck oder Streß Ihrer Arbeit oder jeglicher anderer Situation fühlen.

Literatur

Benson, H. (1976): The relaxation response. New York (Avon Books).

Groves, P.M. a. G.V. Rebec (1988): Introduction to biological psychology. 3rd ed. Dubuque (W.C. Browns).

Jacobson, E. (1964): Anxiety and tension control. New York (J.B. Lipponcott).

Mason, J. (1980): Guide to stress reduction. Culver City, CA (Peace Press).

Salchidananda, S. (1970): Integral yoga-hatha. New York (Rinehart & Winston).

Kapitel 5

Die Kraft posthypnotischer Suggestionen und Auslöser

Joan erwachte aus ihrer hypnotischen Trance und fühlte sich frisch und munter. Sie erinnerte sich an alles, was der Therapeut gesagt hatte. Sie wußte auch alles, was sie selbst gesprochen und gedacht hatte.

Sie ging zur Hypnose, um abzunehmen. Mit Hilfe ihres Psychologen hatte Joan ihre Kindheitserinnerungen aufgearbeitet, um besser zu verstehen, warum sie zu essen anfing, wenn sie sich unruhig fühlte.

Der Therapeut hatte ihr Selbsthypnose beigebracht. Sie hatte sich in Trance die Anweisung gegeben, einfach ihre Augen zu schließen und sich einen großen gelben Heißluftballon vorzustellen, wenn sie sich in Selbsthypnose versetzen wollte. Wenn sie mehrere Male eingeatmet und von fünf bis eins rückwärts gezählt hatte, würde sie sich in Selbsthypnose befinden.

An diesem Abend ging sie nach Hause und versuchte es. Sie stellte sich den gelben Ballon vor, und bevor sie bis eins gezählt hatte, fühlte sie, wie sie sich entspannte und ihre Hand taub wurde – für sie war dies ein Zeichen für ihre hypnotische Trance.

Man hätte jedes Bild benutzen können. Aber als Kind war Joan einmal beim Karneval kurz in einem großen gelben Ballon mitgeflogen. Der Ballon war auf etwa 300 Meter hochgestiegen, aber blieb durch ein dickes Seil sicher mit dem Boden verbunden. Trotzdem war es für Joan ein ziemlich aufregendes Erlebnis. Sie erinnerte sich ganz lebhaft daran.

Der gelbe Ballon und das Rückwärtszählen waren Auslöser. Sie lösten bei Joan eine Reaktion aus, auf die sie vorbereitet war, und halfen ihr, schnell wieder in Trance zu fallen.

Da es Joan schon geschafft hatte, sich in einen angenehmen Zustand voller positiver Vorstellungen und Erwartungen zu versetzen, konnte dies als Inhalt für die posthypnotische Suggestion verwendet werden.

Was ist eine posthypnotische Suggestion?

Eine posthypnotische Suggestion ist eine Anweisung, die gegeben wird, während eine Person noch im hypnotischen Zustand ist. Es ist eine Anweisung für eine Handlung oder eine Reaktion, die nach der hypnotischen Erfahrung stattfinden soll. Genauso wie Joan ihre Erinnerung an die Ballonfahrt genutzt hatte, um sich wieder in einen aufregenden Bewußtseinszustand zu versetzen, können auch Sie vergangene Erlebnisse und gegenwärtiges Geschehen für posthypnotische Anweisungen verwenden.

Was ist ein posthypnotischer Auslöser?

Posthypnotische Auslöser sind Handlungen, Gedanken, Wörter, Bilder oder Ereignisse, die eine posthypnotische Reaktion außerhalb der Trance auslösen. Die Reaktion kann eine Handlung, ein Gefühl oder auch eine innerliche körperliche Veränderung sein.

Wenn Joan sich beispielsweise bei der Arbeit angespannt oder gestreßt fühlt, kann Sie sich entspannen, indem Sie auf die an der Wand hängende Uhr schaut. Sie assoziiert die abnehmende Spannung der Feder des Uhrwerks mit ihrer eigenen nachlassenden Spannung. Dieser Auslöser, den sie sich noch in der Trance suggerierte, hilft ihr, sich weniger angespannt zu fühlen. Er bringt sie wieder in den gleichen Zustand innerer Ruhe und Entspannung, den sie vorher in Selbsthypnose empfunden hat.

Warum verwendet man posthypnotische Suggestionen und Auslöser?

Posthypnotische Anweisungen und Auslöser sind eine wirkungsvolle Erweiterung der während der Selbsthypnose geleisteten Arbeit. Sie erlauben Ihnen, Ihr Verhalten und Ihre Reaktionen jederzeit zu verändern oder zu verbessern, wenn Sie es wünschen, nicht nur während der Selbsthypnose.

Wenn es diesen erstaunlichen Effekt nicht gäbe, wäre eine Hypnose viel weniger wert. Ein Grund für die Effektivität posthypnotischer Anweisungen liegt darin, daß Ihr Unbewußtes Erinnerungen und Erfolgserlebnisse nutzt, die Sie in Selbsthypnose eingeübt haben und die Ihnen später auch außerhalb der Trance als Handlungs- und Veränderungsmöglichkeit zur Verfügung stehen. Die Tatsache, daß sie wirken, wurde unzählige Male durch klinische Forschungen demonstriert.

Nehmen Sie einmal an, Ihr Ziel während der Selbsthypnose sei es, sich zu entspannen und Ihr Streßniveau zu senken. In Trance sind Sie ruhig und entspannt. Aber wie ist es, wenn Sie bei der Arbeit einer Streßsituation ausgesetzt sind? Vermutlich merken Sie, wie sich Ihre Atmung beschleunigt und Ihr Herz schneller schlägt. Sie werden wahrscheinlich Ihrem Chef oder Klienten nicht sagen können: „Einen Moment bitte. Ich muß gerade mal ein paar Minuten in Trance fallen. Ich bin gleich wieder da."

Wenn Sie sich aber in einer früheren Trancesitzung einen posthypnotischen Auslöser gegeben hätten, könnten Sie die Spannung nun auflösen, ohne daß es jemand merken würde.

Sie hätten z.B. in Selbsthypnose eine Verknüpfung machen können zwischen tiefer Atmung und Entspannung. Das tiefe Atmen wäre dann zum Auslöser geworden. Mit einigen tiefen Atemzügen könnte das Gefühl der Entspannung und Ruhe jederzeit zurückkehren.

Oder Sie könnten vielleicht das Aufbiegen einer Büroklammer zum Auslöser machen. Während Ihres Trancezustands könnten Sie das Aufbiegen einer Büroklammer mit dem Lösen Ihrer Muskelverspannungen assoziieren. Später, wenn Sie dann eine Büroklammer geradebiegen, wird diese Handlung die innere Entspannungsreaktion auslösen und den Streß beseitigen.

Posthypnotische Auslöser können ebenfalls eine Handlung oder ein erwünschtes Verhalten verstärken. Eine Kühlschranktür kann zum Auslöser für Ihren Entschluß werden, zwischen den Mahlzeiten nicht zu essen. Sie könnten sich suggerieren, daß ein Völlegefühl auftritt, sobald Sie sich der Kühlschranktür nähern.

Ein weiteres Beispiel dafür, wie posthypnotische Auslöser wirken können, ist der Umgang mit Schlafproblemen. Jerry, Angestellter einer Maklerfirma, konnte schwer einschlafen. Wiederholt gab er sich die Anweisung, daß er schläfrig werden würde, sobald er nachts das Licht im Schlafzimmer ausgeknipst und gegähnt hatte.

Während der ersten Wochen erinnerte er sich bewußt an seine Auslöser. Er wiederholte weiterhin in Selbsthypnose diese posthypnotische Suggestion. Allmählich schlief er schon bald nach dem Zubettgehen ein.

Nach einigen Wochen verstärkte er die Suggestion nur noch gelegentlich. Später vergaß er, daß der Lichtschalter ein Auslöser gewesen war, und gähnte automatisch, nachdem er zur Schlafenszeit das Licht ausgemacht hatte. Kurz danach fiel er in einen angenehmen Schlaf.

Posthypnotische Suggestionen müssen frühzeitig und wiederholt in den Trancesitzungen geübt werden, bevor Sie sie willentlich zum gewünschten Zeitpunkt anwenden können. Je häufiger Sie eine posthypnotische Anweisung in Selbsthypnose wiederholen, desto wirkungsvoller wird sie sein.

Kann man posthypnotischen Suggestionen und Auslösern widerstehen?

Obwohl eine posthypnotische Suggestion Merkmale einer Zwangshandlung aufweist, können Sie widerstehen, wenn Sie wollen. Normalerweise kommt es bei Selbsthypnose nicht vor, daß man sich nicht mehr erinnern kann. Also werden Sie sich in der Regel an gegebene Suggestionen erinnern. Durch Wiederholung kann eine suggerierte Anweisung so tief verankert werden, daß Ihnen der Auslöser nicht mehr bewußt ist. Aber Ihr Unbewußtes wird auf einen tief verankerten Auslöser reagieren, selbst wenn Sie sich bewußt nicht mehr an ihn erinnern.

Es gibt viele Beispiele von Menschen, die in Hypnose auf Anweisungen nicht reagieren. Stellen Sie sich beispielsweise vor, einer Person wird eingegeben, jedesmal ein Glas Wasser zu holen, wenn sie ein bestimmtes Auslösewort hört. Wahrscheinlich wird die Person dies tun, auch wenn sie nicht unbedingt weiß warum. Aber sie könnte sich auch entscheiden, nicht darauf zu reagieren.

Wenn Sie unter Hypnose Anweisungen bekommen, die gegen Ihre eigenen Interessen verstoßen, führt das dazu, daß Sie entweder spontan erwachen oder einfach einschlafen oder aber Einwände erheben.

Was ist, wenn Sie einen Auslöser nur ein einziges Mal übergehen wollen?

Angenommen, Jerry, aus unserem letzten Beispiel, schaltet eines Abends das Licht aus, gähnt, und noch bevor er einschläft, klingelt das Telefon. Wäre die posthypnotische Schlafsuggestion so stark, daß er das Telefon nicht abnehmen würde? Nein, er würde zum Telefon gehen. Tatsächlich könnte er, wenn es nötig sein sollte, auch wieder aufstehen, um einem Freund zu helfen oder etwas dergleichen.

Bei Selbsthypnose versteht Ihr Unbewußtes Ihre Absicht. Sollten Sie den Wunsch haben, die Wirkung aufzuheben, oder sollte ein Unfall oder eine andere Situation es erfordern, Ihre Reaktion zu verändern, können Sie dies leicht tun.

Selbsthypnose fördert Ihr Selbstvertrauen. Ihre positiven Ergebnisse führen dazu, daß Sie diesem Teil von sich selbst vertrauen.

Motivation und Logik

Ihre Motivation muß stimmen, wenn Sie einen möglichst großen Nutzen aus posthypnotischen Suggestionen und Auslösern ziehen wollen. Außerdem muß die Zielstellung logisch und für Ihre Situation relevant sein. Probieren Sie es aus, finden Sie die für Sie effektivsten Techniken!

Im vorherigen Beispiel war Jerry sehr stark motiviert, besser einschlafen zu können. Er hatte ein großes Verlangen, sich auszuruhen. Aber wenn er einen anderen Auslöser benutzt hätte, wie etwa das Schließen der Garagentür oder Geschirrspülen, wäre der Effekt wahrscheinlich ein anderer gewesen. Diese Handlungen und das Schlafen haben sehr wenig gemeinsam. Es gibt keine logische Folge oder Verbindung zwischen ihnen.

Jerrys Wahl der Auslöser, das Licht ausschalten und Gähnen, war seinem Ziel – Schlafen – angemessen. Er hätte auch Auslöser wählen können wie etwa ein Glas Milch trinken, das Heizkissen ausstellen oder seinen Bademantel ausziehen. Sie wären alle konsequent und auf das Schlafengehen bezogen.

Vielleicht erleben Sie bereits posthypnotische Auslöser

Viele Menschen haben schon einmal das Gegenstück von posthypnotischen Anweisungen erlebt, ohne sich dessen bewußt zu sein. Der Autor und Psychologe Daniel Araoz spricht von negativen Suggestionen, wenn eine Person ein Verhaltensmuster aufgebaut hat, das sich selbst in einer unbewußten und oft unproduktiven Art verstärkt.

Unser Patient Andrew ist ein Beispiel für eine negative Hypnose. Jedesmal, wenn Andrew in seine Hauseinfahrt fuhr, bekam er Angst ,ins Haus zu gehen. Er wußte, daß er mit seiner Frau über ihre finanziellen Probleme sprechen mußte, sein zweijähriges Kind brauchte Aufmerksamkeit, und es wartete noch Arbeit im Garten. Er war müde von der Arbeit, und da er sich zu Hause nicht entspannen konnte, war seine Erwartungshaltung entsprechend. Er hatte sich selbst negativ hypnotisiert, und es gab eine Reihe von Auslösern, die seine Gefühle verstärkten. Auf dem Heimweg erlebte er ständig negative Auslöser, die die Probleme, denen er sich stellen mußte, immer unangenehmer erscheinen ließen. Das Einbiegen in die Einfahrt war ein Auslöser, um Angst zu kriegen. Das Parken des Autos war ein Auslöser für Gedanken, wie er diese unangenehme Situation, die ihn im Haus erwartete, vermeiden könnte.

Mit Hilfe von Selbsthypnosetraining lernte Andrew, die negativen Auslöser in positive zu verwandeln und neue Auslöser für neue Reaktionen zu entwickeln. Er veränderte den Heimweg ein wenig, und dies brachte ihm eine *andere Sicht*, sowohl buchstäblich als auch metaphorisch. Die Heimfahrt wurde zu einer Gelegenheit, seinen Tag Revue passieren zu lassen und die Arbeit hinter sich zu lassen. Er konnte Dinge anders sehen und sich selbst beim Fahren mit Hilfe von tiefen Atemzügen von Streß lösen.

Schon bald konnte Andrew sich ein entspannteres Herangehen an seinen Heimweg vorstellen. Wie ein Flugzeug, das auf seine Landebahn zusteuert, konnte er ruhig und leicht in seine Einfahrt hineinfahren. Er stellte sich vor, wie er als erstes mit seinem Kind spielen würde, nachdem er nach Hause gekommen war. Dies wäre eine Zeit zum Spielen, um den Arbeitstag hinter sich zu lassen. Die Gespräche mit seiner Frau wollte er nutzen, um Probleme zu lösen. Obwohl er immer noch ein wenig Angst verspürte, wenn er in die Einfahrt fuhr, gelang es ihm, sie als Aufregung und positive Vorfreude zu empfinden statt als Angst vor etwas Schrecklichem.

Wenn er jetzt das Auto abstellte, konnte Andrew fühlen, daß er an einem sicheren, freundlichen Ort angekommen war. Was hatte sich verändert? Zunächst sein Blickwinkel: Er konnte die Heimfahrt, die er vorher nie mochte, als eine Zeit für sich selbst sehen. Er sagte seiner Frau, daß er zuerst mit dem Kind spielen wollte, wenn er nach Hause kam (der kleine Junge suchte ohnehin fast immer seine Aufmerksamkeit), und daß sie später miteinander reden könnten. Er plante diese Zeit zum Spielen für sich und sein Kind bewußt ein. Seine Sicht dieser Spiel-Zeit hatte sich verändert.

Andrew war es gelungen, seine negativen Auslöser zu erkennen und sie in positive zu verwandeln, indem er sowohl die Wahrnehmung seiner Situation als auch die Ausführung bestimmter Handlungen veränderte. Er änderte den Heimweg, und durch die Spiel-Zeit veränderte er den Übergang von Arbeit zu Freizeit, und er nahm sich Zeit, um mit seiner Frau Probleme zu besprechen, statt ihre Sorgen nur genervt anzuhören.

Nach ein paar Wochen freute sich Andrew auf seine Heimfahrt, hatte Spaß beim Spielen mit seinem Sohn und war in der Lage, Probleme mit seiner Frau zu besprechen. Auch sie fühlte sich besser, weil sie sich aktiv am Lösungsprozeß beteiligte und nicht mehr das Gefühl hatte, ihren Mann mit ihren Sorgen zu nerven.

Vielleicht untersuchen Sie einmal, welche negativen Auslöser es in Ihrem eigenen Leben gibt, und überlegen sich, wie Sie diese in positive Muster verwandeln können. Der erste Schritt ist, sich dieser Auslöser, sofern sie vorhanden sind, bewußter zu werden.

Entwickeln Sie spezifische posthypnotische Suggestionen

Suggestionen sollten situationsspezifisch sein. Beginnen Sie sich auf eine Sache zu konzentrieren – beispielsweise beim Kartenspielen, wenn Sie Ihre Konzentrationsfähigkeit steigern wollen. Entwickeln Sie posthypnotische Suggestionen und Auslöser für ein Ziel, wird Ihre Trancearbeit um so effektiver sein, je mehr Sie sich auf das Ziel konzentrieren.

Ihre auf ein Ziel gerichteten, verbesserten Fähigkeiten lassen sich auf viele andere Situationen übertragen. So wie sich Ihre Konzentrationsfähigkeit durch Selbsthypnose beim Kartenspiel steigern ließ, läßt sich Ihre Konzentrationsfähigkeit auch in anderen Bereichen, wie beispielsweise beim Sport, bei der Arbeit oder bei Hobbys steigern.

Sie könnten sich als Suggestion zur Verbesserung Ihrer Konzentrationsfähigkeit beim Kartenspiel zum Beispiel sagen:

„Wenn ich mich hinsetze, um Karten zu spielen, kann ich durch alles mögliche abgelenkt werden. Die Ablenkungen sind wie der Wind, der Regen oder Schnee, die durch eine offene Tür geblasen werden und die Karten verstreuen. Ich kann die Tür offenlassen oder sie schließen.

Beim nächsten Mal, wenn ich in ein Zimmer oder ein Haus gehe, um Karten zu spielen, oder jedesmal, wenn ich Ablenkungen ausschließen will, werde ich daran denken, daß ich die Tür hinter mir zumache. Ich kann immer noch sprechen, zuhören und mich ganz normal verhalten. Aber Geräusche, Stimmen und Anblicke, die mich hätten ablenken können, werden ausgeschlossen, wie der Wind und die Elemente, die von der Tür ausgeschlossen werden: Ablenkungen sind mir eine willkommene Abwechslung und dienen mir als Konzentrationshilfen."

Schaffen Sie für jede Situation spezifische Auslöser. Wenn Sie sich hinsetzen, verknüpfen Sie das mit Ausruhen und dem Befreien von Sorgen und Ablenkungen. Wenn Sie sich hinsetzen, setzen sich Aufmerksamkeit und Konzentration zu Ihnen.

Lassen Sie Ihrer Phantasie freien Lauf, um sich Handlungen auszudenken, die Sie für Ihre Auslöser als Signale nutzen können. Vielleicht wird Ihr Räuspern zu einem Auslöser, um sich von Ablenkungen „freizuräuspern". Wenn Sie sich den Schlips richten, kann dies ein Auslöser dafür sein, Ihre Aufmerksamkeit auf etwas Bestimmtes zu richten. Man sieht das bei Baseballspielern, wie sie ihre Helme zurechtrücken und ihre Trikots geradeziehen und dies wohl als Auslöser benutzen, um sich zu konzentrieren. Denken Sie daran, daß es besser ist, wenn zwischen Ihrem Ziel und den Auslösern eine logische Verbindung besteht!

Visualisieren Sie Ihre Suggestionen

Während Sie sich selbst posthypnotische Suggestionen geben, sollten Sie sich, wie bei allen Suggestionen, die Szene, die Handlung oder das Gefühl, das Sie sich wünschen, vorstellen. Tun Sie dies so lebhaft und detailliert wie möglich. Lassen Sie die Suggestion sich entfalten durch reichhaltige Farben, Gerüche, Geräusche, Strukturen, Geschmack, Stimmen und Gefühle aus der Szene, die Sie sich selbst beschreiben.

Posthypnotische Auslöser, um Ihre nächste Trance einzuleiten

Eine der grundlegenden Anwendungen posthypnotischer Auslöser besteht darin, Sie wieder rasch in Trance zu versetzen. Wir empfehlen Ihnen, sich beim Üben Ihrer Selbsthypnose Auslöser zu suggerieren, damit Sie in künftigen Sitzungen leichter in Trance fallen.

Geben Sie sich beispielsweise die Anweisung: *„Jedesmal, wenn ich mir demnächst wünsche, in diesen angenehmen und wohltuenden Trancezustand zurückzukehren, brauche ich mich nur auf einen bequemen Stuhl zu setzen, einige Minuten langsam und tief zu atmen und ich werde rasch zu einem Zustand entspannter Behaglichkeit und konzentrierter Aufmerksamkeit zurückkehren.“*

Beachten Sie, daß die Suggestion an eine Bedingung gebunden ist: es soll geschehen, wenn ich mir WÜNSCHE, wieder in Trance zu fallen, nicht einfach jedesmal wenn ich mich hinsetze und auf diese bestimmte Art atme. Ihre Absichten in Trance haben beträchtlichen Einfluß darauf, wie und wann die posthypnotischen Suggestionen und Auslöser wirken.

Zusammenfassung

1. Posthypnotische Suggestionen und Auslöser sind eine wirkungsvolle Erweiterung Ihrer Selbsthypnose. Es handelt sich dabei um Anweisungen, die Sie sich selbst geben, während Sie noch in Trance sind, um eine Reaktion hervorzurufen, die Sie sich außerhalb der Hypnose wünschen.
2. Suggestionen und Auslöser, die Sie sich gegeben haben, sollten für Sie akzeptabel und erstrebenswert sein. Obwohl Sie die Wirkung eines Auslöser wieder abstellen können, sollten Sie den starken Wunsch haben, Ihre eigenen Suggestionen auszuführen.
3. Verknüpfen Sie Ihre Auslöser mit der Handlung oder dem Ereignis, auf das Sie reagieren wollen. Finden oder erfinden Sie Handlungen, die der Situation oder dem Ereignis, auf welches Sie reagieren wollen, logisch vorausgehen oder damit verbunden sind.
4. Geben Sie sich vier oder fünf Suggestionen und Auslöser, um die gewünschte Verhaltensänderung oder die gefühlsmäßige Veränderung zu schaffen. Sie können eine Serie von Auslösern entwikkeln, die die Veränderung einleiten und verstärken.
5. Wiederholung ist der Schlüssel zum Erfolg. Durch Wiederholung prägen sich Ihrem Unbewußten die posthypnotischen Suggestionen und Auslöser ein. Geben Sie sich die Suggestionen möglichst früh etwa sechs- oder achtmal, bevor Sie die Wirkung erwarten. Wenn Sie beispielsweise posthypnotische Suggestionen zur Entspannung und Schmerzkontrolle bei einem Zahnarztbesuch anwenden wollen, üben Sie schon eine Woche vor dem Termin.
6. Stimmen Sie Ihre Anweisungen und Auslöser möglichst präzise auf die Situation ab, in der Sie die Veränderung machen möchten. Allgemeine, unspezifische Suggestionen sind weniger effektiv als solche, die sich auf präzise, wohldefinierte Ziel richten. Suggestionen in bezug auf Konzentration beispielsweise sind effektiver, wenn Sie sich auf spezifische Situationen beziehen, in denen Konzentration erforderlich ist.

   Nachdem Ihre Reaktion zu einer Gewohnheit geworden ist, werden Sie bemerken, daß Sie das erwünschte Resultat jederzeit erzielen können, wenn Sie es wollen, und daß es auch bei anderen Anwendungen wirkt. Das heißt, der Auslöser, den Sie benutzten, um sich beim Kartenspiel zu konzentrieren, läßt sich auch auf andere Situationen übertragen. Wiederholung kann helfen, dies zu ermöglichen. *Wie bei allen Dingen, die man lernt, macht Übung den Meister.*

7. Geben Sie sich am Ende jeder Selbsthypnosesitzung die posthypnotische Anweisung, beim nächsten Mal leichter und schneller wieder in Trance zu fallen. Finden Sie wie Joan ein Symbol für einen Auslöser, ein lebendiges Bild für das nächste Mal. Wenn Sie die gleiche Suggestion bei jeder Übung wiederholen, wird es mit jedem Mal leichter, sich in Trance zu versetzen.

Literatur

Alman, B.M. a. R.E. Carney (1980): Consequences of direct and indirect suggestion on success of posthypnotic behavior. *American Journal of Clinical Hypnosis.* 23 (Oct.).

Araoz, D.L. (1985): The new hypnosis. New York (Brunner/Mazel). [dt. Aus. (1989): Die neue Hypnose. Paderborn (Junfermann).]

Araoz, D.L. (1982): Hypnosis and sex therapy. New York (Brunner/Mazel). [dt. Ausg. (1993): Sex und Partnerschaft. Düsseldorf (Econ).]

Duncan, B. a. C. Perry (1977): Uncancelled hypnotic suggestions: Initial studies. *American Journal of Clinical Hypnosis* 19 (3).

Erickson, M.H., E.L. a. S.I. Rossi (1976): Hypnotic realities. New York (Irvington). [dt. Ausg. (1994): Hypnose. 4. Aufl. München (Pfeiffer).]

Hartland, J. (1971): Medical and dental hypnosis. Baltimore (Williams & Wilkins).

Kroger, W.S. (1977): Clinical and experimental hypnosis. Philadelphia (J.B. Lippincott).

Kapitel 6

Wie Sie Ihr Vorstellungsvermögen gezielt entwickeln können

Möchten Sie ein Experiment durchführen? Schließen Sie Ihre Augen. Nun sagen Sie, ohne nachzuschauen, wie viele Fenster es in Ihrem Haus oder Ihrer Wohnung gibt?

Die wichtige Frage ist nicht, wie viele Fenster es gibt, sondern *wie Sie auf das Ergebnis kommen.* Der natürliche Weg ist durch Vorstellungskraft. Wenn Sie die Anzahl nicht einfach vorher wußten, mußten Sie, um genau zu zählen, sich an jedes einzelne Fenster erinnern und es sich vorstellen.

Fast jeder von uns benutzt sein Vorstellungsvermögen auf die eine oder andere Art und Weise. Wir lösen damit unsere täglichen Probleme. „Die Seele denkt nie ohne Bild", sagte Aristoteles.

Sind Vorstellungen nur visuell?

Vorstellungen bestehen nicht nur aus Bildern. Wir können Vorstellungen nutzen, um alte und neue Emotionen entstehen zu lassen. Es lassen sich Gerüche empfinden, ebenso wie Geräusche, Berührungen und Geschmack.

Waren Sie schon einmal hungrig und haben sich an ein besonderes Gericht erinnert, das Sie einmal gegessen haben? Vielleicht schließen Sie für einen Augenblick die Augen und stellen sich Ihr Lieblingsessen vor. Ihre Erinnerung kann so lebhaft sein, daß Sie es fast schmecken können.

Bei der Vorstellung läuft Ihnen vielleicht das Wasser im Mund zusammen. Ihre Vorstellungskraft ist so stark, daß es durch die Erzeugung eines rein geistigen Bildes zu körperlichen Reaktionen kommen kann. Das ist eine der Stärken des Vorstellungsvermögens.

Sehen, Hören, Fühlen – was liegt Ihnen?

Wir alle verarbeiten Informationen und Wahrnehmungen auf unterschiedliche Art und Weise. Obwohl wir alle unsere fünf Sinne nutzen, bewerten wir die einzelnen Sinne unterschiedlich. Das ist normalerweise kein bewußter Prozeß – er hat sich seit früher Kindheit in unserem Unbewußten entwickelt.

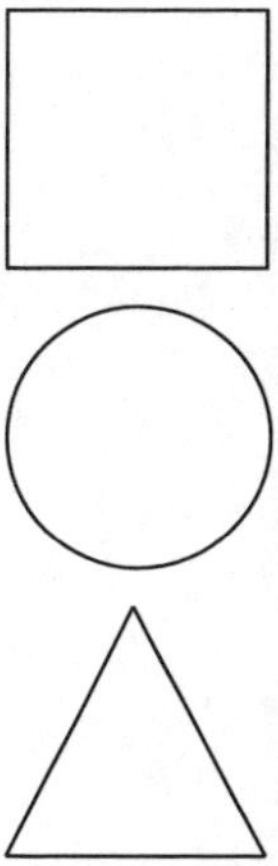

Manche Menschen reagieren vielleicht bewußter und sensibler auf visuelle Reize und hören weniger auf das, was um sie herum gesagt wird. Womöglich sind sie noch unempfindlicher gegenüber kinästhetischen Wahrnehmungen (Berühren, Anfühlen).

Natürlich *operiert niemand nur in einer dieser Sinnesmodalitäten.* Die Eingangsinformationen aus unseren Sinnen greifen ineinander, und wir nutzen Sie alle zu verschiedenen Zeiten. Aber die meisten von uns sind auf dem Kanal eines Sinnesorgans aufnahmefähiger als auf einem anderen.

Verhaltensforscher haben herausgefunden, daß die meisten Menschen primär über das Sehvermögen wahrnehmen. Vielleicht glauben Sie, daß Sie mit Ihren fünf Sinnen gleich viel wahrnehmen und empfinden. Das wäre jedoch recht ungewöhnlich, obwohl es sein kann, daß die Unterschiede zu gering sind, um sie wahrzunehmen.

Bei Ihrem Vorstellungsvermögen ist das vielleicht ähnlich. Visuell orientierte Personen neigen dazu, sich in erster Linie darum zu kümmern, wie ihre Vorstellung „aussieht". Vorwiegend mit Gehörsinn begabte Menschen „stimmen sich ein". Sie sind in ihrer Vorstellung am empfänglichsten für Geräusche und Stimmen. Kinästhetisch orientierte Menschen reagieren stark auf körperliche Empfindungen. Sie „spüren" oder „fühlen" Ihre Bilder.

Wie auch immer, wir benutzen alle unsere Sinne, um Informationen aufzunehmen und zu verarbeiten, und unsere Vorstellungen können sich aus *allen* Sinneswahrnehmungen zusammensetzen, selbst aus Geschmacks- und Geruchswahrnehmungen. Daher sind die Bilder am wirkungsvollsten, die Elemente aus allen unseren Sinnen beinhalten.

Über dieses Phänomen wurde unter der Bezeichnung „NLP" viel geschrieben und geforscht. Richard Bandler und John Grinder haben unter anderem aus Teilen von Milton Ericksons Arbeit ein Modell entwickelt, das ein Verständnis von Kommunikation und mentalen Prozessen vermittelt und als neuro-linguistisches Programmieren bezeichnet wird. In Kapitel 10 werden wir auf diese überaus bedeutsamen Prozesse und Kommunikationsmuster näher eingehen.

Verbessern Sie Ihr Vorstellungsvermögen

Wir alle können uns etwas bildlich vorstellen. Unsere Fähigkeiten sind jedoch unterschiedlich ausgeprägt. Je nach Lebenserfahrung und Umgebung haben wir unser Vorstellungsvermögen vielleicht häufig oder selten benutzt. Dr. Michael Samuels und Nancy Samuels (1975) haben einige Übungen entwickelt, die helfen, das Vorstellungsvermögen zu verbessern. Hier sind einige der Übungen, die Ihnen helfen können, Ihr bildliches Denken zu entwickeln:

1. Betrachten Sie eine der geometrischen Figuren (Quadrat, Kreis Dreieck oder eine ähnliche Figur). Dann schließen Sie Ihre Augen und stellen Sie sich die Figuren vor.
2. Untersuchen Sie nur kurz einen dreidimensionalen Gegenstand, wie z.B. eine Apfelsine, ein Glas Wasser oder eine Lampe. Schließen Sie wieder die Augen und stellen Sie sich den Gegenstand vor.
3. Stellen Sie sich ein Klassenzimmer aus Ihrer Schulzeit vor.
4. Visualisieren Sie Ihr Haus oder Ihre Wohnung. Gehen Sie von Zimmer zu Zimmer.
5. Visualisieren Sie einen Menschen, den Sie kennen.
6. Stellen Sie sich Ihr Spiegelbild vor.

Üben Sie das einen Monat lang ein Mal täglich. Das dauert kaum länger, als diese Anleitung zu lesen. Sie werden überrascht sein, wenn Sie merken, wie lebhaft und kreativ Ihre Vorstellungen werden.

Erweitern Sie die Übungen mit anderen Orten und Gegenständen, wenn Sie feststellen, daß sich Ihre Vorstellungskraft verbessert. Experimentieren Sie ruhig mit den von Ihnen bevorzugten Farben, Gerüchen und Gefühlen.

Wie wichtig ist die Vorstellungskraft für Selbsthypnose?

Vorstellungen und Bilder, die Sie in Verbindung mit Ihren Suggestionen entwickeln, sind wertvolle Werkzeuge. Bei der Selbsthypnose ist ein inneres Bild so viel wert wie ellenlange verbale Suggestionen.

Die Bildersprache ist so wertvoll, weil sie aus Ihrem Inneren kommt. Sie haben sie entwickelt. Sie haben die Bilder all Ihrer Erinnerungen, Erfahrungen und Gedanken versammelt. *Sie benutzen hier die Sprache Ihres Unbewußten, um Veränderungswünsche zu äußern.*

Personifizieren Sie Ihre Vorstellungen

Vorstellungsbilder von Suggestionen können unendlich vielfältig sein. Wenn hundert Leute gebeten werden, sich einen Spaziergang im Wald vorzustellen und ihre Bilder anschließend im Detail zu beschreiben, sind keine zwei gleich. Ihre Vorstellungen sind Kompositionen aus Erinnerungen an Waldspaziergänge und den damit verbundenen Erlebnissen.

Verwenden Sie Elemente aus Ihren eigenen Erlebnissen und Erinnerungen, um Ihre inneren Bilder entstehen zu lassen. Wir empfehlen Ihnen, in diesem Buch gegebene Suggestionen abzuändern und persönlich auf sich abzustimmen. Verwenden Sie Ihre eigenen Worte und inneren Bilder aus Ihrer Lebenserfahrung.

Wenn Sie sich zum Beispiel suggerieren, daß Ihr Arm sich kalt und taub anfühlt, stellen Sie sich eine Situation vor, in der Sie sich wirklich einmal kalt und taub fühlten. Vielleicht erinnern Sie Sich an eine Situation im Winter, in der Sie ohne Handschuhe unterwegs waren. Oder Sie erinnern sich vielleicht an eine Situation, in der Sie Ihre Hand in einen eiskalten Gebirgsbach hielten.

Wenn sich Ihre Arme oder Beine leicht anfühlen sollen, suggerieren Sie sich ein Bild, das die Erfahrung des Schwebens darstellt. Vielleicht rufen Sie sich eine Luftblase in Erinnerung, die vom Grund eines Schwimmbeckens aufsteigt; oder die „Fallschirmchen" der Pusteblumen, die im Wind dahinfliegen; oder vielleicht Sinnesempfindungen, die sie hatten, als Sie einmal in einem Tunnel oder einem Boot waren.

Das wichtigste ist, Vorstellungsbilder aus Ihrer eigenen Erfahrung zu schaffen. Nutzen Sie die Suggestionen in diesem Buch, um eigene Erinnerungen wachzurufen.

Vorstellungskraft und Krankheit

Es gibt viele Untersuchungen, in denen die Vorstellungskraft genutzt wurde, um gegen bestimmte Krankheiten vorzugehen. Die vielleicht bekannteste klinische Arbeit dieser Art ist die des Krebstherapeuten Carl Simonton und seiner Frau, der Psychologin Stephanie Matthews-Simonton (1982). Sie erforschten als erste den Nutzen von visueller Bildersprache als zusätzliche Anwendung bei der Behandlung von Krebspatienten.

Die Simontons beginnen mit einem Entspannungstraining. Der Patient wird gebeten, sich jede einzelne Muskelgruppe vorzustellen und dann das Loslassen der Spannung bewußt zu erleben (siehe Kapitel 4).

Nachdem die Patienten völlig entspannt sind, werden Sie aufgefordert, sich die Krebszellen als sehr schwach und Ihre eigenen weißen Blutkörperchen und Ihr Immunsystem als sehr stark vorzustellen. Sie werden ermutigt, ein inneres Bild zu entwerfen, in dem machtvolle, kräftige Krieger zum Schutz des eigenen Körpers angetreten sind. Die Krebszellen und Tumore werden als schwache Eindringlinge visualisiert, wie etwa Schnecken und langsame Weichtiere, die von den machtvollen Kriegern besiegt werden können.

Es gibt gute Gründe anzunehmen, daß die unbewußte Einstellung des Menschen Krankheiten gegenüber eine Schlüsselrolle bei ihrer Bekämpfung spielt. Sie hilft innere Kräfte zu sammeln, um Viren, Bakterien oder einen Tumor, der mit dieser Krankheit zu tun hat, zu überwinden. Vorstellungsbilder helfen, das Unbewußte positiv einzustellen.

Zwei Kollegen der Simontons (1982), die Psychologen Jeanne Achterberg und G. Frank Lawlis, führten weitere wissenschaftliche Analysen bei Krebspatienten durch, um zu erforschen, wie die Vorstellungskraft bei der Unterstützung konventioneller Therapien wirkt. Einer ihrer Patienten litt an Bauchspeicheldrüsenkrebs, eine Krebsart, bei der die Gesundungsrate nur bei fünf Prozent liegt.

Er stellte sich seine Krebszellen als Gürteltiere vor und seine weißen Blutkörperchen als weiße Ritter. Die Ritter stürmen durch sein Gefäßsystem, um die Gürteltiere mit ihren Lanzen aufzuspießen; jeder Ritter hatte eine bestimmte Quote zu erfüllen.

Zu einem bestimmten Zeitpunkt seiner Therapie beobachtete der Patient, daß viele seiner weißen Ritter dabei waren zu verschwinden. Eine Blutuntersuchung bestätigte, daß die Anzahl seiner weißen Blutkörperchen abgenommen hatte. Als er dies erfuhr, beschloß der Mann, seine Armee weißer Ritter zu verstärken. Bald darauf hatte sich die Anzahl seiner weißen Blutkörperchen wieder stabilisiert.

Kurze Zeit später berichtete er, daß seine weißen Ritter Schwierigkeiten hatten, jeden Tag ihre Quote von zu tötenden Kreaturen zu erfüllen. Sie mußten sich gewaltig anstrengen, um genug Viecher aufzuscheuchen. Eine Ultraschalluntersuchung zeigte, daß der Patient keinen Tumor mehr hatte.

Krebs ist oft eine komplexe Krankheit. Psychologische Methoden wie Hypnose können dazu eingesetzt werden, beim Patienten die Akzeptanz seiner Situation zu erhöhen. Hypnose eignet sich hervorragend als *zusätzlicher* Therapieansatz zu den sonst üblichen Behandlungsmaßnahmen. Vor allem hilft sie den Patienten bei der Entspannung. *Selbsthypnose darf jedoch niemals als alleinige Behandlungsmaßnahme bei Krebs oder ähnlichen Krankheiten eingesetzt werden.*

Wie hilft Vorstellungskraft dem Körper, Krankheiten zu überwinden?

Es scheint, daß wir besonders krankheitsanfällig sind, wenn unser normales Gleichgewicht gestört wird. Dr. Walter Cannon (1929) nannte dieses Gleichgewicht „Homöostase". Homöostatisches Ungleichgewicht kann durch verschiedene Einflüsse entstehen und kann das chemische Gleichgewicht des Körpers durcheinanderbringen.

Einer dieser Einflüsse ist Streß. Forschungsarbeiten von Dr. Hans Selye (1978), einem der führenden Wissenschaftler im Bereich der Streßforschung, zeigten, daß bei übermäßig gestreßten Ratten große

Mengen von Corticosteron abgesondert werden, einem starken Hormon der Nebennierenrinde.

Normalerweise verhindern solche Hormone Entzündungen oder das Eindringen von Erregern in den Körper. Das ist ein wunderbarer Mechanismus zur Abwehr einer Infektion oder einer Verletzung. Zu hohe oder zu lange anhaltende Konzentrationen dieses Hormons schwächen jedoch die Wirksamkeit des Immunsystems.

Eine weitere Veränderung, die durch Streß entsteht, ist eine Verminderung der T-Lymphozyten – der weißen Blutkörperchen, die Antikörper produzieren und Tumore abwehren. Wenn diese Immunfaktoren vermindert sind, gibt das Bakterien und Viren die Gelegenheit, sich zu vermehren und Krankheiten hervorzurufen.

Es wird immer klarer, daß der menschliche Geist diese Immunprozesse durch komplexe neurochemische Prozesse beeinflußt und lenkt. In seinem Buch *The Psychobiology of Mind-Body Healing* (1986) erklärt Ernest Rossi viele Theorien dieses Phänomens. Es ist ein aufregendes neues Forschungsfeld, das Psychoneuroimmunologie genannt wird. Wir werden dies im Kapitel 27 besprechen.

Viele Kliniker glauben, daß Ihr Unbewußtes Ihre innere Abwehr um so besser koordinieren kann, je besser Sie in der Lage sind, Ihren Körper und seine Problembereiche zu visualisieren. Ihr Unbewußtes kann den Taktstock führen und durch chemische Kontrollen die Komponenten Ihres Immunsystems so dirigieren, daß sie in Harmonie und mit Genuß zusammenspielen.

Zwei unterschiedliche Wege, durch Vorstellungskraft zum Ziel zu kommen

Wir bieten Ihnen zwei Methoden an, die Ihnen erlauben, Ihre Vorstellungskraft zielgerichtet anzuwenden. Eine Methode besteht darin, den Prozeß oder die Handlung, mit der Sie zum Erfolg kommen wollen, zu visualisieren.

Ein zweiter Weg, um das Vorstellungsvermögen für gewünschte Veränderungen zu nutzen, besteht darin, sich mentale Bilder des Ziels so vorzustellen, als wenn es schon erreicht wäre. Sowohl *Prozeßvor-*

stellungen als auch *Ergebnisvorstellungen* sind nützlich, um Ihre Ziele zu erreichen.

Einige Ziele – wie das des Patienten mit Bauchspeicheldrüsenkrebs – kann man besser mit Prozeßvorstellungen erreichen. Der Prozeß bestand darin, daß der Patient sich vorstellte, wie sein Immunsystem die Krebszellen suchte und zerstörte.

Wenn Sie versuchen, einen pochenden vaskulären Kopfschmerz zu stoppen, können Sie sich z.B. vorstellen, daß Ihre Hände und Füße warm werden. Eine warme Empfindung in Händen und Füßen kann dadurch erreicht werden, daß man mehr Blut zu diesen Bereichen fließen läßt, weg von den pochenden Gefäßen im Kopf.

Ihre Suggestionen und Prozeßvorstellungen können all Ihre Sinne mit einbeziehen. Sie können sich vorstellen, wie Sie mit Handschuhen vor einem offenen Kamin sitzen. Stellen Sie sich vor, wie das Feuer knistert und wie das Holz riecht. Stellen Sie sich vor, wie sich die Hitze des Feuers ausbreitet, während Sie in die Glut „blicken". Es hat sich gezeigt, daß diese Behandlung bei Kopfschmerzen hilft. Daniels (1980) berichtet von hervorragenden Ergebnissen bei der Anwendung von Hypnose zur Erhöhung der Handtemperatur.

Die beschriebene Imaginationsübung ist eine indirekte Methode zur Linderung von Kopfschmerzen.

Bei „Ergebnisvorstellungen" machen Sie sich ein Bild von sich selbst, das Sie so zeigt, wie Sie sind, sich fühlen oder reagieren, nachdem Sie Ihr Ziel schon erreicht haben. Wenn Sie daran arbeiten, mehr Selbstvertrauen zu bekommen, könnten Sie sich vorstellen, wie Sie zuversichtlich und direkt um eine verdiente Gehaltserhöhung bitten. Oder Sie stellen sich vielleicht vor, wie Sie mutig eine Rede gehalten haben, den Applaus hören und welche positiven Auswirkungen Ihre Präsentation haben wird, etwa die erhoffte neue Stelle oder eine Gehaltserhöhung.

Sie können sich eine derartige Rede mit folgender Belohnung als Prozeß vorstellen. Sie sind ruhig und entspannt, wenn Sie am Ende des ersten Teils Ihrer Rede eine Pause machen und sich darauf vorbereiten, den nächsten Teil locker und gelöst vorzutragen.

Der Golfspieler Jack Nicklaus berichtet, daß er sich jeden Schlag ganz genau vorstellt, bevor er den Ball schlägt. Er sieht in Gedanken, wie ein perfekter Schlag aussieht. Dann sieht er sich selbst den Schlag durchführen und genießt das gewünschte Resultat. Eine großartige Kombination von Ergebnis- und Prozeßimagination.

Eine Studie des Streßforschers Edmund Jacobson (1967) zeigt, daß das Visualisieren von Aktivitäten kleine, aber meßbare Reaktionen in den Muskeln hervorruft, die an der imaginierten Handlung beteiligt sind. Wenn Sie etwas bestimmtes im Geist durchgehen, ist es möglich, die positiven Resultate der Handlung in Ihre Erinnerung aufzunehmen. Sie informieren zugleich auch Ihr Unbewußtes über Ihre Erwartungen.

Sie können diese Technik des mentalen Durchspielens bei jedem Ziel, auf das Sie hinarbeiten, anwenden. Wenn Sie beispielsweise daran arbeiten, eine Allergie unter Kontrolle zu bekommen, machen Sie sich ein Bild davon, wie Sie auch bei Kontakt mit dem Allergen klar durchatmen. Wenn Sie besser schlafen wollen, stellen Sie sich vor, wie Sie im Bett liegen und tief schlafen.

Nehmen wir an, Sie wollen abnehmen. Stellen Sie sich vor, daß Sie schlank sind. Visualisieren Sie sich in einem Kleid oder einem Anzug in der von Ihnen angestrebten Größe. Stellen Sie sich vor, wie Sie sich in einem Spiegel oder einer Scheibe sehen, schlank und rank, wie Sie sein wollen. Dies ist Ergebnisimagination. Es ist nur eine von vielen Strategien, um abzunehmen.

Während derselben Trancesitzung können Sie auch Prozeßimagination anwenden. Stellen Sie sich vor, wie Sie kleinere Portionen essen. Sie sehen sich satt vom Tisch aufstehen, während noch Reste auf Ihrem Teller zurückbleiben. Sie visualisieren, wie Sie die Kühlschranktür zwischen den Mahlzeiten mit leeren Händen schließen. Das sind Prozeßvorstellungen. Sie verstärken die positiven Prozesse, die Sie durchlaufen müssen, um Ihr Ziel zu erreichen.

Prozeßimagination kann benutzt werden, um posthypnotische Suggestionen einzupflanzen – Suggestionen für Ihr Verhalten nach der Trance. So läßt sich Ihre Arbeit zielgerichtet ausdehnen und lassen sich Zwischenziele setzen. Wenn Sie an ein Ziel sowohl mit Prozeß- als auch mit Ergebnisimagination herangehen, vervielfachen Sie die Erfolgsrate Ihrer Selbsthypnose.

Wahrscheinlich werden Sie schon bei der allerersten Selbsthypnoseübung mit Vorstellungen arbeiten. Wenn man lernt, sich zu entspannen, sind sie ein integraler Bestandteil. Ihre Aufmerksamkeit wird dabei nach innen gelenkt, um einen Trancezustand aufzubauen. Die Vorstellungsbilder sind Ihre eigenen; Sie brauchen Sie nicht mitzuteilen oder aufzudecken. Seien Sie also kreativ, erlauben Sie den positiven Bildern, sich frei zu entfalten.

Malen Sie Ihre Bilder mit Farben, Tönen, Düften, Berührung und Geschmack aus. Lassen Sie sich ganz von Ihren Bildern einnehmen, während sich die Szenen entwickeln und auf Ihr Ziel zubewegen.

Erlauben Sie Ihren positiven Vorstellungen, so real wie möglich zu werden. Ihre Selbsthypnose wird um so erfolgreicher sein, je besser Sie Ihre Imagination einsetzen. Nehmen Sie sich Zeit, Ihre Vorstellungskraft mit den Übungen am Anfang dieses Kapitels zu trainieren.

Sie entwickeln eine Kommunikation mit Ihrem Unbewußten. Lernen Sie, mit Hilfe Ihrer inneren Filme und Momentaufnahmen mit sich selbst klarer und reichhaltiger zu sprechen. Die inneren Bilder kommen in Hypnose viel schneller und vollkommener in Ihr Unbewußtes, als zu anderen Zeiten. Kritisieren und analysieren Sie in Selbsthypnose nicht jedes Bild. Sie müssen nicht herausfinden, wie, wo, warum und wann es in Ihre vorgefaßten Ansichten über bestimmte Dinge paßt.

Es wird anfangs wohl nur unmerkliche Veränderungen geben. Schließen Sie mit sich selbst einen Vertrag ab, daß Sie an einem *Veränderungsprogramm* arbeiten – der Erfolg wird kommen.

Halten Sie Ihre Bilder positiv. Werfen Sie negative Gedanken und selbstzerstörerische Bilder über Bord. Negative Bilder helfen Ihnen bei der Selbsthypnose unter keinen Umständen. Ihr gesamtes Unbewußtes arbeitet am besten auf positive, bestätigende Ziele hin.

Ihre Imagination kann zu einer Kreuzfahrt auf Ihrem eigenen Schiff werden. Sie bestimmen das Ziel. Die Mahlzeiten sind so lecker wie in Ihren schönsten Träumen. Machen Sie es sich so bequem und gemütlich wie möglich und sehen Sie sich als die Person, die Sie gern sein möchten.

Sie sind Kapitän und Mannschaft. Sie bestimmen die Geschwindigkeit. Und das beste ist, daß Sie die Kreuzfahrt überhaupt nichts kostet. Entwickeln Sie Ihre eigenen Fähigkeiten, um Ziele zu formulieren und Veränderungen herbeizuführen. Mit etwas Energie und Vorstellungskraft gelingt es Ihnen, Ihre Grenzen zu erweitern.

Literatur

Bandler, R. a. J. Grinder (1979): Frogs into princes. Moab, UT (Real People Press).

Bandler, R. a. J. Grinder (1975): Patterns of the hypnotic techniques of Milton H. Erickson, M.D., Vol. 1. Cupertino, CA (Meta Publications).

Bandler, R. a. J. Grinder (1976): The structure of magic, Vol 1. Palo Alto, CA (Science and Behavior Books).

Cannon, W.B. (1929): Bodily changes in pain, hunger, fear and rage. New York (Appleton).

Crailsneck, H.B. a. J.A. Hall (1985): Hypnotic suggestions with cancer patients. In: Clinical hypnosis: Principles and applications (2nd ed., ch.9). Orlando (Grune & Stratton).

Daniels, L.K. (1980): The effect of automated hypnosis and hand warming on migraine: A pilot study. *American Journal of Clinical Hypnosis* 19: 91-94.

Jacobson, E. (1967): Biology of emotions: New understanding derived from biological multi disciplinary investigations, first electrophysical measurements. Springfield, IL (C.C. Thomas).

Selye, H. (1978): The stress of life. New York (McGraw-Hill).

Kapitel 7

Sich selbst in Trance versetzen

Die meisten von uns können sich erinnern, wie es war, als wir zum ersten Mal Fahrrad gefahren sind. Es war eine unsichere, aber aufregende Erfahrung. Doch bald merkten wir, daß wir mit dem Gefährt umgehen konnten und eine neue Fertigkeit erlernt hatten. Wir konnten das Gleichgewicht halten und unsere Bewegungen koordinieren.

Natürlich konnten wir das auch schon vorher, aber dies war etwas Besonderes: eine Erweiterung unserer Fertigkeiten, die uns Spaß machte. Genau das können Sie von Ihrer ersten Erfahrung mit Selbsthypnose erwarten. Sie haben bereits viele der Fähigkeiten und wollen sie vielleicht mit Hilfe dieses Buches verbessern, zum Beispiel Ihre Konzentration und Ihr Gedächtnis. Und Sie besitzen bereits die Grundlagen, um Veränderungen einzuleiten: Schmerzkontrolle, Streßbewältigung, Kontrolle von Abhängigkeiten, körperliche Veränderungen, erzieherische Fähigkeiten. Selbsthypnose ist eine natürliche Fertigkeit wie Radfahren; sie wird Ihnen helfen, dorthin zu kommen, wohin Sie wollen.

Machen Sie es sich bequem

Beginnen Sie am besten an einem Ort, den Sie sich mit Hilfe des dritten Kapitels ausgewählt haben.

Vielleicht sind Sie wegen der Hypnose voll froher Erwartung. So wie damals mit dem Fahrrad. Das ist natürlich.

Selbsthypnose ist eine individuelle, persönliche Erfahrung; daher müssen Sie eine aktive Rolle übernehmen, um für sich die beste Technik zu entwickeln. Wie werden Ihnen eine Reihe von Suggestionen und Beispielen anbieten. *Sie können das eine oder andere ausprobieren oder Ihre eigenen Techniken entwickeln.*

Lesen Sie dieses Kapitel ganz durch, bevor Sie mit Ihren Übungen beginnen. Treffen Sie die empfohlenen Vorbereitungen und prägen Sie sich die Suggestionen aus Kapitel 10 ein, damit Sie Ihre eigenen persönlichen Suggestionen formulieren können. Bei diesen Vorbereitungen werden Sie erfreuliche und überraschende Erfahrungen machen.

Nehmen Sie sich etwas Zeit, um sich mit einer der erlernten Techniken zu entspannen. Ob Sie aktive oder passive Progressive Methoden anwenden, liegt ganz bei Ihnen. Entspannen Sie sich so tief wie möglich.

Die Fixierung der Augen

Wir möchten hier darauf hinweisen, daß viele der folgenden Erklärungen zu einem Skript zusammengefaßt werden können. Schreiben Sie es für Ihre eigenen Zwecke um oder nehmen sie es auf Tonband auf.

Nehmen Sie eine entspannte, bequeme Position ein und atmen Sie mehrmals tief durch. Schauen Sie nach vorn. Suchen Sie sich einen kleinen Gegenstand oder einen Punkt etwas oberhalb der Augenhöhe. Dieser Punkt kann ein Fleck an der Wand sein, die Blattspitze einer Pflanze, ein Teil eines Bildes oder irgend etwas anderes, das sich weder bewegt noch verändert.

Richten Sie all Ihre Aufmerksamkeit auf den Punkt oder Gegenstand – schauen Sie fest darauf und nehmen Sie ihn genau unter die Lupe. Atmen Sie weiterhin langsam und tief. Richten Sie all Ihre Aufmerksamkeit und Gedanken auf den Punkt. Es geht darum, alle unwesentlichen Gedanken auszuschalten und alle Probleme, Sorgen und Ängste so gut es geht zu vergessen. Es macht nichts, wenn sich ab und zu der eine oder andere Gedanken in Ihr Bewußtsein einschleicht. Das läßt sich kaum vermeiden, wenn man keine Übung hat, aber genau das tun Sie ja gerade – üben. Bald wird es Ihnen leichter gelingen, sich von störenden Gedanken zu befreien.

Wenn Ihnen etwas anderes in den Sinn kommt, blenden Sie es wieder aus und richten Sie Ihre Gedanken wieder auf „Ihren Punkt“. Atmen Sie weiterhin langsam und tief. Sagen Sie sich selbst, wie entspannt Sie sich fühlen. Wenn Sie sich auf den Punkt konzentrieren, lassen sich störende Gedanken vermeiden.

Beginnen Sie beispielsweise mit folgender Autosuggestion: „Mit jedem tiefen Atemzug fühle ich, wie die Entspannung sich von meinen Schultern über den Rücken in meine Beine und bis hinunter in meine Zehen ausbreitet. Je mehr ich mich entspanne, desto besser fühle ich mich." Fassen Sie diese Suggestionen in Ihre eigenen Worte. Die genaue Formulierung ist nicht wichtig. Wenn Ihr Ziel – Entspannung – klar ist und Ihre Suggestionen positiv sind, wird Ihre Absicht verstanden.

Wenn Sie merken, daß Ihre Augen feuchter werden und Sie zu blinzeln anfangen, geben Sie sich Autosuggestionen, reden Sie Ihren Augen gut zu, sich zu schließen: „Während meine Augen weiterhin auf den Punkt gerichtet sind, bemerke ich, wie sie müde werden. Mit jedem Blinzeln verringern sich meine Sorgen, Bedenken und Ängste. Mein Körper ist entspannt und gelöst, und meine Augen und mein Geist können sich genauso wohl fühlen, entspannt und gelöst."

Bei den ersten Übungen wird es vielleicht 10 oder 15 Minuten dauern, bis Ihre Augen ermüden. Es kann aber auch sein, daß sie schon nach wenigen Minuten müde und schwer werden. Sie entscheiden selbst, wann Sie die Augen schließen möchten. Niemand braucht das für Sie zu entscheiden.

Fahren Sie etwa mit der folgenden Autosuggestion fort: „Während meine Augen weiterhin auf den Punkt gerichtet bleiben, merke ich, daß ich selbst entscheiden kann, wann ich meine Augen schließen will. So wie ich beispielsweise entscheide, wann ich abends schlafen gehe, entscheide ich, wann es für mich am angenehmsten ist, meine Augen zu schließen."

Lassen Sie, so gut Sie können, einen gleichmäßigen Fluß mentaler Suggestionen dieser Art laufen. Sie können dieselbe Sache auf vielfältige Weise sagen. Verändern Sie die Worte oder die Reihenfolge der Worte ein wenig. Finden Sie unterschiedliche Wege, dieselbe Idee zu vermitteln; die Idee, sich auf einen Punkt zu konzentrieren, auf Entspannung und auf Ihre Augen, die sich schließen wollen. Das Wiederholen der Suggestionen und die Eintönigkeit der Konzentration auf den Punkt werden in Kürze bewirken, daß sich Ihre Augen schließen wollen. Selbst wenn sie sich nach 10 oder 15 Minuten noch so anfühlen, als seien sie weit offen, macht das nichts, Sie können sie einfach sanft schließen.

Fahren Sie mit den Autosuggestionen auch mit geschlossenen Augen fort. Sagen Sie sich, daß Sie entspannt sind und sich sicher und wohl fühlen. Diese Suggestionen können denen ähneln, die Sie bei der progressiven Entspannung benutzt haben. Auch wenn Sie sich vielleicht schon sehr entspannt und wohl fühlen, setzen Sie die Autosuggestionen fort, um das Gefühl der Entspannung in Ihrem ganzen Körper zu verstärken und auf alle Bereiche zu übertragen.

Ihre Autosuggestionen können als Prozeß- oder Ergebnisvorstellungen „gesehen" beziehungsweise durch Wiederholung der Worte und durch Konzentration auf Ihre innere Stimme „gehört" werden.

Die Anleitung zur persönlichen Abstimmung Ihrer Suggestionen in Kapitel 6 wird Ihnen helfen, Suggestionen zu entwickeln, mit denen Sie Gefühle verstärken können; Gefühle von Schwere, Leichtigkeit, Kälte, Wärme oder Taubheit des ganzen Körpers. Achten Sie bewußt auf jede Veränderung, die Sie bemerken.

Nutzen Sie Ihre Anspannungen oder Ängste, um sich in Trance zu versetzen

Im größten Teil dieses Buches werden Entspannung und Trance als Zielsetzungen behandelt. Es ist jedoch nicht nötig, entspannt zu sein, um in eine hypnotische Trance zu fallen. Wenn Sie körperlich angespannt sind oder Ängste erleiden und sich davon nicht befreien können, so ist es auch möglich, Ihren gestreßten, ängstlichen oder angespannten Zustand zu nutzen, um sich in Trance zu versetzen.

In seinem Buch *Trancework* (1990) beschreibt der Psychologe Michael Yapko, wie man Angst und Spannung nutzen kann, um in Trance zu fallen. Lassen Sie den gegenwärtigen geistig-seelischen Zustand zu, nehmen Sie ihn an – gleichgültig welcher Art er sein mag – ängstlich, vorsichtig oder auch skeptisch – wichtig ist, daß Sie ihn akzeptieren und nicht deswegen in einen Konflikt geraten.

Denken Sie dann an ein Erlebnis aus der Vergangenheit, in dem Sie eine so angenehme Erfahrung gemacht haben, daß Sie gar nicht auf die Dinge achteten, die um Sie herum geschahen.

Bei dieser Selbsthypnosetechnik lenken Sie Ihre Aufmerksamkeit auf ein angenehmes Erlebnis in der Vergangenheit, ein Erlebnis von Geborgenheit, Ruhe, Entspannung und Vertieftsein. Dadurch kommt es zu einer Neuorientierung Ihrer Empfindungen auf den erinnerten Gefühlszustand und zu den entsprechenden physiologischen Reaktionen.

Eine andere Strategie wird von Ernest Rossi (1976) beschrieben, der berichtet, wie Erickson die Angst seiner Patienten nutzte, um sie in Trance zu versetzen. Sie können bei Ihrer eigenen Selbsthypnose eine ähnliche Strategie anwenden. Konzentrieren Sie sich auf ein visuelles Ziel oder auch auf Ihre eigenen körperlichen Spannungs- oder Angstgefühle als Ausgangspunkt für Versenkung und Ablenkung.

Zum Beispiel beschreibt Rossi (1976) in *Hypnotic Realities*, daß Erickson einen überaus ängstlichen Patienten eine Uhr fokussieren ließ: „Sie können Ihre Aufmerksamkeit auf den Sekundenzeiger einer Uhr richten. Folgen Sie der Bewegung des Zeigers mit Ihren Augen. Richten Sie Ihre ganze Aufmerksamkeit auf diese Bewegung. Erleben Sie die Anspannung Ihres Körpers, während Sie Ihre Aufmerksamkeit auf die Bewegung des Sekundenzeigers der Uhr richten. Sie können sich vorstellen, wie die Zahnräder in der Uhr ineinandergreifen und sich drehen. Stellen Sie sich vor, wie elektrischer Strom fließt, so wie auch die Energie in Ihrem eigenen Körper fließt.

Konzentrieren Sie sich ganz auf diese Übung, und wenn Sie merken, daß Sie durch andere Gedanken abgelenkt werden, heißen Sie diese Gedanken willkommen, während Sie weiter mit den Augen die Uhr fokussieren. Vielleicht nehmen Sie wahr, daß Ihr Herz schnell schlägt oder mit dem Rhythmus übereinstimmt, mit dem sich der Sekundenzeiger bewegt. Versuchen Sie diesen Rhythmus zu finden und vertiefen Sie sich ganz in ihn."

Mit dieser Methode können Sie sich in Trance versetzen. Durch eine Überleitung können Sie sich dann auf einen anderen Fokus und neue Ziele konzentrieren.

Der nächste Schritt besteht darin, daß Sie sich Ihre Autosuggestionen vorstellen.

Visualisieren und Selbsthypnose

Das bildliche Vorstellen Ihrer Suggestionen ist einer der besten Wege, um Ihrem Unbewußten Anleitungen zu geben. Lassen Sie Ihre Vorstellungen so real wie möglich werden. Malen Sie sich Bilder selbst aus, die Ihre eigenen Entspannungssuggestionen abbilden.

Vorstellungen hängen eng mit Ihrem Unbewußten zusammen. Man könnte die Vorstellungswelt als Sprache des Unbewußten bezeichnen. In Selbsthypnose richten Sie Ihre Suggestionen an Ihr Unbewußtes. Dies ist eine vollkommen sichere, gesunde Erfahrung. Sie ähnelt den Bildern, die Sie vielleicht vom Tagträumen kennen. In diesem Buch verwenden wir den Begriff Unbewußtes weitgehend identisch mit dem Begriff Unterbewußtsein.

Vertiefen Sie sich in Ihre inneren Bilder und Gefühle. Lassen Sie sich fließen oder schwingen. Je mehr Sie sich von Ihrem bewußten, rationalen, logischen Denken lösen, desto schneller werden Sie durch Selbsthypnose eine innere Bereicherung erfahren.

Bilder zum Erproben Ihrer Vorstellungskraft

Mit den folgenden Bildern können Sie Ihre Vorstellungskraft erproben. Ausgehend von dem entspannten Zustand, in dem Sie sich schon befinden, lassen Sie sich auf dem Fluß neuer Erfahrungen dahintragen. Stellen Sie sich vor, wie Sie die Augen schließen und sich schwer fühlen, bis sie völlig entspannt sind. Lassen Sie dann die folgenden neuen Bilder auf sich wirken. Fühlen Sie sich nicht an die Bilder gebunden, die hier präsentiert werden.

Schaffen Sie neue Suggestionen und Bilder, indem Sie sich auf Ihre eigenen Erfahrungen und Erinnerungen stützen. Verwenden Sie Bücher oder Bilder aus Illustrierten oder aus dem Fernsehen, die Ihnen Entspannung suggerieren. Sie können diese Vorstellungen im voraus auf ihre Wirksamkeit überprüfen.

Zum Beispiel: „Sie sind vielleicht vor kurzem durch ein belebtes Viertel Ihrer Stadt gegangen und haben einen ruhigen Laden entdeckt. Oder Sie erinnern sich vielleicht an ein bestimmtes Geschäft in einem Einkaufszentrum, in dem es still und gemächlich zuging. Auch

Sie können Ruhe und Gelassenheit erfahren, jedesmal, wenn Sie Selbsthypnose praktizieren."

„Stellen Sie sich das Spielflugzeug eines Kindes vor, mit dem dazugehörigen Gummiband. Vielleicht hatten Sie früher auch eins und können sich noch an das Spielzeug erinnern.

Lassen Sie das Bild eines gespannten, aufgedrehten Gummibandes auftauchen. Das Band löst sich, und das Flugzeug gleitet davon. Benutzen Sie dieses Bild, um das Loslassen der Verspannung in Ihren Muskeln zu symbolisieren."

„Stellen Sie sich ein abgefallenes Blatt vor, das auf einem ruhigen Fluß dahintreibt. Während Sie das Blatt beobachten, zählen Sie innerlich von 30 bis 1. Langsam, bei jeder Zahl, stellen Sie sich vor, wie das Blatt zur Mündung des Flusses, oder auf eine kleine ruhige Bucht zutreibt. Folgen Sie dem Blatt zu einem Ort, an dem Sie allein sind, wo niemand Sie stört.

Während das Blatt langsam flußabwärts fließt und Sie die Zahlen langsam abzählen, fühlen Sie, wie sich Ihre Muskeln entspannen. Sie fühlen, wie Sie in Ihrer Selbsthypnose eine entspannende Unterströmung entwickeln, und viel, viel später, wenn Sie einen tiefen Atemzug nehmen, können Sie dieses Gefühl erleben."

Verbinden Sie diese mentalen Bilder mit Ihren eigenen Erfahrungen und machen Sie sie so lebendig und realistisch wie möglich. Bringen Sie möglichst alle Sinne mit ein. Stellen Sie sich die Aussicht vor, den Geruch des Flusses, des Meeres und der Luft. „Hören" Sie das Plätschern des Wassers, das Pfeifen des Windes und den Gesang der Vögel. „Fühlen" Sie die Kälte des Wassers, die Wärme der Sonne, den Wind in Ihren Haaren.

Die Treppe zur Entspannung

In dem folgenden Beispiel ist ein anderes inneres Bild beschrieben, mit dessen Hilfe Sie sich in Selbsthypnose versetzen können. Wir nennen es die Treppe zur Entspannung.

Es kann ein Ort sein, der Ihnen bekannt ist oder den Sie einmal besucht haben: ein Urlaubsort, ein Ort auf dem Land oder in den Bergen. Sie können die Treppen zu einem realen oder nur in der Phantasie bestehenden Ort hinuntersteigen.

Stellen Sie sich vor, wie Sie oben am Anfang einer langen Wendeltreppe stehen oder auf den nebligen Höhen eines Berggipfels. Es gibt etwa 50 Stufen nach unten. Am Fuß der Treppe erwartet Sie der entspannendste und angenehmste Ort, den Sie sich vorstellen können.

Suggerieren Sie sich das folgende Bild: „Ich atme tief und gehe die Treppe hinunter. Ich verlasse den Nebel und die Wolken, so wie ich das Grau meines arbeitsreichen Tages hinter mir lasse. Mit jedem Schritt nähere ich mich langsam einem angenehmen und entspannten Ort. Während ich mich mit jedem Schritt diesem neuen Ort nähere, mit jeder Stufe eine neue Erfahrung mache, merke ich auch, wie mich die Neugier immer mehr packt, was ich wohl empfinden werde, während ich mich immer weiter auf das Ende der Treppe zubewege.

Ich brauche weder Zug, noch Flugzeug oder Auto für diese Reise. Ich brauche weder Fahrschein, Geld, noch Gepäck. Alles, was ich brauche, ist mein Vorstellungsvermögen, und ich kann alle nötigen Schritte unternehmen, die mich zu meiner neuen und zunehmend vertrauteren Erfahrung tiefer Entspannung führen."

Während Sie sich dies suggerieren, haben Sie vielleicht Lust, jeden Schritt nach unten mitzuzählen. Oder Sie können sich einfach jeden Schritt, den Sie die Treppe hinuntersteigen, vorstellen. Es ist nicht wichtig, ob Sie jeden Schritt mitzählen oder ob Sie sich den Abstieg einfach vorstellen. Während Sie sich absteigen sehen, können Sie fühlen, wie Ihre Entspannung sich ausbreitet.

Versuchen Sie nicht, Ihre Suggestionen zu analysieren – lassen Sie sich von ihnen treiben. Wenn Sie sich etwas sagen, das keinen Sinn macht, ignorieren Sie es und gehen Sie mit einer anderen Suggestion weiter.

Wenn Sie sich ein Bild nur schwer vor Augen führen können, nehmen Sie es leicht – denken Sie sich ein anderes aus. Lassen Sie Ihrem Ziel einen kontinuierlichen Strom von Worten, Bildern und Symbolen entgegenfließen.

Das Erzeugen körperlicher Reaktionen

Die Wahrnehmung von Körperveränderungen, wie etwa Gefühle von Kälte, Wärme und Taubheit in den Extremitäten oder anderen

Teilen Ihres Körpers, ist eine Möglichkeit, sich zielgerichtet zu konzentrieren. Sobald Sie solche Veränderungen fühlen, wissen Sie, daß Sie in Ihrer Übung eine bestimmte Tiefe von Selbsthypnose erreicht haben.

Wenn Sie das Gefühl haben, daß Sie sich durch die vorhergehenden Suggestionen genügend gelöst und entspannt haben, richten Sie Ihre Aufmerksamkeit auf Ihren Arm.

Rechter oder linker Arm – das spielt keine Rolle –, „sehen" Sie ihn mit immer noch geschlossenen Augen vor sich. Stellen Sie sich vor, daß Ihr Arm sich immer kälter anfühlt oder wärmer oder schwerer oder daß er immer tauber wird. Lassen Sie Ihre Suggestionen sich entfalten, um einen oder mehrere dieser Effekte zu verstärken. Wenn Sie Kälte als angenehm empfinden, stellen Sie sich vor, wie Ihnen eiskaltes Wasser den Arm hinunterläuft und wie Ihre Finger empfindungslos werden.

Wenn Ihnen Wärme angenehm ist, stellen Sie sich Sonnenstrahlen auf Ihren Armen vor, angenehm und entspannend. Lassen Sie diese Gefühle sich entfalten. Nehmen Sie diese Gelegenheit wahr, sich offener und entspannter zu fühlen.

Während Sie sich weiterhin auf Ihren Arm konzentrieren, spüren Sie wohl allmählich ein kühles Prickeln, oder er fühlt sich schwer oder warm an. Verstärken Sie dieses Gefühl durch weitere Suggestionen:

„Während meine Hände sanft und bequem an meiner Seite liegen, spüre ich etwas Neues. An der Stelle, wo meine Finger liegen, fühle ich ein Prickeln. Es fühlt sich an, wie wenn man die kalte Oberfläche eines Metalltisches berührt. Es könnte aber auch ein warmes Kribbeln sein, wie wenn ich am Strand meine Hand in den warmen Sand lege.

Es ist nicht wichtig, welches Gefühl ich empfinde. Meine Hand kann sich sogar schwerelos anfühlen. Oder sie fühlt sich schwer an, wie wenn Gewichte den Handrücken nach unten drücken.

Vielleicht ist es ein Gefühl der Leichtigkeit, als ob überall gasgefüllte Ballons befestigt wären - an den Fingern, an meinem Handgelenk und am Ellbogen. Die Ballons machen meine Hand und meinen Arm leicht.

Meine Hand fühlt sich völlig schwerelos an, als wollte sie davonschweben. Es ist eine angenehme Leichtigkeit, ein gelöstes Gefühl, als ob mein Arm nicht mehr mit dem Körper verbunden ist und wie ein Ballon entschweben will."

Das ist eine Kostprobe der vielen Empfindungen, die aufkommen können. Ob sich zuerst Kälte, Wärme, Schwere, Leichtigkeit, Taubheit oder irgendeine andere Reaktion einstellt, ist nicht wichtig. Akzeptieren Sie dieses Gefühl, damit es sich möglichst weit ausbreitet. Nehmen Sie sich Zeit. Vielleicht erleben Sie Veränderungen sofort ,oder aber erst bei der zweiten oder dritten Sitzung. Sie werden bald in der Lage sein, ein Gefühl der Taubheit oder Schwerelosigkeit von Ihren Fingern bis zu Ihren Schultern zu spüren. Ihre Hand oder Ihr Arm werden sich ganz leicht anfühlen, sie werden sich heben als wären sie schwerelos.

Es ist nichts Mysteriöses an dieser neuen Erfahrung. Sie befinden sich in einer hypnotischen Trance und haben eine Körperreaktion ausgelöst, indem Sie Ihrem Unbewußten Anweisungen gegeben haben. Das ist Selbsthypnose. Prägen Sie sich ein, wie sich das anfühlt. Denken Sie später, vielleicht in einigen Stunden, noch einmal über diese Erfahrung nach.

Der Grund, warum Sie das Erlebte nicht sofort analysieren sollten, liegt in Ihrem Unbewußten. Wenn Ihr Bewußtsein beginnt, die Suggestionen und den Prozeß auseinanderzupflücken, könnte das den Prozeß der Selbsthypnose zerstören.

Das Auslösen intellektueller Reaktionen

Eines der schwierigsten Dinge für Menschen, die viel denken, ist es, damit aufzuhören. Wenn Ihnen viele Gedanken im Kopf herumgehen, die Sie davon abhalten, sich in Selbsthypnose zu versetzen, empfehlen wir Ihnen, sich eben auf die Gedanken zu konzentrieren. Achten Sie darauf, wie sie auftreten, wie sie Ihnen im Kopf herumschwirren und dann wieder verschwinden. Achten Sie darauf, wie die Gedanken ineinander übergehen oder wie Sie sich auf einen Gedanken konzentrieren und ihn festhalten. Versuchen Sie, nicht an Ihr Denken zu denken. Es ist fast unmöglich, NICHT an etwas zu denken, auf das die Aufmerksamkeit gelenkt wurde.

Denken Sie also später an Selbsthypnose und denken Sie noch später an Ihre eigenen Gedanken. Und morgen versuchen Sie auf jeden Fall, sie zu zählen.

Wie Sie vielleicht bemerken, ist dies eine Strategie, bei der man zuerst einen inneren Konzentrationspunkt für die Gedanken findet, und dann zu einer anderen inneren Erfahrung übergeht. Atmen Sie durch Ihre Nase ein und erzeugen Sie beim Ausatmen den Ton „ohhhhhh", bis fast keine Luft mehr in Ihrer Lunge ist und enden Sie dann auf den Ton „mmm": „Ohhhhhhhhhhmmm". Es ist, als wenn Sie das englische Wort „home" ganz langgezogen aussprechen würden, aber ohne das „h" am Anfang. Es ist ein alter meditativer Ton, von dem man sagt, er sei die Antwort auf das Zen Koan „Wie klingt es, wenn man mit einer Hand klatscht?" Während die meisten Geräusche durch den Kontakt zweier Gegenstände hervorgerufen werden, entsteht „ohhm" durch Kontakt der eingeatmeten Luft mit dem Stimmband, der Metapher einer Hand. Denken Sie später darüber nach.

Während Sie sich auf diesen aus Ihrem Inneren kommenden Ton konzentrieren, können Sie sich bewußt werden, wie Sie die Bewegung des „Ohhs" kontrollieren können. Sie können den Ton vom Brustkorb her in Ihre Kehle und sogar in Ihre Nase und selbst in die Nebenhöhlen lenken. Wenn Sie Lust haben, 12 oder 15 dieser „Ohhms" von sich zu geben, dann mal los! Natürlich wird Ihre Befindlichkeit danach entspannter sein und Sie selbst werden sich wohl in Trance befinden.

Während Sie nun Ihre Aufmerksamkeit auf Ihr langsames Ein- und Ausatmen richten, fassen Sie einen Gedanken ganz losgelöst von allen anderen Gedanken. Fassen Sie einen Gedanken, dann einen anderen, noch einen anderen und so weiter. Danach drängen Sie diese separaten Gedanken aus Ihrem Bewußtsein oder verwerfen Sie sie, das ist Ihre Entscheidung. Bald werden Sie bemerken, wie vertieft Sie sind in diesem Konzentrationsprozeß und haben damit vielleicht Ihre erste Selbsthypnosetrance erlebt. Üben Sie dies, bis Ihnen der Trancezustand so vertraut ist, daß Sie leichten Zugang dazu haben.

Eine emotionale Reaktion hervorrufen

Manche Menschen sind so sehr mit Gefühlsdingen beschäftigt, daß es ihnen schwerfällt, sich auf etwas Visuelles zu konzentrieren. Sie merken nicht einmal, daß sie Ihre emotionalen Probleme davon abhalten, ihre Vorstellungskraft zu nutzen. Wenn Sie jetzt gerade ein starkes Gefühl wahrnehmen wie zum Beispiel Traurigkeit, Abschiedsschmerz, Ärger oder Angst, können Sie dieses Gefühl nutzen, um sich in Trance zu versetzen.

Sie haben schon weiter oben gelesen, daß Anspannung und Angst zur Induktion von Trance genutzt werden können. Sie wissen auch, daß Anspannung häufig zusammen mit Ärger, Angst oder anderen Gefühlen auftritt. Sie könnten daher zuerst mit den genannten Strategien für Anspannung und Angst arbeiten.

Wenn Sie dann jedoch immer noch das Gefühl haben, daß Ihr emotionaler Zustand Sie von der Tranceerfahrung abhält, lernen Sie folgende Strategie: Machen Sie es sich so bequem wie möglich. Finden Sie einen Ort, an dem Sie eine Zeitlang allein sein können. Schließen Sie die Augen und atmen Sie langsam und tief durch.

Konzentrieren Sie sich völlig auf die Gefühle, die Sie im Augenblick spüren. Fragen Sie sich, was zur Zeit in Ihrem Leben geschieht, das zu diesen Gefühlen beiträgt. Lassen Sie ein Bild aus Ihrem Leben aufsteigen, etwa in der Art einer Filmszene. Vielleicht erinnert Sie Ihre gegenwärtige Situation an eine Filmgestalt oder an eine Geschichte, die Sie im Fernsehen gesehen haben.

Lassen Sie ein Gefühl entstehen, daß Sie in diesem Film sind, und erlauben Sie Ihrem Darsteller, all die Gefühle zu erleben, die Sie zur Zeit haben. Wie ein Filmregisseur können Sie verschiedene Szenen probieren lassen, um sich darauf zu konzentrieren. Sie können die Gedanken Ihres Hauptdarstellers (Ihre Gedanken) „lesen", seinen Standpunkt „sehen" und über seine Perspektiven nachdenken.

Beobachten Sie einfach den Film über Ihre gegenwärtige Situation und hören Sie zu. Vertiefen Sie sich in den Film, und Sie werden schnell entdecken, daß Sie in Trance sind, daß Sie sich von ihrem Hauptdarsteller weit genug entfernt haben, um zum Beobachter zu werden. Ein distanzierter Bewußtseinszustand bietet ebenfalls einen Zugang zur Trance.

Fahren Sie mit der Geschichte fort. Entwickeln Sie neue Szenen, um die Gefühle des Hauptdarstellers (Ihre Gefühle) loszulassen. Stellen Sie sich vor, wie Sie Ihren eigenen Wünschen und Sehnsüchten Geltung verschaffen, sie in klaren Worten ausdrücken und Ihren Gefühlen freien Lauf lassen.

Vielleicht wiederholen Sie diese Filmerfahrung als Schauspieler oder Regisseur einige Male, um sich daran zu gewöhnen, wie Sie Ihre Emotionen in konzentrierte bildhafte Vorstellungen umwandeln. Nehmen Sie sich Zeit zum Proben. Wenn Sie soweit sind, können Sie damit beginnen, Ihre Zielarbeit in Szene zu setzen. Sie sind dann soweit, andere Ideen und Strategien aus Teil I des Buches zu nutzen, um ihre selbstinduzierte Trance zu erweitern.

Wie lange sollten Sie in Selbsthypnose bleiben?

Die meisten Menschen profitieren am meisten von einer bis drei Sitzungen pro Tag. Anfangs muß man vielleicht noch etwas mehr Zeit aufwenden, um einen entspannten, ruhigen Gemütszustand zu erreichen. Daher kann es zwischen 15 und 30 Minuten dauern, sich in Trance zu versetzen.

Manche Menschen brauchen länger, bei anderen geht es schneller. Es ist nicht nötig, Vergleiche anzustellen; akzeptieren Sie die individuellen Unterschiede, die jeden Menschen auszeichnen. Außerdem gibt es keine zwei Selbsthypnoseerfahrungen, die einander gleichen. Bei jeder Übung haben Sie ein anderes Spannungsniveau, das es zu lösen gilt. In jeder Sitzung gibt es unterschiedliche Ablenkungen, die Sie mit einflechten müssen. Sie werden entdecken, daß jede Trance ein einmaliges Erlebnis ist, auch wenn es viele Ähnlichkeiten geben wird.

Wie bereits empfohlen, sollten Sie auch sehr kurze Tranceeinheiten ausprobieren – Mini-Trancen. Es ist nicht so wichtig, wie lange Sie tatsächlich in Trance bleiben, sondern daß Sie jeden Tag ein wenig Trancearbeit leisten.

Woran erkennen Sie, daß Sie Erfolg hatten?

Der Übergang vom normalen Wachbewußtsein zum hypnotischen Bewußtsein kann sehr subtil sein. Sie bemerken ihn vielleicht beim ersten oder zweiten Versuch nicht einmal. Haben Sie Geduld mit sich selbst.

Es gibt drei Anzeichen, an denen Sie erkennen, daß Sie sich in Selbsthypnose befinden:

1. Wenn Sie merken, daß die Veränderungen für einen entspannten Zustand, die Sie suggeriert haben, eingetreten sind; wenn Sie zum Beispiel das Gefühl haben, tief entspannt zu sein.
2. Wenn Sie die von Ihnen suggerierten körperlichen Empfindungen wie Kälte, Taubheit, Wärme, Leichtigkeit oder Schwere in Ihrem Körper wahrnehmen.
3. Achten Sie darauf, wieviel Uhr es ist, bevor Sie in der Übung zum ersten Mal Ihre Augen schließen. Schätzen Sie, wieviel Zeit vergangen ist, bevor Sie am Ende der Übung die Augen öffnen. Wenn Sie Ihre Augen öffnen und auf die Uhr sehen – ist mehr Zeit vergangen, als Sie dachten, oder weniger? Zeitverzerrung ist ein Zeichen für einen hypnotischen Zustand.

Zusammenfassung dieser Methode

1. Arbeiten Sie mit progressiver Entspannung. Nehmen Sie sich genug Zeit, um sich völlig zu entspannen.
2. Konzentrieren Sie sich auf einen Punkt.
3. Geben Sie sich Suggestionen für Müdigkeit oder Schwere in Ihren Augen und für tiefere Entspannung.
4. Stellen Sie sich einen realen Ort oder einen Ort in Ihrer Phantasie vor, der für Sie Frieden und ein Wohlgefühl symbolisiert – einen Ort, weit weg von allen Sorgen und störenden Gedanken.
5. Richten Sie Ihre Aufmerksamkeit und Ihre Vorstellungskraft auf Empfindungen in Ihren Händen und Fingern. Stellen Sie sich Gefühle von Kälte, Taubheit, Wärme, Schwere oder Leichtigkeit bildlich vor. Wenn Sie eines dieser Gefühle empfinden, verstärken

Sie es mit Hilfe weiterer Suggestionen, damit es sich auf andere Körperregionen ausbreiten kann.

Literatur

Bowers, K.S. a. H.A. Brenneman (1979): Hypnosis and the perception of time. *International Journal of Clinical and Experimental Hypnosis* 27.

Erickson, M.H. (1983): Healing in hypnosis. Ed. by Rossi, Ryan a. Sharp. Vol.1. New York (Irvington).

Hartland, J. (1971): Medical and dental hypnosis. Baltimore (Williams & Wilkins).

Kroger, W.S. (1977): Clinical and experimental hypnosis. Philadelphia (J.B. Lippincott).

Rossi, E. (1976): Hypnotic Realities. New York (John Wiley).

Sacerdote, P. (1981): Teaching self-hypnosis to adults. *International Journal of Clinical and Experimental Hypnosis* 29.

Yapko, M.D. (1990): Trancework. An introduction to the practice of clinical hypnosis. New York (Brunner/Mazel).

Kapitel 8

Wie Sie mit Ablenkungen umgehen können

„Was soll ich tun, wenn mich Geräusche, Gedanken, Schmerzen oder sogar beunruhigende Gefühle davon abhalten, mich in Selbsthypnose zu versetzen?“ ist eine der Fragen, die am häufigsten gestellt werden

Sicher ist es schwierig, sich zu konzentrieren, wenn ein Düsenjäger über das Haus donnert oder Ihnen das Dröhnen eines „dicken Brummis“ in den Ohren klingt. Die kleinen Ärgernisse des Alltags sind oft nicht zu vermeiden. Glichgültig, wie weit Sie sich zurückgezogen haben, die Natur „pfeift Ihnen eins”, und die Technik kennt viele Wege, um Sie zu finden.

Außengeräusche für Ihre Trance nutzen

Wenn Tiefflieger die Schallmauer durchbrechen und Lastwagen die Erde beben lassen: nutzen Sie den Lärm, statt gegen ihn anzukämpfen. Versuchen Sie diese unvermeidbaren Außengeräusche nicht als hinderlich, sondern als Hilfe für Ihre Selbsthypnose anzusehen. Dieses mentale Umschalten ist jedoch eine notwendige Voraussetzung.

Zu lernen, Ereignisse und Handlungen in Ihrem Leben aus einer neuen Perspektive zu sehen, ist eine der grundlegenden Erfahrungen Ihrer Selbsthypnose. Wenn Sie in Ihrer Trancesitzung gestört werden, halten Sie einen Moment inne und denken Sie darüber nach.

Stammen die Geräusche von vorbeifahrenden Fahrzeugen, dann können Sie sich vorstellen, wie Sie Ihre Sorgen und Probleme aufladen und abtransportieren. Geben Sie sich vielleicht diese Autosuggestion: „Während das Dröhnen des Flugzeuges näherkommt, packe ich all meine Anspannungen und Sorgen zu einem Bündel zusammen. Wenn das Flugzeug direkt über mir ist, werfe ich das Bündel hinein und befreie mich so von Streß und Problemen. Das Flugzeug trägt sie davon.“

Während Sie sich dies suggerieren, sehen Sie das Flugzeug, den Lastwagen, das Auto oder was auch immer, bildhaft vor sich. Stellen Sie sich vor, wie das Spannungsbündel von Ihnen abfällt und davon getragen wird. Fühlen Sie, wie die Spannung und der Druck in Ihren Muskeln nachläßt, während das Motorengeräusch in der Ferne verhallt.

Selbst wenn Sie noch nicht in Trance sind, beginnen Sie, sich Suggestionen zu geben, die diese ablenkenden Geräusche mit einbauen. Sprechen Sie innerlich mit sich.

Sie können diese Methode anwenden, während Sie sich mit einer der Techniken entspannen. Geben Sie sich Suggestionen, die die Geräusche nutzen und Ihnen helfen sich zu entspannen. Zum Beispiel:

„Die Geräusche von spielenden Kindern und Menschen, die geschäftig ihrem eigenen Leben nachgehen, erinnern mich daran, daß auch ich mir Zeit nehmen kann, Dinge zu tun, die in meinem Leben wichtig sind – wie zum Beispiel die Zeit, die ich mir jetzt zur Selbsthypnose nehme."

„Der lärmende Müllwagen kann mehr als nur Müll abtransportieren. Er entsorgt auch meine mit Anspannung, Streß und Problemen gefüllte Tonne."

„Die Geräusche einer Lüftung oder einer Heizung verändern die Atmosphäre, in der ich mich befinde. Zugleich können mich diese Geräusche daran erinnern, wie ich diese Zeit in Selbsthypnose nutzen kann, um meine innere Welt zu verändern."

„Eine tickende Uhr kann mich an meinen Herzschlag erinnern. Mit Selbsthypnose kann ich mein Herzklopfen verlangsamen, so wie die Hektik des Tages abnimmt."

Angenommen, Sie können Vögel singen hören. Finden Sie charakteristische Merkmale im Gesang der Vögel, die Sie mit Ihrem Selbsthypnoseziel verbinden können. Zum Beispiel: „So wie der Gesang der Vögel ganz natürlich von innen heraus tönt, so kann auch bei mir, während ich langsam und tief atme, Entspannung ganz natürlich von innen heraus entstehen."

Außengeräusche von Menschen können Sie etwa so in Ihre Suggestionen einbauen: „Ich weiß, daß es niemandem gelingt, mich zu stören, wenn ich mir Zeit nehme für mich selbst. Ich höre Leute kommen und gehen. Ich höre vielleicht Arbeitsgeräusche. Sie bieten mir die Gelegenheit, mich ablenken zu lassen, um dann wieder zurückzukommen zu meinem entspannten Zustand. Ich kann meine innere Ruhe verlassen, die äußeren Geräusche bewußt hören, um dann die Veränderungen in mir auf dem Weg zurück zur Ruhe noch besser wahrzunehmen."

Geräusche von Menschen beim Treppensteigen oder Fahrstuhlgeräusche könnten Sie so für Ihre Suggestion nutzen: „Jedesmal, wenn ich mir Zeit nehme zur Selbsthypnose, kann ich ein ständiges Kommen und Gehen hören. Menschen steigen die Stufen hinauf oder hinunter, so wie ich Stufe um Stufe nach oben oder unten gehe. Ich kann höher gehen, mich meinen Zielen nähern. Ich kann mich mit jeder Stufe entspannter fühlen."

„So wie ein Fahrstuhl Menschen zu ihrer Wohnung hoch oder zum Ausgang hinunterbringt, kann mir Selbsthypnose Entspannung bringen. Ich stelle mir vor, in einem Fahrstuhl zu sein, tiefer und tiefer zu fahren, und mit jedem tieferen Stockwerk wird auch meine Entspannung tiefer. Auf jedem Stockwerk, auf der mein Fahrstuhl hält, spüre ich, wie ich die Spannung loslasse und wie sich meine Muskeln besser anfühlen."

Nach solchen und ähnlichen Suggestionen können Sie Ihren Körper gezielt auf Veränderungen hin beobachten. Vielleicht konzentrieren Sie sich auf Gefühle von Leichtigkeit oder Schwere in Ihren Händen. Oder richten Sie Ihre Aufmerksamkeit auf einen Gegenstand an der Wand und fixieren ihn mit den Augen. Sie können jede andere Methode anwenden, um Selbsthypnose zu induzieren.

Innere Ablenkungen nutzen

Sobald Sie mit den Außengeräuschen umgehen können oder gar bemerkt haben, wie sich Ihre Wahrnehmungen verändert haben, ist es Zeit, sich um Ihre inneren Ablenkungen zu kümmern. Alle Töne, Geräusche, Sorgen, Schmerzen, Zweifel, die Sie vielleicht in der Vergangenheit davon abgehalten haben, sich zu entspannen, können nun tatsächlich Ihre Selbsthypnose vertiefen.

Wie bei den Außengeräuschen sollten Sie die Störungen entweder akzeptieren oder sie sich bewußter machen. Es ist sinnlos, wenn Sie versuchen, sich etwas auszureden, was tatsächlich da ist. Oft ist es sogar so, daß Ihnen das, was Sie zu ignorieren oder wegzuschieben versuchen, immer bewußter wird.

Sophies Geschichte ist ein gutes Beispiel dafür: Sophie hatte aufgrund eines Autounfalls chronische Schulterschmerzen. Die Ärzte empfahlen ihr wegen der schädlichen Nebenwirkungen eine Schmerzbehandlung ohne Medikamente. Sophie war Orchestermusikerin, und die Schmerzmedikation hatte Auswirkungen auf Ihr Taktgefühl und schien auch Ihre anderen Sinne zu beeinträchtigen. Es schien, als sei Selbsthypnose ein Weg für sie, ihre Schmerzen zu reduzieren und zugleich ihre musikalische Konzentration wieder zu erhöhen. Sie lernte, sich in Selbsthypnose zu versetzen, indem sie sich erst auf den Schmerz konzentrierte, ihn erforschte und ihn dann betrachtete, als sei er etwas von ihr Getrenntes. Sie konnte feststellen, wie sich subtile Veränderungen im Schmerzempfinden einstellten, sobald sie aufhörte, sich darauf zu konzentrieren.

Dann begann Sophie den Schmerz mit Farben und Formen zu assoziieren und ihn durch Beschreibungen wie „scharf", „tief", „dumpf" und „pochend" genau zu charakterisieren. Sie konzentrierte sich ganz auf die schmerzende Körperregion: Wie weit dehnt der Schmerz sich aus? Tritt er rhythmisch auf? Sie stellte gezielt solche Fragen. Je mehr sie sich darauf konzentrierte, desto mehr Veränderungen bemerkte sie, und je mehr sie diese Veränderungen untersuchte, desto mehr konnte sie sich konzentrieren. Das versetzte sie in die Lage, durch eine Fokusveränderung neue Assoziationen entstehen zu lassen.

Sophie spürte die kleinen Veränderungen im Schmerz und stellte sie sich als Teile eines Orchesters vor; die Nerven als Instrumente, Nervenimpulse als Noten und Töne. Sie war in der Lage, diese Vorstellungsbilder auszudehnen und bewußt zu solchen Bildern werden zu lassen, in denen sie aus den unterschiedlichen Schmerzempfindungen Musik entstehen ließ: Variationen zu einem Thema. Sie ging im Geist durch, wie sie durch ihre Beschäftigung mit ihren Schmerzen ganze Sinfonien aufführen konnte. Sie hatte entdeckt, daß sie sich leichter in Trance versetzen konnte, wenn sie sich zuerst *auf den Schmerz* konzentrierte, und dann ihren Fokus auf eine Ablenkung richtete. Durch Üben gelang es ihr später, in Selbsthypnose Assoziationen zu bilden, die eine direkte Schmerzlinderung auslösten, während Sie Ihr Instrument spielte.

Mit inneren Ablenkungen, wenn Sie beispielsweise den Kopf voll von Gedanken haben, können Sie auf eine etwas andere Weise umgehen. Unerwünschte Gedanken sind wie Autos, die über eine belebte Kreuzung fahren, oder wie das Gewirr von Fußgängern in einer Einkaufsstraße. Akzeptieren Sie ruhig Ihre Gedanken, nur verwandeln Sie sie in Stückzahlen. Zählen Sie sie. Beginnen Sie bei eins und zählen Sie bis 40 oder 50. Werden Sie richtig gut im Gedankenzählen. Zuerst müssen Sie sie voneinander trennen, so daß Sie nicht nur einen zählen, wenn in Wirklichkeit drei da sind. Zählen Sie sorgfältig und genau und nehmen Sie wahr, wieviel unterschiedliche Gedanken Sie haben.

Beginnen Sie dann langsam und regelmäßig im Rhythmus Ihres Zählmusters zu atmen. Einatmen beim Gedanken Nr. 1 und ausatmen bei Nr. 2. Natürlich wissen Sie, was Sie da tun. Sie zählen sich selbst in Trance. Sie haben Ihren gedankenschweren Kopf dazu genutzt, sich auf ein positives Ziel Ihrer Wahl zu konzentrieren.

Ein anderes Beispiel für innere Ablenkungen sind Sorgen und Selbstzweifel. Versuchen Sie hier, wie bei Schmerz, sich auf die Selbstzweifel zu konzentrieren, um sie besser zu verstehen. Geben Sie den Sorgen oder Selbstzweifeln einen Platz, dem Sie sich in Ihrer Vorstellung nähern. Werden Sie sich bewußt und konzentrieren Sie sich darauf, wie Sie beim Betreten des Platzes das Gefühl ergreift.

Dann hören Sie auf Ihre inneren Stimmen, auf Ihre Selbstzweifel und Sorgen. Vermeiden Sie es, den inneren Kritiker oder die zweifelnde Stimme zu beurteilen. Keine Kritik hier, hören Sie einfach zu, während Sie sich dieses sorgenvollen und selbstzweifelnden Gefühls bewußt werden. Sie dürfen Verständnis oder Mitleid haben für diesen Teil von sich, der so an Ihnen zweifelt. Dann lassen Sie ihn gehen.

Atmen Sie tief durch. Konzentrierten Sie sich ganz darauf und atmen Sie die Sorgen und die Selbstzweifel aus. Dann füllen Sie Ihre Lungen mit frischer Luft und konzentrieren sich auf Ihren inneren Freund. Auf den Teil von Ihnen, der Ihre Ziele verwirklichen kann.

Nach vier oder fünf tiefen Atemzügen sind Sie entspannt und befinden sich in einer selbstinduzierten Trance.

Was ist mit Ablenkungen, die Sie nicht nutzen können?

Vielleicht möchten Sie sich mit einigen Ablenkungen direkter befassen. Das sind Störungen in Ihrer Trance, auf die Sie reagieren müssen: ein Kind, das zur Tür hereinkommt oder klopft, es klingelt an der Tür, Ihre Fußsohle juckt, oder aus der Küche ist ein Klirren zu hören.

Mit derartigen Ereignissen befaßt man sich am besten sofort. Öffnen Sie die Tür oder gehen Sie ans Telefon oder tun Sie, was sonst getan werden muß, und dann gehen Sie zurück zu Ihrer Selbsthypnose. Manchmal kann es mehr ablenken, wenn Sie versuchen, Lärm zu ignorieren und sich zu fragen, was denn los sein könnte. Wenn Ihre Nase in Trance irgendwann einmal jucken sollte, – bitte, kratzen Sie – und dann setzen Sie Ihre Selbsthypnose fort.

Verwandeln Sie Ablenkungen in posthypnotische Auslöser

Geräusche kann man, statt sich von ihnen ablenken zu lassen, in posthypnotische Auslöser verwandeln. Wenn es Geräusche gibt, die häufig in Ihrer Umgebung auftreten, können Sie sich suggerieren, daß sie Entspannung auslösen, wann immer Sie diese Geräusche bei der Vorbereitung auf Ihre Selbsthypnose hören. Wenn sich zum Beispiel in dem Raum, in dem Sie üben, eine tickende Uhr befindet, könnten Sie sich suggerieren: „Immer wenn ich einige tiefe, ruhige Atemzüge nehme, um mich in Selbsthypnose zu versetzen, weiß ich, daß das Ticken der Uhr mich daran erinnern kann, wie ausgeglichen und konzentriert ich innerlich bin. So wie die Federspannung der Uhr sich nach und nach löst, kann auch ich mich lösen und entspannen, während ich mich in eine angenehme selbsthypnotische Trance versetze."

Ablenkung richtet Ihre bewußte Wahrnehmung neu aus. Wenn Sie zum Beispiel Ihren Fokus von einer körperlichen Empfindung

(Wärme, Kribbeln usw.) auf innere Bilder lenken (sonnige Tage, Palmen im Wind), vertiefen Sie Ihre Trance.

Sie brauchen sich wegen der Selbsthypnose keine Sorgen zu machen. Es ist ein vollkommen sicherer, gesunder und natürlicher Bewußtseinszustand. Sie wissen, daß Sie Ihre Trance jederzeit kontrollieren können. Sie können Ihre Aufmerksamkeit auf die Außenwelt richten, wann immer es nötig ist. Wenn ein Unfall passiert, der rasches Handeln erfordert, können Sie schnell und entschlossen reagieren.

Literatur

Hammond, D.C. (ed.) (1990): Handbook of hypnotic suggestions and metaphors. New York (W.W. Norton/American Society of Clinical Hypnosis).

Pratt, G.J., D.P. Wood a. B.M. Alman (1988): A clinical hypnosis primer, expanded and updated. New York (John Wiley).

Kapitel 9

Erhöhen Sie Ihre Motivation und erreichen Sie Ihre Ziele

Die wichtigste Grundlage zur Selbstverwirklichung ist der Wille zum Erfolg. Man braucht nicht an Selbsthypnose zu glauben, um damit Erfolg zu haben. Ausschlaggebend ist, wie motiviert Sie sind, sich selbst zu erkennen und zu verändern. Je motivierter Sie sind, Ihre Entspannung und Gesundheit zu fördern, Ihr Selbstvertrauen zu steigern, Ihre Schmerzen zu lindern, gegen Hautprobleme anzugehen oder auf irgend ein anderes Ziel hinzuarbeiten, desto mehr Erfolg werden Sie haben.

Sie sind längst schon motiviert, etwas über Selbsthypnose zu erfahren, sonst hätten Sie nicht so weit gelesen. Motivation ist die elementare Kraft, die uns jeden Morgen dazu bringt aufzustehen. Sie geht in jede unserer Handlungen mit ein.

Wenn wir sehr motiviert sind, stehen wir vielleicht morgens früh auf und joggen ein paar Kilometer. Das liegt nicht jedem, und so mancher ist wohl eher motiviert, kilometerweit mit dem Auto zu fahren, um ein leckeres Eis zu essen.

Je stärker Ihre Motivation für ein Ziel ist, desto offener wird Ihr Unbewußtes für positive Suggestionen sein. Sie können Ihr Unbewußtes nicht so leicht für dumm verkaufen. Wenn Sie nicht aufrichtig motiviert sind, eine Veränderung hervorzurufen oder ein Ziel zu erreichen, wird Ihr Unbewußtes sich nicht durch halbherzige Suggestionen bewegen lassen.

Der bekannte Forscher, Arzt und Hypnotherapeut Paul Sacerdote (1981) fand bei zwei Gruppen, die er unterrichtete, einen bemerkenswerten Unterschied. Die eine Gruppe bestand aus Patienten, die häufig an chronischen Schmerzen litten und nach Möglichkeiten suchten, Ihre quälenden Schmerzen zu lindern oder die entsetzlichen Nebenwirkungen von Behandlungen wie etwa der Chemotherapie besser zu überstehen.

Die andere Gruppe bestand aus interessierten Ärzten, Therapeuten, Fachleuten aus dem Gesundheitswesen und Laien, deren Anreiz darin bestand, ihr Wissen über Hypnose zu erweitern.

Was glauben Sie, welche Gruppe die Techniken am schnellsten erlernte und am erfolgreichsten anwenden konnte?

Die Menschen, die unter Schmerz litten, hatten das größte Verlangen nach Linderung, was wie erwartet dazu führte, daß sie schneller lernten und das Gelernte erfolgreicher anwendeten.

Wie Sie Ihre Motivation erhöhen können

Schon wenn Sie beginnen, an einem Ziel zu arbeiten, zeigt das, daß Sie eine gewisse Motivation mitbringen. Sie können diesen Wunsch nach Erfolg jedoch noch verstärken, indem Sie sich über Ihre Beweggründe klarwerden. Welche Vorteile haben Sie, wenn Sie Ihr Ziel erreichen? Erstellen Sie eine möglichst detaillierte Liste, auf der Sie die Gründe angeben, warum Sie ein gesetztes Ziel mit Selbsthypnose erreichen wollen. Falls Ihr Ziel beispielsweise Schmerzkontrolle ist, könnten folgende Gründe aufgelistet sein:

1. Rückenschmerzen lindern
2. besseres Sexualleben
3. besser schlafen können.
4. weniger abhängig sein von anderen
5. weniger Medikamente nehmen
6. angenehmer reisen können
7. bessere Arbeit leisten
8. mit mir selbst zufriedener sein

Betrachten Sie Ihre Liste und bringen Sie die Punkte je nach ihrer Wichtigkeit in eine Reihenfolge. Schreiben Sie alle Gründe auf die Liste, selbst wenn sie Ihnen im Moment gar nicht so bedeutsam erscheinen. Niemand außer Ihnen wird diese Liste sehen. Es ist auch hilfreich, wenn Sie Ihre Ideen und Gefühle zu den einzelnen Gründen aufschreiben.

Manchmal ist es erstaunlich, was man in bezug auf die eigenen Motivationen und Veränderungsgründe entdeckt. Oft entpuppt sich ein zunächst reichlich dumm erscheinender Grund als sehr wichtig für Ihr Unbewußtes. Durch eine genauere Betrachtung entdecken Sie möglicherweise, daß er größeren Einfluß hat, als Sie dachten.

Wenn Sie sich über Ihre Gründe Klarheit verschafft haben und sich bewußt sind, warum Sie auf ein bestimmtes Ziel hinarbeiten, steigert das Ihre Motivation. Es hilft auch, Widerstände und Blockaden zu lösen, um damit Ihre Motivation zu erhöhen.

Unbewußte Blockaden der Motivation

Es ist klug, Blockaden und Hindernisse, die Ihrer Motivation im Wege stehen, zu beseitigen. Selbstzweifel oder Angst vor Versagen sind Gift für Ihre Motivation. Wenn Sie Ihre Gründe und Bedürfnisse anschauen, deretwegen Sie ein Ziel erreichen wollen, sollten Sie zugleich auch all Ihre verdeckten Motive untersuchen, die Sie veranlassen könnten, Ihr *gegenwärtiges* Verhalten beizubehalten. Es ist sicherlich am besten, ein Hindernis oder eine Blockade wahrzunehmen, um sie dann bewußt zu beseitigen. Seien Sie ehrlich gegen sich selbst – Ehrlichkeit ist auch ein Motivationsfaktor. Wenn Sie sich ehrlich sagen, warum Sie ein Ziel eigentlich nicht erreichen wollen, verstehen Sie den Grund besser und können Ihre Bedenken womöglich ausräumen.

Vielleicht wollen Sie Selbsthypnose nutzen, um bestimmte Gewohnheiten aufzugeben, etwa das Rauchen oder übermäßiges Essen. Oft sind diese Verhaltensweisen ein fester Bestandteil Ihres alltäglichen Trotts. Sie zu verändern, mag ein Wunsch Ihres bewußten, rationalen Denkens sein, aber es kann unbewußte Gründe geben, sie beizubehalten.

Untersuchen Sie Ihre Motive und werfen Sie alle unbewußten Gründe, die Sie möglicherweise noch haben, über Bord.

Nehmen wir an, Sie möchten aufhören, übermäßig zu essen, um abzunehmen. Auf der bewußten Ebenen kann das ein sehr ernsthafter Wunsch sein. Aber unbewußt überessen Sie sich vielleicht aus emotionalen Gründen. Oder Sie haben, ohne daß Ihnen das bewußt ist, vielleicht einen Vorteil davon, wenn Sie das Problem beibehalten.

Unbewußte Blockaden durchbrechen

Eine der besten Strategien, um unbewußte Blockaden zu durchbrechen, besteht darin, sich die Gründe bewußt zu machen, die das Fehlverhalten aufrechterhalten.

Viele dieser Blockaden, die sich in der Vergangenheit über Ihren Weg gelegt haben, befinden sich außerhalb Ihrer bewußten Wahrnehmung. Beginnen Sie, diesen Teil Ihrer selbst bewußt zu akzeptieren. Nun fragen Sie, wie Sie etwas akzeptieren können, das außerhalb Ihres Bewußtseins liegt.

Nehmen Sie die Blockade hin, so wie sie ist, ohne genau zu wissen, um worum sich eigentlich handelt. Akzeptieren Sie, daß es etwas Unbewußtes gibt, welches das Erreichen Ihres Ziels blockiert. Billigen Sie den Teil von sich, der verhindert, was Sie sich bewußt wünschen. Respektieren Sie, daß es einen Grund für die Blockade gibt. Vielleicht ist es Selbstschutz vor einem zu intensiven emotionalen Erleben.

Entwickeln Sie als nächstes eine selbsthypnotische Trance mit dem Ziel, Ihr Bewußtsein für diese unbewußten Blockaden zu öffnen. Vielleicht wollen Sie hier die Filmtechnik anwenden. Stellen Sie sich vor, wie Sie einen Film oder ein Video von sich selbst anschauen. Sie befinden sich in einer Situation, die mit Ihrer momentanen Lebensweise zusammenhängt und die für Ihr Ziel relevant ist. Lassen Sie einen mentalen Film mit sich selbst darin ablaufen und beobachten Sie ihn wie ein Zuschauer. Vielleicht stellen Sie sich sogar ein richtiges Kino vor, sehen die anderen Besucher und riechen oder schmecken die Süßigkeiten, die herumgereicht werden. Beobachten Sie, wie der Hauptdarsteller (Sie) handelt, spricht, Beziehungen eingeht, kommuniziert oder auch nicht. Schauen Sie Ihren Film an, ohne ein Urteil über sich abzugeben.

Unbewußte Blockaden bewahren Sie vielleicht vor Situationen, die zu einem bösen Ende hätten führen können. Hier ist ein Beispiel: Angenommen, Sie sind unsicher. Durch Ihre Völlerei und Ihr

Übergewicht vermeiden Sie Situationen, in denen man Ihnen für Ihr Aussehen Komplimente macht oder Ihnen sagt, wie attraktiv oder charmant man Sie findet. Bei genauer Betrachtung ist es eigentlich lächerlich, solche Situationen bewußt zu vermeiden. Aber unbewußt fühlen Sie sich vielleicht unsicher und haben Angst, im Mittelpunkt zu stehen. Daher ist es für Sie viel leichter, dick und fett zu bleiben, anstatt durch ihre angenehme Erscheinung in den Mittelpunkt und damit in eine unangenehme Situation zu geraten. Beobachten Sie sich in Ihrem Film genau. Vermeiden Sie Kritik oder Wertungen. Akzeptieren Sie diese Komponenten von sich selbst, denn bei dieser Strategie ist das der Schlüssel zum Erfolg.

In einem anderen Beispiel geht es um den Umgang mit Schmerzen. Nehmen Sie an, Sie hätten sich bei der Arbeit eine Verletzung zugezogen. Rückenschmerzen sind die Folgen. Es gibt wenig Möglichkeiten, Ihnen von medizinischer Seite zu helfen. Schmerzmittel haben Nebenwirkungen und führen bei Ihnen zu einem Gefühl von Benommenheit.

Selbsthypnose kann bei der Linderung dieser Art von Schmerzen sehr effektiv sein. Wenn Sie jedoch Schmerzensgeld, Anteilnahme von Familie und Freunden sowie leichtere Arbeitsbedingungen bekommen, kann es möglicherweise unbewußte Gründe geben, an den Schmerzen festzuhalten.

Obwohl Sie keine Schmerzen haben wollen – die meisten Menschen versuchen, Schmerzen so gut es geht zu vermeiden – können die unbewußten Vorteile Sie davon abhalten, sich alle nur denkbaren Erleichterungen zu verschaffen. Indem Sie Ihren Film als nichtwertender Beobachter anschauen, die Situation bewußt erleben, sie akzeptieren und verstehen, können Sie beginnen, diese Blockaden zu beseitigen. Sie könnten die unbewußten oder verdeckten Gründe abbauen, die Ihrem Fortschritt im Wege stehen.

Sie müssen sich wohl erst selbst erforschen, bevor Sie etwas ändern können. Bevor Sie versuchen, eine Gewohnheit zu ändern oder Selbstheilungsprozesse einzuleiten, sollten Sie das Kapitel über Selbstexploration lesen. Es wird Ihnen helfen zu erkennen, ob es irgendwelche unbewußten Blockaden gibt, die Ihren Erfolg behindern.

Wenn Sie das Gefühl haben, daß Sie von Ihrem Unbewußten blockiert werden, und Sie das Hindernis nicht allein beseitigen können, sollten Sie vielleicht die Dienste eines ausgebildeten Hypnotherapeuten in Anspuch nehmen. Es gibt traumatische Kindheitserlebnisse, wie beispielsweise sexueller Mißbrauch, Mißhandlungen oder andere Erfahrungen, die man am besten mit professioneller Hilfe behandelt.[1]

Hypnose ist eine sehr entspannende und belebende Erfahrung. Motivation gibt der Selbsthypnose die Dynamik, um ein Ziel zu erreichen, um etwas zu verändern oder zu verbessern. Je mehr Sie lernen, auf sich zu achten und sich zu akzeptieren, um so erfolgreicher werden Sie sein. Und dieser Erfolg wird weitere Erfolge auslösen.

Zusätzliche Strategien zur Beseitigung unbewußter Blockaden finden Sie im Kapitel „Meditationen zum Schlankwerden".

Setzen Sie sich spezifische Ziele

Ziele, die Sie durch Selbsthypnose erreichen wollen, sollten Sie sehr genau untersuchen, um sicherzustellen, daß sie klar und erreichbar sind. Ein Ziel muß spezifisch, gut durchdacht und durch Sie selbst erreichbar sein. Vage, unsichere und unerreichbare Zielsetzungen sind wie der Versuch, den Horizont mit einem beschlagenen Fernglas absuchen zu wollen. Je klarer Ihr Ziel und je klarer Ihre Suggestionen, desto einfacher wird es sein, positive Veränderungen durchzuführen.

Die Studentin Jill wollte zum Beispiel ihr Selbstvertrauen steigern. An sich ist das ein erreichbares Ziel. Sie hatte sich die Autosuggestion gegeben, daß sich mit der Entfaltung ihrer Aktivitäten auch ihr Selbstvertrauen und ihre Selbstsicherheit erhöhen. Nach vielen Wochen, nachdem Sie sich gute posthypnotische Suggestionen für dies Ziel gegeben hatte, war Jill enttäuscht über die mangelnden Fortschritte.

Der Grund dafür war, daß sie eigentlich keine genaue Vorstellung davon hatte, was Selbstvertrauen für *sie* bedeuten würde. Sie hätte die speziellen Lebensbereiche finden müssen, in denen Sie sicherer und selbstbewußter auftreten wollte.

1 Therapeuten-Empfehlungen und Adressenliste erhalten Sie bei der Deutschen Gesellschaft für Hypnose e.V., Druffelsweg 3, 48653 Coesfeld und der Milton Erickson Gesellschaft für klinische Hypnose e. V., Konradstr. 15, 80801 München.

Es wäre wichtig gewesen, sich spezifische Situationen oder Szenen vorzustellen, in denen Sie genau die gewünschten Qualitäten zeigen konnte. In ihrem Fall ging es darum, daß Sie gegenüber Ihren Eltern erwachsener und reifer auftreten wollte. Sie wollte auch beim Studium im College selbstsicherer und bestimmter auftreten, wenn Sie wußte, daß sie im Recht war.

Jill begann nun, ihre hypnotischen Suggestionen und Vorstellungen auf die spezifischen Ziele auszurichten. Sie entwarf innere Bilder, in denen sie sich so verhielt, wie sie es sich wünschte. Sie ließ auch Situationen ablaufen, in denen sich jemand so verhielt, wie sie es gerne tun würde. Sie baute diese Rollenspiele als Beispiele in Ihre Suggestionen und mentalen Bilder ein.

Schon nach wenigen Wochen kamen von Ihren Eltern und Arbeitskollegen die ersten positiven Rückmeldungen. Ihre Fortschritte waren nicht zu übersehen. Ihr Unbewußtes hatte nun ein klares Bild von dem, was sie erreichen wollte.

Können Sie Ihr Ziel in einem Schritt erreichen?

Ein weiterer Aspekt, den Sie bei Ihren Zielsetzungen beachten müssen, ist die Erreichbarkeit. Das kann mit oder ohne Zwischenschritte möglich sein. Es gibt so weitgesteckte Ziele, daß sie nicht in einem Schritt erreichbar sind.

Für Jill war das gesteigerte Selbstvertrauen realistisch und erreichbar. Hätte Sie sich sicheres Auftreten und Selbstvertrauen gewünscht, um beispielsweise ein öffentliches Amt bekleiden zu können, hätte sie sich wohl zu viel auf einmal vorgenommen. Nachdem Jill jedoch zunächst die von ihr gewünschte Stufe an Selbstsicherheit in Beruf und Studium und den Grad an Selbstbehauptung gegenüber ihrer Familie erreicht hatte, hätte sie öffentliche Auftritte wohl schon als ein realistisches Ziel angehen können.

Arbeiten Sie in kleinen Schritten. Nutzen Sie kleine Erfolge, um größere darauf aufzubauen. Selbst anschauliche Bilder und genaue Suggestionen können an Wirkung verlieren, wenn Ihr Unbewußtes weiß, daß Sie sich zu viel auf einmal vorgenommen haben.

Das trifft auf viele Ziele zu. Wenn es um große Veränderungen geht, sollte man sie am besten in kleinen Schritten angehen. So wie man einen langen Nagel nicht mit einem Schlag in einen Balken schlägt, sondern ihn mit vielen kleinen Schlägen hineintreibt. Das gilt auch für Selbsthypnose. *Spontanheilungen sind selten.*

Angenommen, Sie wollen 80 Pfund abnehmen. Stellen Sie sich vor, Sie hätten diese überflüssigen Pfunde schon lange mit sich herumgeschleppt – sagen wir acht Jahre. Diese Situation ist nicht ungewöhnlich.

Suggestionen, weniger zu essen und bestimmte Nahrungsmittel für überflüssig zu halten oder unangenehm zu finden, wären dann wahrscheinlich fehl am Platz. Allgemeine Suggestionen zum Abnehmen wären vermutlich noch weniger wirksam.

Vernünftig wäre es, sich den Weg zum Ziel in Abschnitte zu unterteilen. Versuchen Sie drei Pfund pro Woche abzunehmen oder 15 Pfund in acht Wochen.

Wie Sie sehen, sind diese Ziele vernünftiger und stehen in einem realistischen Zeitraum. Wenn Sie viel abnehmen wollen, sollten Sie erst mit Ihrem Arzt sprechen und sich an seine Empfehlungen halten.

Ihr Unbewußtes kann ein vernünftiges Ziel, wie beispielsweise 15 Pfund in acht Wochen abzunehmen, akzeptieren und darauf hinarbeiten. Und Sie können sich außerdem über Ihre erfolgreichen Zwischenergebnisse freuen. Sie kräftigen Ihr Durchhaltevermögen und steigern bei jeder weiteren Stufe Ihren Willen zum Erfolg. Auf diese Weise wird ein Kreislauf aus Enttäuschung und Versagen, gang und gäbe bei Problemen von längerer Dauer, ersetzt durch Erfolgserlebnisse.

Wenn Sie spezifische, personifizierte, motivierende Suggestionen bilden, wird Ihr *Unbewußtes* besser verstehen, warum die Handlung erforderlich ist und wie es Ihre Wünsche einbauen kann. Ihr *Bewußtsein* wird auch wahrnehmen, was der Einsatz an Zeit und Mühe, die Sie in Ihr Selbsthypnoseprogramm investieren, wert war. Das wird Ihnen helfen, weiterzuüben. Selbsthypnose funktioniert nur dann, wenn Sie daran arbeiten.

Es sind Ihre eigenen Fähigkeiten, die Veränderungen bewirken. Selbsthypnose ist nur das Transportmittel auf dem Weg zum Ziel.

Hartland, J. (1971): Medical and dental hypnosis. Baltimore (Williams Wilking).
Kroger, W.C. (1977): Clinical and experimental hypnosis. Philadelphia (J.B. Lippincott).
Ruch, J.C. (1975): Self-hypnosis: The result of heterohypnosis or vice versa? *International Journal of Clinical and Experimental Hypnosis* 23.
Sacerdote, P. (1981): Teaching self-hypnosis to adults. *International Journal of Clinical and Experimental Hypnosis* 29.
Soskis, D.A. (1985): Teaching self-hypnosis: An introductory guide for clinicians. New York (W.W. Norton).

Kapitel 10

Die Sprache hypnotischer Suggestionen

„Sprache ist das Blut der Seele, in das Gedanken einfließen und aus dem sie erwachsen."

Oliver Wendell Holmes

Wir sprechen mit uns selbst in einer Sprache, die für uns persönlich aufgrund früherer Erfahrungen eine bestimmte Bedeutung hat. Was kommt Ihnen zum Beispiel in den Sinn, wenn Sie folgende Wörter hören: ein Sonnenaufgang, ein Kreuz, eine Löwenzahnpflanze, ein Frosch auf einem Seerosenteich, ein knisterndes Kaminfeuer, ein junger Hund?

Es ist sehr wahrscheinlich, daß diese Wörter in Ihnen Bilder oder Erinnerungen hervorrufen, die für Sie eine einzigartige Bedeutung haben. Mit anderen Worten: Ihre Lebenserfahrungen beeinflussen Ihre Gedanken, Ihre Emotionen und körperlichen Empfindungen, selbst Ihre Sinneswahrnehmungen.

Fragen des Stils

Ihr Unbewußtes kann sich am besten auf Suggestionen beziehen, die aus seinem eigenen Erfahrungsschatz stammen. Wenn Sie also Autosuggestionen entwickeln, ist es am besten, sie in Ihre eigenen Worte zu fassen und Symbole einzusetzen, die Ihnen vertraut sind. Aus diesem Grund empfehlen wir Ihnen, Ihren eigenen Sprachstil für Suggestionen zu entwickeln, einen Stil, der Ihnen etwas bedeutet und eine möglichst große Wirkung auf ihre Trancearbeit hat.

Beobachten Sie, wie Sie mit anderen kommunizieren. Sind Sie ein Mensch, den in erster Linie Bilder ansprechen, der die Dinge sehen möchte und sich von Begriffen oder Ideen ein Bild machen muß? Oder ist Ihr Hörsinn wichtiger und konzentrieren Sie sich bevorzugt auf Geräusche? Ist es für Sie effektiver, zuzuhören und Ideen anzuhören? Vielleicht fällt Ihnen auf, daß Sie gern etwas berühren, daß Sie ein Gefühl für etwas entwickeln möchten, indem Sie Ihren kinästhetischen Sinn nutzen. Erinnern Sie sich an unsere Diskussion über das neurolinguistische Programmieren in Kapitel 6, daß die meisten Menschen verschiedene Sinnesmodalitäten benutzen, aber meist eine den anderen vorziehen.

Wir geben Ihnen hier ein paar Anregungen, damit Sie Ihren bevorzugten Kommunikationskanal – visuell, auditiv oder kinästhetisch – herausfinden können. Nehmen Sie sich auf Kassette auf und achten Sie beim Abspielen auf Ihren Stil und auf Schlüsselwörter. Vielleicht fällt Ihnen auf, daß Sie Wörter aus einer Sinnesmodalität vorziehen.

Wörter wie „schau", „sieh mal", „stell dir das vor" sind visuell, auch wenn sie abstrakt gebraucht werden. Sie sagen vielleicht so etwas wie „Ich sehe, was Sie meinen", oder „Stell dir mal vor, er wurde richtig sauer, als ich ihn um eine Gehaltserhöhung bat, und dann ..."

Oder es fällt Ihnen auf, daß Sie Formulierungen verwenden wie „Ich habe gehört, daß der ... am wenigsten Sprit verbraucht", oder „Es klingt so, als sollen die Zinsen angehoben werden".

Ein kinästhetisch orientierter Mensch findet wahrscheinlich mehr Wörter, die mit Berührung zusammenhängen. „Man spürt, daß sich in der Entwicklung der Wirtschaft ..." oder „Ich kann einfach nicht begreifen, warum sie ..."

Es gibt noch andere Methoden, wie Sie Ihren bevorzugten Kommunikationsstil herausfinden können. Sie zu beschreiben würde jedoch den Rahmen dieses Buchen sprengen. Interessierten Lesern empfehlen wir das Buch von Bandler und Grinder (1979), sowie die Bücher der in der Bibliographie aufgeführten Autoren. Forscher wie Michael Yapko (1981) haben herausgefunden, daß hypnotische Suggestionen um so effektiver ausgeführt werden, je mehr die suggestive Sprache an den Kommunikationsstil des einzelnen angepaßt ist. Beginnen Sie daher beim Entwickeln Ihrer eigenen suggestiven Sprache mit Ihrem bevorzugten Stil – visuell, auditiv oder kinästhetisch – und dann können Sie Wörter aus anderen Modalitäten einstreuen, wenn sie zu Ihrem Ziel passen.

Visuelle, auditive und kinästhetische Wörter und Symbole können wirkungsvolle Instrumente für Ihre Selbsthypnose sein.

Was sind Suggestionssymbole?

Was für etwas anderes steht, ist ein Symbol. Ihre Suggestionen werden effektiver sein, wenn Sie Symbole einsetzen, die Ihre Ziele repräsentieren. Positive Symbole aus Ihren Erinnerungen und Erfahrungen können in Ihrem Unbewußten einen Reiz auslösen und eine Reaktion wie in der Vergangenheit hervorrufen.

Zum Beispiel: „Wenn ich mir den blauen Himmel vorstelle und die Wolken, die sanft in der warmen, entspannenden Brise dahintreiben, fühle ich, wie der Druck und die Spannung abnehmen. So wie damals, als ich jung war und im weichen Gras lag und zum Himmel schaute. Als ich mich um nichts zu kümmern brauchte, als ich keine Sorgen hatte.

Der Himmel, bis zum Horizont mit weißen Wölkchen bedeckt, erinnert mich an meine Jugend. Ich bin nur ein paar tiefe Atemzüge von dieser Zeit entfernt, als ich jung war und mich entwickelte. Jetzt entwickle ich einen kontrollierten, entspannten Geisteszustand."

Finden Sie Bilder und Symbole zur Entspannung aus Ihrem eigenen Leben. Es gibt so viele Symbole in unserem Leben, aus Vergangenheit und Gegenwart. Verknüpfen Sie diese zu Symbolen gewordenen Wörter, Bilder und Gefühle mit Ihrem angestrebten Ziel.

Blätter, die im Herbst vom Baum fallen, können zum Symbol werden für Probleme, die von Ihnen abfallen. Der Wechsel der Jahreszeiten symbolisiert persönliche Veränderungen. Das Bild der fleißigen Ameisen, die emsig tätig sind, kann eine Metapher sein für konzentriertes Arbeiten.

Oft kann das gleiche Bild oder Symbol für viele unterschiedliche Ziele verwendet werden. Eine schwer arbeitende Ameise kann auch zum Symbol für die großartige Arbeit werden, die der einzelne in Teamarbeit vollbringen kann.

Die Worte, mit denen Sie eine Suggestion ausdrücken, sind weniger wichtig als die inneren Bilder oder Gefühle, die Sie hervorrufen, und die Bedeutung, die diese Worte für Sie haben. „Ich fühle mich entspannt wie eine Portion weichgekochter Spaghetti." Das Symbol der Entspannung – die schlaffen Spaghetti – ist dann effektiv, wenn Ihr Unbewußtes den Vergleich leicht verstehen kann.

„Ich bin so beweglich und entspannt wie die Stoffpuppe, die ich als Kind hatte, oder wie diejenige, die ich mir gerade vorstelle." Viele Menschen können sich sofort die Bewegungen einer solchen Stoffpuppe vorstellen. Das macht sie zu einem nützlichen, allgemein verwendbaren Symbol. Für einen Puppenmacher wäre das wohl ein besonders starkes Bild. Er weiß aus seiner täglichen Erfahrung, wie entspannt Arme und Beine aussehen und sich anfühlen sollten. Wie passend wäre dieser Vergleich jedoch für Männer, die nie mit Puppen gespielt haben?

Versuchen Sie, Suggestionssymbole aus Ihrer Arbeit, Ihren Hobbys, Erinnerungen oder auch Träumen zu finden. Je lebendiger das Symbol ist, desto eher wird Ihr Unbewußtes darauf ansprechen.

Nehmen wir Sally, die in einem Büro arbeitet, als Beispiel. Sie spielt Gitarre, um sich zu entspannen und um Ihre Freunde und Ihre Familie zu unterhalten.

Sally könnte sich mit dieser Suggestion in Trance versetzen: „Ich entspanne mich wie die Feder in einem Uhrwerk." Das ist ein Symbol, das sie jeden Tag bei der Arbeit sieht.

Wahrscheinlich wäre es aber für sie effektiver, wenn sie sich sagen würde: „Während ich tief einatme und langsam ausatme, lösten sich Spannung und Streß von meinem Körper, so wie sich die Saiten meiner Gitarre lösen, wenn ich die Wirbel aufdrehe."

Es wäre für Sally sicherlich einfach sich, vorzustellen, wie die Saiten bei jeder Wirbeldrehung mehr erschlaffen. Jemand, der nie ein Instrument gespielt hat, könnte nicht annähernd so gut etwas damit verbinden.

Material zur Entwicklung einer auf Sie zugeschnittenen Suggestion finden Sie überall. Wohin Sie blicken, gibt es Dinge, die sich mit Ihren Zielen verknüpfen lassen, ob zu Hause, im Hof oder im Garten, im nächsten Geschäft, wenn Sie eine Straße entlangfahren, bei der Arbeit, in Büchern und Zeitschriften.

Wenn Sie nächstes Mal Ihre Straße entlangfahren, achten Sie darauf, wie der Wind durch Bäume oder Büsche pfeift. Das kann den Wind symbolisieren, den Sie sich um die Ohren pfeifen lassen, wenn Sie sich demnächst in der Welt umsehen und etwas Neues kennenlernen.

Ihr Fuß auf dem Gaspedal ist ein Zeichen für die Kontrolle, die Sie über Ihren Wagen haben. Er kann auch zum Symbol der Kontrolle über Ihr eigenes Leben werden. Das Vertrauen in Ihre Fahrkünste ist auch ein Symbol für die Kontrolle und das Selbstvertrauen, die Sie in anderen Bereichen Ihres Lebens haben können – Kontrolle über Allergien, Schmerzen, schlechte Gewohnheiten oder Ängste.

Schaffen Sie Ihre eigenen Symbole

Bevor Sie eine Selbsthypnosesitzung beginnen, nehmen Sie sich ein paar Minuten Zeit und schreiben Sie auf, welches Ziel Sie in dieser Sitzung erreichen wollen. Denken Sie auch im Vorfeld schon an Bilder, die mit Ihrem Ziel zusammenhängen.

Nutzen Sie diese Gelegenheit, sich auf Ihre eigenen kreativen Gedanken einzulassen. So wie Sie einen Garten anpflanzen, beobachten, wie er wächst und gedeiht, um dann die leckeren Früchte Ihrer Arbeit zu ernten, ernten Sie auch am Ende die Früchte Ihrer Selbsthypnose.

Im Folgenden geben wir einige Hinweise zu Materialien, aus denen Sie Ihre eigenen Suggestionssymbole entwickeln können. Fassen Sie sie in Ihre eigenen Worte und nehmen Sie Bilder aus Ihrer eigenen Erfahrung. Sie haben hier die Gelegenheit, so kreativ und phantasievoll zu sein, wie Sie wollen. Sie sind hier der Gärtner und können anpflanzen, wachsen lassen und ernten, was Sie wollen.

Regen wäscht Schmerzen, Streß und Selbstzweifel sanft hinweg.

Der Wechsel zwischen stürmischem Wetter und Sonnentagen ist wie der Gegensatz von Aktivität und Ruhe, Konzentration und Tagträumen, Streß und Entspannung.

Das Ausschalten eines Lichtschalters kann zum Symbol werden für das Abstellen Ihres Verlangens nach einer Zigarette oder nach etwas zu essen.

Der Teekessel läßt Dampf ab und der Druck sinkt, so wie Sie Druck oder Streß ablassen können, indem Sie langsam ausatmen.

Verstehen Sie, worum es geht?

Ein Vogelschwarm schwingt sich zu seinem Ziel auf, so wie Sie sich zu Ihrem Ziel aufschwingen können. Eine Blume geht auf und erblüht, so wie Sie aufblühen können und Ihre Allergien oder Ängste verdrängen.

Die Telefonleitung leitet Energie und ein dynamisches Potential, so wie Sie voller Energie sind, um Tennis oder Volleyball zu spielen.

Aus dem Wasserhahn fließt ein sanfter, gleichmäßiger Wasserstrahl, wie die Energie, die aus Ihnen strömt.

Auf die Sekunde genau ziehen Sonne, Mond und Sterne Ihre Bahnen, so wie auch Sie Ihre eigenen Wege gehen können.

So wie Dinge durch ein Fernglas gesehen näher kommen, können Sie mit Selbsthypnose Ihre Ziele, die fern erschienen, nah heranholen.

Bienen können sich entscheiden, an welcher Blüte sie sich laben, und auch Sie können entscheiden, bei den Mahlzeiten weniger zu essen oder nach dem Essen nicht zu rauchen.

Nun haben Sie den Dreh bestimmt raus. Sie können eine angemessene Zielsuggestion mit einem für Sie möglichst lebendigen Vergleich verknüpfen. Nehmen Sie sich einen Moment Zeit, um neue Themen für Vergleiche und Metaphern zu finden. Stellen Sie sich die Szene auf Ihre eigene Art und Weise vor – lassen Sie sie real werden.

Entwickeln Sie präzise Suggestionen

Eine allgemeine oder zweideutige Suggestion, wie „Ich werde mich entspannen, ich werde weniger angespannt sein", kann zu schwach sein. Das Unbewußte wird sie vielleicht akzeptieren, aber ohne genaue Beschreibung, was und wie weit Sie sich entspannen wollen, und ohne Vergleiche wird es bei der Umsetzung Schwierigkeiten geben. Je spezifischer und vertrauter die Suggestion ist, desto leichter kann sie verwirklicht werden.

Wenn Sie die vorige Übung machen und Metaphern und Vergleiche finden, mit denen Sie sie verknüpfen können, wird es Ihnen gelingen, Ihre Suggestionen zielgerichtet einzusetzen. Die Steigerung der Konzentration ist als Ziel zu vage. Spezifischer ist es, Ihre Aufmerksamkeit beim Lesen zu konzentrieren, wie ein Trichter, der einen Wasserstrom konzentriert. Sie sollten die Suggestionen genau auf Ihr Ziel ausrichten.

Das Bild könnte als Suggestion so formuliert werden: „Während ich dasitze und lese, wird sich mein Geist auf die Wörter und Gedanken dieses Buches konzentrieren. Wie ein Trichter das hindurchfließende Wasser lenken und konzentrieren kann, können meine Augen meine Konzentration auf die Wörter und Ideen in diesem Buch lenken."

Angenommen, Ihr Ziel besteht darin abzunehmen. Einfach weniger zu essen ist als Ziel zu vage. Eine spezifischere Suggestion wäre: „Ich werde mich nach einer Portion satt fühlen, und das bei jeder meiner drei täglichen Mahlzeiten, um acht, um eins und um fünf Uhr." Das ist präzise und läßt sich verwirklichen. Je genauer Sie Ihre Suggestionen formulieren, desto stärker wird ihre Wirkung sein.

Finden Sie verschiedene Suggestionen für das gleiche Ziel

Selbst Suggestionen, die Sie bereits mit nobelpreisverdächtigen Symbolen versehen haben, sollten durch drei oder vier weitere spezifische Suggestionen verstärkt werden. Bei manchen Suggestionen kann es Blockaden geben, wodurch sie weniger effektiv sind als andere. Blockierungen oder negative Assoziationen können durch bestimmte Wörter ausgelöst werden. Die Aufnahme der Suggestion wird dann verhindert, ohne daß Ihnen das bewußt wird. Es ist daher am besten, für jedes Ziel unterschiedliche Suggestionen zu entwickeln. Je mehr Suggestionen Sie sich anbieten, desto mehr Möglichkeiten haben Sie, um Katalysatoren für die gewünschte Veränderungen zu schaffen. Dies gilt besonders dann, wenn Sie es wiederholt mit einer Suggestion versucht haben, aber nur wenig oder gar keinen Erfolg hatten.

Entspannungsziele

Nehmen wir an, Ihr Ziel ist es, Streß abzubauen. Sie können drei verschiedene Ansätze wählen, um Ihrem Körper Entspannung zu suggerieren. Das Entspannen der Muskeln ist wie das Lösen von

Knoten eines aufgespulten Gummibandes. Weiche und entspannte Muskeln sind wie ein gut gekneteter Brotteig. Sie sind streßfrei und ohne Druck, wie ein Ballon ohne Luft. Selbst wenn ein oder zwei der Symbole sich als schwach erweisen sollten, so ist doch wahrscheinlich, daß zumindest auf eines eine Reaktion eintritt.

Denken Sie daran, daß die besten Suggestionen aus Beispielen gebildet werden, die Ihnen vertraut sind. Angenommen, Sie interessieren sich für Autos oder Motorräder. Sie könnten Suggestionen entwickeln, bei denen es um die Funktion des Motors geht. „Ich atme leicht und mühelos, während ich mich entspanne, wie ein Motor frische Luft ansaugt und im Leerlauf leicht und wie von selbst verbrennt. Wie ein Motor Ruhe braucht, um nach einer langen steilen Strecke abzukühlen, brauchen auch meine Muskeln und mein Geist Zeit, um sich von den Anstrengungen und Anspannungen des Tages zu erholen."

Suggestionen wie diese eröffnen dem Unbewußten einer Person, die mit Automechanik vertraut ist, den Weg zum Ziel. Sie wird sich sagen: „Genau – ich weiß, worum es geht. Entspannen, wie ein Motor im Leerlauf? Kein Problem!"

Allerdings würde bei derselben Person die Suggestion, sich zu entfalten wie Mozarts 5. Klavierkonzert in f-Moll, wahrscheinlich das Unbewußte veranlassen, die Bremse anzuziehen. Auch einen Rock-and-Roll-Fan würden dieser Vergleich und diese Metapher nicht ansprechen.

Musik, auf die Sie sich einstimmen können, ist sehr gut, um Entspannungssuggestionen symbolisch zu unterstützen.

Sportliche Ziele

Angenommen, Sie wollen Ihre Konzentration beim Tennis, beim Golf oder bei einer anderen Sportart steigern. Sie können unterschiedliche Bilder und Metaphern auswählen, um sich das angestrebte Ziel zu suggerieren.

Jedes Ziel kann mit einer posthypnotischen Suggestion verknüpft sein. Als Auslöser kann eine Handlung dienen, die Sie kurz vor oder während des Tennisspiels gewöhnlich ausführen. Zum Beispiel:

„Jedesmal, wenn ich vor dem Spiel meine Turnschuhe binde, merke ich, wie ich mich konzentriere. Wenn ich die Schnürsenkel festziehe, konzentriere ich mich ganz fest auf das Spiel.

Wenn ich auf den Tennisplatz gehe, sehe ich das Netz, das das Spielfeld teilt. Das Netz kann den Ball davon abhalten, von einer Seite zur anderen zu fliegen. So wie das Netz einen schlecht geschlagenen Ball aufhält, kann es mir vielleicht durch Konzentration gelingen, Störungen von mir abzuhalten.

Ich werde meinen Schläger fest und sicher halten. Der Schläger ist so konstruiert, daß man möglichst effektiv spielen kann. Sobald ich ihn in die Hand nehme, übertragen sich die Eigenschaften des Schlägers auf mein Spiel."

Beachten Sie, daß einige dieser Suggestionen so formuliert sind, daß sie Ihr Unbewußtes mit behutsamen Worten überreden: „Ich kann vielleicht" und „möglicherweise werde ich". Andere Suggestionen sind direkter, mehr im Befehlston gegeben: „Ich werde".

Indem Sie sowohl indirekte, gewährende Suggestionen anbieten als auch direkte, befehlende, stellen Sie sicher, daß eine der beiden Arten akzeptiert wird. Wenn Sie jedoch feststellen, daß Sie auf einen Suggestionsstil besser reagieren als auf den anderen, so verwenden Sie nur diesen.

Sie sehen, daß alle Suggestionen unterschiedlich sind. Doch alle führen im Laufe der Zeit dazu, daß Sie Ablenkungen ausblenden und sich besser auf Ihr Spiel konzentrieren können. Auch während des Spiels können Sie sich ständig mit posthypnotischen Auslösern versorgen.

Das Binden der Schuhe, der Griff zum Schläger sowie der Blick zum Netz können posthypnotische Auslöser werden, die dann auch außerhalb Ihres Trancezustandes die gewünschten Reaktionen auslösen.

Mehr zum Thema Sport besprechen wir in einem späteren Kapitel. Aber denken Sie daran, daß Freizeitsport der Erholung und Fitneß dient! Sie können Ihr Ziel, nämlich konzentrierter zu spielen, erreichen, sich erholen und fitter werden, gleichgültig ob Sie gewinnen oder verlieren.

Achten Sie darauf, daß die verschiedenen Schritte zum Erfolg aufeinander aufbauen, dann entwickelt sich Ihre weitere Arbeit mit

Selbsthypnose von selbst. Erwarten Sie nicht schon nach einem oder zwei Tagen, daß sich Ihr Spiel verbessert hat, geben Sie sich zwei, drei Wochen Zeit.

Suggestionen sollten positiv sein

Die meisten Menschen reagieren negativ, wenn sie mit einer negativen Aufforderung konfrontiert werden. Sie können bei sich selbst beobachten, daß das tatsächlich so ist. Welche Bitte würden Sie eher erfüllen: „Schließen Sie nicht die Tür!" oder „Würden Sie bitte die Tür offen lassen"?

Von Kindesbeinen an haben die meisten von uns mehr „NEINS" als „JAS" gehört, und oft haben wir einen konditionierten Reflex auf negativ formulierte Aussagen entwickelt. Sie lassen uns die Haare zu Berge stehen. Obwohl wir weniger stark darauf reagieren, wenn wir uns selbst „NEIN" sagen, hat eine negativ formulierte Autosuggestion geringere Chancen, von uns akzeptiert zu werden.

„Ich werde nicht mehr rauchen" ist eine negative Instruktion, die vom Unbewußten leicht ignoriert wird. Eine effektivere Suggestion wäre eine mit einem positiven Aspekt verknüpfte Aussage. Zum Beispiel: „Wenn ich weniger rauche, fühle ich mich gesünder und bin mit mir selbst zufriedener."

Wenn möglich, verbinden Sie eine positive Suggestion mit den zu erwartenden Vorteilen. Auf Suggestionen folgen Taten, wenn sie mit positiven Vorstellungen, Worten und Symbolen verknüpft sind.

Es ist am Anfang vielleicht schwierig, „NEIN",„KEIN", „NICHT" und andere Verneinungswörter aus Ihren Suggestionen herauszuhalten. Gehen Sie die Sache ruhig an. Übung macht auch hier den Meister. Die paar Verneinungen, die sich hier oder da einschleichen, sind harmlos, insbesondere wenn Sie sie mit vielen „ICH WERDE", „ICH KANN", „ICH KÖNNTE" und „VIELLEICHT HEUTE" ausgleichen.

Selbsthypnose aus der Konserve oder persönlch abgestimmt?

Manche Menschen haben Erfolg mit kommerziellen Selbsthypnose-Kassetten, andere nicht. Wir glauben, daß Sie den größten Erfolg mit Selbsthypnose haben, wenn Sie sich die Zeit nehmen, Ihre Suggestionen, wie in diesem Kapitel besprochen, persönlich abzustimmen. Wenn Sie Worte, die in diesem oder anderen Kapiteln angeboten wurden, jedoch für sich selbst bedeutsam finden, können Sie sie selbstverständlich benutzen. Allerdings lohnt es sich, sie so abzuändern, daß sie positive persönliche Erinnerungen oder Bilder hervorrufen. Sie können lernen, sowohl persönlich abgestimmte als auch auf Kassette aufgenommene Selbsthypnosesitzungen zu verwenden, um möglichst viele positive Veränderungen zu erzielen.

Literatur

Bandler, R. a. J. Grinder (1979): Frogs into princes. Moab, UT (Real People Press).

Hartland, J. (1971): Medical and dental hypnosis. Baltimore (Williams & Wilkins).

Kroger, W.S. (1977): Clinical and experimental hypnosis. New York (J.B. Lippincott).

Selye, H. (1974): Stress Without Distress. New York (J.B. Lippincott).

Yapko, M.: The effect of matching primary representational predicates on hypnotic relaxation. *American Journal of Clinical Hypnosis* 23.

Kapitel 11

Selbsthypnosetechniken in neun Variationen

In diesem Kapitel präsentieren wir eine Vielfalt von Methoden, die Sie anwenden können, um selbsthypnotische Trancezustände zu entwikkeln. Es handelt sich um Techniken, die Sie verändern und auf Ihren persönlichen Gebrauch abstimmen können. Es gibt in der Praxis Hunderte, wenn nicht Tausende verschiedene Methoden der Tranceinduktion. Die hier dargestellten unterscheiden sich voneinander und entfalten doch alle ihre Wirkung.

Sie können die Manuskripte so verwenden, wie Sie sie hier vorfinden, oder sie, entsprechend Ihrer persönlichen Lage, auf eine Ihnen angenehme Weise modifizieren. Vielleicht möchten Sie sich die Manuskripte selbst vorlesen oder auf Kassette aufnehmen.

Das Herstellen eigener Kassetten

Es kann hilfreich sein, wenn Sie sich aus den hier aufgeführten Skripten und aus Ihren eigenen Suggestionen eine Kassette erstellen, damit Sie bei ihrer Übung nicht das Gefühl haben, als müßten Sie sich in dem Moment, in dem Sie in Trance gehen, Suggestionsworte und Symbole ausdenken. So bietet sich Ihnen eine passive Möglichkeit, Selbsthypnose einzuleiten, und die Veränderungen, die Sie schon vorher überdacht und geplant haben, eintreten zu lassen. Natürlich können Sie die Kassette jederzeit verändern, indem Sie neue Suggestionen aufnehmen.

Was Ihnen am besten hilft, ist genau das Richtige. Erproben Sie jede Methode mindestens einmal, um herauszufinden, welche für Sie am effektivsten ist. Sie wurden alle unzählige Male im klinischen Rahmen angewandt und sind von unseren Patienten und Studenten über die Jahre als die beliebtesten ausgewählt worden.

Wenn Sie sie mit dem verbinden, was Sie in den vorangegangenen Kapiteln über Selbsthypnose und den Suggestionsprozeß gelernt haben, werden Sie sich wahrscheinlich mit jeder der folgenden

Techniken erfolgreich in Trance versetzen. Sobald Sie mit Selbsthypnose vertrauter sind, können Sie Suggestionen einfügen, um bestimmte Ziele anzustreben. Gleichzeitig können Sie posthypnotische Auslöser integrieren, die Ihnen helfen, sich später wieder leichter in Trance zu versetzen und Ihre Ziele zu erreichen.

In vielen Manuskripten ist Platz für Ihre eigenen Suggestionen. Sie können auch andere Zielsuggestionen und posthypnotische Auslöser einflechten, wo immer Sie möchten. Wenn Sie Ihre posthypnotischen Suggestionen und Auslöser wie in Kapitel 5 und 10 dargestellt vorausplanen und aufschreiben, wird es Ihnen leicht fallen, Ihre Kassetten zusammenzustellen.

Die Vorbereitung auf Ihre Selbsthypnose

Hier finden Sie einige spezifische Instruktionen, die Ihnen helfen, einen möglichst großen Nutzen aus diesem Kapitel und aus Ihren Erfahrungen mit Selbsthypnose zu ziehen:

1. Erstellen Sie eine Liste Ihrer Ziele, und zwar ganz spezifisch und detailliert. Machen Sie sich klar, woran Sie arbeiten wollen, warum und für wie lange.
2. Schreiben Sie auf, was Sie sich von Anfang bis Ende sagen wollen. Vielleicht erstellen Sie ein Manuskript für Ihre eigene Selbsthypnose. Sie können dafür Material aus den Kapiteln zur progressiven Entspannung, Streßbewältigung oder Zielarbeit verwenden. Sie können Ihre eigene, persönliche Kombination entwickeln, die für *Sie* angenehm ist. Probieren Sie es aus!
3. Schreiben Sie für jedes Ziel unterschiedliche Suggestionen auf.
4. Entwickeln Sie Materialien, die Sie zur Visualisierung und Bildersprache verwenden können. Solche Suggestionen könnten Sie an einen ruhigen, entspannenden Ort führen. Während der Entspannungsprozeß zunimmt, fügen Sie Metaphern ein, die sich auf die gewünschten Veränderungen beziehen. Zum Beispiel: „Mit geschlossenen Augen kann ich mir eine offene Bergwiese vorstellen ... ähnlich wie die, die ich im letzten Urlaub gesehen habe. Vielleicht spüre ich die Wärme der Sonne auf meinem

Gesicht, während ich im Gras liege und die Blätter beobachte, die langsam von den Bäumen fallen ... Die fallenden Blätter erinnern mich daran, wie ich Probleme und Sorgen loslassen kann ... und sie von mir abfallen können ... gerade so, wie alte Blätter von den Bäumen fallen, um Platz zu machen für neues Wachstum ... neue Veränderungen."

5. Vielleicht stellen Sie sich vor, wie Sie einige Schritte nach unten gehen, um Ihren Trancezustand zu vertiefen. Stellen Sie sich vor, daß Sie in einem Aufzug nach unten fahren oder daß Sie einen Bach oder einen Fluß hinuntertreiben, und je weiter Sie hinabgleiten, desto entspannter können Sie sich fühlen, desto tiefere Trancezustände können Sie erreichen. Falls es Ihnen angenehmer ist, einen Aufzug oder Fluß hinaufzugleiten, dann wechseln Sie einfach die Richtung.
6. Sie können beliebig viele verschiedene Suggestionen verwenden, um Ihr Ziel zu erreichen. Versuchen Sie jedoch bei jeder Trancesitzung nur an einem oder zwei spezifischen Zielen zu arbeiten. Wenn Sie sich mehr vornehmen, wird die Wirkung verwässert. Sie können sich jedoch viele unterschiedliche Suggestionen für ein und dasselbe Ziel geben. Wenn Sie zum Beispiel das Ziel verfolgen, Ihre Konzentration beim Sport zu verbessern, könnten Sie Suggestionen für die Zeit vor, während und nach dem Spiel einsetzen.
7. Unterlegen Sie Ihre Suggestionen mit etwas Hintergrundmusik, das kann beruhigend und entspannend sein. Sie können auch ein tickendes Metronom oder andere Geräusche ausprobieren, um Ihre Aufmerksamkeit darauf zu richten.
8. Fügen Sie gegen Ende Ihrer Trance immer einige Suggestionen ein, damit Sie bei der nächsten Übung wieder leicht in Selbsthypnose gehen können. Zum Beispiel: „Ich weiß, daß der Gewinn, den ich aus dieser Tranceerfahrung ziehe, eine positive und gesunde Erfahrung ist, und wenn ich wieder in diese wohltuende Situation zurückkehren möchte, brauche ich mich nur in eine entspannte und angenehme Position zu begeben, ein paar tiefe Atemzüge zu nehmen und mir eine warme, angenehme Farbe vorzustellen (oder einen anderen Auslöser, der Sie an die Entspannung in Selbsthypnose erinnert). Immer wenn ich ein paar Mal tief einatme und mir diese Farbe vorstelle, ... werde ich bemerken, daß ich schnell

und leicht zu diesem tiefen Grad der Entspannung und Ruhe zurückkehren kann."

9. Falls Sie das Manuskript auf Kassette aufnehmen, sprechen Sie zunächst mit Ihrer normalen Stimme und in einem lockeren Tempo. Danach werden Sie etwas langsamer und gehen in einen sanften Tonfall über. Gegen Ende ist Ihr Rhythmus ganz langsam und Ihre Stimme noch sanfter. Dieses Langsamerwerden und Sichentspannen, wenn Sie in Selbsthypnose gehen, wird für Sie unabhängig von der verwendeten Technik zu einem akustischen Auslöser.

Bevor Sie anfangen zu üben, suchen Sie sich einen ruhigen Ort, an dem Sie möglichst nicht gestört werden. Sagen Sie den Menschen, die in Ihrer Nähe sind, daß Sie 20 bis 30 Minuten Zeit für sich selbst brauchen.

Technik Nr. 1: Selbsthypnose durch progressive Entspannung

Setzen Sie sich und machen Sie es sich so bequem wie möglich. Sie entspannen sich und erreichen einen Zustand von Selbsthypnose, indem Sie jeweils einen Teil Ihres Körpers anspannen und wieder entspannen.

Sie können mit dem Kopf beginnen und sich bis zu den Füßen hinunterarbeiten oder umgekehrt. Wo Sie beginnen, bleibt Ihnen überlassen.

Im folgenden Manuskript beginnen wir mit den Füßen. Sie können jedoch Ihr eigenes Skript erstellen und Suggestionen und Bilder aus Ihrer persönlichen Erfahrung einfügen.

Das Manuskript

Füße und Beine:

Ich spüre zu Beginn die Spannung in meinen Füßen. Ich strecke sie und halte die Spannung zehn oder zwölf Sekunden lang. In dieser Haltung rolle ich jetzt die Zehen fest ein. Ich rolle die Zehen ganz fest nach unten und halte die Spannung und lasse meine Zehen so fest eingerollt wie ich nur kann.

Während ich diese Spannung halte, kann ich mir ins Gedächtnis rufen, daß ich mit meinen Füßen sehr viel gehe ... meine Füße unterstützen mich sehr ... und nun lasse ich die ganze Spannung los und meine Füße entspannen sich.

Ich atme tief durch ... um noch entspannter zu werden ... und stelle kurz darauf fest, daß ich mich noch wohler fühle ... entspannter, je länger diese Erfahrung dauert. Ich strecke meine Füße noch einmal aus, halte die Spannung dort ... bin mir der Spannung bewußt ... spreize meine Zehen nach außen, strecke meine Fersen aus ... und erlebe bewußt diesen Teil meines Körpers, der mich so sehr unterstützt ... halte ihn ... halte die Spannung.

Dann entspanne ich meine Füße und fühle mich viel wohler, viel ruhiger ... während ich ausatme ... atme ich die Spannung aus. Ich kann mich viel entspannter fühlen, weil ich weiß, daß ich einen Veränderungsprozeß begonnen habe, der es mir erlaubt, mir selbst Suggestionen zu geben für Veränderungen, die mir heute und auch nächste Woche noch etwas bringen.

Nun arbeite ich an meinen Unterschenkeln. Ich fühle die Spannung in meinen Waden. Ich spanne meine Wadenmuskeln an und halte die Spannung. Die Spannung ist mir völlig bewußt, und während ich diese Muskeln anspanne, nehme ich einen tiefen Atemzug und halte den Atem an. Ich weiß, daß meine Unterschenkel mir beim Gehen helfen und viel für mich arbeiten. Nun kann ich ausatmen und die Spannung in meinen Waden loslassen ... während ich ausatme.

Ich spanne meine Waden noch einmal an, indem ich meine Füße und Zehen nach oben strecke und die Spannung in meinen Unterschenkeln halte ... sie da halte ... während ich tief einatme. Ganz bewußt spüre ich auch das letzte bißchen Spannung in meinen Waden.

Dann atme ich aus und meine Waden entspannen sich. Und während ich das tue, verändere ich vielleicht meine Haltung, so daß es mir noch bequemer ist.

Nun konzentriere ich mich auf meine Oberschenkel, auf den Quadrizeps, den größten Muskel meines Körpers. Ich strecke meine

Oberschenkel aus und fühle die Muskeln ... fühle die Spannung ... und nehme bewußt das ganze Gewicht wahr, das dieser bestimmte Teil meines Körpers trägt. Während ich einen tiefen Atemzug nehme ... und halte ... wird mir die Spannung bewußt, die in meinen Oberschenkelmuskeln steckt.

Meine rechte und meine linke Seite ... können die Spannung fühlen. Ich halte sie dort ... bin mir bewußt, daß sie da ist ... und dann kann ich sie loslassen. Während ich ausatme ... kann ich die Spannung in meinen Oberschenkeln loslassen und auch die Spannung und den Streß mit ausatmen.

Während ich den unteren Teil meines Körpers entspanne, verbreitet sich ein Wohlgefühl in meinem ganzen Körper.

Rücken, Bauch und Brust:

Nun beginne ich, meine Hüfte und den unteren Teil meines Rückens zu entspannen. Ich ziehe meinen Bauch ein und halte dort die Spannung. Dieser Bereich ist häufig sehr verspannt. Ich halte jetzt dort die Spannung besonders lange ... spüre die Spannung ... nehme sie bewußt wahr, während ich den Bauch einziehe ... und dann nehme ich einen Atemzug und atme vollkommen aus.

Vielleicht nehme ich noch ein paar tiefe Atemzüge für diesen Teil meines Körpers. Dann noch einmal ... meinen Bauch und auch meinen unteren Rücken ... einziehen ... und zur gleichen Zeit hinausstrecken, einfach versuchen, diese Spannung bewußter zu spüren ... sie halten ... spüren ... sie bewußter wahrnehmen.

Dann kann ich wieder entspannen ... während ich einen tiefen Atemzug nehme ... und loslasse ... und spüre, wie ich mich immer wohler fühle ... immer ruhiger.

Ich weiß, daß das eine wunderbare Methode ist, um für mich selbst zu sorgen. Ich weiß, daß sie schon Zehntausenden von Menschen auf der ganzen Welt geholfen hat. Es ist eine sehr effektive Technik, die mir jetzt und auch das nächste Mal, wenn ich sie anwende, hilft und die mir noch Tage danach guttut.

Nun richte ich meine Aufmerksamkeit auf die Mittelpartie meines Rückens und meiner Brust. Ich versuche, die Spannung auf die Mitte meines Rückens zu konzentrieren ... ich versuche, gegen die Stuhllehne zu drücken, drücke mit dem Rücken dagegen. Dann fühle ich dort die Spannung … ich bin mir bewußt, daß sie da ist.

Vielleicht weiß ich, daß ich mir in letzter Zeit zu viel aufgeladen hatte, und dann nehme ich einen tiefen, befreienden Atemzug … atme die Spannung aus … wobei ich mich immer entspannter fühle.

Dann konzentriere ich die Spannung noch einmal auf die Mitte meines Rückens … vielleicht drücke ich den Rücken gegen die Lehne … halte die Spannung dort … bin mir bewußt, daß sie da ist … vielleicht zehn oder zwölf Sekunden … und dann nehme ich einen tiefen … wohltuenden Atemzug. Ich kann fühlen, wie sich die Spannung löst … im ganzen Körper fühle ich mich wohler … und viel ruhiger … und näher an einem selbsthypnotischen Zustand … in dem ich die Suggestionen für Veränderungen aufnehmen kann.

Hände und Arme:

Nun gehe ich zu meinen Händen. Ich balle die Fäuste. Halte die Spannung darin … ich habe die Spannung fest im Griff … nehme einen tiefen Atemzug … halte die Luft an … die Dinge lassen sich besser fassen. Ich weiß, daß ich meine Fäuste so fest schließe, wie ich kann … halte meine Fäuste fest gespannt … ganz bewußt … drücke, so fest ich kann.

Dann öffne ich langsam meine Fäuste … strecke die Finger, während ich langsam ausatme. Vielleicht bemerke ich ein leichtes Prickeln in meinen Fingern … vielleicht fühlen sie sich kühler an. Ich stelle mir vor, daß die ganze Spannung meines Körpers in meine Hände strömt. Ich weiß, daß mir diese Technik noch in Wochen und Monaten, und selbst noch in Jahren wertvolle Dienste leisten wird. Die ganze Spannung ist in meinen Fäusten, während ich tief einatme … und mir wird diese Spannung noch bewußter, jetzt … da ich sie halte … mich auf sie konzentriere.

Jetzt kann ich ausatmen und meine Finger ausstrecken … meine Handflächen entspannen … meine Finger ausstrecken … spüren, wie diese Entspannung wie eine Welle von Wärme durch meinen ganzen Körper fließt.

Als nächstes kann ich die Anspannung spüren, wenn ich meine Arme geradeaus nach vorn drücke. Ich strecke meine Arme angespannt geradeaus, halte die Spannung, atme ein und halte den Atem an. Ich kann die Spannung in meinen Beugemuskeln spüren ... in meinen Streckmuskeln ... meinen Unterarmen ... halte die Spannung dort. Ich kann das kleinste bißchen Spannung wahrnehmen ... gut so ... die Spannung wahrnehmen.

Nun entspanne ich meine Arme beim Ausatmen ... die Spannung lösen ... sie loslassen. Während ich sie loslasse ... fühle ich mich immer wohler ... und Ruhe breitet sich in mir aus.

Und noch einmal strecke ich meine Arme nach vorn ... halte die Spannung ... bin mir dieses Unbehagens bewußt ... bewußt, wie ich anspanne ... zähle bis zehn oder vielleicht bis zwölf ... halte die Spannung einfach dort.

Dann kann ich entspannen ... die Spannung und den Streß ausatmen, während ich meine Unterarmmuskeln loslasse ... die ganze Spannung loslasse.

Schultern, Nacken und Hals:

Als nächstes konzentriere ich mich gleichzeitig auf meinen oberen Rücken, die Schultern und den Nacken. Ich ziehe meine Schultern hoch und spanne Nacken, Rücken und Schultern möglichst fest an. Ich presse diese Muskeln zusammen ... nehme einen tiefen Atemzug ... halte den Atem an ... halte die Spannung ... konzentriere mich auf die Spannung ... ziehe sie zusammen ... ich weiß, daß ich sie loswerden kann.

Während ich ausatme ... entspanne ich diese Muskeln ... die Spannung löst sich ... der Druck, der sich gebildet hatte, läßt nach. Ich lasse meine Schultern nach unten sinken, während ich vollkommen ausatme.

Dann ziehe ich meine Schultern hoch ... nehme einen tiefen Atemzug ... fühle, wie sich mein Nacken und der obere Rücken noch einmal anspannten ... Ich mache mir den Druck und die Spannung bewußt ... bis ins kleinste Detail. Ich kann sie halten ... Ich weiß, daß mein Nacken oft schmerzt, und ich will diese Schmerzen loswerden. Ich kann mir alles vorstellen, was mir Sorgen macht ... mich ärgert ... genau.

Nun kann ich alles loslassen ... ausatmen ... die Spannung loslassen ... den Druck loslassen ... die Schmerzen loslassen ... die Sorgen ... und die Probleme. Ich fühle mich noch entspannter ... noch gelassener. Ich kann ein kribbelndes Gefühl in verschiedenen Bereichen meines Körpers spüren. Vielleicht in meinen Zehen ... vielleicht in meinen Fingern. Ich merke, wie vollkommen entspannt ich mich fühle.

Als nächstes konzentriere ich mich auf meine Gesichtsmuskeln. Das ist ein Bereich, der mit Logik und Ratio und der damit verbundenen Anspannung zu tun hat. Zuerst konzentriere ich die Spannung auf meinen Mund ... mache mir die Spannung bewußt ... presse meine Lippen zusammen. Ich presse meinen Kiefer zusammen ... beiße ihn fest zusammen ... halte die Spannung, während ich durch meine Zähne einatme ... den Atem und die Spannung halte.

Dann atme ich aus ... lasse die Spannung mit dem Ausatmen los ... lasse allen Druck los ... lasse beim Ausatmen alle Spannung los. Mein Mund, der lächelt und spricht und sich verzieht und lacht ... kann sich ganz entspannt anfühlen.

Dann presse ich noch einmal meine Lippen zusammen ... nehme einen tiefen Atemzug ... presse meinen Kiefer zusammen ... konzentriere mich auf die Muskeln. Ich kann mir die ganze Spannung bewußt machen ... und sie dort halten. Dann kann ich ausatmen und loslassen.

Jetzt schließe ich meine Augen. Ich weiß, daß meine Augen Muskeln haben, und sie fühlen die Spannung genau wie andere Teile meines Körpers. Meine Augen können jetzt angespannt sein und dann entspannen, genau wie meine anderen Körperteile. Ich schließe meine Augen fest ... spüre die Spannung bewußt ... nehme das Gefühl der Anspannung in meinen Augen bewußt wahr ... und ich nehme einen tiefen Atemzug ... halte ihn ... halte die Spannung.

Dann lasse ich die Spannung beim Ausatmen wieder los. Ich spüre, wie sich die Entspannung über mein ganzes Gesicht ausbreitet, wie die Sommersonne, die meinen Körper wärmt.

Als nächstes ziehe ich meine Augenbrauen hoch ... ziehe sie hoch und fühle die Spannung in meiner Stirn. Das ist ein Teil meines Körpers, der viel zu viel denkt ... meine Stirnmuskeln ... die Spannung bewußt wahrnehmen ... einen tiefen Atemzug nehmen ... ihn halten ... und auch die Spannung halten.

Und ich kann die Luft aus meiner Lunge hinausströmen lassen ... die Spannung loslassen ... den Druck loslassen ... und spüren, wie die Entspannung mich ganz durchströmt. Ich weiß, daß es unmöglich ist, Spannung und Entspannung zur selben Zeit zu spüren. Ich weiß, je entspannter ich mich jetzt fühle ... desto weniger angespannt werde ich sein. Wenn ich mir die Spannung bewußt mache und daran arbeite ... sie anerkenne ... sie dann loslasse ... entspanne ich mich noch viel mehr.

Ich weiß, daß sich mit weiterem Üben dieser Technik Veränderungen entwickeln ... während mein Körper immer entspannter wird ... mein Geist ist vielleicht noch aktiv ... doch kann ich körperliche Veränderungen wahrnehmen.

Mein Herz schlägt ruhig und gleichmäßig ... mein Blutdruck hat sich reguliert ... Körper und Geist sind jetzt viel entspannter als zu Beginn dieser Übung. Ich nehme vielleicht wahr, daß sich meine Finger gefühllos anfühlen ... vielleicht fühlen sie sich sogar leichter oder schwerer an als vorher.

Vielleicht nehme ich diese Veränderungen am entspannendsten wahr, wenn ich diesen Zustand erreiche ... wenn ich weiß, daß ich meine eigenen Veränderungen kontrollieren kann ... meine eigene Unruhe ... meine eigene Anspannung ... meine eigene Entspannung. Während ich dies erkenne ... suggeriere ich mir, wie ich mich für den Rest des Tages fühlen möchte.

Ich kann mich entscheiden, wie ich mich morgen und den Rest der Woche fühlen möchte. Diese Veränderungen kann ich in mir fühlen, genau wie diese Gefühle von Ruhe und Entspannung, die ich jetzt fühle ... oder die Veränderung kann außerhalb von mir sein, wie eine warme Welle, die über meinen Körper fließt ... oder eine kühle Brise, die meine Finger prickeln oder gefühllos werden läßt.

Ich kann diese Kontrolle erlernen ... dieses Wohlgefühl ... diese natürliche Regulation. Ich kann mir jetzt andere Veränderungen suggerieren, die mich meinen Zielen näherbringen ... und diese Suggestionen werden noch wirksamer sein ... Ich werde mir selbst jetzt genau zuhören.

(Fügen Sie hier Ihre Zielsuggestionen ein.)

Und wenn ich das nächste Mal diese angenehme Zeit genießen möchte ... diese entspannende ... gesunde Zeit ... wird es mir möglich sein, diesen ruhigen Geisteszustand noch schneller zu erreichen. Ich kann leichter zurückkehren, da ich den Weg jetzt kenne ... da ich das Gefühl kenne, zu dem ich zurückkehren will.

Im Grunde brauche ich immer dann, wenn ich mich gelassener fühlen möchte ... ruhiger ... entspannter ... nur einen tiefen ... wohltuenden ... entspannenden Atemzug zu nehmen ... [*fügen Sie Ihre eigene Suggestion für Ihre nächste Selbsthypnose hier ein*]. Ich habe die Fähigkeit, mich zu entspannen und kann sie überall anwenden. Ich kann diese Fähigkeit anwenden und positive Veränderungen bewirken ... für immer.

Ich kann nun leicht einschlafen, indem ich von zwanzig bis null zähle, ein- oder zweimal, und während ich mit jeder Zahl einen Schritt hinuntergehe, entschwebe ich in die Träume und die Ruhe der Nacht ... *oder*, wenn ich jetzt frisch und munter aufwachen möchte, zähle ich von eins bis zehn und komme mit jedem Schritt zurück zu bewußter Wachheit, bis ich bei zehn meine Augen öffnen kann, meine Muskeln strecken und mich so ausgeruht fühle wie nach einem Nickerchen.

eins ... zwei ... drei ... vier ... fünf ... sechs ... sieben ... acht ... neun ... zehn

Technik Nr. 2: Die Methode indirekter Sprache

Bei dieser Technik werden indirekte, gewährende Bitten und Suggestionen benutzt. Die Sprache der Suggestionen ist flexibel, und Sie suggerieren sich, daß Sie etwas tun *können* oder daß Sie *vielleicht* diese oder jene Veränderung bemerken werden.

Nehmen Sie eine bequeme Position ein, wie Sie es sich für Ihre Entspannung wünschen. Nehmen Sie sich ausreichend Zeit, um Körper und Geist zu entspannen, vielleicht mit einem humorvollen Gedanken oder einer angenehmen Erinnerung an einen Urlaubsort. Nehmen Sie so viele wohltuende Atemzüge, wie sie möchten, bevor Sie mit Ihren Suggestionen beginnen.

Das Manuskript

Nun möchte ich darauf achten, ob ich mich vielleicht wohler fühle, wenn ich einfach einen ganz tiefen, befreienden Atemzug nehme. Sehr gut. Ich bemerke vielleicht bereits jetzt, wie gut sich das anfühlt, wie warm sich mein Nacken und meine Schultern anfühlen können.

Manchmal beginnt die Wärme in meinen Füßen und steigt dann nach oben. Manchmal beginnt die Wärme ganz oben an meinem Kopf und breitet sich nach unten aus. Natürlich macht es nichts, wenn die Wärme in der Mitte meines Körpers beginnt. Es spielt keine Rolle, wo sie überhaupt beginnt. Ich kann alle Veränderungen, die ich erlebe, gleichzeitig genießen.

Es hilft, wenn ich es mir bequemer mache. Vielleicht merke ich, wie spielend einfach es ist, ein paar wohltuende Atemzüge zu nehmen. Und während ich ausatme ... bemerke ich, wie angenehm sich meine Augen anfühlen, wenn sie sich schließen.

Wenn sich meine Augen schließen, kann ich sie einfach geschlossen lassen ... sehr gut. Ich kann vielleicht wahrnehmen ... wie mein Ausatmen meinen Spannungsgrad senkt ... genau wie meine Augenlider sich senken ... und ich mich völlig in das Gefühl versenke, alles aufzunehmen.

Ich habe vielleicht schon bemerkt, um wieviel entspannter ich mich fühle. Ich frage mich, ob es in meinem Körper noch andere Stellen gibt, die sich so entspannt anfühlen können, wie mein Geist es möchte. Ich frage mich, ob es Bereiche gibt in meinen Schultern und in meinem Nacken, die sich ähnlich anfühlen, wie die entspannten Bereiche in meinen Armen oder Beinen.

Vielleicht finde ich viele Stellen ... in mir ... die beginnen sich zu entspannen. Ich frage mich, ob die tiefe, entspannende, ruhige Schwere, die ich gelegentlich in meiner Stirn fühle, schon begonnen hat sich auszubreiten. Die Schwere und das angenehme Wohlgefühl dehnen sich aus nach unten ... über meine Augen ... meinen Nacken hinunter ... tief und ruhig.

Ein Wohlgefühl überschwemmt mich, wie eine Meereswelle den Sandstrand überschwemmt. Ich fühle mich wohl, wie in der warmen Sonne an einem Sandstrand. Wohlgefühl und Entspannung nehmen mich völlig ein.

Es gibt keine Regeln, Bestimmungen oder Vorschriften. Niemand ärgert mich. Niemand stört mich ... ich brauche mich um niemanden zu kümmern.

Ich spüre, wie sich das schwere, ruhige, angenehme Gefühl in meinen Schultern ausbreitet ... in beide Arme strömt. Ich frage mich, ob ich bemerke, daß ein Arm schwerer ist als der andere.

Vielleicht fühlt sich mein linker Arm ein bißchen schwerer an als mein rechter. Ich weiß nicht ... wahrscheinlich ändert es sich von Moment zu Moment ... von Trance zu Trance. Vielleicht fühlen sich beide Arme gleich angenehm an ... gleich schwer an. Es ist wirklich ganz gleichgültig.

Vielleicht ist es auch ein Gefühl von Leichtigkeit ... oder Schweben. Es verändert sich ... es kommt nicht darauf an, ob ich Schwere oder Leichtigkeit empfinde. Es ist alles zu meinem Vorteil ... die Veränderungen ... haben vielleicht heute schon ... begonnen ... oder sind dabei zu beginnen ... oder beginnen gerade jetzt.

Vielleicht nehme ich wahr, daß sogar beim Entspannen ... meine Finger vielleicht ein wenig kribbeln. Wohltuend atmen ... langsamer ... noch tiefer. Ich weiß, es ist völlig gleichgültig, ob ich es fühle ... dieses Kribbeln in meinen Fingern ... oder vielleicht in einem Teil meiner Finger ... oder vielleicht um meinen Mund herum. Ich fühle, daß sich die Entspannung weiter ausbreitet ... immer wohltuender wird.

Wie leicht es ist, in diesem ruhigen, entspannten Zustand etwas zu verstehen ... mir der Veränderungen in mir bewußt zu werden, die ich erreichen möchte. Ich weiß, daß im Grunde nichts wichtig ist ... außer vielleicht ... meine Erfahrung zu genießen ... das Wohlgefühl meiner Entspannung, wo mich nichts ärgert ... nichts stört.

Nun ist es Zeit, mir die Veränderungen zu suggerieren ... die Bilder ... Gefühle ... und Gedanken. Der beste Weg führt vielleicht über ein ganzes Spektrum von Veränderungen ... oder eine Folge von Veränderungen. Oder vielleicht ist es am besten, einfach dem Raum zu geben, von dem ich weiß, daß es hilft, ... und mir selbst zu vertrauen.

(Fügen Sie Ihre Zielsuggestionen ein.)

Ich kann mir selbst vertrauen ... meiner Erfahrung. Ich habe mir so oft schon vertraut. Manchmal waren es kleinere Veränderungen, manchmal auch größere. Ich frage mich, auf wie viele unterschiedliche Weisen ich mir selbst vertrauen kann.

Ich kann den Veränderungen vertrauen ... den Zielen ... der Vielfalt von Antworten auf eine Vielfalt von Fragen. Aber wie auch immer, die Vielfalt meiner Erfahrungen kann mir helfen, mich wohl zu fühlen und zu entspannen.

Ich kann mich erinnern, was ich mir suggeriert habe ... so daß ich es ganz nachhaltig erlebe. Vielleicht kann ich mich auch nicht erinnern. Manchmal kann ich mich an alles auf einmal erinnern ... und habe die Erinnerungen in meinem Hinterkopf. Und dort ist auch diese fundamentale Erinnerung ... das Erlebnis dieses tiefen ... wohltuenden Atmens, das bei mir dieses Entspannungsgefühl, das ich im Augenblick so genieße, wieder entstehen lassen kann.

Ich weiß, da ich mir diese Zeit für mich selbst genommen habe ... daß es mir später viel leichter oder ein wenig leichter fallen wird, wann immer ich möchte, in einen Trancezustand zurückzukehren ... wie in diesen natürlichen Zustand oder manchmal auch noch in einen tieferen.

In einer kleinen Weile ... noch nicht, aber ... sobald ich bereit bin, werde ich von null bis fünf zählen. Bei jeder Zahl ... jedem Schritt ... kann ich mir alle Zeit nehmen, die ich brauche ... Zeit ist sowieso relativ. Ich kann fühlen, wie ich langsam und voller Wohlbehagen mit jeder Zahl zurückkehre in meinen wachen Zustand ... mit jedem Schritt. Oder, wenn ich jetzt einschlafen möchte, ganz tief und fest, kann ich in die andere Richtung zählen ... von fünf bis null ... einige Schritte hinab in meine Welt der Phantasie und Freiheit.

Um aufzuwachen ... und um frisch und munter zu sein ... gehe ich die Schritte nach oben. Einen Schritt mit jeder Zahl. Wenn ich bei drei angekommen bin, können meine Augen fast schon so weit sein, sich zu öffnen. Wenn ich bei vier angekommen bin, haben sie sich vielleicht schon geöffnet. Und wenn ich fünf erreiche, bin ich ganz wach, fühle mich frisch und munter und voller Lebensenergie.

Vielleicht wache ich auf wie nach einem kleinen Nickerchen und bin frisch und munter. Ich fühle mich wach und sehr wohl und bin vielleicht auf angenehme Weise überrascht, mich so wohl zu fühlen.

Und nun habe ich genug Zeit, um zu einem wachen Zustand zurückzukehren.

null ... eins ... zwei ... ich fühle mich wacher ... drei ... meine Augen öffnen sich ... vier ... fünf ... ich fühle mich wach und munter und sehr wohl.

Technik Nr. 3: Die Fixierung der Augen

Bei dieser Technik entwickeln Sie eine Trance, indem Sie Ihren Blick auf einen Punkt oder einen Gegenstand konzentrieren. Ihr Bewußtsein ist völlig damit beschäftigt, einen Punkt anzustarren, während Sie sich Suggestionen geben, um sich zu entspannen und eine Trance zu entwickeln.

Suchen Sie sich einen Punkt an der gegenüberliegenden Wand, oder einen kleinen Gegenstand, auf den sie Ihre Augen richten. Nennen Sie diesen Punkt „das Ziel" und starren Sie immer weiter darauf. Ihre Autosuggestionen können folgendermaßen lauten:

Das Manuskript

Während ich auf das Ziel starre, entspanne ich mich immer mehr. Nach ein paar Minuten ist es einfacher, mich auf das Ziel zu konzentrieren, obgleich es scheint, als würde es sich leicht bewegen und als würde sich seine Farbe etwas verändern ... aber ich schaue weiter auf das Ziel.

Ich starre immer weiter darauf, gleichgültig ob es sich verändert oder nicht. Je länger ich es anblicke, um so entspannter werde ich mich fühlen. Meine Augen fokussieren sich darauf und werden dabei immer müder ... manchmal blinzeln sie ... manchmal tränen sie ... während ich weiterhin den Punkt betrachte ... werde ich immer entspannter.

Das Ziel, das ich gewählt habe, wird mir helfen, mich in hypnotische Trance zu versetzen ... ein Zustand von Selbsthypnose ... selbstbestimmt ... distanziert und sehr hilfreich. Ich bin Herr der Lage ... die Selbsthypnose wird mir helfen und ich werde dabei profitieren.

Ich öffne mich, um zu lernen, um mehr zu erfahren ... mehr über mich selbst ... mehr als ich jetzt weiß. Ich werde so offen wie möglich sein für diese neuen Einsichten. Es sind meine Einsichten ... von mir bestimmt.

Sogar dieses Ziel anzuschauen ist meine Entscheidung. Ich werde es anstarren und mich dabei entspannen ... und vielleicht legt sich ein Schleier über meine Augen ... und sie wandern ... und doch starre ich weiter fest auf mein Ziel. Manchmal bemerke ich meine Füße und das Gefühl in meinen Beinen ... und sogar das Gefühl, daß sich meine Schultern lockern ... während ich weiter auf meinen Punkt blicke.

Ich beginne rückwärts zu zählen ... innerlich ... von dreißig bis null. Zu Beginn werde ich spüren, wie ich ausatme ... die Luft herauslasse, die ich nicht länger brauche. Jetzt spüre ich, wie ich einatme, neue ... frische Luft ... und ich weiß, daß es in meinem Inneren ... ein Filtersystem gibt, das mir den bestmöglichen Atem beschert ... ganz natürlich.

Während ich weitermache ... werde ich immer entspannter ... und meine Augen werden müder und müder. Falls sich meine Augen bereits geschlossen haben ... einfach vom konzentrierten Anstarren ... und davon, das Ziel zu erfühlen ... dann ist das gut so. Ich merke nur, wie ich immer tiefer gehe ... mich immer behaglicher fühle, immer mehr entspanne mit jeder Zahl abwärts.

Falls meine Augen noch offen sind ... blicke ich weiter das Ziel an, bis sie sich von allein schließen ... oder bis ich bei null angelangt bin.

Ich werde das tun, was sich ganz natürlich einstellt ... was am angenehmsten ist, um mich in Trance zu versetzen. Und während ich rückwärts zähle ... fühle ich, wie ich mit jeder Zahl einen Schritt tiefer nach unten komme ... und je weiter nach unten ich komme ... desto entspannter und wohler fühle ich mich.

Ich habe das Gefühl, auf einer Rolltreppe abwärts zu gleiten ... oder in einem Fahrstuhl. Manchmal werde ich mich in meiner Vorstellung entscheiden, selbst ein paar Stufen hinabzugehen. Ich stelle mir vor, daß ich unten angekommen einen Strand entdecken werde ... oder eine wunderschöne Wiese ... oder ich werde ganz unten einfach schweben ... ruhig ... entspannt.

Ich werde mich so wohl und behaglich fühlen, wie ich will. Nun, mit dem Beginn des Rückwärtszählens ... beginne ich auch zu fühlen, wie jede Stufe mich weiter ... und noch weiter nach unten bringt. Ich kann die Schwere meines Körpers und meiner Augen fühlen. Ich will das Schweregefühl ... überall ... von oben bis nach unten.

Jetzt beginne ich bei dreißig ... ich fühle mich immer entspannter.

neunundzwanzig ... eine ungerade Zahl ... und all die ungeraden Zahlen werden meinem Körper helfen, tiefer und angenehmer zu entspannen. Achtundzwanzig ... eine gerade Zahl ... alle geraden Zahlen können meinem Geist helfen, ziellos zu treiben und zu wandern und Zugang zu meinen unbewußten Fähigkeiten zu finden ... zu der starken Person in mir ... für die mentalen, psychologischen, emotionalen und physiologischen Änderungen, an denen ich arbeiten werde.

Siebenundzwanzig ... Entspannung. Eine Stufe tiefer. sechundzwanzig ... angenehm, gelöst. Meine Augen werden schwerer ... mein Kopf sinkt, nur ein bißchen.

Fünfundzwanzig ... mehr und mehr entspannt, noch bequemer. Ich werde mehr und mehr über mich selbst erfahren. Vierundzwanzig ... schwerer und schwerer, meine Beine werden schwerer und entspannter. Meine Arme ... schwer ... mein Kiefer entspannt.

Dreiundzwanzig ... ruhige Veränderungen. Zweiundzwanzig ... meine Atmung ist tiefer, langsamer, natürlicher. Ich fühle mehr und mehr, was ich möchte. Einundzwanzig ... Beruhigung, Entspannung ... mehr und mehr.

Zwanzig ... ein Drittel des Weges nach unten, und ich fühle mich, als wäre ich noch tiefer nach unten gegangen, denn ich weiß, ich bin gegangen und ich werde weitergehen.

Neunzehn ... immer schwerer ... achtzehn ... Arme und Beine so entspannt ... siebzehn ... tiefer und immer angenehmer. Sechzehn ... Geräusche von außen werden mir helfen auf meinem Weg zum tieferen Entspannungszustand ... und erlauben mir, mich weiter zu versenken.

Fünf ... auf halbem Weg nach unten ... ein Auge schließt sich mehr als das andere. Beide Augen schließen sich ... sind schon geschlossen ... ich will alles erlauben, was geschieht ... es komme, was da wolle.

Vierzehn ... Entspannung nimmt zu. Dreizehn ... tiefer und tiefer entspannt. Zwölf ... fühle meine Füße als Teil des Bodens, oder

Gefühle von Leichtigkeit und Prickeln. Elf ... zehn ... zwei Drittel des Weges nach unten.

Neun ... näher zum Grund ... näher zu noch mehr Wohlbehagen und Entspannung. Acht ... meine Kiefermuskeln gelöst, Gesicht entspannt ... Die Schwere in meinen Armen und Beinen nimmt weiter zu. Meine Hände sind so betäubt wie meine Füße.

Sieben ... entspannen ... Veränderungen in meinen Händen und Füßen spüren ... den Gefühlen erlauben, sich auszubreiten. Sechs ... fast ganz da, wo ich ankommen will ... bei mehr Behaglichkeit ... an einem Ort, wo ich an den Veränderungen arbeiten werde, fie für mich am bedeutendsten sind. Effektivste Arbeitsmöglichkeiten für mich.

Fünf ... ich schaffe bereits Veränderungen in mir ... in meinem Wohlbefinden ... mehr Entspannung.

Vier ... tiefer und schwerer. Drei ... fast da, noch mehr entspannen. Zwei ... schließen oder geschlossen lassen ... aufnahmebereit für Suggestionen ... und dabei tief, tief entspannt ... offenbleiben für meine Suggestionen ... und mich dabei sehr, sehr wohlfühlen.

eins ... eins ... eins ... eins ... wie oft auch immer ich es wiederholen muß. Ich werde wissen, wie ich diesen Zustand nutze.

null ... null ... null ... null ...null ... null ... null ... null ... den ganzen Weg ... völlig entspannt ... am Ort, den ich Selbsthypnose nenne ... natürlich, selbst hypnotisiert.

(*Fügen Sie Ihre Zielsuggestionen hier ein.*)

Ich kann zu diesem Zustand tiefer Entspannung zurückkehren ... wann immer ich es wünsche ... indem ich einfach von dreißig bis nullzähle. Tief und ruhig durchatmen und von dreißig bis null zählen.

Ich kann zu einem ausgeruhten Wachzustand zurückkehren, indem ich von null bis fünf zähle. Je näher ich zur Zahl fünf komme, desto mehr werden sich meine Augen öffnen ... ich werde mich ausgeruhter und wacher fühlen.

null ... eins ... zwei ... drei ... vier ... fünf ... ich bin hellwach und fühle mich wohl.

Technik Nr. 4: Geleitete Phantasietätigkeit

Diese Methode der Selbsthypnose ermuntert Ihren Geist, mentale Bilder, Gefühle, Vorstellungen und optische Vorstellungsbilder verschiedener Szenen entstehen zu lassen. Ihr Vorstellungsvermögen ist ein starkes Instrument zur Selbsthypnose. Im Kapitel 6 finden Sie Erklärungen zur Rolle des Vorstellungsvermögens und Übungen, die der Verbesserung der Vorstellungskraft dienen.

Suchen Sie sich eine Sitzposition, in der Ihre Arme bequem ruhen und Ihre Beine flach auf dem Boden liegen oder an Ihren Körper gezogen, aber nicht überkreuzt sind. Falls Sie eine Brille tragen, so nehmen Sie sie ab. Lockern Sie zu enge Kleidung. Bewegen Sie sich, bis Sie die für sich entspannendste Position gefunden haben. Schließen Sie Ihre Augen.

Das Manuskript

Um mich noch entspannter und wohler zu fühlen, beginne ich mit einigen tiefen, angenehmen Atemzügen, etwa drei bis vier. Während ich das tue, lenke ich meine Aufmerksamkeit gezielt auf die verschiedenen Gefühle, die ich während des Ausatmens empfinde.

Jedes Einatmen bringt mir frische Luft, bei jedem Ausatmen werde ich verbrauchte Luft los. Wie bei einem Blasebalg ... fließt heilender Wind ... in mich. Ich kann mich so wohlfühlen, wie ich möchte, mit jedem Atemzug ... und noch wohler, während ich ausatme.

Mit jedem Ausatmen lasse ich auch Streß hinaus ... befreie mich von Sorgen ... befreie mich von Unbehagen. Ich kann mir bildhaft einen Teekessel vorstellen, in dem Wasser kocht, und ich sehe im Geist das Bild ausströmenden Dampfes vor mir und fühle, wie sich dabei der Druck im Kessel verringert. Ich kann meinen Atem mit einem pfeifenden Geräusch entweichen lassen ... so wie der Teekessel pfeift ... Unnötiges hinauslassen ... unnötigen Druck und Spannung hinauslassen.

Ich kann fühlen, wie sich die Muskeln in meinem Körper entspannen. Vielleicht bemerke ich, wie die Entspannung sich vom Kopf nach unten ausbreitet ... über mein Gesicht ... durch meine Schultern fließt … meine Arme hinunter … durch meinen Oberkörper … in meinen Rücken … auf meine Hüften zu. Mit jedem Atemzug, den ich ausatme, nimmt die Spannung ab … nehmen meine Sorgen ab, bis sie völlig verschwunden sind.

Während ich ganz natürlich weiteratme, angenehm und tief … rhythmisch atme … kann ich beginnen, mir in Gedanken eine Treppe vorzustellen, irgendeine Treppe, die mir in den Sinn kommt.

Vielleicht ist es eine Wendeltreppe … vielleicht eine Treppe, die ich einmal in einem Haus gesehen habe. Es spielt keine Rolle, welche Form oder welches Aussehen diese Treppe hat.

Ich kann jetzt beginnen, mir in meiner Vorstellung ein Bild zu entwerfen. Ich kann das Treppengeländer, den Teppich und alle Einzelheiten klar erkennen. Es könnte eine Treppe aus meiner Kindheit sein oder eine, die ich gerade jetzt ganz neu in meiner Vorstellung erfinde. Die Treppe kann beliebig viele Stufen haben. Vielleicht hat sie zehn Stufen.

Ich kann mich jetzt oben auf den Treppenabsatz stellen. Und wie ich dort so stehe, fallen mir vielleicht sogar Gerüche und Geräusche um mich herum auf. Es könnte Vogelgezwitscher sein oder Geräusche von draußen, von Menschen, die ihren eigenen täglichen Aufgaben nachgehen, ganz natürlich … so wie ich mir Zeit nehme … für mich selbst … natürlich.

Falls ich ein Auto vorbeifahren höre oder ein Flugzeug über mich hinwegfliegt … weiß ich, daß ich mir vorstellen kann, all mein Streß würde sich ebenfalls entfernen.

So kann ich in einem Moment, jetzt noch nicht, aber in einem Moment, beginnen, meine imaginäre Treppe hinabzusteigen. Ich werde jede Stufe zählen, die ich nach unten gehe. Und wie ich wahrscheinlich schon weiß … oder vielleicht sogar mit Spannung erwarte … während ich die Stufen hinunterzähle, werde ich immer entspannter … fühle mich wohler mit jedem Schritt.

Eine Stufe mit jedem Schritt, den ich zähle. Je höher die Zahl, desto tiefer gehe ich. Es könnte sein, daß es sogar mehr Stufen gibt, als ich dachte. Je tiefer ich gehe, desto entspannter und wohler werde ich mich fühlen.

Ich könnte fühlen, wie meine Füße im Teppich versinken, ganz angenehm tief und so weich. Oder ich stütze mich auf das Geländer … meine Hand am Geländer, mich sicher nach unten leitend.

Ich weiß genau, daß ich mich immer mehr entspannen werde ... mich mit jeder Stufe hinunter wohler fühle. Ich bin fast bereit. Ganz klar sehe ich jetzt in meiner Vorstellung das Bild der Treppe. Ich kann sie auch mit anderen Sinnen erfassen, sie spüren, die Stufen fühlen ... gleich bin ich so weit.

Jetzt bin ich bereit zu beginnen ... mit jeder Stufe kann ich mich entspannter und angenehmer fühlen.

Zehn ... den ersten Schritt die Treppe hinunter. Ich bin angenehm überrascht, wenn ich bemerke, wie sich meine Verspannung von mir löst. Wie bei jeder Reise ist der erste Schritt oft sehr wichtig ... entspannen.

Neun ... der zweite Schritt, und ich kann mich bewegen, wie ich das tue, wenn ich an einem ruhigen, klaren Tage spazierengehe. Je mehr ich laufe, je mehr Schritte ich tue, desto mehr entferne ich mich von allen Sorgen und Anspannungen.

Acht ... in diesem Zustand löst sich die Spannung, und Wärme und Kühle können ihren Platz einnehmen. Es gibt viele verschiedene Vorstellungen, die mir helfen können, Flüsse ... Felder ... Berge. Diese Treppe kann auch dazugehören.

Sieben ... Vielleicht kann ich auch Farben sehen. Vielleicht die Farbe der Treppe oder der Wände ... oder die Farbe des Himmels ... Bilder an der Wand. Die Farben können verschieden sein, von grau bis zu marineblauen Tönen ... welche Farbe auch immer ich mir vorstellen will. Ich weiß, daß die Farbe andere Dinge mit sich bringt ... andere Gefühle. Das Grau ist wie ein kalter Wind, der über meinen Körper bläst. Das strahlende Blau ist wie ein wärmender Sonnenstrahl auf meiner Haut.

Sechs ... den halben Weg die Treppe hinab. Vielleicht sehe ich hier andere Farben. Vielleicht Grüntöne, wie das Gras draußen. Ich kann mir Rot, Rosa und Gelb vorstellen. Gold, Braun, selbst Schwarz oder Weiß können sich hier untermischen ... sich mischen oder ganz klar bleiben. Farbenspektrum im Kaleidoskop, oder einzelne Farben, ich fühle, wie ich die Erinnerungen an Farben und meine Phantasien dazu benutzen kann, mich so wohl und tief entspannt zu fühlen, wie ich möchte ... Regenbogenfarben ... Segel auf Booten ... Bilder ... und selbst Luftballons. Mehr und mehr entspannen.

Fünf ... und während ich tiefer hinabsteige, spüre ich die Entspannung, die meinen Körper durchströmt, und weiß genau, daß ich diese Erfahrung genießen und immer wieder darauf zurückkommen kann. Ich weiß, daß ich reisen kann, wohin ich will. In die Zukunft ... oder in die Vergangenheit ... mit Farben oder auch ohne. Ich kann Gefühle in meinen Fingern wahrnehmen ... vielleicht genieße ich gerade das Gefühl kühler Wassertropfen ... vielleicht ein Kribbeln oder ein Taubheitsgefühl. Vielleicht habe ich in der Mundgegend ein taubes Gefühl, wie nach einem Bad im eiskalten Fluß, und das ist ganz natürlich.

Vier ... ich fühle mich mehr und mehr entspannt.

Drei ... ich nähere mich der nächsten Treppenstufe. Ich kann Wärme in meinem Körper fühlen und vielleicht auch Kälte. Mich ganz durchströmend, als sei ich Teil eines der Bilder oder Teil der Landschaft ... überall um mich ... so ganz für mich persönlich.

Zwei ... fast angekommen.

Eins ... ich kann mich noch tiefer entspannen. Ich nehme einen tiefen, wohltuenden Atemzug und fühle mich so ruhig und entspannt wie nie zuvor. Es ist, als wäre ich an einem friedlichen, sicheren Ort angekommen. Vielleicht kann ich mir nun sogar einen noch friedlicheren Ort vorstellen.

Vielleicht sehe ich verschiedene Formen ... Kreise ... Dreiecke ... Vierecke. Ich kann sie sogar farbig ausmalen, wie ich will. Ich beginne jetzt mit einem Kreis oder einem Dreieck. Und ob es nun ein altes Bild von mir ist oder ein Kreis, der mich im Gleichgewicht hält, oder ob ich in Gedanken die kleinen Veränderungen der Schatten und Formen warhnehme oder auch nicht, es ist alles hier ... und dort ... und steht zur Verfügung ... und ist heilsam ... schon weil ich jetzt hier bin.

Ich kann mir vorstellen, wie die Veränderungen geschehen, die ich mir vorgenommen habe. Und während ich mich darauf vorbereite, kann ich wieder einige tiefe ... wohltuende ... Atemzüge nehmen. Und es fällt mir auf, wie leicht oder wie schwer sich mein Körper anfühlt. Vielleicht fühle ich sogar meine Hände und Arme ... vielleicht die linke Seite ... vielleicht die rechte, wie sie leichter werden, und sie fühlen sich an, als ob sie schweben könnten ... wie ein Blatt ... sicher ... beschützt durch die Natur ... für eine Weile ... angenehm ... behütet ... lebendig und offen ... im Fluß.

Ich könnte mir vorstellen, daß Luftballons an meinen Arm gebunden sind. Bunte Ballons, gefüllt mit Helium, wie ich als Kind welche hatte. Durch die Ballons fühlt sich mein Arm leichter und leichter an. Mein Arm fühlt sich an, als wolle er nach oben schweben ... wie ein Ballon.

Mal schauen, wie lebhaft ich mir die Ballons vorstellen kann. Jetzt kann ich sie sehen, ganz klar, bunte Ballons an meinen Arm gebunden. Und sie ziehen ein wenig. Mein Arm könnte sich sogar etwas heben, aus meinem Schoß oder von der Armlehne. Doch ob mein Arm ein bißchen oder sehr weit hochsteigt aus dem Schoß oder von der Armlehne ist nicht wichtig. Ich weiß, daß ich gerade jetzt Gefühle von tiefstem Wohlsein und Entspannung erlebe.

Und jeden Augenblick ... werde ich wisse, daß ich Veränderungen in mir herbeiführen kann ... positive Veränderungen, die ich mir vorgenommen habe. Ich kann beginnen, mir der Energie bewußt zu werden, die ich schon lange in mir trage ... wie sie sich nach oben oder hinunter bewegt.

(Fügen Sie Ihre Zielsuggestion hier ein.)

In ein paar Minuten, vielleicht früher als erwartet, kann ich die Befriedigung erleben, die von meiner Einsicht kommt, daß ich mir selbst dieses wunderbare Erlebnis möglich gemacht habe. Ich weiß, daß ich, wann immer ich es wünsche, zu diesem behaglichen und selbstbestimmten Zustand zurückkehren kann. Mit ein paar tiefen, gesunden Atemzügen ... und durch meine Vorstellungskraft ... kann ich die ganze Treppe vor mir sehen, oder auch nur einen Teil davon, und ich atme noch ein paarmal tief durch ... wohltuende Atemzüge ... und bin wieder auf dieser Entspannungsstufe angelangt.

Jedesmal, wenn ich diese tiefe Entspannungstechnik übe, wird es mir leichter fallen, dorthin zurückzukehren. Und jedesmal, wenn ich mich wieder entspanne, entspanne ich mich mehr, fühle mich noch behaglicher und selbstbestimmter. Weil ich dieses behagliche und selbstbestimmte Gefühl so genieße, werde ich es mit jedem Mal leichter erreichen.

Falls ich schlafen und träumen will ... so könnte ich von null bis zwanzig oder dreißig zählen und damit meine Absicht klarmachen.

Oder ich kann zu einem ausgeruhten und erholten Wachzustand zurückkehren, indem ich von null bis fünf zähle. Während ich zähle, mit jeder Zahl, die ich zähle, werde ich wacher und aufmerksamer. Null ... eins ... zwei ... drei ... unaufhaltsam wacher ... vier ... fünf ... ganz aufmerksam, bin frisch und munter, wenn ich meine Augen öffne.

Technik Nr. 5:
Die Methode der direkten Sprache

Diese Technik unterscheidet sich von der indirekten Methode dadurch, daß die Suggestionen befehlend und autoritär formuliert werden. Suggestionen führen geradlinig zum Ziel. Auch die Suggestionen, die Sie sich selbst geben, sind eher als Anordnungen abgefaßt, die Sie zu befolgen haben.

Beginnen Sie damit, sich bequem hinzusetzen. Atmen Sie einige Male tief durch und entspannen Sie sich. Sie können mit geöffneten Augen beginnen, aber Sie werden die Augen gleich schließen wollen.

Das Manuskript

Ich atme ruhig ... ein ... und aus. Und jetzt konzentriere ich mich auf meine Füße und Fußgelenke. Ich will sie entspannen ... sie sollen sich ganz bequem und locker anfühlen.

Ich beginne, die Schwere in meinen Füßen zu spüren. Sie werden sich bleischwer anfühlen. Ich kann sogar fühlen, wie sie sich nach unten senken, zum Boden hinab. Meine Augenlider werden schwerer und schwerer ... und weil sie so müde werden, werden sie sich zu schließen beginnen. Meine Augen werden sich schließen wollen. Sobald ich fühle, daß sie sich geschlossen haben ... werde ich sie geschlossen halten. Ich lockere mich ... und fühle mich sicher und bequem.

Ich kann meine Muskelverspannungen völlig loslassen. Meine Wadenmuskulatur und die Muskeln der Oberschenkel werden schlaff und fühlen sich wohl. Ich lasse sie weiter entspannen, und sie werden sich mehr und mehr wohlfühlen.

Meine Augen beginnen, sich müder zu fühlen, und können sogar glasig werden. Sie fühlen sich so schwer an, daß sie einfach geschlossen bleiben wollen. Ich entspanne mich vollkommen und fühle mich dabei sehr wohl.

Ich gebe mich diesem angenehmen, schläfrigen, wohltuend entspannten Gefühl ganz hin. Ich lasse meinen ganzen Körper schwer werden wie ein Holzklotz.

Nun beginne ich mir eine Treppe mit zehn Stufen vorzustellen. Ich bin auf dem obersten Absatz und bereite mich auf das Hinuntersteigen vor. Ich werde tiefergehen ... werde mich mit jedem Schritt schwerer fühlen.

Gleich werde ich laut oder leise von eins bis zehn zählen. Ich werde mir bildhaft vorstellen, wie ich hinabsteige, einen Schritt bei jeder Zahl. Ich werde bemerken, wieviel wohler ich mich bei jeder Stufe fühle, wieviel entspannter.

Gut, ich bin bereit zu beginnen.

Eins ... Der erste Schritt die Treppe hinunter ... der erste Schritt auf dem Weg zur Trance ... für mich selbst ... der erste Schritt zur positiven Selbstveränderung.

Zwei ... Die zweite Stufe ... hinunter. Ich beginne, mich immer tiefer zu entspannen, und fühle mich dabei immer wohler.

Drei ... Auf dieser dritten Stufe ... kann ich erkennen, wieviel entspannter ich mich fühlen werde ... und wieviel entspannter ich mich gerade fühle. Ich bemerke Körperbereiche, die entspannter sind als andere ... ich entspanne mich immer mehr ... in jedem Körperteil ... im ganzen Körper ... überall ... tiefe Gefühle ... auf tieferen Stufen.

Vier ... Ich werde weiter nach unten gehen, mich immer wohler fühlen, je tiefer ich nach unten gehe. Ich werde fühlen, wie Teile meines Körpers versinken ... sich schwerer und schwerer anfühlen ... bleischwer ... sehr schwer.

Fünf ... Ich bin zur Hälfte unten ... genieße, wieviel entspannter ... und wieviel versunkener ich mich fühle. Ich lasse es zu, daß alles zu einem Teil meiner Erfahrung wird, beim Wahrnehmen eines tieferen Zustandes ... alles von mir ... schwerer ... in Trance ... in meiner Trance ... in meine Richtung ... bei meiner eigenen Entspannung.

Sechs … Ich bemerke ein Gefühl der Schwere … Ruhe … wohltuende Entspannung breitet sich aus … läuft über meine Schultern … in meine Arme. Meine Arme und Beine werden sehr, sehr schwer … und ich gehe tiefer und tiefer.

Sieben … Ich atme ohne Mühe. Ich nehme einen tiefen, langen, angenehmen Atemzug. Ich bemerke ein angenehmes … entspanntes Gefühl … sich in meinem ganzen Körper ausbreiten … innen … und außen.

Acht … Ich fühle die zunehmende Schwere … sehr wohltuend, während ich mich tiefer und tiefer entspanne. Ich atme langsam und ruhig weiter.

Neun … Ich bin fast unten. Fühle mich immer wohler … und entspannter. Ich fühle mich schwerer und schwerer und wohler und wohler.

Zehn … Fast am Ende der Treppe. Mit jedem Atemzug gehe ich tiefer … versenke mich tiefer und tiefer. Ich bin so tief entspannt … ich genieße dieses Wohlgefühl. Tiefer und tiefer … schwerer und schwerer … ich entspanne mich immer weiter … tief … ganz tief.

Jedes Gefühl, das ich gewahr werde, hilft mir, mich wohler und wohler zu fühlen. Jeder Gedanke, der mir durch den Kopf geht, entspannt meinen Körper mehr und mehr.

Alles, was ich mir vorstellen kann, jedes Gefühl, jede Wahrnehmung … hilft mir, mich tiefer, schwerer und wohler zu fühlen. Ich bin am Ende der Treppe. Ich habe den Ort erreicht, an dem ich sein möchte. Die Muskeln in meinem Körper sind schwerer und schwerer … tiefe Atemzüge … angenehmere, entspanntere Atemzüge.

Die Worte meiner Stimme und meiner Gedanken … sind leicht zu verstehen. Ich fühle mich wohl, während ich Selbstgespräche führe oder auch meine Gedanken laut ausspreche … wie auch immer, es ist alles gut.

Meine Worte sind klar … meine Vorstellungen sind klar. Ich werde immer entspannter. Ich muß mich nicht an alles erinnern können … muß mich nur auf meine vollständige Entspannung konzentrieren.

Während ich mein Wohlgefühl und meine Entspannung genieße … bemerke ich, daß das Schweregefühl in meinen Armen und

Händen sich in ein Kribbeln oder vielleicht sogar in ein Taubheitsgefühl verwandelt hat. Je tiefer ich Empfindungen wahrnehme ... desto tiefer ist auch mein Wunsch, meinen Anweisungen zu folgen ... genau wie es vorausgeplant war.

Ich werde meinen Anweisungen und Suggestionen sofort folgen, sobald ich sie mir gegeben habe. Mit jedem Augenblick, der vergeht, bin ich entspannter und fühle mich noch wohler.

Ich kann zu diesem Gefühl tiefer Entspannung jederzeit zurückkehren, indem ich von eins bis zehn zähle.

Ich kann mir vorstellen, wie ich die Treppen hinabsteige und kann nun auf eine etwas andere Art und Weise den Trancezustand wieder erleben ... erleben, wie ich mich selbst entspanne. Diese Fähigkeiten kommen aus mir und gehören zu mir ... und ich kann mir dadurch selbst helfen.

Während ich noch in diesem tiefen Stadium der Selbsthypnose und Entspannung verweile ... kann ich mir weitere Suggestionen geben, um auf andere Ziele hinzuarbeiten.

(Fügen Sie Ihre Ziele ein.)

Ich weiß, daß ich nur einige tiefe Atemzüge nehmen und von eins bis zehn zählen muß, um zu diesem entspannten Zustand der Selbsthypnose zurückzukehren ... und der gleiche tiefe Zustand der Entspannung wird wiederkehren.

Gleich werde ich beginnen von Zehn bis Eins zu zählen. Während ich das tue ... beginne ich, die Treppe wieder nach oben zu gehen. Ich spüre wie ich aufsteige, hochkomme, und mit jedem Schritt auf die 1 zu wacher werde.

Wenn ich den obersten Treppenabsatz erreicht habe ... werde ich aufwachen, frisch und munter sein, mich beschwingt und heiter fühlen. Je näher ich komme ... desto wohler und ausgeruhter werde ich mich fühlen.

Eins ... zwei ... drei ... vier ... fünf. Als hätte ich gerade eine Zeitlang geschlafen, kann ich nun beginnen aufzuwachen, mich gestärkt zu fühlen, erholt und ausgeruht, hellwach.

Sechs ... sieben ... acht ... neun ... zehn. Ich nehme einen tiefen Atemzug, einatmen zum Aufwachen, ich fühle mich hellwach.

Technik Nr. 6:
Die Verwendung von Träumen bei Selbsthypnose

Beginnen Sie diese Technik so wie alle anderen, indem Sie es sich so bequem wie möglich machen. Vielleicht nehmen Sie einige tiefe, wohltuende Atemzüge ... Lassen Sie alle Spannungen los, so wie nachts, wenn Sie schlafen und dabei träumen. Das ist zwar eine ähnliche Erfahrung, aber doch auch um einiges anders.

Vielleicht beginnen Sie mit ein paar progressiven Entspannungsübungen, vor allem, wenn Sie sich sehr nervös und angespannt fühlen.

Die Idee dieser Traummethode besteht darin, zuerst ein angenehmes Stadium von Selbsthypnose zu erreichen und in diesem Traumzustand dann Informationen zu sammeln, die für positive Suggestionen verwendet werden können.

Wie schon bei einigen der vorangegangenen Methoden ziehen Sie es vielleicht vor, Ihr eigenes Manuskript zu schreiben oder eigene Anleitungen auf Kassette zu sprechen. Wie gesagt, das folgende Skript kann von Ihnen angepaßt und verändert und in Ihrer ganz persönlichen Sprache verfaßt werden, falls Sie das wünschen.

Das Manuskript

Während ich beginne, mache ich mir nochmals klar, daß es mein Ziel ist, einen natürlichen Zustand zu erreichen, der es mir ermöglicht, zielgerichtete Veränderungen zu machen und auf bestimmte Ziele hinzuarbeiten.

Gleichgültig, ob es nun mein Ziel ist, mich zu entspannen und dann posthypnotische Auslöser zu finden, die mir Entspannungszeit schnell wieder möglich machen, oder irgendein anderes Ziel. Auf jeden Fall kann ich mich jetzt ganz entspannt fühlen. Mein ganzer Körper kann sich Träumen hingeben ... mein Geist ... mit den Farben, die Wärme in sich tragen.

Ich kann mich bewegen ... meine Haltung verändern ... es mir so bequem machen, wie ich möchte. Ich weiß, daß dieser entspannte zustand natürlich ist ... er ist wie ein Traumzustand ... er ist so natürlich wie andere Bewußtseinsstufen, die ich erleben könnte. Ich weiß, daß Menschen ständig träumen, Träume beginnen und Träume hören auf.

Vielleicht weiß ich auch schon, daß Menschen ungefähr alle zwölf Minuten einen kurzen Tagtraum haben können ... den ganzen Tag lang ... wo der Geist einfach wandert ... Gedanken entstehen, die nichts mit der im Moment erlebten Situation zu tun haben ... treiben dahin, wie die Wolken am Himmel ... mit den Winden verwehen ...wie auf einem Zauberteppich.

Vielleicht ist mir auch bereits bekannt, daß Träume nachts ... Nachtträume ... von Menschen in der Regel ein Leben lang geträumt werden ... ein Weg ... gerade jetzt ... für mich einen solchen Traum zu haben. Aber diesmal ... weiß ich ... daß ich gerade so einen Traum habe ... und ich kann den Traum in Erinnerung behalten ... den Traum nutzen ... mich durch ihn verändern.

Eventuell habe ich auch schon bei früheren Selbsthypnosesitzungen die Erfahrung gemacht ... beim Experimentieren ... beim Betrachten meiner Gedanken ... die einfach und natürlich wandern, wohin sie wollen. Bei dieser Traumtechnik benutze ich nur etwas, was sowieso passiert ... ich konzentriere mich darauf ... und ich kann es verwenden, um Veränderungen in mir auszulösen. ... Ich atme regelmäßig weiter ... angenehmer ... leichter ... und ich kann noch mehr tiefe, wohltuende Atemzüge nehmen ... jederzeit ... und mich weiter entspannen ... mich behaglicher fühlen. Ich kann fühlen, wie ich schlucke ... kann fühlen, wie angenehm es ist, die Augen geschlossen zu halten. ... so wie bei fast jeder Selbsthypnose, die ich mit geschlossenen, entspannten Augen beginne ... mich wohlfühlen.

Schon will der Rest meines Körpers meinen Augen folgen ... und sich mehr entspannen. Meine Füße ... meine Beine ... mein ganzer Körper ... vom Kopf ... fließend zum Hals ... durch meine Schultern ... jeder Teil meines Körpers kooperiert ... macht es sich so bequem wie nur möglich ... wie Zauberstaub, Entspannungsstaub ... der sich auf mich legt, mich umnebelt.

... Ich kann nun beginnen von zwanzig bis eins zu zählen, und bei den ungeraden Zahlen einatmen, bei geraden Zahlen ausatmen. Oder ich sehe mich selbst, wie ich in einem Fahrstuhl nach unten fahre und mich dabei so entspannt und angenehm wie nur möglich fühle.

Dann ... gleich ... aber jetzt noch nicht ... sobald ich ganz unten angekommen bin ... in tiefster Selbstversunkenheit ... werde ich mit meinem Traum beginnen ... ein Traum, in dem ich vielleicht zu einem Lieblingsplatz aus meiner Kindheit zurückkehre ... oder ein Traum, der mich an einen schönen Ort aus meiner Jugendzeit führt ... vielleicht zu einer Stelle aus einem Märchen ... oder zu jedem anderen angenehmen Bild, das ich mir vorstellen kann.

Oder ... ich könnte davon träumen, mich an einem angenehmen Ort aufzuhalten. Ich kann dort mit Menschen sein, mit denen ich gerne zusammen bin ... oder ich kann dort auch allein sein. Und eine Sache weiß ich genau ... ich kann eine Folge von Ereignissen entstehen lassen ... ein Gefühl von Wohlbehagen ... wodurch mein Geist auf einen Ort und einen Menschen zugehen kann. Und diese Gedankenwanderung wird von mir gelenkt ... eine ganz natürliche Erfahrung ... so beruhigend und wohltuend, wie ich es will ... so kann diese Tranceerfahrung sein.

Nun kann der Traum beginnen. Der Traum handelt vom Meer oder von einem See ... oder von einem Ort, an dem ich schon einmal war ... gerade eben erst oder vor langer Zeit. Ein Traum über Berge ... über die Jahreszeiten ... vielleicht über Schnee ... oder Wärme des Sommers ... dahintreibend ... freischwebend.

Ich genieße die Frühlingszeit ... und ihre Kraft zum Wachsen ... für uns beide ... den Frühling und mich selbst. Welchen Ort ich mir auch aussuche ... welche Jahreszeit ich auch wähle ... die Erfahrungen, die ich haben werde ... Menschen, denen ich begegne ... meine Gedanken ... immer weiter träume ich ... und der Gewinn aus dieser wertvollen Zeit ist meine Trance, dieser beruhigende ... entspannende ... eigene Trancezustand ... den ich ganz von selbst erreiche.

Und mit diesen guten Erfahrungen ... kann ich nun den positiven Traum in Verbindung bringen ... positive Gefühle ... auf mein Ziel bezogen. Das Ziel, das ich mir gesetzt habe, ist genauso natürlich ... so angenehm entspannend zu erreichen ... so wohltuend, wie ein angenehmer Traum. Die Fähigkeit ... zum Tagträumen ... habe ich in mir ... zu jeder Zeit ... und ich kann das Tagträumen auch für Veränderungen nutzen. Und der Traum, den ich gerade in diesem Stadium erlebe ... oder die Träume ... alles steht mir zur Verfügung ... hilft mir bei den Veränderungen, an denen ich arbeiten werde ... oder an denen ich bereits arbeite und an denen, die ich neu entwickle. Es kann sein ... wie bei allen Träumen ... daß Störungen auftreten ...

Geräusche ... Stimmen ... Autolärm ... oder Menschen ... und diese Ablenkungen kann ich ebenfalls in meinen Traum einbauen. Ich kann Menschen hinzufügen ... oder ich kann mich an andere Orte begeben.

Wichtig aber ist es, daß alle Empfindungsänderungen, die ich wahrnehme, ganz feine Unterschiede sind ... positive ... aufbauende ... Schritte. Vielleicht möchte ich meine Träume aufschreiben ... falls ich mich später noch einmal daran erinnern will ... ein Vorstellungsbild genügt ... zum Wiederholen der Erfahrung ... um die angenehmen Gefühle nochmals erleben zu können ... das Wohlbefinden in Selbsthypnose. Wenn mein Traum und meine Trancesitzung zu Ende gehen ... werde ich mich nur dann an den Traum erinnern, wenn ich es wünsche.

(Nehmen Sie sich genug Zeit, um eine Traumsequenz zu entwickeln. Fügen Sie Ihre Zielsuggestion ein.)

Und während ich fortfahre ... weiß ich, daß ich dieses Erlebnis unterbrechen kann ... wie ich schon oft Dinge unterbrochen habe. Und ich weiß auch, daß ich nächstes Mal ... wann immer ich eine solch wertvolle Zeit wieder erleben will ... dasselbe Stadium von Entspannung ... wieder entstehen lassen kann ... vielleicht sogar schneller ... vielleicht noch einfacher ... wenn ich einige tiefe, gesunde Atemzüge nehme ... und wünsche, auf dieselbe Entspannungsstufe zurückzukehren.

Ich kann neue Ideen verarbeiten ... zu neuen Stufen aufsteigen ... und positive Veränderungen für mein Leben herbeiführen ... unbewußt ... und bewußt.

Ich kann mich bewegen ... langsam ... bereit einzuschlafen, falls ich das will ... oder aus dieser Trance erwachen ... und mich gestärkt und wohl fühlen. Vielleicht werde ich ein paar Stufen nach oben steigen ... oder mich hinaufzählen von eins bis zwanzig ... ich führe mich selbst aus dieser Trance ... kann mich ausstrecken ... und mich so fühlen, als sei ich gerade aus einem Traum erwacht, angenehm ... gestärkt, ganz natürlich ... in meinem eigenen Rhythmus.

Technik Nr. 7:
Das Ericksonsche Händeschütteln

Diese Methode zur Tranceentwicklung wurde durch Dr. Milton Erickson als klinische Hypnosetechnik bekannt. Wir nennen sie in Erinnerung an Ericksons Hypnosetechnik und wegen der Ausgangsposition, in der sich Ihre Hand zu Beginn der Übung befindet, das „Händeschütteln". Beginnen Sie, indem Sie einen Arm (ob den linken oder rechten spielt keine Rolle) vor sich ausstrecken, in einer Position, die man normalerweise beim „Händeschütteln" einnimmt. Halten Sie Ihren Arm in dieser bequemen, wenn auch ungewöhnlichen Position.

Sie können Ihren Blick auf einen Punkt Ihrer Hand konzentrieren oder Sie können die Augen auch gleich zu Beginn der Übung schließen. Das bleibt Ihnen überlassen. Falls Sie mit geschlossenen Augen beginnen, so entwickeln sie ein mentales Bild vom Aussehen des ausgestreckten Armes.

Das Manuskript

Ich werde frische Luft ein- und verbrauchte Luft ausatmen. Ich werde es mir so bequem wie möglich machen ... mit meinem Arm und meiner Hand so vor mir ausgestreckt ... meine Hand vom Handgelenk bis in die Fingerspitzen ... wie von unsichtbaren Fäden in der Luft gehalten ... ein angenehmes Gefühl ... ein entspannendes Gefühl ... während ich immer weiter ruhig atme.

Jetzt kann ich auch bemerken, wieviel Arbeit meine Schulter leistet, um Hand und Arm so frei schwebend im Raum zu halten ... und Hand und Arm fühlen sich jetzt wohl ... Ich bemerke jetzt auch meine Füße. Ich richte meine Aufmerksamkeit auf die Rückseite meiner Beine ... während mir auffällt, wie meine Atmung ständig leichter und wohltuender wird.

Vielleicht werde ich von zwanzig bis null zählen ... leise vor mich hin ... und bemerken, wie mein Arm mit jeder Zahl schwerer wird ... noch ein paar Sekunden, und er wird schlaff und schwer an meine Seite fallen, falls es nicht schon passiert ist ... während bei einer anderen Trance mein Arm hochsteigt ... in die Luft ... leichter als leicht und natürlich ... Schweregefühle sind auch gut und ein Zeichen für mich, daß meine selbsthypnotische Trance begonnen hat.

Mein Arm wird leichter und leichter mit jeder Zahl ... als ob jede Zahl ein weiterer Heliumballon an meinem Arm ist ... und mein Arm wird weiter nach oben gezogen ... hebt sich mit jedem Ballon ... leichter und höher ... hebt sich bei jeder Zahl ... großartig. Und während meine Hand weiter hochsteigt ... sich auf mein Gesicht zubewegt ... meine Stirn oder meinen Kopf berührt ... ist mir klar, daß das auch ein Zeichen für den Beginn meiner Trance ist. (Zählen Sie leise von zwanzig bis null, während Sie beobachten, wie Ihr Arm sich entweder nach oben oder nach unten bewegt, und Sie weiter tief und langsam durchatmen.)

Ob ich beim Zählen Gefühle von Schwere oder Leichtigkeit entstehen lasse ist ohne Bedeutung. Alle Gefühle sind gut. Es ist völlig unerheblich, in welche Richtung sich mein Arm bewegt. Manchmal wird sich der Arm gar nicht bewegen wollen ... in der Ausgangslage verweilen ... in genau derselben Position ... Arme vor mir ausgestreckt ... wohltuend und entspannt.

Jede Armbewegung kann hilfreich sein, da mein ganzer Körper fühlt, was ich da gerade erst im Arm wahrgenommen habe. All meine Gedanken können sich in meinen Fingern sammeln ... sie könnten in mein Handgelenk wandern ... in meine Handfläche ... selbst in den Unterarm.

Manchmal kann ich bei dieser Technik feststellen ... daß meine Gedanken ganz woanders ... ganz weit weg sind. Ein anderes Mal fühle ich mich vielleicht ganz in mir selbst versunken ... der Selbsterfahrung ganz nahe ... und je näher ich dieser Erfahrung komme ... desto wohler fühle ich mich ... desto freudiger überrascht kann ich sein über diese neue Erfahrung von Ruhe ... Leichtigkeit ... Entspannung.

Ich weiß ... ich habe diese Erfahrung in einer bestimmten Position begonnen ... in dieser Position kann ich die Erfahrung auch beenden ... oder in jeder anderen Position, die für mich bequem ist. Jede Bewegung, jede Veränderung ... führt mit Sicherheit dazu, daß ich mich noch wohler fühle. Jede Veränderung kann in mir eine Art Offenheit und Sensibilität schaffen ... mir viele weitere Möglichkeiten zur Veränderung eröffnen ... ein ganzer Strom von Veränderungen ... ein großes Meer voller Veränderungen.

Ob es nun ein großer Bereich ist, an dem ich arbeite ... oder ob ich mit aufeinander aufbauenden, schrittweisen Veränderungen arbeite ... es ist so wie bei den Bewegungen meines Körpers, während ich mich wohler und wohler fühle. Die Bewegungen sind alle Teil meiner Erfahrung. Und so wie ich weiß, daß es eine äußere Erfahrung gibt ... so gibt es auch eine innere Erfahrung ... und ich kann mir den Unterschied zwischen beiden bewußt machen ... indem ich etwas tue ... indem ich erkenne, daß ich an beiden einzeln arbeiten kann ... oder zur Zeit nur an einem ... oder vielleicht sogar an beiden gleichzeitig.

Ich kann mir Suggestionen zur Veränderung meiner Außenwelt und Suggestionen zur Veränderung meiner Innenwelt geben. Ich kann mich öffnen, die Bewegungen meiner Verspannungen und Störungen akzeptieren und beobachten ... wie sie durch meine Finger meinen Körper verlassen ... die Bewegungen beobachten vom Ort ihrer Entstehung ... sie entstehen im Rücken ... im Kopf ... in meinen Beinen ... meinen Zehen ... entstehen in meiner Kopfhaut ... durch meine Finger und Fußsohlen können diese Verspannungen und Unbehaglichkeiten meinen Körper verlassen.

(Fügen Sie Ihre Zielsuggestionen ein.)

Da ich weiß, wie wertvoll selbst die kleinste Bewegung meines Körpers sein kann ... und ich weiß, daß ich im Zustand tiefster Entspannung verweilen kann ... auf meine Ziele hinarbeiten kann ... auf Veränderungen hinarbeiten ... und diesen Zustand auch immer wieder herbeiführen kann ... jedesmal, wenn ich das will, werde ich von zwanzig bis null zählen ... ganz einfach. Oder ich kehre zu meinem Wachzustand zurück ... fühle mich gekräftigt und ausgeruht ... indem ich mich an diesen aufmerksamen, wachen Zustand heranzähle ... hinaufzähle von null bis zehn ... und ich weiß, wie gesund und wohltuend diese Trancezeit für mich sein kann ... so befriedigend und ein solcher Genuß ... beim Erreichen der Zahl zehn(... frisch und munter, leicht und frei).

Technik Nr. 8: Selbsthypnose mit Musik

Haben Sie jemals bemerkt, wie absorbiert Sie beim Musikhören sein können, wie Sie sich in der Musik „verlieren“? Das ist eine ganz alltägliche Erfahrung.

Suchen Sie sich eine CD oder eine Kassette heraus, die auf Sie entspannend und beruhigend wirkt. Musik, die Sie schon in der Vergangenheit entspannt und beruhigt hat. Sie können klassische Instrumentalstücke verwenden oder Musik der „Neuen Welle“ mit einem durchgehenden Grundton. Vielleicht wirkt Jazz oder Reggae bei Ihnen am besten?

Es spielt keine Rolle, ob es etwas Lebhaftes oder beruhigende, leise Musik ist. Jede Musik ist geeignet, die Ihr Interesse und Ihre Aufmerksamkeit erregt. Probieren Sie einiges aus, experimentieren Sie, seien Sie kreativ!

Beginnen Sie, sich entspannter zu fühlen, im Moment noch ohne Musik. Geben Sie sich einige Autosuggestionen, wie Sie sich fühlen werden, sobald die Musik beginnt, und was diese Musik in der Vergangenheit für Sie bewirkt hat. Machen Sie sich klar, daß derselbe Effekt wieder und noch stärker in Selbsthypnose auftreten kann. Suggerieren Sie sich diesen Effekt.

Die Musik können Sie als Mittel zur Tranceinduktion benutzen und Sie können auch Suggestionen einblenden, die Sie dann während Ihrer Selbsthypnose weitaus effektiver einsetzen können als zu allen anderen Zeiten. Ungefähr zehn bis fünfzehn Minuten ohne Musik am Anfang sollten Ihnen zur Entspannung genügen.

Starten Sie die Musik und führen Sie für die nächsten fünf Minuten ein leises Selbstgespräch. Nehmen Sie die Musik in sich auf, lassen Sie die Musik Teil von sich werden und werden Sie Teil der Musik. Dieses Vertieftsein und die gesteigerte Vorstellung helfen Ihnen, einen Zustand zu erreichen, in dem Ihre Ziele greifbarer werden und die Veränderungen Ihnen noch mehr Wohlbehagen bringen.

Lassen Sie sich beim Auffinden von Suggestionen von der Musik helfen. Stellen Sie sich die Instrumente als Stimmen vor, die Ihre Suggestionen vermitteln können und durch Sie dirigiert werden. Falls Ihre Musik auch Worte beinhaltet, so lassen Sie diese Worte zu positiven Suggestionen werden, machen Sie die Worte zu ermutigenden, aufbauenden Instruktionen. Was die Worte genau aussagen, ist nicht so wichtig, wichtig ist, welches Ziel Sie in der Trancesitzung anstreben. Das Ziel könnte Entspannung sein, Lösung von Verspannungen oder auch etwas ganz Spezifisches.

Wenn Sie den Zustand konzentrierter, gesammelter Aufmerksamkeit erreicht haben und sich nun Suggestionen geben, die auf Ihr persönliches Ziel gerichtet sind, können Sie die Musik selbst zum Auslöser werden lassen. Zum Beispiel: Musik, die lauter oder kräftiger wird, kann ein Auslöser dafür sein, Ihre inneren Spannungen wahrzunehmen und anzuerkennen, sich konfliktbeladener Situationen bewußt zu werden.

Wenn die Musik später leiser und beruhigender wird, vielleicht sich der Takt ändert, so können sie diese Stelle dazu benutzen, unerwünschte Spannungen oder Gefühle loszulassen, den Druck, der sich in Ihnen aufgebaut hat, abzuatmen. Beobachten Sie, welche Veränderungen in Ihrem Körper spürbar werden. Vielleicht sind Ihre Finger kälter oder wärmer geworden. Ihre Hände fühlen sich vielleicht etwas taub oder schwer an. Ihre Zehen können kribbeln. Jede Veränderung, die Sie bemerken, kann ein Beispiel dafür sein, wie sich Veränderungen in Ihrer Konzentration und Wahrnehmungsfähigkeit auf Ihre Gesamtperson auswirken.

Auch nach dem Ende der Musik können Sie fortfahren, sich positive Suggestionen für mehr Entspannung oder das Erreichen gesetzter Ziele zu geben. Flechten Sie einige posthypnotische Suggestionen und Auslösereize mit ein, zur Wiederherbeiführung der Selbsthypnose: „Wenn ich mich in Zukunft entspannen und dieses Stadium tiefen Wohlbehagens erleben will, setze ich mich bequem hin und höre mir dieses Musikstück an. Während ich mir die Musik anhöre und einige Male tief durchatme, angenehm tief durchatme, werde ich zu diesem Gefühl von Ruhe und Frieden zurückkehren."

Geben Sie sich verschiedene posthypnotische Suggestionen für Erfahrungen, die Sie machen möchten. Nutzen Sie diese Zeit, um sich Autosuggestionen für spezifische Ziele zu geben, wie zum Beispiel Schmerzkontrolle, Gewichtsabnahme oder Veränderung von Gewohnheiten.

Konzentrieren Sie sich wie ein kreativer Theaterregisseur, wie ein Dirigent oder wie ein Sänger. Erkennen Sie die Musik! Erkennen Sie Ihre Absichten, Ihre Bedürfnisse, Ihre Fähigkeiten, mit deren Hilfe Sie an Ihren Grenzen arbeiten werden.

Sie können mit verschiedenen Arten von Musik und mit verschiedenen Suggestionen arbeiten. Vor allem, genießen Sie diese Zeit und das Erlebte und fühlen Sie sich positiv und belohnt durch Ihre Bewußtseinsveränderungen.

Diese Technik steht Ihnen immer zur Verfügung. Genau wie Sie die Radiostation ändern können, können Sie auch die Musik in Ihrem Kopf oder Ihre Empfindungen der Musik gegenüber ändern.

Wenn Sie sich entspannen wollen, hören Sie auf, sich selbst zu ernst zu nehmen, sehen Sie sich aus einer anderen Perspektive. Verändern Sie den Ton, die Worte, bis Sie den Rhythmus gefunden haben, der für Sie funktioniert, Ihren eigenen inneren Rhythmus.

Technik Nr. 9: Vertiefung der Selbsthypnose

Ein sehr effektiver Weg der Trancevertiefung und zur Entwicklung neuer Trancequalitäten besteht darin, aus der Trance willentlich aufzutauchen, um sich dann rasch wieder hineinzuversetzen.

Dieses Hinundherschaukeln, das Hinein und Heraus aus der Selbsthypnose, vertieft Ihre Trance. Jedesmal, wenn Sie bei dieser Übung wieder in Trance gehen, werden Sie tiefere Hypnosestufen erleben als beim vorherigen Mal.

Benutzen Sie das folgende Manuskript in Verbindung mit einer der anderen Methoden, um eine tiefere Trance zu entwickeln.

Das Manuskript

Während ich beginne, mache ich mir noch einmal klar, daß es der Sinn dieser Sitzung ist, mir eine so entspannende Zeit wie möglich zu gestatten. Ich weiß, daß ich dieses entspannende Stadium erreichen werde, und ich weiß auch, daß ich dieses Stadium jeder Zeit verlassen und dann wieder herbeiführen kann.

So nehme ich nun, wie bei anderen Übungen mit Selbsthypnose, erst einmal einige tiefe, befriedigende Atemzüge. Ich bewege meine Beine und Arme ... mache es auch meinem Kopf und dem Rest meines Körpers so angenehm wie möglich.

Ich weiß, daß mir in diesem entspannten Zustand wohl einige Dinge in den Sinn kommen, und bemerke, daß diese Dinge beendet sind oder zumindest für heute erledigt sind. Vielleicht sehe ich mich noch einmal kurz in diesen verschiedenen Situationen und Aktivitäten und lasse sie dann hinter mir zurück, während ich mich dorthin bewege, wo ich jetzt bin, entspannt ... behaglich ... in meinem Rhythmus.

Aus früherer Erfahrung weiß ich vielleicht schon, daß das Bild einer Rolltreppe oder eines Fahrstuhls hier nützlich ist. Ich beginne mir nun vorzustellen, wie ich vom fünften zum ersten Stockwerk hinunterfahre. Der fünfte Stock ist mit Teppichen ausgelegt, überall sind Polster und Kissen. Ich kann mir eine bequeme Stelle suchen, mich bewegen, bis ich mich richtig angenehm fühle, genau die richtige Haltung für mich selbst gefunden habe. Ich weiß, daß ich sehrgut mit mir selbst reden kann. Und ich kann mich fragen, wie entspannt ich mich jetzt gerade fühle.

Während ich mir diese Frage wiederholt stelle, bemerke ich, wie meine Worte auf meinen Körper einwirken ... auch mein Körper beginnt nun, meine Worte zu beeinflussen.

Ab und zu registriere ich, wie eine Wärmewelle oder eine kühle Brise durch meinen ganzen Körper zieht. Ich weiß, daß mein Körper auf natürliche Weise reguliert wird und daß ich hier eine Gelegenheit habe, einen positiven, wohltuenden Einfluß auf meinen Körper auszuüben.

Während ich spreche ... während ich zuhöre und erlebe, fühle ich, wie ich vom angenehmen Atmen zum entspannten Atmen übergehe. Ich bemerke, wie das Schweregefühl in ein angenehmeres Gefühl übergeht. Ich fühle, daß ich schwebe ... ich fühle mich leichter, angenehmer und noch entspannter.

Ich rede weiter mit mir und werde bald beginnen, von fünf bis eins zu zählen, jetzt noch nicht, aber bald. Und wenn ich beginne, werde ich bemerken, wie ich mich mehr und mehr entspanne, während ich mich langsam auf die eins zubewege, mich vielleicht mehr und mehr von der Umwelt zurückziehe. Vielleicht kommt es mir so vor, als hätte ich mit meinem Fahrstuhl eine Reise zu einem Urlaubsort unternommen. Einen Ort, an dem ich mich ganz entspannt fühlen kann.

Fünf ... vier ... drei ... zwei ... eins ... Jetzt fühle ich mich viel entspannter als zuvor. Ich spüre, wie mich ein wohliges Gefühl durchdringt ... wie warme Sonnenstrahlen an einem Sommertag. Vielleicht spüre ich bereits ein schwebendes Gefühl, als ob ich in einem Ballon ... sanft über eine grüne Wiese gleite.

(*Fügen Sie Ihre Zielsetzung ein.*)

Jetzt ist es Zeit, die Treppe wieder hinaufzusteigen oder mit dem Fahrstuhl wieder hinaufzufahren. Ich zähle von eins bis fünf ... und ich habe das Gefühl, mit jeder Zahl einen weiteren Schritt nach oben zu gelangen ... bei jeder Zahl ... fühle ich mich wacher ... aufmerksamer ... bin mir meiner äußeren Umgebung bewußter.

Und wenn ich bei fünf ankomme, werde ich meine Augen öffnen, meine Erfahrung für einen Moment genießen ... und nur für diesen Augenblick meiner Umgebung ganz bewußt sein.

Und während ich meine Augen wieder schließe, beginne ich nun rückwärts zu zählen, von fünf bis eins. Ich werde mir die Veränderungen vorstellen, die in meinem Körper auftreten können, so wie ich sie vorher schon erlebt habe.

Langsam, ganz angenehm ... beim Rückwärtszählen und Hinuntersteigen auf diese tiefe Ebene ... kann ich jetzt meinen Zeigefinger oder einen anderen Finger heben, auf meinem Weg zur Zahl eins, und ihn dann wieder langsam senken ... wohltuend ... Ein Signal an mein Unbewußtes, wie entspannt ich jetzt bin.

Und Schritt für Schritt werde ich mich wieder nach oben bewegen ... zu einer leichteren, aufmerksameren, wacheren, entspannteren Ebene ... eins ... zwei ... drei ... vier ... fünf ... Augen auf, und ich bin wach.

Ich kann mir den Unterschied zu dem, was ich vor einer Weile gefühlt habe, ganz bewußt machen.

Jetzt kann ich zurückgehen. Zurück nach unten. Fünf ... vier ... drei ... zwei ... eins ... zu einer Wiese, einer Bucht oder vielleicht in einen Bergwald. In diesem Zustand kann ich ... in meiner Phantasie ... zu jedem Zustand ... zu jedem Ort gelangen. Ich kann all das erforschen.

Während sich mein Erleben immer weiter entfaltet und ich mich immer entspannter fühle ... werde ich vielleicht auf eine Lichtung am Berg gehen wollen ... grasbewachsen ... wo der Wind sanft durch die Äste der Bäume weht.

Vielleicht hört sich der Wind in den Bäumen wie das Zwitschern von Vögeln an. Die Berge dort am Horizont sind vielleicht viel näher, als ich denke, und sie sind ein Symbol für Stärke ... Weisheit ... und unterstützen mein angenehmes Spannungsgefühl.

Mein Geist kann zu jedem Bild wandern, das mir in den Sinn kommt ... von Bergen zu Feldern, von Eisenbahnschienen zu Flugzeugen, von grellen Farben zu den unterschiedlichsten Formen.

Und so wie es bei dem Zug, der die Schienen entlangfährt ... eine Zeit geben wird, wo auch er ruhen oder ausspannen muß ... so werde auch ich einen Ort zum Entspannen finden ... vielleicht eine Station wie diese, in der ich gerade bin. Ich weiß, daß ich meine Fahrt von hier aus mit noch mehr Schwung und Enthusiasmus fortsetzen werde.

Ich kenne meinen Weg ... mein Ziel ... die Veränderungen, die ich mir vorgenommen habe. Ich kenne meine Ziele ... Orte, an denen ich anhalten will. Ich kann die Orte, die ich besuchen möchte, bildhaft vor mir sehen. Sie visualisieren als Bahnstation, durch die ich kommen werde. Und ich weiß, während ich die Stationen wahrnehme und erkenne ... daß alles in meiner Hand liegt und ich selbstbestimmt handle.

(Fügen Sie Ihre Zielsuggestion ein.)

Und noch einmal ... ich werde auf fünf zählen und dabei mit jeder Zahl wacher ... aufmerksamer werden, meine Selbsthypnose auf einen aufmerksameren Zustand zubewegen. Meine Umgebung wird mir wieder bewußter ... das, was um mich herum abläuft, während ich auf fünf zähle ... und vielleicht gerade im Fahrstuhl nach oben fahre.

Eins ... zwei ... drei ... vier ... fünf ... und ich kann meine Augen öffnen und mich vielleicht etwas bewegen, um es mir noch bequemer zu machen.

Dann schließe ich meine Augen und zähle von fünf auf eins und fühle, wie ich tiefergehe ... fühle mich schwer und entspannt ... nehme mir Zeit ... niemand will etwas von mir ... niemand stört mich ... und ich muß mich um niemanden kümmern.

Ich habe bei dieser Erfahrung ... die günstige Gelegenheit, für mich selbst etwas zu tun ... meine eigenen Bilder zu finden, die wohltuend und entspannend sind. Ich kann einen eigenen, behaglichen Ort finden ... kann mir selbst Suggestionen für positive Veränderungen geben.

Ich kann meinen Übungsort finden ... wo ich Situationen noch einmal durchspielen kann ... um mein Handeln in erfolgreiche Bahnen zu lenken.

Ich weiß, daß ich mit dieser Übung meine Beziehung zu Menschen verbessern kann, so wie sich jetzt schon meine Beziehung zu mir selbst verbessert.

Während ich also weitermache ... ganz natürlich ... wird sich meine Selbstwahrnehmung verändern.

Ich kann mit verschiedenen Zielsetzungen und Suggestionen experimentieren, um Veränderung in mir selbst und in meinem Leben zu erreichen.

Alle Außengeräusche und Töne, die zu mir vordringen, kann ich als Verstärker nutzen ... als Helfer auf meinem Weg zu mehr Entspannung und Wohlbehagen. Ich kann diese Geräusche und Ablenkungen nutzen, indem ich Sie mit Hilfe meiner Phantasie verwandle und so ein effektives Signal für mehr Entspannung entstehen lasse.

Ich weiß, daß jedesmal, wenn ich einen tiefen Atemzug nehme, mein Wohlbehagen und meine Entspannung zunehmen werden. Ich weiß auch, daß ich jedesmal, wenn ich Spannungsgefühle wahrnehme ... sei es jetzt oder später bei der Arbeit, meine Hand zur Faust ballen kann ... fest zudrücken ... die Spannung dort halten ... dort in der geballten Faust halten. Meine Anspannung und meinen Streß bewußt erfühlen ... in der Faust versammeln ... dann die Faust langsam öffnen ... die Finger ausstrecken ... und so meine Spannung aus der geöffneten Hand herausströmen lassen.

Ich weiß, daß ich schon ausgezeichnet für mich sorgen kann ... wohl besser als ich es jemals für möglich gehalten hätte. Und jedesmal, wenn ich Selbsthypnose praktiziere, ist es mir möglich, diesen Gedanken wieder zu bestätigen und das wohlige und entspannte Gefühl zu genießen, so wie ich es mir gerade jetzt gönne.

(Fügen Sie Ihre Zielsuggestion ein.)

Und während ich nun von eins auf fünf zähle ... ich mit jedem Schritt wacher werde ... wird mir bewußt, daß es das nächste Mal noch einfacher sein wird, diesen Entspannungsgrad zu erreichen. Ich weiß, daß es mit jeder Selbsthypnoseübung einfacher wird, diese Stufe von Entspannung und Selbstbestimmung herbeizuführen.

Wenn ich mich wieder entspannen will, muß ich nur einige tiefe, entspannende Atemzüge nehmen und mich im Fahrstuhl nach unten auf die gewünschte Entspannungsebene zubewegen.

Vielleicht sollte ich jetzt, da ich zum Wachbewußtsein zurückkehre, den Zyklus noch einmal wiederholen, mich noch einmal hinunterzählen ... vielleicht noch weiter nach unten als gerade eben. Oder vielleicht ist es nun an der Zeit, mich wieder meinem Alltag zuzuwenden ... erholt und wach. Was ich mir auch aussuche, ich bin bereit, zu einem aufmerksamen Wachzustand zurückzukehren. Jede Zahl bringt mich dem erholten, aufmerksamen Wachzustand einen Schritt näher.

Eins ... zwei ... drei ... vier ... fünf ... Frisch und munter, leicht und unbelastet, mit offenen Augen.

Kommentar

Die in diesem Kapitel vorgestellten Techniken und Manuskripte enthalten umfangreiches Material für Vorstellungsbilder und Suggestionen, die Ihnen bei der Herbeiführung von Ruhe und Entspannung und der Wiederherbeiführung des Tranceerlebnisses hilfreich seien dürften.

Nachdem Sie dieses Kapitel gelesen haben, haben Sie sicher eine gute Vorstellung, wie Sie Ihren eigenen Monolog von Suggestionen, auch ohne ein geschriebenes Manuskript, entwickeln würden. Gut so!

Es kann gut sein, daß Sie jede Technik erst ein paar Mal üben müssen, bevor Sie in der Lage sind, Selbsthypnosezustände erfolgreich und verläßlich zu entwickeln. Vielleicht fällt es Ihnen aber auch ganz leicht.

Ob Sie die Trance nach der ersten oder nach mehreren Sitzungen entwickeln, hat keinen Einfluß darauf, wie effektiv Selbsthypnose für Sie als Technik sein wird. Seien Sie geduldig und genießen Sie die Zeit der Entspannung, die Sie sich nehmen!

Teil 2

Das Bearbeiten persönlicher Ziele

Nachdem Sie nun gelernt haben, eine selbsthypnotische Trance zu entwickeln, möchten Sie in diesem Teil des Buches nun sicher an einem Ihrer spezifischen Ziele arbeiten. Während Sie Teil I zunächst ganz gelesen haben sollten, können Sie sich nun direkt dem Kapitel zuwenden, dessen Ziel Sie besonders interessiert.

Wenn Sie beginnen, auf ein Ziel hinzuarbeiten, rufen Sie sich die folgenden allgemeinen Prinzipien in Erinnerung, um möglichst viel aus Ihrer Selbsthypnose zu profitieren:

1. Untersuchen Sie Ihre Motivation für das angestrebte Ziel und beseitigen Sie alle unterschwelligen Blockaden, die Ihren Erfolg behindern. Erstellen Sie eine Liste der Gründe, die Sie motivieren könnten, eine Veränderung zu erreichen. Dies könnte Ihr erstes Ziel sein.
2. Setzen Sie sich spezifische und erreichbare Ziele. Wenn Ihr eigentliches Ziel einer größeren Veränderung Ihrerseits bedarf, setzen Sie sich spezifische Teilziele.
3. Gestalten Sie Ihre Suggestionen, indem Sie persönliche und für Sie bedeutsame Symbole, Metaphern und Bilder benutzen. Stützen Sie sich auf Ihre Erfahrungen und Träume, auf Arbeit und Spiel und auf Ihre Erinnerungen, um eine eigene, effektive Suggestionssprache zu entwickeln.
4. Nutzen Sie Ihre Phantasie und Ihr Vorstellungsvermögen, um Ihren Suggestionen Kraft zu geben. „Sehen, fühlen, hören, riechen" und „berühren" Sie Ihre Suggestionen und die Ergebnisse, die Sie anstreben.
5. Entwickeln Sie, wenn möglich, posthypnotische Reizauslöser, um die Wirkungen Ihrer Arbeit über die Trancezeit hinaus auszudehnen.

6. Seien Sie geduldig mit sich selbst. Veränderung kostet Zeit und Mühe. Nehmen Sie sich jeden Tag etwas Zeit, um einige Minuten Selbsthypnose zu praktizieren. Es ist nicht so wichtig, wieviel Zeit Sie investieren – wichtig ist Ihre Absicht in dieser Zeit. Energie und Zeit, die Sie zur Selbstveränderung aufbringen, sind Investitionen in sich selbst. Sie werden sich über die beträchtlichen Gewinne noch lange freuen.

Die Fertigkeiten, die Sie in Selbsthypnose entwickeln, behalten Sie ein ganzes Leben lang. Sie müssen Sie nur üben, damit Sie sie zu voller Entfaltung bringen und sie ihre Wirksamkeit behalten. Während Sie sie nutzen und erproben, können Ihre Talente wachsen und sich entwickeln. Genießen Sie Ihre neuen Fähigkeiten zur Selbstveränderung und Verbesserung Ihrer Gesundheit.

Kapitel 12

Streßbewältigung: Sich überall entspannen

Bill ist Manager einer Firma, und der Abgabetermin für den Haushaltsentwurf steht unmittelbar bevor. Sein wichtigster Berater ist seit einer Woche krank, und vor zwei Tagen wurde seine Frau mit einer ernsten Krankheit ins Krankenhaus eingeliefert.

Bills Blutdruck ist extrem gestiegen. Er hat keinen Appetit und schläft schlecht, und seinem Chef ist Bills Zerstreutheit aufgefallen. Er wirkt gereizt und zieht sich zurück. Bill ist nicht mehr der enthusiastische, hochengagierte Mann, der er war. Wenn er es nicht lernt, mit seinem Streß umzugehen, ist er der Kandidat für ein Magengeschwür oder einen Herzinfarkt.

Leider ist das kein Einzelfall. Die meisten Führungskräfte halten Streß für eines der größten Probleme ihres Lebens.

Natürlich gibt es in jedem Beruf Streß. In vielen Fällen tragen allerdings Faktoren zum Streß bei, die nicht direkt mit der Arbeit zusammenhängen. Streit in der Familie, finanzielle Probleme, Kindergeschrei – die Liste der Streßfaktoren ist lang und vielfältig.

Unabhängig von seinem Entstehungsort führt übermäßiger Streß zu Produktivitätsverlusten und strapazierten Beziehungen mit Kollegen, Freunden und der Familie. Die Folgen sind Fehlzeiten, Unpünktlichkeit, Konzentrationsmangel, Unfälle am Arbeitsplatz und ein Gefühl des Ausgebranntseins. Viele Arbeitspsychologen und Ärzte glauben, daß 80 Prozent der emotionalen Probleme von Angestellten durch übermäßigen Streß verursacht werden.

Zu Hause kann Streß zu Problemen mit den Kindern oder zu Ehekrisen führen und Depressionen und Krankheiten nach sich ziehen. Wahrscheinlich nehmen wir solche Probleme eher bei anderen wahr, erkennen Sie aber bei uns selbst nicht.

Und selbst wenn Sie erkennen, daß Sie stark unter Streß stehen, wissen Sie, was Sie dagegen unternehmen können? Es gibt gesunde und ungesunde Arten der Streßbewältigung.

Alkoholmißbrauch, Beruhigungsmittel und anderen Drogen können eine sehr schädliche Art der Streßbewältigung sein. Sportliche Betätigung, Meditation und Selbsthypnose sind die geeigneteren Methoden. Wir sprechen von Streßbewältigung statt von Streßbeseitigung, weil ein gewisses Maß an Streß gut und in der Tat lebensnotwendig ist. Die Abwesenheit von Streß würde den Tod bedeuten. Bei fast jeder Handlung oder Reaktion entsteht ein gewisses Maß an Streß. Nur der übermäßige, lang anhaltende Streß ist schädlich.

Körperliche Veränderungen durch Streß

Die Auswirkungen von Streß sind so breit gefächert, daß er möglicherweise bei fast allen Krankheiten eine Rolle spielt. Übermäßiger Streß beeinträchtigt das chemische Gleichgewicht des Körpers.

Im 19. Jahrhundert beobachtete der französische Physiologe Claude Bernard, daß im gesunden Körper ein relativ konstantes inneres Milieu herrscht (Kroger 1963). Der Blutdruck stellt sich auf die täglichen Anforderungen ein, Sauerstoffgehalt und Blutzusammensetzung werden innerhalb bestimmter Grenzen reguliert, und andere Faktoren werden so ausbalanciert, daß sie optimales Leben gewährleisten.

Einige Zeit später ergänzte ein anderer Physiologe, Walter B. Cannon (1929) Bernards Befunde. Cannon untersuchte, wie der Körper auf plötzliche Veränderungen reagiert. Er fand heraus, daß Angst, Wut und Schmerz den Körper veranlassen, ziemlich drastisch zu reagieren. Diese Emotionen verursachen im Körper eine „Angst- oder Fluchtreaktion“. Wird diese Reaktion ausgelöst, wird im selben Moment Adrenalin, ein stark wirksames Hormon, in den Blutkreislauf ausgeschüttet. Eine andere Reaktion, die durch bestimmte Emotionen ausgelöst und als „sympathisches Nervensystem“ bezeichnet wird, bewirkt den Ausstoß eines sehr ähnlichen Hormons, des Noradrenalins.

Diese Hormone setzen eine Reihe lebensrettender Veränderungen im Organismus in Gang. Sie beschleunigen die Blutzirkulation und reichern das Blut mit mehr Sauerstoff und mehr energieproduzierendem Zucker an. Zur gleichen Zeit wird die Fähigkeit zur Blutgerinnung verstärkt. Die Atmung beschleunigt sich, Muskeln werden angespannt und gestärkt und die Sinne geschärft. Die Verdauung wird zwischenzeitlich gestoppt. Der Körper wird mit Energie geladen und auf Kampf oder Flucht vorbereitet.

Diese Reaktionen wurden jedoch für Notfälle entwickelt. Cannon wies darauf hin, daß diese Überlebensreaktionen durch Angst, Wut, Schmerz, Verletzungen, mangelnde Sauerstoffversorgung oder intensive emotionale Situationen hervorgerufen werden. Normalerweise treten sie nicht fortwährend auf.

Unser Körper kann diese Art Reaktionen nur für eine kurze Zeitspanne sicher aufrechterhalten. Wenn die Situation zu lange anhält, verursacht dieses Ungleichgewicht Probleme.

Hans Selye (1978), Endokrinologe und Streßforscher, benutzt den Begriff „Distress", um schädlichen oder übermäßigen Streß zu beschreiben. Er beobachtete, wie die längerfristige Sekretion der Hormone, die zur Kampf- und Fluchtreaktion vorbereiten, das Immunsystem schwächen.

Selye beschreibt den umfassenden Versuch des Körpers, sich an Streß anzupassen, als das „Allgemeine Adaptations-Syndrom" (A.A.S.). Hierbei handelt es sich um einen Prozeß, um mit unspezifischem Streß umzugehen – im Gegensatz zu spezifischem, kurzfristigem Streß, etwa bei Verletzungen, Grippe oder momentaner Angst.

Es ist der chronische, unspezifische Druck von Arbeit, finanziellen und familiären Problemen, der uns am meisten zu schaffen macht.

Das A.A.S. hat drei Stufen: (1) die Alarmreaktion; (2) eine Widerstandsphase; und (3) die Erschöpfungsstufe. Während der Widerstands- und der Erschöpfungsstufe bricht das Immunsystem des Körpers nach und nach zusammen. Das schwächste Organ oder der schwächste Teil des Körpers tendiert dazu, zuerst zusammenzubrechen oder krank zu werden.

Streß kann die Grundlagen Ihres Immunsystems angreifen und Ihren Körper in einen geschwächten Zustand versetzen, in dem er durch Krankheitsfaktoren infiziert wird, denen er unter normalen Umständen widerstehen könnte.

Sie können Spannungskopfschmerz ignorieren. Sie können Antazida gegen einen übersäuerten Magen nehmen. Aber wenn Sie weiterhin die Warnzeichen Ihres Körpers ignorieren, können auf der nächsten Stufe Magengeschwüre oder Schlimmeres folgen.

Sie können aber auch lernen, Ihr Streßniveau in den Griff zu bekommen. Sie können Kopfschmerzen und andere frühe Symptome beseitigen und spätere Krankheiten verhindern.

Strategien der Streßbewältigung

Wenn wir lange Zeit streßauslösenden Situationen ausgesetzt sind, entwickeln die meisten von uns bestimmte Mechanismen, um mit dem Streß umzugehen. Leider sind die meisten der von uns gewählten Methoden entweder unangemessen oder schädlich.

Viele Menschen versuchen, die überhöhten Anforderungen im Beruf, familiäre Probleme, finanzielle Sorgen oder Krankheiten zu beeinflussen. Vielleicht suchen sie sich eine bessere Arbeit, machen Urlaub, sprechen mit einem guten Freund, trainieren als Boxer am Sandsack oder finden andere Methoden, um Dampf abzulassen. Diese Methoden sind gesund und weise.

Viele Menschen finden diesen Umgang mit Streß jedoch unzureichend. Streß ist einer der Gründe dafür, daß sich Alkoholismus in Amerika wie eine Epidemie ausbreitet. Drogenmißbrauch, legal und illegal, nimmt überhand. Die angstreduzierenden Mittel Valium und Xanax sind in Amerika zwei der am meisten verschriebenen Drogen.

In Firmen wurde vom Management zunehmend erkannt, wie nötig Streßmanagementprogramme für Angestellte sind. Das *American Institute of Stress*, ein nicht auf Gewinn ausgerichtetes Institut für Streßforschung in Yonkers, New York, hat ähnliche Studien durchgeführt. Sie zeigten, daß mehr als 66 Prozent aller Erstbesuche beim Arzt mit streßverbundenen Beschwerden in Zusammenhang stehen, und daß Streß bei der Arbeit die amerikanische Industrie jährlich mehr als 150 Milliarden Dollar kostet, sei es aufgrund von Fehlzeiten, Produktionsausfällen, Arztkosten oder Unfällen.

Regierungsstudien, die vom *American Institute of Stress* zitiert werden, zeigen, daß über 70 Prozent aller Firmen mit 750 oder mehr Mitarbeitern Programme zur Streßkontrolle anbieten. Der Trend geht jetzt dahin, die Stressoren in der Firma so erfassen zu lassen, wie sie von den Angestellten wahrgenommen werden. Die Spezialisten der Firma entwickeln dann Pläne, um die spezifischen Probleme anzugehen. Man bietet den Angestellten einer Firma unterschiedliche Programme zur Streßbewältigung an, je nachdem, was am wichtigsten ist. Viele Methoden haben sich als wirksam erwiesen, etwa Meditation, Biofeedbacktraining, Selbstsicherheitstraining, Psychotherapie, körperliche Betätigung und Veränderungen der Ernährungsgewohnheiten.

Das *National Institute of Occupational Safety & Health* (Nationales Arbeitsschutzinstitut - entspricht in etwa unseren Berufsgenossenschaften) betrachtet Streß als eine der zehn größten Risiken für die Gesundheit am Arbeitsplatz.

Es gibt eine Entspannungstechnik, die Sie sowohl zum Zeitpunkt der Übung, als auch dann, wenn Sie in Zukunft eine stressige Situation erleben, anwenden können. Diese Methode ist Selbsthypnose, von der wir wissen, daß Sie viele Vorteile hat, die wir von der Meditation und vom Biofeedback her kennen, und zusätzlich noch die Kraft posthypnotischer Reaktionen mitbringt.

Reduzieren Sie Ihren persönlichen Streß mit Selbsthypnose

Selbsthypnose bietet Ihnen die Möglichkeit, Streß, den Sie im Moment empfinden, abzubauen. Sie gibt Ihnen auch ein Instrument, um mit Streß außerhalb Ihrer Selbsthypnose umzugehen: posthypnotische Suggestionen. Die Entspannung und das tiefe Atmen in Trance lösen Ihre Muskelverspannungen und setzen die sogenannte „Entspannungsreaktion“ in Gang.

Herbert Benson (1976), Kardiologe und anerkannter Streßforscher, glaubt, daß es das grundlegende Ziel jeder Streßreduktion ist, diese Entspannungsreaktion zu verstärken. Sie ist das Gegenteil der Kampf- oder Fluchtreaktion. Einige Charakteristika tiefer Entspannung sind:

1. Ihre Atmung wird langsamer und tiefer.
2. Ihr Herz schlägt langsamer.
3. Ihre Hände und Füße werden besser durchblutet.
4. Ihre Muskeln entspannen sich.

5. Ihr Stoffwechsel verlangsamt und normalisiert sich.
6. Ihr Hormonhaushalt kommt ins Gleichgewicht.

Wenn Sie einen Teil der Entspannungsreaktion erzeugen können, können Sie damit rechnen, daß eine Kette weiterer Reaktionen folgen wird. Tiefes, langsames Atmen ist vielleicht einer der einfachsten dieser Effekte, denn Sie gehen bereits bewußt damit um. Die anderen können Sie lernen.

Sie lernten, wie Sie Spannungen und Streß verringern können, indem Sie sich einfach in eine selbsthypnotische Trance versetzen. Trance an sich ist in der Regel sehr entspannend.

Wenn Sie sich durch ein paar tiefe, wohltuende Atemzüge auf Ihre Selbsthypnose vorbereiten, löst Ihr tiefes Atmen die Entspannungsreaktion aus. Hier ist ein Beispiel, wie sie sich die Entspannung suggerieren können:

„Während ich meine Aufmerksamkeit auf meine Hand, einen Punkt an der Wand, einen Klang oder eine Farbe konzentriere, ermutige ich meinen Körper, sich noch mehr zu entspannen. Ich stelle mir vielleicht die Spannung oder den Streß, die sich in meinen Muskeln aufgebaut haben, als einschnürende Fesseln vor, die abgestreift werden können. Tiefes Atmen sprengt die Fesseln der äußeren Streßschichten.

Gefühllosigkeit, Kälte, Wärme oder andere Gefühle, die in meinen Händen, Armen oder Füßen auftreten, können dazu dienen, die Anspannung in meinen Muskeln noch weiter zu reduzieren. Vielleicht entscheide ich mich auch, eine Muskelgruppe nach der anderen zu entspannen.

Schicht für Schicht kann ich die einschnürenden Streßgefühle lösen. Mein Herzschlag wird vielleicht langsamer, und mit zunehmender Entspannung können viele andere Veränderungen eintreten. Dies sind positive Gefühle, die meine Gesundheit fördern und meine Lebensqualität steigern."

Nutzen Sie Ihre eigenen Streßgefühle zur Entspannung

Statt zu versuchen, Gefühle von Anspannung und Streß zu leugnen, sollten Sie sie anerkennen, sobald sie sich gebildet haben. Achten Sie auf Muskelverspannungen in Stirn- und Magengegend oder auf Verkrampfungen im Kiefer oder wo auch immer diese Gefühle auftreten.

Nehmen Sie sich etwas Zeit, um zu untersuchen, wo sich Spannung bei Ihnen angesammelt hat. Versuchen Sie sie, z.B. auf einer Skala von eins bis zehn, zu bewerten.

Sie könnten einige Sekunden lang die Augen schließen und sich einen Geschwindigkeitsmesser vorstellen. Wählen Sie die Vorstellung, die für Sie angenehm ist, um festzustellen, wieviel Spannung Sie spüren. Bestimmen Sie im Geist den Grad der Intensität.

Dann bringen Sie einige Sekunden lang zusätzliche Spannung in die Problembereiche. Spannen Sie bewußt diese Bereiche an – Ihre Stirn, Ihren Bauch, Ihr Kinn oder Ihre Schultern. Nehmen Sie einen tiefen Atemzug, während Sie dies tun. Halten Sie Atem und zusätzliche Spannung einige Sekunden lang an.

Dann atmen Sie langsam aus und lassen die Luft und all den Streß, der sich gebildet hatte, einfach entweichen.

Eine andere Methode, um Spannungen abzubauen, ist das kräftige Schütteln der Arme und Beine. Bewegen und dehnen Sie sich. Nehmen Sie einen tiefen Atemzug und atmen Sie aus, während Sie alle Spannung und allen Streß abschütteln. Natürlich empfiehlt sich diese Technik nicht in allen Situationen.

Geistige Entspannung durch Selbsthypnose

Manchmal kommt es vor, daß Sie neben körperlicher Anspannung auch noch eine mentale Anspannung spüren: Sie haben den Kopf voll. Die meisten Menschen können die Tatsache bestätigen, daß ihr Geist nie schläft, so wie wir wissen, daß Haie niemals schlafen.

Neuere Forschungsergebnisse (National Geographic, 1975) zeigen, daß Haie in der Tat schlafen (aber gewöhnlich dabei Ihre Augen offenhalten) und daß auch unser Geist sich ausruht. Das Gehirn wird in bestimmten Schlafphasen tatsächlich wieder erneuert. Falls Sie nur schwer abschalten können, sollten Sie vielleicht folgendes in Ihre Selbsthypnose einbringen:

Beginnen Sie Ihre Selbsthypnose, indem Sie sich auf Ihren Atem konzentrieren. Stellen Sie sicher, daß Sie wirklich angenehm atmen. Dann erleben Sie das Ausatmen ganz bewußt, vier oder fünf Mal, achten Sie darauf, wie die Luft entweicht, so wie die Anspannung aus Ihrem Körper entweicht.

Während Sie sich weiterhin auf das Ausatmen konzentrieren, dieses langsame, tiefe Loslassen, erzeugen Sie dabei einen weichen, summenden Ton, der möglichst tief aus Ihrer Kehle kommt. Lassen Sie es wirklich vibrieren, so langsam und so beruhigend wie möglich. Summen Sie sanft beim Ausatmen, vier oder sechs langsame, tiefe Atemzüge lang.

Als nächstes beobachten Sie Ihre aufkommenden Gedanken. Beobachten Sie einen nach dem anderen, so wie Sie vielleicht Wolken am Himmel betrachten, die bei einer sanften Brise dahintreiben. Entwickeln Sie die Fähigkeit, sich zu einer bestimmten Zeit nur auf einen Gedanken zu konzentrieren. Beobachten oder hören Sie ihn oder fühlen Sie ihn auf Ihre eigene Weise. Dann nehmen Sie sich den nächsten Gedanken vor.

Stellen Sie sich die Gedanken vielleicht als Wolken oder Vögel oder als Blätter vor, die in einem Fluß treiben, oder als Menschen, die an Ihnen vorübergehen. Nehmen Sie, was immer Ihnen angenehm erscheint.

Lernen Sie, sich von Ihren Gedanken zu distanzieren. Lassen Sie sich mit Ihren Ideen, Gedanken und Bedenken treiben … mit einem nach dem anderen. Lassen Sie jeden Gedanken mit einem langsamen Ausatmen hinaus … geben Sie ihn mit einem Summton von sich. Schaffen Sie Raum für den nächsten Gedanken, während Sie den gegenwärtigen loslassen.

Als nächstes nehmen Sie schließlich Ihr Gefühl bewußt wahr. Ob Sie besorgt oder traurig, aufgeregt oder ängstlich, glücklich oder durcheinander sind, machen Sie sich einfach bewußt, wie Sie sich fühlen. Erleben Sie das Gefühl, drücken Sie es aus (laut, schreiben Sie es auf, benennen Sie das Gefühl, usw.) oder summen Sie es.

Lassen Sie das Gefühl aus sich heraus, wie auch die Gedanken Sie verlassen haben. Akzeptieren Sie die Gefühle, eines nach dem anderen, wie Sie auch die Gedanken akzeptierten. Beobachten Sie das

Gefühl, wie es kommt, erleben Sie es, während es vorbeizieht und empfinden Sie, wie es Sie verläßt.

Stellen Sie sich das so oft Sie wollen vor. Üben Sie diese Technik mehrmals täglich, vielleicht einmal pro Stunde einige Minuten lang. Mit ein wenig Übung werden Sie in der Lage sein, Ihr Denken zu nutzen, um sich in einen Trancezustand zu versetzen. Sie werden in der Lage sein, spannungsreiche Gedanken in ein entspanntes Tranceerlebnis zu verwandeln. Ihre Atmung wird zum Auslöser und Ihre Gedanken werden zu individuellen Markierungen, auf die Sie sich beim Atmen und Zählen konzentrieren.

Das Wahrnehmen von Streß

In einer kürzlich veröffentlichten Studie (Stanton 1989) nahmen 40 Gymnasiallehrer an vier wöchentlich stattfindenden Gruppensitzungen teil, in denen sie sich auf den kognitiven Gedankenprozeß konzentrierten, der mit ihrer persönlichen Streßsituation zusammenhing. Dieser Gruppe ging es bei einer Nachuntersuchung nach zwölf Monaten weitaus besser als der Kontrollgruppe, die kein Hypnosetraining erhalten hatte.

Vielleicht ist Ihnen schon einmal aufgefallen, daß Situationen, die Ihnen viel Streß bereiten, anderen vielleicht gar nichts auszumachen scheinen. Oder Sie können vielleicht mit einer Situation ganz einfach umgehen, während sie von einem Freund, Kollegen oder Ehepartner als streßbeladen empfunden wird.

Forscher wie Aaron Beck, David Burns und andere, die über kognitive Therapien geforscht und geschrieben haben, fanden heraus, daß unsere Gedanken über ein Ereignis oder eine Situation unsere Gefühle und Verhaltensweisen beeinflussen. Bei den 40 Gymnasiallehrern im obigen Beispiel wurde an der Beeinflussung der Gedankenmuster gearbeitet.

Selbsthypnose, um Streßgefühle zu verändern

Hier ist ein Beispiel für eine Selbsthypnosetechnik, die Sie befähigt, mit Streßgefühlen umzugehen. Sie lernen, Ihre Gedanken und

Wahrnehmungen bei Streßsituationen zu untersuchen und zu kontrollieren.

Jenny hatte eine Beziehung mit Rick, einem Mann, der sie häufig zu ignorieren schien. Sie wußte, daß Rick sie liebte, aber es gab Zeiten, wo er mit Lesen, Arbeiten, Telefonieren oder anderen Dingen beschäftigt war und ihr nicht viel Aufmerksamkeit widmete. Zu anderen Zeiten schenkte er ihr dagegen viel Aufmerksamkeit, z.B. wenn sie Essen gingen, wenn sie über ein Problem sprechen wollte, wenn Sie sich liebten und so weiter.

Wenn er keine Notiz von ihr nahm, sagte sich Jenny, „Ich bin völlig gestreßt. Ich glaube, er liebt mich nicht mehr. Irgendetwas zwischen uns stimmt nicht."

In solchen Situationen geriet Jenny häufig völlig außer sich und machte Rick die unmöglichsten Szenen. Danach fühlte sie sich meist noch schlechter, weil sie sich von ihren Gefühlen hatte hinreißen lassen.

Mit Hilfe von Selbsthypnose lernte Jenny, solche Situationen zu erkennen und ihre Gedanken bewußt und unbewußt zu kontrollieren. Wenn sie zum Beispiel bemerkte, daß sie an Ricks Liebe zweifelte, wurden diese Gefühle zum posthypnotischen Auslösern, der „STOP!" bedeutete. Sie fing dann an, zielgerichtet zu beobachten und zu untersuchen, ob es für diese Gefühle in der Realität einen Beweis gab, der eine Veränderung in der Beziehung zu Rick anzeigte.

In den meisten Situationen entdeckte Jenny, daß ihre Gefühle nicht auf äußeren Fakten basierten, sondern daß ihre Unsicherheit aus ihren eigenen Gefühlen erwachsen war. Sobald Sie einmal STOPPEN konnte, – *anfangen, zielgerichtet zu beobachten* – entwickelte Jenny Wege, um sich inmitten dieser in Auslöser umgewandelten Gefühle zurechtzufinden und vernünftigere Perspektiven einzunehmen.

Es geht bei der Beobachtung der Gefühle und Gedanken darum, sie anschließend mit der Realität zu vergleichen. Jenny sagte sich beispielsweise: „Er hat nichts zu der Pflanze gesagt, die ich für das Wohnzimmer gekauft habe. Aber bedeutet das, daß er mir böse ist oder mich aus irgendeinem Grund ignoriert?" Oft fragte sie ihn direkt, ob irgend etwas nicht in Ordnung sei.

Zu anderen Zeiten erinnerte sie sich an frühere Beweise und sagte sich, „Ich weiß, daß er mich liebt und daß ich ihm etwas bedeute, denn manchmal sagt er mir das, etwa wenn er sich an meinen Geburtstag erinnert. Und er genießt unsere ruhige Zeit zu zweit. Nur weil er manchmal beschäftigt ist, heißt das nicht, daß er mir entgleitet. Das kommt ständig vor, und anschließend hat er mir immer gezeigt, wie viel ich ihm bedeute."

Auf diese Art und Weise überzeugte sie sich selbst von einer vernünftigeren Sichtweise. Sie bemerkte, daß die unangenehmen Gefühle schließlich verschwanden und daß sie sich immer wohler fühlte, je weniger Zeit sie damit verbrachte, ihre Gefühle zu analysieren.

Streßbewältigung außerhalb der Trance

Mit Selbsthypnose können Sie sich programmieren, sich ohne Apparate oder Ausrüstung jederzeit zu entspannen, wenn Sie Streßsituationen ausgesetzt sind. Indem Sie sich posthypnotische Auslösereize geben – Suggestionen, die außerhalb der Trance aktiviert werden – können Sie eine Streßsituation in ein Entspannungssignal verwandeln.

Sie können ein Streßsignal in einen Entspannungsauslöser umwandeln. Falls Sie sich immer angespannt und unter Druck fühlen, wenn Sie Ihre Rechnungen bezahlen, können Sie das Öffnen Ihres Scheckheftes oder das Ausfüllen eines Überweisungsformulars in einen Auslöser verwandeln, um Ihre Lieblingsmusik einzublenden oder sich auf einen bequemen Stuhl zu setzen oder ein Glas Wasser zu trinken oder sonst etwas, was Sie gerne tun. Diese Handlungen werden dann zu posthypnotischen Auslösern, wenn Sie sie sich in Ihren Trancebildern vorstellen.

Wie posthypnotische Suggestionen Ihnen helfen, mit Streß umzugehen

Phyllis arbeitete in der Verwaltung eines großen Krankenhauses. Ihr Chef, der Verwalter, machte scheinbar ständig abfällige Bemerkungen über ihre Arbeit. Er sagte ihr beispielsweise, ihr Schreibtisch sei das reinste Chaos oder wieviel Zeit sie brauche, um einen Bericht fertigzustellen.

Sie wußte genau, daß es an ihrer Arbeitsleistung nichts auszusetzen gab. Ihr Chef war auch anderen Kollegen gegenüber grob und taktlos. Dennoch kochte Phyllis immer innerlich, wenn ihr Chef sie kritisierte. Sie litt unter Kopfschmerzen und Weinkrämpfen und war kurz davor, ihre Stelle zu kündigen.

Statt jedoch ihren gut bezahlten Posten aufzugeben, versuchte sie es mit Hypnose, um mit ihrem Streß umgehen zu lernen. Nachdem sie Selbsthypnose erlernt hatte, gab sie sich Auslöser, um angesichts der ätzenden Kommentare Ihres Chefs positiv zu reagieren.

Zum Beispiel assoziierte sie zu Hause in Trance das Folgende: „Ich weiß, daß Herr G. (ihr Chef) oft kindisch und taktlos ist, wenn er mich kritisiert. Ich werde ihm vergeben und es nicht persönlich nehmen, wenn er sich über mein Tun und Lassen ausläßt. Ich kann einen tiefen Atemzug nehmen, den Bleistiftspitzer zur Hand nehmen und seine groben Bemerkungen glattspitzen. Ich kann fühlen, wie mit dem ‚Spitzabfall' auch mein Streß und meine Anspannung wie weggespitzt sind."

Indem sie eine Handlung fand, die sie zum Zeitpunkt der Streßentstehung ausführen konnte, war Phyllis in der Lage, den Streß abzubauen, bevor er sich in ein ärgerliches Problem verwandelt hatte.

Sie fand andere posthypnotische Auslöser, wie z.B. den giftigen Tonfall in Herrn G.s Stimme, der seinen Sarkasmus begleitete. Das war ein weiterer Auslöser für sie, seine Gehässigkeiten an sich abgleiten zu lassen und sich nicht zu vergiften.

Mit den Worten und Symbolen ihrer Suggestionen visualisierte Phyllis während der Trance spezifische Situationen, mit denen sie in Zukunft konfrontiert war, und sie „sah", wie sie sich anders verhielt und andere Gefühle entwickelte. Dieses Selbsthypnoseziel übte sie fünfmal pro Woche. Nach ungefähr zwei Wochen bemerkte sie, daß Ihre Pulsfrequenz selbst nach einer von Herrn G.s Tiraden konstant geblieben war. Sie verbrauchte zwar eine ganze Menge Bleistifte, aber das ist ein geringer Preis für einen großen Gewinn an Gesundheit und inneren Frieden.

Finden Sie posthypnotische Auslöser für Ihre Streßsituationen

Für jeden von uns gibt es bestimmte Situationen, die Streß verursachen. Obwohl sich die Ursachen vielleicht gleichen, unterscheiden sich doch die Details von Mensch zu Mensch und zwischen Arbeitsplatz und Zuhause. Wie Phyllis müssen Sie Auslöser finden, die in Ihrer Umgebung vorkommen und Ihren Streß reduzieren.

Dies ist vielleicht einfacher, als Sie glauben. Alles, was normalerweise mit der Streßsituation zusammenhängt, kann zum Auslöser werden, um Spannung abzubauen. Sie können sogar eine Handlung erfinden, wie Phyllis mit dem Bleispitzer.

Die geschlossene Schublade als Auslöser

Don ist Verkäufer bei einer großen Druckerei. Aus dem einen oder anderen Grund ist er jeden Tag Streßsituationen ausgesetzt. „An manchen Tagen würde ich mich am liebsten acht oder zehn Mal in Trance versetzen", berichtete Don. „Die meisten Probleme gibt es für mich im Büro. Jetzt habe ich für diese Probleme diese Schublade links oben in meinem Schreibtisch."

Don hat sich in Selbsthypnose Auslösereize gegeben, daß er aufkommende Probleme in seiner Schublade ablegen wird. „Ich schreibe den Namen der Person, die Kontonummer des Lieferanten oder manchmal auch ein paar Worte auf, die die Situation beschreiben. Dann nehme ich zwei tiefe Atemzüge, öffne die Schublade und lege sowohl das Papier als auch das Gefühl von Anspannung ab. Manchmal stelle ich mir auch bildlich vor, wie ich das Pochen in meinem Kopf, das mir Kopfschmerzen ankündigt, wegpacke. Wenn ich die Schublade schließe, ist alles drinnen."

Einmal pro Woche wirft er die alten Papierfetzen weg und schafft Platz für neue, ruhige und entspannte Reaktionen. Für Situationen, die außerhalb seines Büros entstehen, trägt er einen Ordner in seiner Aktentasche mit sich.

Vielleicht können Sie diese Technik für Ihre eigene Situation modifizieren. Nehmen Sie eine Schublade zu Hause in einem Schrank oder bei der Arbeit in Ihrem Schreibtisch. Schaffen Sie einen Platz, wo Sie Ihre Spannung und Ihren Streß ablegen, und wenn Sie die Schublade schließen, lassen Sie den unnötigen Streß dort drinnen. Lassen Sie Ihrer Phantasie freien Lauf, um Ihr Distanzgefühl gegenüber Streß zu verstärken.

Andere Streßsituationen durchspielen

Häufig können Sie aus einer Streßsituation etwas profitieren. Weil sie Ihnen jedoch zu schwierig erscheint, vermeiden Sie es, sich der Situation auszusetzen. Vielleicht haben Sie es schon einmal vermieden, zu einer Verabredung oder auf eine Party zu gehen, wo Sie möglicherweise niemanden gekannt hätten. Auch Arbeitssuche kann eine Erfahrung sein, bei der es einem den Magen umdreht.

Manche Menschen hören einfach mit diesen Dingen auf. Sie können die Spannungen, die ihnen diese Situationen bereiten, nicht ertragen. Es gibt neben der Angst vor Streß noch andere Gründe, die Menschen zurückhalten, beispielsweise Angst vor Zurückweisung oder Gefühle von Unsicherheit. Selbstexploration mit Selbsthypnose zeigt oft auf, wie diese Probleme beseitigt werden können (siehe Kapitel 16 zur Selbstexploration).

Zunächst bringen Sie sich in eine entspannte und angenehme Trance. Dann stellen Sie sich vor, wie Sie jemanden um eine Verabredung bitten oder zu einer Party einladen oder was immer Sie möchten, aber bisher vermieden haben. Visualisieren Sie sich selbst in diesen Szenen so gut Sie können. Bringen Sie so viele Details hinein wie möglich – selbst Dialoge. Zeichnen Sie das mentale Bild so real wie möglich.

Erlauben Sie sich, die Spannung, die Verkrampfung in Ihrem Magen oder das Zittern Ihrer Stimme zu fühlen. Erleben Sie Ihre Spannung in dieser lebhaften, aber distanzierten Weise. Es könnte so sein, als ob Sie sich selbst in einem Film zusehen. Vielleicht ist dieser Film aus Ihrer Perspektive, vielleicht aber auch von einem anderen Blickwinkel aus aufgenommen – das ist nicht wichtig.

Während Sie in Trance sind, suggerieren Sie sich, daß sich Ihre Hand vielleicht kribbelig, warm oder kalt anfühlt. Nehmen Sie Ihre Hand und legen Sie sie auf alle angespannten Stellen, auf eine nach der anderen. Vielleicht zuerst auf Ihren Magen, dann auf Ihre Stirn. Werden Sie sich aller Stellen bewußt, an denen sich Spannung gebildet hat. Erlauben Sie dem Gefühl in Ihrer Hand, sich auf die angespannten Stellen zu übertragen – lassen Sie die Wärme oder Gefühllosigkeit von Ihrer Hand zu Ihrem Magen oder an andere Orte körperlicher Anspannung fließen. Spüren Sie die Entspannung, das Wohlgefühl.

Führen Sie zugleich ein Selbstgespräch. Beschreiben Sie sich ihre Gefühle mit Ihren eigenen Worten. „Ich kann die Spannung spüren, das Gefühl, als wenn sich mir der Magen umdreht. Es fühlt sich an wie eine Waschmaschine, die gerade schleudert." Gehen Sie im Geiste alle Körperstellen durch und erleben Sie die Spannung, die dort herrscht.

Gehen Sie dann zurück und entkrampfen sie jede Stelle. Nutzen Sie Ihre Handübertragung wie zuvor, falls es sich angenehm anfühlt. Vielleicht sehen Sie Ihre Muskeln wie Seile, die durch den Streß ganz verknotet sind. Lassen Sie die Muskeln sich lockern, so wie Sie ein verschlungenes Seil lockern, indem Sie es an einem Ende halten und locker nach unten fallen lassen.

Nutzen Sie Ihre Vorstellungskraft, um Wege zu finden, auf lebendige Weise Ihre Spannungen zu lockern. Lassen Sie Ihrer Phantasie freien Lauf. Die Idee hier ist, die Spannung erst auszudrükken und dann auf vielfältige Weise loszulassen.

Gewöhnen Sie sich beim Durchspielen der Abläufe sowohl an die Gefühle von Anspannung als auch von Entspannung. Wenn Sie lernen, den Anfang und das Ende einer Streßerfahrung zu erkennen, hilft Ihnen das, die Sache in den Griff zu bekommen. Stellen Sie sich vor, wie sich die Streßsituation anbahnt und wie sie sich dann auflöst. Lassen Sie ein Streßgefühl starten und stellen Sie es wieder ab, wie einen Motor, den Sie starten und dann wieder abstellen.

Spielen Sie die Szene mehrfach durch, indem Sie zuerst die erwartete Spannung spüren und dann das Loslassen erleben. Indem Sie diese Art mentalen Durchspielens benutzen, können Sie Anfang und Ende von Streß oder Spannung erleben. Wenn Sie den Anfang besser meistern, werden Sie auch mehr Kontrolle über das Aufhören haben. Nachdem Sie dies in einigen Selbsthypnosesitzungen ausprobiert haben, stellen Sie sich die erste Szene ohne Anspannung vor, dann mit.

Beenden Sie Ihre Übungen jedoch immer mit einem Erfolgserlebnis. Dies wird Ihnen helfen, schneller positive Ergebnisse zu erzielen. In Kürze werden Sie feststellen, daß Sie nur die positiven Aspekte Ihrer Erfahrung genießen können.

Wenn Sie diese Art des Durchspielens anwenden, werden Sie in einer Woche oder vielleicht noch schneller bemerken, daß Sie Ihre Anspannung und Ihren Streß ohne weiteres kontrollieren können. Die Ängste, die Sie hatten, werden verschwinden.

Literatur

Benson, H. (1976): The relaxation response. New York (Avon Books).

Burns, D. (1989): The feeling good handbook. New York (W. Morrow).

Cannon, W.B. (1929): Bodily changes in pain, hunger, fear and rage. New York (Appleton).

Collins, R.E. (1974): Managing stress on the job. Blue Print for Health. (Blue Cross Association).

Groves, P.M. a. G.V. Rebec (1988): Introduction to biological psychology. 3rd ed. Dubuque, IA (W.C. Browns).

Guenther, R. (1982): *The Wall Street Journal,* series on stress in business, Sep. 30, 1982.

Kroger, W. (1977): Clinical and experimental hypnosis. Philadelphia (J.P. Lippincott).

Mason, J.L. (1980): Guide to stress reduction. Culver City (Peace Press).

National Geographic. Strange world of the red sea reefs. Sept. 1975.

Ricklefs, R. (1975): *The Wall Street Journal*, series on stress in business, Sep. 29, 1975.

Selye, H. (1978): The stress of life. 2nd rev.ed. New York (McGraw-Hill).

Stanton, H.E. (1989): Hypnosis and rational-emotive therapy – A de-stressing combination. *International Journal of Clinical and Experimental Hypnosis* 37 (Apr.) .

Waldholz, M. (1982): *The Wall Street Journal*, series on stress in business. Sep. 28, 1982.

Kapitel 13

Frei von Ängsten und Phobien

Ob vor Schlangen, Spinnen, Quallen im Meer oder vor den Geräuschen der Nacht – man kann mit Sicherheit behaupten, daß die meisten normalen, gesunden Menschen sich vor irgendetwas fürchten.

Viele unserer Ängste können lebensrettend sein. Wenn wir Höhenangst haben, uns vor Schlangen und brennenden Gebäuden fürchten, dann haben wir vor etwas Angst, was unser Leben ja tatsächlich bedrohen könnte. Es gibt keinen Grund, solche Ängste zu beseitigen, es sei denn, Sie sind Dachdecker, Schlangenfänger oder Feuerwehrmann. Nur wenn eine Angst oder eine Phobie Ihr tägliches Leben stört, müssen Sie sich damit befassen.

Der Unterschied zwischen Angst und Phobie liegt meist in der Intensität. Eine Phobie bringt Sie dazu, Ihre Lebensweise zu ändern, um das angstauslösende Objekt oder die Situation zu vermeiden. Eine Flugphobie ist nicht einfach Angst vor dem Fliegen; sie läßt Sie schon beim Anblick eines Flugzeugs zittern und packt Sie, wenn das Flugzeug noch gar nicht gestartet ist oder schon bei dem Gedanken ans Fliegen.

Eine Angst kann etwas sein, was uns nur geringfügig beeinträchtigt; sie bestimmt nicht Ihr Leben. Vielleicht haben Sie Angst vor Bienen. Das ist eine weitverbreitete Angst, die sie nicht unbedingt beseitigen sollten. Denn wie oft treffen Sie schon auf Bienen? Außerdem gibt es ein paar gute Gründe, Bienen aus dem Weg zu gehen.

Aber wenn die Angst vor einer Biene Sie davon abhält, im Park spazierenzugehen, wo eine Biene auftauchen könnte, kann dies ein Anzeichen für eine Phobie sein. Es gibt viele seltene und ungewöhnliche Phobien, wie z.B. die extreme Angst vor Schnekken. Viele dieser Phobien sind lächerlich – außer für die davon Betroffenen.

Angst und Panikanfälle

Ernsthafte Angst kann viele Formen annehmen. Manche Menschen erleben über Stunden und sogar Tage anhaltende Angstgefühle. Andere unter Angst leidende Menschen haben kurze Episoden intensiver Angst oder ein Gefühl der Panik, das sie schnell ergreift und nur einige Minuten dauert. Sie werden von der Panik erfaßt wie von einem Anfall.

In dem Buch *Free from Fears* (1987) das von zwei Autoren verfaßt wurde, die unter Agoraphobie litten, werden detaillierte Hintergrundinformationen und Erklärungen zu Panikanfällen und Ängsten gegeben.

Panikanfälle haben eine Vielzahl unterschiedlicher Symptome, zu denen einige oder mehrere der folgenden gehören können:

- Atemnot oder Erstickungsgefühle
- Schwindelgefühle, Gleichgewichtsstörungen oder Ohnmacht
- Herzrasen
- Zittern
- ungewöhnlich heftiges Schwitzen
- Übelkeit oder Magenschmerzen
- Gefühllosigkeit oder kribbelnde Gefühle
- Hitze- oder Kältewellen
- Gefühle des Kontaktverlusts zum eigenen Körper
- Schmerzen in der Brust oder Unwohlsein
- Angst, sterben zu müssen
- Angst, verrückt zu werden

Treten vier dieser Merkmale auf, dann können Sie in der Regel von einer Paniksituation ausgehen. Natürlich wären Sie gut beraten, wenn Sie dies von ärztlicher Seite überprüfen ließen, um mögliche körperliche Störungen auszuschließen. Jedoch haben viele an Panik oder Angst leidende Menschen häufig Ärzte konsultiert oder sogar die Notaufnahme im Krankenhaus aufgesucht, nur um sich anzuhören, daß körperlich mit Ihnen alles in Ordnung sei.

Eine andere Form von Angst ist zeitlich nicht so begrenzt und allgemeiner. Sie kann viele der oben genannten Paniksymptome umfassen, aber auch die folgenden einschließen:

- Gefühle des Eingeschlossenseins oder das Gefühl, am Abgrund zu stehen
- rasches Verlieren der Fassung
- Konzentrationsprobleme oder das Gefühl von Leere im Kopf
- Schlafstörungen
- Reizbarkeit
- Ruhelosigkeit
- leichte Ermüdbarkeit

Auch hier kann man nach Ausschluß körperlicher Ursachen davon ausgehen, daß diese Symptome einen Angstzustand anzeigen. Diese Form von allgemeiner Angst hält oft Stunden, Tage, Wochen oder sogar noch länger an, ohne nachzulassen.

Phobien

Ein Beispiel für eine Phobie, die die Betroffenen sehr behindert, ist die Platzangst. Dieser deprimierende und nervenaufreibende Zustand trifft Hunderttausende Amerikaner und ist gar nicht lustig. Im extremsten Fall haben Agoraphobiker Angst, ihr Haus zu verlassen. Nur ungefähr fünf Prozent der Agoraphobiker sind an ihr Haus gefesselt; die meisten gehen arbeiten, gehen zur Schule und funktionieren allem Anschein nach gut. In bestimmten Situationen oder an bestimmten Orten werden sie jedoch von Panikanfällen oder großen Angstgefühlen überfallen.

Falls Ihr Leben durch Angst vor der Angst oder durch Angst- oder Panikanfälle eingeschränkt ist, so leiden Sie vielleicht auch unter einer Art von Agoraphobie. Wenn man ihn auf einer Skala einteilt, dann reicht dieser Zustand von leichten Einschränkungen bis zu so großen Behinderungen, daß Betroffene von der Angst ans Haus gefesselt werden, daß Panikanfälle und Angst zu Peinlichkeiten oder Demütigungen in der Öffentlichkeit führen können.

Andere Phobien umfassen Höhenangst, Angst vor geschlossenen Räumen, Flugangst, Angst vor bestimmten Tieren oder Insekten, Angst vor dem Auftreten in der Öffentlichkeit (schweres Lampenfieber) und Angst vor Dunkelheit.

Selbstkontrolle durch Selbsthypnose

Als erstes müssen Sie versuchen, die unterschiedlichen Aspekte Ihrer Persönlichkeit in den Griff zu bekommen, um mit Ihrer Angst oder Phobie umgehen zu können. Angstzustände können bei dazu veranlagten Menschen eingeschliffene Reaktionen auf ihre Umgebung sein. Es sind im allgemeinen intelligente und sensible Menschen, in deren Familiengeschichte Angstzustände häufig vorkommen. Viele Menschen, die an Angst leiden, sind sich ihrer körperlichen Reaktionen kaum bewußt, vor allem ihrer Reaktionen auf Streß. Von daher sind sie weniger in der Lage, sie zu kontrollieren, und haben oft auch keine angemessenen Entspannungsstrategien gelernt.

Beginnen Sie damit, Kontrolle über einige Ihrer Körperempfindungen zu entwickeln. Vielleicht lesen Sie noch einmal Kapitel 12 zur Streßbewältigung, um die Reaktionen des Körpers auf Streß besser zu verstehen. Es ist ein erster großer Schritt zum Überwinden Ihrer Ängste, wenn Sie die Fähigkeit entwickeln, sich körperlich zu entspannen. Sie haben in den ersten Kapiteln dieses Buches gelernt, wie man es schafft, den eigenen Herzschlag, die Atmung, Muskelspannung, Hautempfindungen und andere innere Prozesse zu kontrollieren. Sie haben auch gelernt, wie Sie Ihr Vorstellungsvermögen weiterentwickeln können.

Der nächste Schritt besteht darin, sich eine Tätigkeit vorzustellen, die sie ausführen können und die nichts mit Ihren Ängsten zu tun hat. Stellen Sie sich vor, Sie machen einen Ausflug oder nehmen ein warmes, beruhigendes Bad oder bereiten ein leckeres Essen zu. Jede streßfreie Aktivität ist dafür geeignet. Es ist wichtig, daß Sie lernen, die positiven Aspekte einer Situation zu sehen und zu erleben. Sie sollten nicht sofort mit der Arbeit an Ihrer Angst beginnen, denn die Emotionen, die durch die Angst oder Phobie hervorgerufen werden, können Ihre Versuche blockieren.

Sehen und erleben Sie in Ihrer Phantasie die positiven Seiten dieser Aktivität. Erforschen Sie Ihr Tun im Geiste. Vielleicht erinnern Sie sich daran, wie Ihnen diese Aktivität beim letzten Mal Freude bereitet hat. Mit diesen Fähigkeiten, die Sie entwickeln, werden Sie später in der Lage sein, an der Angst oder phobischen Situation zu arbeiten. Zum gegenwärtigen Zeitpunkt entwickeln Sie die innere Grundlage für Ihre Arbeit mit Selbsthypnose.

Stellen Sie sich einmal in Ihrer Phantasie vor, wie Sie Ihr Lieblingsessen zubereiten und verspeisen. Konzentrieren Sie sich auf das Backen, Grillen oder Kochen Ihres Leibgerichts. „Riechen“ Sie, wie es duftet, „hören“ Sie, wie das in Butter und Zitrone gebratene Stück Fleisch brutzelt. Dann stellen Sie sich den zarten (oder herzhaften) Geschmack des Essens beim Kauen vor. Riechen Sie die frisch gebackenen Brötchen und fühlen Sie, wie knusprig oder weich sie sind. Haben Sie schon Hunger?

Vielleicht haben Sie ein solches Essen einmal mit jemandem genossen, der Ihnen viel bedeutet. Erinnern Sie sich, wie warm Ihnen ums Herz wurde und wie nah Sie sich dieser Person fühlten, wie zufrieden Sie nach dem Essen waren.

Durch Vorstellungen dieser Art können Sie Ihre Wahrnehmungen, Erinnerungen und Gefühle kontrollieren. Sie haben in Ihrer Vorstellung nur die positiven Aspekte dieser Erfahrung zugelassen. Auf diese Weise lernen Sie, weitere Aspekte von sich selbst zu kontrollieren und zu genießen.

Der bekannte Autor und Therapeut Albert Ellis (1986) benutzt eine allgemeine Entspannungstechnik, ähnlich der von uns in Kapitel 9 vorgestellten direkten Induktionstechnik. Ellis kombiniert Hypnose mit seiner rational-emotiven Therapie. Er schlägt vor, Hypnose mit einem starken inneren Dialog zu kombinieren, bei dem man mit einem einflußreichen Lehrer oder einem liebenden Elternteil spricht. „Angst wird mich nicht umbringen. Es gibt viele unangenehme Dinge auf der Welt, aber ich kann sie aushalten. Ich brauche sie nicht alle loszuwerden, um mich in der Gewalt zu haben. Ich kann meine emotionale Zukunft kontrollieren. Ich möchte frei von Angst sein, und es gibt keinen logischen Grund, warum ich überängstlich sein müßte. Ich wäre lieber entspannter, selbst in schwierigen Situationen. Ich habe die Kontrolle über mich.“

Dieser direkte Ansatz kann in Selbsthypnose wiederholt werden und bietet fortwährende Unterstützung und eine neue Struktur während der Selbsthypnose und danach. Man kann diese Suggestionen dann mit bestimmten posthypnotischen Auslösern verbinden. Zum Beispiel: „Ich habe die Kontrolle über mich und bin entspannt, indem ich mich auf meinen Atem konzentriere und ganz bewußt langsamer atme. Ich erinnere mich selbst daran, daß ich Ängste aushalten kann, indem ich daran denke, daß ich Ängste schon oft erlebt habe, daß ich in der Lage bin, sie zu überleben. Ich schließe meine Augen einen Moment lang und denke an eine friedliche Umgebung und atme tief, wann immer ich es mit der Angst zu tun bekomme. Es ist, als ob ich einen Schalter ein- oder ausschalte oder wie bei einem Helligkeitsregler, bei dem ich die Lichtstärke kontrolliere. Aus meinem Unbewußten ... in mir ... kontrolliere ich meine Ziele."

Die Umwandlung negativer Selbstgespräche in positive Selbsthypnose

Wenn Sie erleben, daß Ihr Leben von Angst und Panik beeinträchtigt wird, so ist es wahrscheinlich, daß Sie negative Selbstgespräche führen. Die folgende Fallbeschreibung zeigt, inwiefern negative Selbstgespräche bei Agoraphobie eine Rolle spielen.

Wendy litt im Zusammenhang mit ihrer Agoraphobie an Panikanfällen. Sie beschrieb Ihren inneren Dialog folgendermaßen: „Ich sagte mir selbst, daß ich vor Scham nicht wüßte, was ich tun soll, wenn ich im Kino oder Einkaufszentrum oder sonstwo einen Angstanfall bekäme. Ich fragte mich immer wieder: ‚Was wäre, wenn dieses oder jenes passierte?' Mir wurde Angst, wenn ich nur an das ‚Was wäre, wenn' dachte."

Wendy berichtete: „Ich bemerkte, daß es der negative Dialog in meinem Kopf war, der mich davon abhielt, Dinge zu tun, die ich gerne tun wollte. Ich hatte tatsächlich Angst vor den Angstgefühlen. Ich hatte jahrelang derart negative und ängstliche Selbstgespräche geführt, daß ich mich dazu gebracht hatte, immer weniger außerhalb des Hauses zu unternehmen."

Durch Selbsthypnosetraining lernte Wendy, negative Kommentare zu erkennen und sie durch positive Suggestionen zu ersetzen: „Wenn ich ins Kino gehe und einen Panikanfall haben sollte, so weiß ich, daß ich es überleben werde. Aus Erfahrung weiß ich, daß die Panikgefühle nur ein paar Minuten dauern, vielleicht vier oder fünf, und wenn ich langsam und gleichmäßig atme, werden die unangenehmen Empfindungen verschwinden, und ich kann den Film mit Vergnügen bis zum Ende ansehen."

Mit ein wenig Übung schaffte es Wendy, eine negative Selbstbewertung zu identifizieren, sie aufzuschreiben und ihr dann eine oder zwei positive Suggestionen gegenüberzustellen. Sie wiederholte diese Suggestionen mehrfach in Ihrer Selbsthypnose, während sie gleichzeitig ruhig atmend die angstauslösenden Situationen im Geiste durchging, wie z.B. einen Kinobesuch, einen Einkaufsbummel oder eine Fahrt in einem Fahrstuhl. Bald fand sie, daß die negativen Worte und Gedanken immer seltener auftraten. Sie stellte sie sich als kleine Feuer vor und sich selbst als Feuerwehrfrau, die sie nacheinander entdeckt und löscht.

Die Anwendung der Techniken bei Ängsten

Sobald Sie erst einmal in der Lage sind, durch Selbsthypnose eine gewisse Kontrolle über Ihren Körper und Ihre Phantasie auszuüben, sind Sie so weit, um mit der Arbeit an Ihren Phobien zu beginnen.

Sie sollten nicht versuchen, alle Ängste gleichzeitig zu bearbeiten. Setzen Sie sich statt dessen verschiedene Zwischenziele und arbeiten Sie darauf hin. Denken Sie daran, wie lange Sie unter Ihren Ängsten gelitten haben. Wahrscheinlich ist die Zeit, die Sie darunter litten, lang, im Vergleich mit der Zeit, die es braucht, sie zu überwinden.

Im folgenden Fall wird gezeigt, wie Selbsthypnosetechniken angewendet werden, um sich gegen eine Angst zu desensibilisieren (d.h. die Verbindung zwischen Reiz und Reaktion zu schwächen).

Betty ist eine 38jährige Frau, die seit Jahren unter Agoraphobie litt. Sie hatte Angst, ihr Haus zu verlassen und tat es nur unter größten Schwierigkeiten.

Wenn sie unbedingt irgendwo hingehen mußte, brachte eins ihrer Kinder oder ihr Mann sie dorthin und blieb bei ihr. Betty war zum Baby der Familie geworden.

Sie hatte sich in einer örtlichen Klinik zwei Jahre lang einer Psychotherapie unterzogen. Dort hatte man ihr einige Formen von Verhaltensänderungen beigebracht. Obwohl sie sich etwas zuversichtlicher fühlte und in der Lage war, ab und zu allein aus dem Haus zu gehen, wurde sie immer noch von Platzangst gequält. Ganz besonders Angst hatte sie vor Panikanfällen in der Öffentlichkeit.

Mit Hilfe von Selbsthypnose erreichte Betty zunächst eine gewisse innerer Kontrolle. Sie übte sich darin, sich selbst Suggestionen zur Entspannung zu geben. Sie begann, im für sie angenehmsten und sichersten Zimmer des Hauses zu üben – in ihrem Schlafzimmer.

Innerhalb weniger Tage war sie in der Lage, sich auch in der Küche, dem von ihr als am zweitangenehmsten empfundenen Raum, in Trance zu versetzen. Im Wohnzimmer zu üben war ein wenig schwieriger, da es ein Zimmer war, in das fremde Menschen kamen - die Freunde ihrer Kinder, Verkäufer – usw.

Nachdem sie eine Woche im Wohnzimmer geübt hatte, war sie auch hier in der Lage, sich in Trance zu versetzen. Als nächstes versuchte sie es auf dem Hof. Das war noch schwieriger.

Beachten Sie, daß Betty nach und nach in der Lage war, ihre Übungen in allen Räume ihres Hauses durchzuführen. Ihr einziges Ziel bestand am Anfang darin, sich vollkommen zu entspannen und innerlich einige körperliche Veränderungen zu machen. Um ihr Wohlbehagen und ihre Selbstsicherheit bis zu dieser Stufe zu entwikkeln, mußte sie etwa einen Monat lang täglich üben.

Bettys nächstes Ziel bestand darin, sich vorzustellen, wie sie zum Haus der Nachbarin hinübergehen würde. Sie stellte sich jeden Schritt bildhaft vor, vom Öffnen ihrer Haustür bis zum Eintritt in das Nachbarhaus. Ihre Nachbarin zu besuchen war ein Akt, zu dem sie in der Realität erst einmal den Mut aufgebracht hatte. Nun spielte sie diesen und andere Besuche in ihrer Trancevorstellung durch.

Sie machte das drei Wochen lang, ohne das Haus zu verlassen. Sie stellte sich vor, wie sie bis zur Ecke des Häuserblocks ging, eine Fahrt zum Park und zum Supermarkt unternahm, um einkaufen zu gehen. Betty lernte dieses positive mentale Durchspielen in Selbsthypnose und beendete ihre phantasierten Ausflüge immer mit einem „Dankeschön“ an ihr Unbewußtes und indem sie sich selbst akzeptierte und vertraute.

Wer noch nie eine solch extreme Angst wie Agoraphobie erlebt hat, kann sich schwer vorstellen, was Betty empfand, als sie zum ersten Mal allein einen Ausflug machte. Es waren fast drei Monate vergangen, seit sie ihre Arbeit mit Selbsthypnose begonnen hatte. Sie setzte sich in ihren Wagen, fuhr zum Einkaufszentrum und kehrte nach dem Einkauf zurück.

Mit weiteren Tranceübungen war sie in der Lage, ihre Ausflüge immer weiter auszudehnen. Durch die kontinuierliche Anwendung dieser Techniken war Betty innerhalb eines Jahres in der Lage, wieder ein relativ normales Leben zu führen. Sie führte auch ein Tagebuch, um sich sowohl ihrer positiven als auch negativen Gefühle bewußt zu werden. Der Prozeß, ihre Gefühle aus dem Kopf und dem Körper auf Papier zu übertragen, wurde durch ihre Selbsthypnosesitzungen verstärkt.

Flugangst

Eine andere weitverbreitete Angst ist die Angst vor dem Fliegen. In unserer mobilen Gesellschaft kann das eine sehr ungelegene Phobie sein. Sicherlich gibt es gute Gründe, zu bestimmten Zeiten nicht zu fliegen – während eines Gewitters oder Schneesturms und anderen gefährlichen Situationen. Normalerweise werden Linienflüge unter diesen Bedingungen ohnehin abgesagt.

Statistiken bestätigen die Tatsache, daß Fliegen in der Tat sicherer ist als das Fahren auf der Autobahn. Alle kommerziellen Flüge zu vermeiden hieße, einer irrationalen Angst nachzugeben. Leider ist es eine Angst, die Tausende von Menschen davon abhält, geschäftlich oder in Urlaub zu fliegen und Freunde und Verwandte zu besuchen.

George, ein 42jähriger Geschäftsmann, hatte schreckliche Angst vor dem Fliegen. Er reiste bevorzugt mit anderen Verkehrsmitteln, mußte sich aber doch hin und wieder in eine der „Höllenmaschinen" setzen. Dies waren ausnahmslos Langstreckenflüge die vier, fünf oder sechs Stunden dauerten. Er hatte schon die verschiedensten Therapien und Hilfsmitteln ausprobiert – Beruhigungsmittel, Alkohol, Schlaftabletten, Biofeedback, progressive Entspannung und jede erdenkliche Position und jeden Sitz im Flugzeug. Nichts funktionierte.

Für George war es nicht schwer, sich zu entspannen. Das hatte er recht gut gelernt. Sein Problem war es, ins Flugzeug zu steigen und nicht in Panik zu geraten, sobald sich die Türen schlossen und die Motoren gestartet wurden.

Er hatte bereits gelernt, wie er die verschiedenen Teile seines Körpers und dessen Prozesse beherrschen konnte. Nun begann er mit dem Erlernen von Selbsthypnose und dem Entwickeln posthypnotischer Auslöser, um sich zu entspannen, sobald sich bei ihm Panik bemerkbar machte.

Seine Faust zu ballen und sie dann zu entspannen wurde zum Auslöser dafür, alle Spannung in einem Teil seines Körpers zu konzentrieren und sie dann loszulassen. Mit einer Hand seinen Nacken zu reiben war ein weiterer Auslöser, der ihm half, Panik und Angst mit allem, was ihm im Nacken saß, loszulassen. Bestimmte warme Farben und Geräusche wurden für George ebenfalls in Signale verwandelt, um tief einzuatmen und die Spannung, die er spürte, loszulassen. Diese Auslöser ermöglichten ihm den Abbau von Spannungen und Streß auch zu Zeiten, in denen er sich nicht in einer selbsthypnotischen Trance befand.

Da George so viel zwischen verschiedenen Zeitzonen hin – und herreiste, wandte er eine Methode der Zeitverzerrung an, die ihm half, besser über seine Angst hinwegzukommen. Er stellte sich in Trance die Zifferblätter und Zeiger verschiedener Uhren vor – alte, große, kleine. Indem er lernte, die Bewegung des Minutenzeigers zu beschleunigen oder zu verlangsamen, begann er eine Kontrolle über sein Zeitempfinden zu entwickeln. Er war erstaunt über die Veränderungen, die er bemerkte, stellte aber fest, daß er beim Schlafen oder Tagträumen oder einfach nur, wenn er in etwas vertieft war, genau solche Zeitverzerrungen erlebte.

Mit geschlossen Augen stellte George sich vor, daß dreißig Minuten in nur zehn Minuten vergehen. Er sah innerlich, wie die Zeiger der Uhr langsam vorrückten. Indem er sich auf die winzige Bewegung der Zeiger konzentrierte und sie so unglaublich langsam von einer Minute zur anderen schleichen sah, entwickelte George die Fähigkeit, mehrere Stunden so zu komprimieren, daß sie ihm wie eine erschienen. Georges Fokus bewegte sich hin zur Zeitlosigkeit oder zum freien Flug, als ob er eine ganz entfernte Perspektive eingenommen hätte, als schwebe er am Himmel oder sei auf einem anderen Planeten. Eine Stunde auf der Erde erschien ihm wie ein Augenblick; ein Tag wie eine Stunde – eine völlig neue Perspektive für ihn.

Als nächstes machte sich George klar, daß zu einer Reise viel mehr als nur der Flug gehörte. Wenn es nur eine Art des Reisens gäbe, nämlich Fliegen, würde er nicht einmal zum Flughafen kommen. Schließlich gab es auch die Anreise zum Flughafen, vielleicht eine Fahrt mit dem Taxi oder der U-Bahn zu einem anderen Stadtteil. Und es gab Züge, Schiffe und Busse. Flugzeuge waren nur eines von vielen Verkehrsmitteln, die er benutzte.

Er begann, seine mentalen Reisen durchzuspielen, indem er sich vorstellte, wie er den Koffer packte. Er packte alles ein, was er brauchen würde. Das Packen seines Koffers wurde zu einem weiteren Auslösereiz. Mit seiner Zahnbürste und zwei Lieblingshemden, die Entspannung und Wohlbehagen symbolisierten, packte er auch diese mit ein. Als nächstes versuchte George herauszufinden, was ihn beim Fliegen eigentlich am meisten beunruhigte. Er arbeitet mehrere Stunden mit Selbsthypnose an dieser Sache. Es war nicht sofort klar, was der Ursprung seiner Angst war.

Nach mehreren durchgespielten Reisen stellte George fest, daß er Angst vor Kontrollverlust hatte. Ihm kam es vor, als habe er beim Fliegen sein „Schicksal" nicht in der eigenen Hand. Aber er wußte auch, daß er bei Fahrten im Zug, Bus oder Taxi auch nicht die Kontrolle hatte. Als er nun das Fliegen mit anderen Fortbewegungsarten verglich und andere Situationen in seinem Leben betrachtete, in denen er gezwungen war, die Kontrolle abzugeben, erschien ihm plötzlich das Fliegen eine Situation mit geringem Risiko zu sein. Börse, Zinssätze, Konsumtrends und viele andere wirtschafliche Faktoren lagen auch außerhalb seiner Kontrolle. Doch überlebte er trotz dieser Tatsache recht gut.

Nachdem er eine weitere Woche lang Flüge durchgespielt hatte, wie entspannt er sich fühlen würde und wie sich seine Angst und seine Anspannung in Wohlbehagen und Ruhe verwandeln würden, war George bereit für einen wirklichen Testflug. Er wählte für seinen Flug eine kurze Strecke, nur 160 Kilometer hin und zurück. Er stieg ins Flugzeug, öffnete ein Buch – ein weiterer Auslöser, den er sich zum Entspannen gegeben hatte, und schloß seine Augen für einen Moment, um seine mentale Uhr zu sehen, die sich langsam bewegte.

Als das Flugzeug landete, war er tatsächlich fast zwanzig Minuten ohne Anspannung und Angst geflogen. Seine Hände hielten das Buch völlig entspannt und seine Knöchel hatten eine frische, gesunde Farbe – nicht dieses leichenblasse Weiß, das vom verkrampften Festklammern herrührte. Er benutzte jeden Erfolg als einen weiteren posthypnotischen Auslöser, um noch mehr Selbsthypnose zu üben. Mit jedem kleinen Erfolg wurde es für ihn leichter, den nächsten Flug zu nehmen.

Natürlich brauchte es weiteres Durchspielen in Trance und weitere selbsthypnotische Auslöser, aber nach mehreren Monaten war George in der Lage, von Küste zu Küste zu fliegen, ohne Schweißperlen auf seiner Stirn zu bekommen. Er sagte sogar, daß es sich beim Fliegen für ihn nun nur um eine weitere Art des Reisens handelte.

Ist es wichtig, die Ursache einer Angst zu kennen?

Es ist zur Desensibilisierung einer Angstreaktion nicht unbedingt nötig, die Ursache der Angst zu kennen oder zu verstehen. Etwas mehr oder weniger an Einsicht zu gewinnen nützt nicht viel, da die meisten Menschen ohnehin wissen, daß ihre Angst unnötig ist. Sie müssen nicht davon überzeugt werden, daß ihre Angst vor dem Fliegen oder vor geschlossenen Räumen irrational ist oder daß sie durch ein Kindheitstrauma verursacht wurde.

George, zum Beispiel, hätte vielleicht gern herausgefunden, warum er die Kontrolle nicht aufgeben wollte. Er hätte letztendlich daran arbeiten können, die Ursache seiner Angst zu verstehen. Aber das wichtigste für ihn im Moment war, das Angstsymptom loszuwerden.

Wahrscheinlich haben Sie Ihre Ängste längst schon mit Mitteln der Logik und Ratio überanalysiert. Sie haben vielleicht das Gefühl, daß es dumm sei, diese Angst zu haben. Wenn Sie nun versuchen, genauer herauszufinden, warum Sie das Bedürfnis haben, die Angst abzulegen, dann ist das wie der Versuch, einen bereits randvollen See noch weiter zu füllen. Der See läuft einfach über und überschwemmt das Ufer mit Schlamm. Wahrscheinlich ist bei den meisten Menschen, die Angst haben, der See ihres Bewußtseins schon randvoll und die Uferränder sind schon versumpft.

Phobien können ziemlich kräftezehrend sein, und wenn man die Ursachen der Angst versteht, heißt das noch nicht, daß sie damit auch sofort verschwindet. Es ist viel effektiver, direkt an der Überwindung der Angstsymptome zu arbeiten. Wenn Sie sich anschließend in die Ursprünge der Angst versenken wollen, können Sie das tun.

Wenn Sie jedoch das Gefühl haben, daß die Ursache der Angstreaktion für das Auflösen Ihrer Symptome wichtig ist, dann versuchen Sie, einen gewissen Einblick zu bekommen. Sie können auch dies mit Selbsthypnose tun, indem Sie die Techniken zur Selbstexploration aus Kapitel 16 anwenden oder es mit dem folgenden Ansatz versuchen.

Von einer, die es wissen wollte

Seit Marsha erwachsen war, litt sie an Magenschmerzen und starken Ängsten. Mit 42 Jahren hatte sie auch große Ängste vor „neuen" Situationen. Es war gleichgültig, ob das „Neue" bei der Arbeit auftrat, ob es mit anderen Menschen zusammenhing oder mit Orten, die sie aufsuchen mußte. Durch diese Ängste verkümmerte ihr Talent, ihr emotionales und mentales Wachstum.

Ihre Ängste beherrschten sie derart, daß Marsha sich oft fürchtete, unbekannte Orte aufzusuchen oder neue Erfahrungen zu machen. Ihre menschliche Wärme half ihr zwar im zwischenmenschlichen Bereich, machte aber den Umgang mit ihren Ängsten auch nicht einfacher.

Marsha benutzte Selbsthypnose, um zu entdecken, warum Sie in einigen Bereichen ihres Lebens so unglücklich und in andern recht glücklich war. Zunächst lernte sie, sich zu entspannen und sich dann Schritt für Schritt ihren Ängsten und den Schmerzen in ihrem Magen zu nähern. Sie schätzte, daß es ungefähr zehn Schichten oder Ebenen von Angst und Schmerz gab, die sie offenlegen mußte. Sie hatte einfach das Gefühl, daß es so viele waren. Vielleicht geht es Ihnen ähnlich, und Sie haben das Gefühl, daß es bei Ihnen sechs oder sechzehn oder achtzehn Schichten sind.

Machen Sie sich klar, daß Sie sich dadurch ein ausbaufähiges Ziel setzten. Sie erlauben sich die Wissensaneignung in so vielen Einzelschritten, wie es für Ihr Unbewußtes notwendig ist. Falls Sie zunächst zehn Schichten für notwendig halten und dann das Gefühl haben, daß

Sie Ihr Ziel noch nicht erreicht haben, so können Sie die Zahl später noch erhöhen.

Marshas Selbsthypnose war auf einige ihrer Symptome gerichtet, wie z.B. die Magenschmerzen, und ihre Aufmerksamkeit richtete sich auf den Bereich ihrer Körpererfahrung. Und da stellte sie dann die fundamentale Frage: „Was fühle ich hier, an was erinnert mich dieses Gefühl? Was kann ich für dich (meinen Magen) tun?"

Das machte sie etwa zehn Minuten täglich und führte auch Tagebuch, um Gefühle, Beobachtungen, Gedanken oder Erinnerungen auszudrücken. Sie fand es hilfreich, vor einer Sitzung zunächst in ihr Tagebuch zu schauen, um sich besser auf ihr Ziel zu konzentrieren.

Als sie diese zehn Schichten nach und nach abpellte, entdeckte sie alte Erinnerungen, wie sie als Kind alleingelassen worden war, wie ihre Mutter sie zeitweise ganz allein gelassen hatte und sie nicht wußte, ob ihre Mutter je wiederkommen würde. Sie erinnerte sich auch daran, wie wütend sie damals war. Diese Wut drehte ihr den Magen um und nahm ihr den Appetit, wurde aber nie offen ausgedrückt.

Marsha nahm zeitweilig die Hilfe eines qualifizierten Psychotherapeuten in Anspruch, der ihr half, ihre Wut und die Verlassenheitsgefühle aufzulösen. Sie praktizierte weiter Selbsthypnose, um ihre Ängste in bezug auf neue Situationen und Ereignisse weiter abzubauen. Bald verstand sie die Ursprünge ihrer Angstreaktionen und überwand die unerwünschten Gefühle, indem sie sie anerkannte und respektierte, ihre eigenen Gefühle akzeptierte und sie in ihrer Trance und in ihrem Tagebuch ausdrückte.

Der Umgang mit kleineren Ängsten

Viele Menschen geraten aus der Fassung oder fühlen sich unwohl, wenn sie nur daran denken, zu festlichen, offiziellen Anlässen zu gehen, wo sie viele ihnen unbekannte Menschen treffen. Es handelt sich hierbei nicht um eine Phobie, man ist nur etwas eingeschüchtert vor Begegnungen mit neuen Menschen und Situationen.

Die meisten Menschen stehen nicht gern im Rampenlicht, halten nicht gerne eine Rede und sind nicht gerne mit unbekannten

Situationen konfrontiert. Diese Angst hängt eng mit einem Mangel an Selbstvertrauen zusammen.

Es gibt mit Hilfe von Selbsthypnose einen Weg, diese relativ kleinen Ängste zu überwinden. Beginnen Sie, indem Sie sich in Selbsthypnose erst einmal entspannen und sich körperliche Veränderungen bewußt machen.

Lassen Sie in Ihrer Trance Bilder von Situationen und Handlungen entstehen, bei denen Sie sich stark und zuversichtlich fühlen. Vielleicht denken Sie an Ihre Arbeit oder an Ihr Hobby. Vielleicht können Sie gut nähen, gärtnern, Tennis oder Golf spielen. Es muß nichts Großartiges oder Kompliziertes sein – alles, was Sie gut können, ist in Ordnung. Sie müssen es auch nicht außergewöhnlich gut können, einfach nur gut genug, um Spaß daran zu haben.

Angenommen, Sie sind ein guter Koch. Sie können das als Grundlage nehmen, um ihre Angst vor der Begegnung mit anderen Leuten oder auch andere Ängste abzubauen.

Stellen Sie sich während der Selbsthypnose vor, wie Sie bestimmte Lieblingsgerichte kochen, die Sie gut zubereiten können. Sie können sich vorstellen, wie Sie eins dieser Leibgerichte zubereiten. Vielleicht können Sie sich auch vorstellen, wie Sie eine fehlende Zutat, die nicht besonders wichtig ist, durch etwas anderes ersetzen. Visualisieren Sie das Essen in allen Farben. Stellen Sie sich die Gerüche vor, den Geschmack und die Geräusche, die beim Kochen entstehen.

Stellen Sie sich dann vor, wie Sie ein neues Rezept ausprobieren. Stellen Sie sich vor, wie Sie es finden, ein neues Gericht kochen zu lernen. Versetzen Sie sich hinein, wie gut Sie sich fühlen, wenn es fertig ist und Ihre Familie es probiert, und wie Sie alle den neuen Geschmack und die Konsistenz genießen. Erinnern Sie sich an das letzte Mal, als Sie ein köstliches neues Mahl zubereiteten, das noch besser wurde, als Sie erwartet hatten.

Während Sie diese Bilder durchgehen, geben Sie sich selbst Auslösereize, daß das Kennenlernen fremder Menschen so ähnlich ist, wie das Ausprobieren neuer Rezepte und das Zubereiten Ihres Lieblingsessens.

Jemand Neues kennenzulernen kann wie das Ausprobieren eines neuen Rezeptes sein, das besser schmeckt als ein altes. Sie können sich positive Suggestionen geben, daß eine Party oder ein Empfang, an dem Sie teilnehmen, so sein wird wie das Zubereiten und der Geschmack eines neuen Gerichts: aufregend und köstlich.

Reichern Sie Ihre Suggestionen mit posthypnotischen Auslösern an, die eine Reaktion von Entspannung und Ruhe signalisieren. Vielleicht ist das Öffnen einer Tür wie das Öffnen einer Backofentür; alle Zutaten sind zusammengerührt, und Sie können sich bequem hinsetzen und die Party genießen.

Sie können sich vielleicht auch den Auslöser geben, daß Musik, die Sie hören werden, Sie an das Einblenden von Klängen erinnert, die sie als beruhigend und entspannend kennen. Vielleicht kann der Geschmack der Vorspeisen und des Essens auf der Party Sie daran erinnern, wieviel Freude und Spaß Sie beim Sammeln von neuen Erfahrungen haben, genau wie die Freude an einem neuen Leibgericht.

Finden Sie verschiedene Auslöser, die die gleiche Reaktion vermitteln. Versuchen Sie, viele Wege zu finden, um sich daran zu erinnern, wie entspannt und wohl Sie sich fühlen können. Verbinden Sie möglichst viele Handlungen und Situationen, an die Sie sich erinnern können, mit positiven Auslösern, um auf die dann entsprechend zu reagieren.

Spielen Sie diese, wenn möglich, mehrere Tage *vor* dem Ereignis in Selbsthypnose durch. Diese Reaktionen, die Sie programmiert haben, treten vielleicht nicht alle gleich beim ersten Mal auf, wenn Sie diese Technik probieren. Erfahrungen bauen aufeinander auf.

Jedesmal, wenn Sie diesen Prozeß durchlaufen, werden Sie etwas mehr von der Angst abtragen, die Sie über die Jahre entwickelt haben. Erinnern Sie sich, wie lange Sie dieses Verhalten hatten; es wird eine Zeitlang brauchen, bis Sie es abgelegt haben. Aber es ist möglich, Ihre Wahrnehmung und Ihre Reaktionen auf Situationen zu verändern, die für Sie früher beängstigend waren.

Um sich zu befreien, muß man sich an den Knoten wagen und anfangen, ihn zu lösen.

Bevor Sie es selbst bemerken, werden andere, die Sie kennen, bemerken, wie viel angenehmer und entspannter Sie sein können. Üben Sie diese Technik mehrere Wochen oder Monate. Zu Beginn werden Ihnen zunächst die kleinen Veränderungen auffallen. Diese werden sich ausbreiten und immer größer werden, bis Sie das Gefühl haben, daß es keinen Grund mehr gibt, an diesem Ziel zu arbeiten.

Literatur

Bakal, P.A. (1981): Hypnotherapie for flight phobia. *American Journal of Clinical Hypnosis* 23.

Cohen, S.B. (1981): Phobia of bovine sounds. *American Journal of Clinical Hypnosis* 23.

Deiker, T.E. a. D.H. Pollock (1975): Integration of hypnotic and systematic desensitization techniques in the treatment of phobias. *American Journal of Clinical Hypnosis* 17.

Ellis, A. (1986): Anxiety about anxiety: The use of hypnosis with rational-emotive therapy. In: Case studies in hypnotherapy. New York (Guilford Press).

Gray, J.A. (1971): The psychology of fear. New York (McGraw-Hill).

Gustavson, J.L. a. D.G. Wright (1981): Hypnotherapy for phobia of slugs. *American Journal of Clinical Hypnosis* 23.

Hartland, J. (1971): Medical and Dental Hypnosis. Baltimore (Williams & Wilkens).

Kroger, W.S. (1977): Clinical and experimental hypnosis. Philadelphia (J.B. Lippincott).

Landers, S. (1990): Phobias. A stepchild garners new respect. *APA Monitor* (Mar).

Seagrave, A. a. F. Covington (1971): Free from fears. New York (Simon & Schuster).

Spiegel, D., E.J. Frischholz, B. Maruffi, H. Spiegel (1981): Hypnotic responsivity and the treatment of a flying phobia. *American Journal of Clinical Hypnosis* 23.

Waxman, D. a. J. Hartland (1989): Medical and dental hypnosis. 3rd ed. London (Bailliere Tindall).

Weitzenhoffer, A.M. (1964): Explorations in hypnotic time distortions, *Journal of Nervous and Mental Disease* 128.

Wright, M.E. (1987): Clinical Practice of Hypnotherapy. New York (Guilford).

Zilbergeld, B. a. A.A. Lazarus (1987): Mind power: Getting what your want through mental training. Boston (Little, Brown & Co.).

Kapitel 14

Kieferentspannung und Unterdrückung von Zähneknirschen

Knirschen Sie mit den Zähnen oder beißen Sie im Schlaf oder sogar tagsüber die Zähne zusammen?

Das kann schwache oder entzündete Kiefermuskeln zur Folge haben und Schmerzen, die vom Kiefer nach oben und hinten ausstrahlen. Es fühlt sich an, als habe man Ohren- oder Kopfschmerzen. Der Schmerz kann so schlimm sein, daß man fast nicht mehr kauen kann.

Es ist möglich, daß den Schmerzen organische oder medizinische Ursachen zugrunde liegen. Lassen Sie bei einem derartigen Schmerz oder Unbehagen in jedem Fall eine ärztliche oder zahnmedizinische Diagnose stellen; denken Sie daran, daß Schmerz zunächst einmal ein Alarmsignal ist, um Ihre Aufmerksamkeit zu erregen. Solche Schmerzen werden oft als Kiefergelenkschmerz oder Bruxismus bezeichnet: das muskuläre Zusammenbeißen des Kiefers oder Zähneknirschen.

Chronisches Zähneknirschen im Schlaf oder während des Tages kann dazu führen, daß der Zahnschmelz abgeschabt wird und Zahnprobleme entstehen. Chronisches Beißen und Zähneknirschen kann Muskelermüdung und eine Entzündung der Massetermuskeln, der Hauptkiefermuskeln, zur Folge haben. In manchen Fällen kommt es sogar zu Problemen im Kopf- und Pfannengelenkteil, das für die Kiefermobilität verantwortlich ist.

Manche Menschen reagieren auch empfindlich gegenüber in der Zahnmedizin verwendeten Quecksilber-Amalgamfüllungen. Der Psychiater und Neurologe Sydney Walker (1978), eine Kapazität auf diesem Gebiet, warnt: „Starkes Zähneknirschen kann zu Quecksilbervergiftungen führen. Manche Menschen reagieren schon bei den kleinsten Quecksilbermengen überempfindlich. Symptome der Quecksilberüberempfindlichkeit sind eng mit dem Zentralnervensystem verbunden und können sich als Muskelziehen, Schmerzen sowie chronische Müdigkeit zeigen. Man kann sie beseitigen, indem man den Ursprung der Quecksilberaufnahme beseitigt, das heißt das Zähneknirschen abstellt, falls es sich hierbei um die Ursache handelt."

Wenn Sie beim Kauen oder Abbeißen ein einrastendes oder knackendes Geräusch hören, konsultieren Sie einen Zahnarzt und lassen Sie sich ordentlich behandeln. In manchen Fällen helfen Schienen oder Bißplatten, um weiteren Schaden zu verhindern und die richtige Kieferstellung zu gewährleisten. Ihr Zahnarzt sagt Ihnen vielleicht, daß Ihr Zähneknirschen durch Streß, Anspannung oder Angst verursacht wird. Vielleicht haben Sie selbst gar nicht gemerkt, daß sich Anspannung und Streß in Ihnen aufgestaut haben.

Möglicherweise sind Sie in der Lage, tagsüber mit Ihrem Streß umzugehen. Nachts, wenn Ihre bewußte Kontrolle über Ihre Kiefermuskeln nicht funktioniert, kann es sein, daß diese Bereiche durch Streß angespannt werden. Nach einigen Tagen beginnen dann die Muskeln durch die ständige Anspannung zu schmerzen.

Ärzte verschreiben Ihnen vielleicht Beruhigungstabletten oder Muskelrelaxantien. Diese können vorübergehend Erleichterung bringen, wenn Sie aber Ihren Streß oder Ihre Angst nicht bewältigen, werden die Probleme ständig wieder auftreten. Wenn Valium, Xanax und andere Beruhigungsmittel zu lange genommen werden, können sie abhängig machen. Abusus und Abhängigkeit führen zu noch mehr Problemen. Selbsthypnose dagegen ist ein natürlicher Weg, um Ihren Streß zu bewältigen.

Selbsthypnose ist ein geeignetes Mittel, um die Streßsymptome wirksam zu beseitigen. Sie können auch spezifische posthypnotische Auslöser entwickeln, die das Zusammenbeißen der Kiefer oder nächtliches Zähneknirschen verhindern.

Wird durch Selbsthypnose der Ursprung von Streß beseitigt?

Meist entsteht Streß durch die Art und Weise, wie man ein Ereignis oder eine Situation interpretiert. Wie in Kapitel 12 ausführlich besprochen wurde, kommt es bei der Frage nach den Streßfaktoren in erster Linie darauf an, wie Sie eine Situation persönlich einschätzen, wie Sie über eine Situation denken oder sie wahrnehmen.

Mit Selbsthypnose können Sie Ihr Denken und Ihre Wahrnehmung ändern, um eine bestimmte Situation anders zu sehen. Auf diese

Weise können Sie den Ursprung Ihres Stresses finden und damit umgehen lernen. Wenn Sie zum Beispiel wissen, daß Sie in Ihrem Beruf unter Druck stehen, können Sie die in Kapitel 12 beschriebenen Techniken zur Streßbewältigung anwenden, um die Art und Weise zu verändern, in der Sie auf diese Situationen reagieren.

Vielleicht haben Sie finanzielle Probleme, die Sie belasten. Mit posthypnotischen Suggestionen können Sie es schaffen, streßauslösende Ereignisse und Situationen anders wahrzunehmen. Sie können Ihre Geldprobleme nicht über Nacht lösen, aber Sie können Selbsthypnose anwenden, damit Sie aufhören, ständig an diese Sorgen zu denken. Menschen verschwenden viel Zeit mit Sorgen um Dinge, die nie passieren. Unnötige oder übertriebene Besorgnis löst keine Probleme – sie schafft nur welche.

Hypnotische Stategien gegen Kieferschmerzen

Harald Golan (1975, 1989), ein bekannter Kliniker in Boston, verfaßte mehrere wertvolle Beiträge zum Thema Hypnose und Zähneknirschen. Eine seiner Strategien, um mit akuten Schmerzen umzugehen, ist die „Handschuh-Anästhesietechnik". Mit diesem Ansatz können Sie Taubheit oder völlige Gefühllosigkeit in einer Hand erzeugen (siehe Kapitel 18 zur Schmerzkontrolle). Stellen Sie sich vor, wie Sie z.B. eine Hand in einen Eimer mit Eiswasser tauchen und fühlen, daß Ihre Hand kalt und taub wird. Als nächstes übertragen Sie diese Taubheit in Ihrer Hand auf den Schmerzbereich in Ihrem Kiefer, Ihren Ohren, Ihrem Nacken oder wo auch immer Sie Schmerzen verspüren.

Stellen Sie sich vor, wie Kälte, Taubheit oder andere Gefühle nach und nach in Ihre Wangen und Kiefermuskeln fließen, den Schmerz kühlen und Ihren Kiefer heilen.

Selbsthypnose, um das Zähneknirschen zu verhindern

Golan empfiehlt seinen Patienten auch, sich in hypnotischer Trance wiederholt eine solche Autosuggestion zu geben: „Nichts im Leben ist wichtig genug, um sich dafür seine Gesundheit zu ruinieren; ich wache im Handumdrehen auf, wenn ich mit den Zähnen knirsche, ich lächle und erkenne, daß mein Unbewußtes mich schützt. Dann drehe ich mich auf die andere Seite und schlafe sofort wieder ein. Wenn ich die Spannung in meinem Mund bewußt wahrnehme, dann lasse ich sie einfach los."

Sie sollten sich programmieren, sich im Schlaf so zu entspannen wie in Trance. Das Üben am Morgen ist die beste Zeit, um sich Suggestionen zu geben, die nachts ihre Wirkung entfalten sollen. Die Morgenübung gibt Ihrem Unbewußten den ganzen Tag die Möglichkeit, Ihre Botschaften aufzunehmen.

Eine weitere Suggestion lautet etwa so: „Wenn ich abends meine Augen schließe, um zu schlafen, bemerke ich, daß mein Körper sich mit ein paar tiefen, wohltuenden Atemzügen entspannt. Die Entspannung kann genauso tief, genauso angenehm sein, wie jetzt in Selbsthypnose. Vielleicht werde ich auch bemerken, daß meine Mund- und Kiefermuskeln besonders entspannt sind. Im Moment fühle ich, wie entspannt und locker die Muskeln sein können.

Ich kann meinen Mund bewegen, um ihn zu lockern, so wie ich einen steifen Arm bewegen kann, um die Muskeln darin zu entspannen und zu lockern. Während ich meinen Körper in eine lockere Haltung bringe, weiß ich, daß auch mein Kiefer sich entspannen und ganz angenehm locker werden kann."

Sie bereiten damit die nächtliche Szene vor, um die Streßsymptome, die Sie erlebt haben, zu lindern.

Milton Erickson wandte bei seinen Patienten, die unter Bruxismus litten, Hypnose an, und er nutzte auch die Technik, den Patienten aufwachen zu lassen, wenn er damit begann, die Zähne zusammenzubeißen oder mit ihnen zu knirschen. Er übertrug das Zusammenbeißen der Zähne auf ein Zusammenballen der Hand. Hier ist eine auf Ericksons Ansatz basierende Selbsthypnosesuggestion:

„Es ist etwas sehr gutes, wenn man mit der Hand fest zupacken kann, und manche Leute sind so faul, wenn es ans Üben geht. Mir fällt vielleicht auf, wie ich mich nachts in den Griff bekomme ... oder dann, wenn mein Unbewußtes merkt, daß meine Zähne aufeinanderbeißen, obwohl sie nichts zum Kauen haben. Ich kann diese Momente besser in den Griff bekommen, indem ich eine Faust mache, als ob ich einen Tennisschläger, Stock, Besen, Golfschläger oder was auch immer ergreife. Es wird meinen Fingern und Händen helfen, sich zu öffnen und zu schließen und sich zu kräftigen."

Die Entwicklung posthypnotischer Auslöser

Es ist wohl zweckmäßig, wenn Sie sich Ihre Schlafumgebung bewußt machen und auf wiederkehrende Geräusche achten, um sie als posthypnotische Auslöser zu nutzen. Finden Sie dafür Dinge aus Ihrer eigenen Schlafumgebung. Hier einige Beispiele:

Vielleicht haben Sie eine elektrische Heizdecke mit einem Thermostat. Dieses Gerät klickt die ganze Nacht hindurch immer wieder kurz und leise, während es die Wärme Ihres Bettes regelt. Das könnte für Sie zu einem Auslöser werden, um Ihre Muskelverspannung und Ihren Streß loszulassen und zu regulieren.

Eine tickende Uhr oder das Klingeln eines Weckers kann als akustischer Auslöser dienen. Verkehrsgeräusche oder andere Hintergrundgeräusche können als kontinuierliche Signale genutzt werden, um Ihr Unbewußtes daran zu erinnern, Ihren Kiefer die ganze Nacht entspannt zu lassen.

Sie können sich entspannen wie die Feder einer Uhr oder die Spannung von sich abfließen lassen, so wie der Verkehr vorbeifließt. Nutzen Sie Ihre Vorstellungskraft, um persönliche Auslöser zu finden und posthypnotische Suggestionen zu entwickeln. Ein Beispiel:

„Während ich schlafe, höre ich vielleicht die Geräusche meines Kühlschranks, der in der Nacht an- und ausgeht. Diese Geräusche können Signale für mich sein. So wie der Kühlschrank einen elektrischen Schalter hat, der Strom fließen läßt oder auch nicht, hat auch mein Unbewußtes einen Schalter, der mein Bewußtsein einschalten kann. Auf diese Weise kann ich mir in der Nacht der Anspannung bewußt sein und sie abstellen, wenn sie sich aufbaut. Genauso wie der Kühlschrank nachts über seinen Inhalt wacht, kann auch ich über die Entspannung und das Wohlgefühl in meinem Mund und meinem Kiefer wachen."

Denken Sie daran, Ihre Suggestionen flexibel zu halten. Es sollten einige Möglichkeiten offen bleiben, damit etwa ein Teil der Spannung sofort verschwinden kann, während ein anderer Teil vielleicht noch etwas Zeit braucht. Achten Sie darauf, daß Ihre Suggestionen positiv formuliert sind. Versuchen Sie, „nicht" und „kein" in Ihren Suggestionen zu vermeiden.

Ihre Suggestionen sollten möglichst detailliert sein. Verwenden Sie Ihre eigene Ausdrucksweise, um zu beschreiben, wie entspannt und locker sich Ihr Kiefer anfühlt. Nutzen Sie auch Ihre Vorstellungskraft, um die Symbole von Entspannung zu visualisieren und die Auslöser, die Sie sich suggerieren.

Bleiben Sie dran. Vielleicht spüren Sie nicht gleich in der ersten oder zweiten Nacht die Veränderungen, aber bald werden Sie sie spüren. Manche Menschen bemerken die Besserung sofort, andere erst nach einer Woche oder noch später.

Seien Sie geduldig mit sich selbst. Setzten Sie sich angemessene Ziele. Sobald Sie einmal beginnen, Erleichterung zu spüren, fügen Sie weitere Suggestionen hinzu und machen Sie weiter. Lassen Sie die Auslöser zu einem beständigen Einfluß auf Ihren Schlaf und die Muskelspannung in Ihrem Kiefer werden. Das Heilmittel, das Sie entwickelt haben, kann Sie Ihr Leben lang begleiten.

Literatur

Bell, W.E. (1982): Clinical manangement of temporomandibular disorders. Chicago (Year Book Medical Publishers).

Cherasia, M. a. L. Parks (1986): Suggestions for use of behavioral measures in treating bruxism. *Psychological Reports* 58.

Clarke, J.H. a. P.J. Reynolds (1991): Suggestive hypnotherapy for nocturnal bruxism. A pilot study. *American Journal of Clinical Hypnosis* 33 (4).

Erickson, M.H. (1985): Life reframing in hypnosis. In: E. Rossi a. M. Ryan (eds.): Hypnotic Realities. New York (Irvington).

Finklestein, S. (1977): Hypnosis and dentistry. In: Wester a. Schmith (eds.): Clinical hypnosis: A multidisciplinary approach. Philadelphia (J.B. Lippincott).

Golan, H.P. (1989): Temporomandibular joint disease treated with

hypnosis. *American Journal of Clinical Hypnosis* 31 (4).
Golan, H.P. (1975): Further case reports from the Boston City Hospital. *American Jounal of Clinical Hypnosis* 18.
Kroger, W.S. (1977): Clinical and experimental hypnosis. Philadelphia (J.B. Lippincott).
Walker, S. (1987): The central nervous system effects of mercury, chronium, lead and bismuth. Presented at the Symposium „Electrolytes and trace metals affecting brain dysfunction and behavior", Southern California Neuropsychiatric Institute, Sept., 1987.

Kapitel 15

Es liegt in Ihrer Hand, mit dem Rauchen aufzuhören

Es ist eine ermutigende Tatsache, daß immer weniger Menschen in Amerika mit dem Rauchen anfangen und immer mehr Raucher aufhören. Eine bedenklich stimmende Nachricht ist jedoch die Tatsache, daß mehr Frauen als je zuvor rauchen und in fast demselben Maß wie die Männer die ernsten gesundheitlichen Folgen zu tragen haben. Das Problem des passiven Rauchens bedeutet, daß mehr Menschen betroffen sind, als man noch vor kurzem glaubte.

Man hat herausgefunden, daß die meisten Leute schrittweise mit dem Rauchen aufhören. Für manche Menschen ist das Aufhören einfach eine Sache der Entscheidung, andere brauchen mehrere Anläufe und Hilfe von außen.

Es gibt im allgemeinen drei Arten von ernsthaften Rauchern:

1. Die erste Gruppe erkennt die Risiken des Rauchens an, raucht aber trotz der Gefahr weiter. Diese Raucher halten wohl fälschlicherweise ihre Mißachtung der Risiken für eine echte Herausforderung. Sie verspüren angesichts der von Ihnen zugegebenen Gefahren des Rauchens einen seltsamen Nervenkitzel. Sie widersetzen sich einer Behandlung. Diese Leute legen vielleicht ein Lippenbekenntnis ab, wenn es ums Aufhören geht, meinen es aber nicht ernst.
2. Die zweite Gruppe sieht den Tatsachen des Rauchens ins Auge, und aus Respekt vor ihrem Körper und im Interesse Ihrer Gesundheit hören diese Leute auf, sich zu vergiften. Diese Gruppe hört oft von allein auf zu rauchen und braucht keine Behandlung.
3. Die dritte Gruppe besteht aus Rauchern, die aufhören wollen, dafür aber etwas mehr brauchen als die harten Worte und einschüchternden Sprüche ihrer Ärzte. Diese Raucher sind hochmotiviert. Sie haben die Notwendigkeit erkannt, und es ist ihr Wunsch, mit dem Rauchen aufzuhören. Sie suchen nach einer Methode, wie sie ihren Wunsch in die Tat umsetzen können.

Diese dritte Gruppe wird sehr von Selbsthypnose profitieren. Wenn Sie zu dieser letzten Gruppe gehören, dann können Sie aufhören zu rauchen.

Sie sollten genau wissen, wieviel Sie eigentlich rauchen, bevor Sie versuchen aufzuhören. Der folgende kurze Fragebogen ist quasi Ihr Startblock, um mit dem Rauchen aufzuhören. Beantworten Sie jede Frage offen und ehrlich und schreiben Sie die Antwort auf ein Blatt Papier.

Fragebogen für Raucher

1. Wann haben Sie angefangen zu rauchen?
2. In welchem Alter (ungefähr) haben Sie zum ersten Mal geraucht?
3. Wieviele Zigaretten rauchen Sie zur Zeit pro Tag?
4. Zu welcher Tageszeit rauchen Sie am meisten?
5. Um wieviel Uhr rauchen Sie Ihre erste Zigarette?
6. Wann schmeckt Ihnen eine Zigarette am besten?
7. Wie oft haben Sie schon versucht, mit dem Rauchen aufzuhören?
8. Wie lange waren Ihre anderen Versuche erfolgreich?
9. Warum haben Sie wieder mit dem Rauchen angefangen?
10. Welches sind Ihre drei Hauptgründe, das Rauchen aufzugeben?
11. Welches ist im Moment Ihr Hauptgrund fürs Rauchen?
12. Aus welchem Grund sind Sie nicht in der Lage, sofort mit dem Rauchen aufzuhören?
13. An welchem Tag (Datum) würden Sie gern mit dem Rauchen aufhören?
14. Zählen Sie die Personen auf, die sich über Ihr Nichtrauchen freuen oder denen es gut tun wird.
15. Schreiben Sie die drei Ängste auf, die Ihnen beim Gedanken an das Weiterrauchen in den Sinn kommen.
16. Haben Sie vielleicht vor dem Aufhören Angst? Wenn ja, welche?

Die Verwendung des Fragebogens für das Entwickeln von Suggestionen

Lesen Sie Ihre Antworten auf die Fragen noch einmal durch. Es gibt natürlich keine richtigen oder falschen Antworten. Aber haben Sie alle Fragen offen und ehrlich beantwortet? Haben Sie Ihre Ängste vor dem Rauchen und vor dem Aufhören ergründet?

Ihre Antworten können Ihnen das Material liefern, um daraus Ihre persönlichen Suggestionen abzuleiten.

Die Situation, in der Ihnen eine Zigarette am besten schmeckt, läßt sich beispielsweise in einen posthypnotischen Auslöser umwandeln, der Sie daran erinnert, eine Atemübung oder einen Spaziergang zu machen, um das Rauchen in dieser Situation zu vermeiden.

Der Tag, an dem Sie mit dem Rauchen aufhören wollen, kann als Zieldatum in Ihre Selbsthypnosesuggestion eingefügt werden. Wir haben herausgefunden, daß es die beste Methode ist, mit dem Rauchen aufzuhören, wenn man sich einen Zeitpunkt setzt und dann an dem Tag das Rauchen aufgibt. Bei manchen Leuten funktioniert es, wenn sie sich nach und nach entwöhnen, aber bei Selbsthypnose ist das nicht so wirksam.

Der Wunsch nach Entspannung ist ein häufiger Grund für das Rauchen. Nikotin scheint zu Beginn eine beruhigende Wirkung zu haben. Dies kommt zum Teil durch das Kohlenmonoxyd, das Ihrem Organismus Sauerstoff entzieht und keine echte Entspannung, sondern eine Art Lethargie hervorruft.

Angenommen, einer Ihrer Gründe für das Rauchen sei die Entspannung bei der Arbeit. Was aber ist so entspannend an einer Zigarette, mit deren Rauch Sie Dutzende von chemischen Reizstoffen inhalieren, die Krankheiten und Husten hervorrufen? Es gibt bessere und gesündere Mittel, um sich zu entspannen.

Ihr Bewußtsein stimmt dem zu. Nun müssen Sie Ihr Unbewußtes, oder vielleicht auch den pubertären Teil in sich, überzeugen.

Es kann sehr hilfreich sein, sich an die Augenblicke zu erinnern, als Sie sich zum ersten Mal zum Rauchen entschlossen. Treffen Sie diese Entscheidung noch einmal, und entscheiden Sie sich jetzt anders. Entscheiden Sie vielleicht, was das Kennzeichen eines Erwachsenen ist: Macht Zigarettenrauchen erwachsen? Vielleicht versuchen Sie einmal, Ihr Rauchen als eine mögliche Rebellion gegen die Wünsche der Eltern zu betrachten oder gegen andere Menschen, die vielleicht selbst Raucher waren. Gibt es denn nicht bessere Wege, um zu rebellieren? Wenn Sie in Selbsthypnose Selbstgespräche führen, werden Sie bemerken, wie viele neue Ideen und Perspektiven Ihnen zur Verfügung stehen, die Sie zu Ihrem eigenen Lehrer werden lassen.

Haben Sie gesundheitliche Gründe erwähnt, als Sie Ihre Hauptgründe mit dem Rauchen aufzuhören, in Frage 10 anführten? Natürlich ist Krebs ein großes Risiko, das hören wir ja immer wieder. Emphyseme und andere Atmungsprobleme sind häufige Folgeerscheinungen bei Langzeitrauchern.

Sind Sie sich auch anderer Konsequenzen des Rauchens bewußt, wie beispielsweise Kreislaufprobleme, Herzkrankheiten und plötzlicher Herztod? In den chemischen Stoffen brennender Zigaretten sind auch Bestandteile, die ins Blut gelangen und durch Ablagerungen zu Arteriosklerose führen. Die chemische Verbindung Nikotin stimuliert den Herzmuskel, während das Kohlenmonoxyd diesem Muskel zur selben Zeit Sauerstoff entzieht.

Wenn Ihnen klar wird, daß solche Chemikalien wie Benzin, Schwefel, Nitrite, Ammoniak, Wasserstoffzyanid, Vinylchlorid, Formaldehyd, Kadmium, Nitrosamine, flüchtiger Alkohol und Urethan neben Dutzenden anderen schädlichen Bestandteilen in Ihre Lungen und dann in Ihren Blutkreislauf gelangen, dann wissen Sie auch, daß Rauchen ein systemischer Prozeß ist: Es kann sich nahezu auf den gesamten Organismus Ihres Körpers auswirken.

Nicht nur Ihr Atmungssystem wird daher beeinträchtigt, sondern auch Ihr Verdauungssystem (Magengeschwüre und Magen-Darm-Probleme hängen oft mit dem Rauchen zusammen). Ihr Kreislaufsystem (Arterien, Herz, Blutzirkulation) wird auch in Mitleidenschaft gezogen, und aus diesem Grund haben Raucher oft kalte Hände und Füße.

Dieses Kapitel ist nicht dazu gedacht, Ihnen eine vollständige Liste der negativen Auswirkungen des Rauchens aufzuführen. Diese Information erhalten Sie bei den entsprechenden Beratungsstellen ohne große Schwierigkeiten. Viele Gesundheitsfaktoren werden vom Rauchen beeinflußt. Das sind die schlechten Nachrichten.

Die guten Nachrichten lauten, daß die meisten negativen Auswirkungen des Rauchens aufhören und viele Probleme reversibel sind, wenn Sie das Rauchen aufgeben. Man stellte fest, daß selbst die Lungen von Rauchern, die jahrzehntelang geraucht haben, sich wieder erholen. Nach fünf bis sieben Jahren kann sich eine Raucherlunge soweit erholen, daß sie dem Gesundheitsgrad des jeweiligen Alters entspricht.

Das bedeutet, daß es nie zu spät ist, mit dem Rauchen aufzuhören. Und es gibt für Sie, wenn Sie rauchen, keine bessere Zeit, mit dem Rauchen aufzuhören, als jetzt.

Das Rauchen aufgeben durch Selbsthypnose

Als erstes sollten Sie sich vor Augen führen, daß die meisten Menschen bereits vor dem 20. Lebensjahr mit dem Rauchen anfangen. Die vom staatlichen Gesundheitsamt in den USA durchgeführten Studien zeigen, daß 90 Prozent aller Raucher vor dem 20. Lebensjahr und 60 Prozent vor dem 16. Lebensjahr mit dem Rauchen begonnen haben. Es handelt sich hier also um eine Gewohnheit, die in der Jugend angenommen wird.

Diese Information kann für Sie wichtig sein. Denken Sie an die Umstände, unter denen Sie mit dem Rauchen begonnen haben. Gab es Gruppendruck? Haben Sie geglaubt, daß das Rauchen Sie reifer und erwachsener erscheinen lassen würde? Hat Ihnen ein Elternteil oder beide (vielleicht selbst Raucher) gesagt, daß Sie nicht rauchen sollten?

Die Adoleszenz ist eine Zeit, in der man Entscheidungen trifft, die auf beschränkten Informationen beruhen. Sie sollten sich vielleicht mit Hilfe von Selbsthypnose an Ihre damalige Entscheidung erinnern und sie noch einmal Revue passieren lassen. Gesetzt den Fall, Sie hätten damals schon gewußt, was Sie heute wissen, hätten Sie damals eine andere Entscheidung gefällt? Vielleicht können Sie diese Entscheidung jetzt neu treffen.

Eine Entscheidung fällt Ihnen leichter, wenn Sie sich völlig im klaren sind, ob Sie rauchen wollen oder nicht. Sie können dann in Selbsthypnose auch Ihr Unbewußtes besser nutzen. Vielleicht wenden Sie die Konferenz-Strategie aus Kapitel 21 an, um die Teile von sich zu entdecken, die vielleicht rauchen wollen. Erkennen Sie diese Teile von sich, und bringen Sie sie zum Ausdruck. Das wird den Druck in Ihrem Unbewußten lösen.

Als zweites listen Sie auf oder machen Sie sich zumindest klar, welche gesundheitlichen Bedenken Sie gegenüber dem Rauchen haben. Husten Sie vielleicht ein bißchen? Hat Ihr Arzt Ihnen empfohlen, aus gesundheitlichen Gründen mit dem Rauchen aufzuhören? Ermüden Sie leicht und haben Sie eine schwächere Konstitution als früher? Die negativen Auswirkungen des Rauchens sind subtil, und es kann sein, daß Sie sich Ihrer nicht einmal bewußt sind. Verminderter Geschmackssinn, Zahn- und Zahnfleischprobleme, sogar Magenverstimmungen werden durch Rauchen verursacht oder verschlimmert. Raucher bringen diese vergleichsweise kleinen Probleme jedoch selten mit Ihrer Rauchgewohnheit in Verbindung. Erkennen Sie die Gefühle an, alle Gefühle, und schreiben Sie sie auf. Seien Sie ehrlich zu sich selbst, zu allen Teilen von Ihnen.

Konzentrieren Sie sich als drittes auf Ihre eigenen Gründe. Vielleicht haben Sie in der Vergangenheit schon oft aufgehört oder versucht aufzuhören. Das ist völlig normal. Die meisten Menschen hören, wie schon gesagt, schrittweise auf. Von daher können Ihre früheren Erfolge, Teilerfolge oder selbst die Versuche Sie darauf vorbereiten, jetzt mit dem Rauchen aufzuhören. Schreiben Sie Ihre Gründe ganz einfach auf, aber seien Sie spezifisch und klar!

Strukturieren Sie Ihre Suggestionen

Versuchen Sie, Ihre Suggestionen positiv zu formulieren. Benutzen Sie möglichst wenig negative Wörter wie „nein“, „nicht“ oder „nie“.

Benutzen Sie direkte, negative Suggestionen wie z.B. „Ich werde nicht rauchen“ nur, wenn Sie das Gefühl haben, daß Sie darauf gut reagieren werden. Auch Aversionssuggestionen sind selten effektiv. Suggestionen wie „Die Zigaretten schmecken wie Abwaschwasser“, können angewandt werden, aber nur, wenn Sie sie für wirksam halten. Probieren Sie es aus und lernen Sie, was am besten funktioniert.

Neuere Untersuchungen verweisen auf einen geringeren Erfolg bei negativen und aversiven Suggestionen. Mehr Erfolg haben positive Suggestionen, die sowohl Ihre Gründe, warum Sie mit dem Rauchen aufhören wollen, als auch Ihre Ängste vor dem Weiterrauchen beinhalten. Oberste Priorität ist es, auf sich selbst zu achten.

Sie können Suggestionen aus allen möglichen Bereichen entwikkeln. Schöpfen Sie aus Ihrem eigenen Leben, um diese Suggestionen zu bilden. Entwickeln Sie außerdem posthypnotische Auslöser, um die Suggestionen außerhalb der Trance zu verstärken. Konzentrieren Sie sich auf diese Bereiche:

1. Entspannen Sie sich ohne Zigarette. Gönnen Sie sich bei der Arbeit oder beim Spiel eine kurze Pause und nehmen Sie statt der Zigarette etwas anderes als Auslöser zum Entspannen: Atmen Sie tief, lassen Sie bei geschlossenen Augen Ihre Phantasie spielen, massieren Sie Ihren Nacken oder machen Sie Dehn- und Streckübungen.
2. Die Kommunikation und das soziale Verhalten werden verbessert. Zigaretten können bei einer Unterhaltung stören. Andere werden vielleicht durch Ihr Rauchen abgelenkt. Nutzen Sie Ihre Vorstellungskraft, um zu sehen, wie andere Ihnen ohne Zigarette aufmerksam zuhören.
3. Beschäftigen Sie Ihre Hände und Ihren Mund mit etwas anderem: Kaugummi, Vitamin-C-Bonbons, zuckerfreie Bonbons, Pfefferminz, Halspastillen, Selleriestangen oder Möhren, selbst Zahnstocher sind dem Rauchen vorzuziehen. Männchen malen, Kreuzworträtsel lösen, die Faust ballen oder etwas basteln ist allemal besser als rauchen, um ihre Hände zu beschäftigen. Sie können diese Beschäftigungen auch als Auslöser zur Verstärkung Ihres Nichtrauchenwollens nehmen.
4. Treiben Sie möglichst viel Sport. Machen Sie nach einer Mahlzeit, in der Pause oder in der Freizeit einen Spaziergang. Jede Art von Sport ist gesund und sicherlich wohltuender als Rauchen. Sie können Suggestionen entwickeln, die jede Art von Aktivität verstärken. Rauchen erschwert sportliche Betätigung, Sport dagegen erleichtert das Nichtrauchen. Sport läßt sich als Auslöser zum Verstärken Ihres Nichtrauchens einsetzen.
5. Tabak stinkt. Er setzt sich in der Kleidung, in Möbeln, Aschenbechern und an Menschen fest. Riechen Sie an den anderen Rauchern, um sich an den unangenehmen Geruch von nach Rauch stinkenden Kleidungsstücken, Möbeln und Teppichen und an die Feuergefahr durch Zigaretten zu erinnern. Ihr Geruchssinn kann

Ihnen beim Schaffen posthypnotischer Auslöser eine große Hilfe sein.

6. Zwei wichtige Resultate des Nichtrauchens sind Gesundheit und langes Leben. Hier sind einige Möglichkeiten, wie Sie Ihre Vorstellungskraft einsetzen können: Stellen Sie sich vor, wie Sie in Zukunft einmal im Krankenhaus liegen. Ihr Arzt sagt Ihnen, er kann nicht mehr viel für Sie tun. Sie hätten schon vor Jahren seinen Rat befolgen und mit dem Rauchen aufhören sollen. Andere Visualisierungen können Ihr Selbstbild als Nichtraucher stärken, wenn Sie etwa auf Ihre alten Tage noch Spaß an Sport und körperlicher Betätigung haben und sich gemeinsam mit Ihrem Arzt herzlich darüber freuen.

Rituale

Das Rauchen ist Ihnen zu einer Gewohnheit geworden, die Sie über viele Jahre hinweg zehn-, zwanzigmal oder auch noch öfter jeden Tag wiederholt haben. Der Prozeß des Rauchens wurde zu einem Ritual. Sie müssen sich dieses Ritual erst bewußtmachen, bevor Sie es verändern können. Nehmen Sie bei Ihrer nächsten Zigarette Ihr eigenes Ritual wahr: wie Sie daran denken, wie Sie nach der Schachtel greifen, sich eine Zigarette herausnehmen, sie anstecken, den ersten Zug nehmen, die Schachtel und auch das Feuerzeug oder die Streichhölzer an ihren Platz zurücklegen.

Die meisten Menschen brauchen ungefähr fünfzehn bis zwanzig Sekunden für dieses Ritual des Zigarettenanzündens. Der eigentliche Rauchvorgang dauert zwischen einer und fünf Minuten, vielleicht auch etwas länger.

Für eine große Zahl von Rauchern repräsentiert die Zigarette eine ritualisierte Unterbrechung der Alltagsdinge. Diese kurze Pause wird durch das Anzünden fast jedesmal zu einem Ritual. Ihr Unbewußtes hat sich an diese kurze Ablenkung, diese Unterbrechung Ihrer alltäglichen Verrichtungen gewöhnt.

Es ist wichtig, daß Sie diese Erleichterung oder Unterbrechung nicht einfach sein lassen, sondern ihr einen anderen Inhalt geben, wie zum Beispiel tiefes Durchatmen, einen Spaziergang oder etwas ähnlich Gesundes.

Neuro-linguistisches Programmieren verwendet den Begriff „Muster unterbrechen“, um die gezielte Unterbrechung eines Rituals zur Änderung einer Gewohnheit zu beschreiben. Wenn Sie Lust haben auf eine Zigarette, nehmen Sie beispielsweise noch vor dem Anzünden zwei tiefe Atemzüge und sagen sich: „Nein, danke, ich fühle mich auch so schon wohl.“ So unterbrechen Sie das alte Muster.

Nur einen Atemzug entfernt

Es ist sehr interessant, daß man den Vorgang des Rauchens durch eine Erfahrung ersetzen kann, die ihm so sehr ähnelt, daß Ihr Unbewußtes damit zufrieden ist, nämlich durch das Atmen. Nehmen Sie einen tiefen, angenehmen Atemzug, halten Sie den Atem ein paar Sekunden an und atmen Sie dann langsam durch Ihren Mund aus. Versuchen Sie es jetzt gleich einmal!

Sie werden sofort bemerken, daß dieses Atemholen dem ersten langen Zug einer Zigarette recht ähnlich ist. Es fehlt lediglich der Rauch. Einen tiefen, wohltuenden Atemzug zu nehmen, ist ein ganz natürlicher Vorgang, dem wir uns alle zu bestimmten Zeiten ganz instinktiv unterwerfen. Selbst Babies tun das gelegentlich, wie man an ihren zufriedenen Seufzern sieht.

Dazu paßt die folgende Suggestion:

„Immer wenn ich mich gestreßt oder angespannt fühle oder auch wenn ich ein starkes Verlangen nach einer Zigarette habe, wird mich ein tiefer und angenehmer Atemzug wirklich entspannen und befriedigen. Selbst jetzt, während ich diese Gedanken habe … kann ich einatmen … langsam … und meinen Atem einige Sekunden lang anhalten … und beim Ausatmen kann ich dann meine Spannung loslassen, mein Verlangen loslassen, alte Muster ablegen, während ich neue einführe.“

Dieses Atmen wird zu einem posthypnotischen Auslöser, der Entspannung bringt, das Verlangen unterdrückt und Streß und Sorgen vertreibt. Verstärken Sie diese Suggestionen immer wieder in Ihren täglichen Selbsthypnosesitzungen. Planen Sie am besten in der Zeit, in der Sie zum ehemaligen Raucher oder nun zum Nichtraucher werden, täglich zwei oder drei kurze Selbsthypnosesitzungen ein. Die Trancesitzungen können sehr kurz sein, zwischen drei und sechs Minuten genügen.

Wiederholen Sie eine Form Ihrer Atemsuggestion und stellen Sie sich dann den nächsten Teil Ihres neuen Rituals vor. Suchen Sie für Ihren Mund eine andere Beschäftigung. Die meisten Menschen kommen mit Kaugummi ganz gut zurecht; auch Pfefferminz oder Selleriestengel können als Zigarettenersatz dienen. Erinnern Sie sich daran: Wenn Sie etwas wegnehmen, sollen Sie es durch etwas anderes ersetzen. Auf diese Weise wird das Unbewußte nicht versuchen, eine Lücke zu füllen, die durch die Beseitigung der alten Verhaltensmuster entstanden ist.

Ersatzrituale

Während Sie tief einatmen und sich suggerieren, daß Sie einen solchen tiefen Atemzug genießen können, stellen Sie sich vor, wie Sie langsam einen Kaugummi aus dem Päckchen ziehen oder sich eine Möhre nehmen (oder was auch immer Sie sich ausgesucht haben).

Wir haben herausgefunden, daß es den einzelnen leichter fällt, mit diesen Ersatzritualen umzugehen, wenn Sie sich die einzelnen Schritte des Rauchvorgangs vorstellen und für jeden Schritt einen möglichst ähnlichen Ersatz finden. Es könnte vielleicht vorteilhaft sein, wenn Sie eine möglichst komplexe Verpackung für Ihren Ersatzstoff wählen.

Stellen Sie sich ein großes Päckchen Kaugummi vor, in dem die Kaugummis einzeln eingewickelt sind. Sie ziehen das Päckchen aus Ihrer Jacken-, Hosen- oder Handtasche ... ziehen einen Streifen heraus, wickeln ihn aus ... stecken den Kaugummi in den Mund ... vielleicht knüllen Sie das Papier zusammen ... dann stecken Sie das Päckchen wieder in Ihre Tasche oder in die Schublade.

Einzeln verpackte Bonbons funktionieren besser als Bonbons aus der Tüte. Pfefferminzbonbons und Halspastillen, die einzeln eingewickelt in Dosen liegen, sind auch ganz gut. Karotten oder Selleriestangen, etwa auf Zigarettengröße zugeschnitzt und in Plastiktüten eingewickelt, haben bei Ihnen vielleicht eine gute Wirkung. Selbst die einzeln eingepackten und in einem kleinen Behälter aufbewahrten Zahnstocher können ein kreativer Ersatz sein. Vielleicht möchten Sie für verschiedene Gegebenheiten Ihren eigenen Ersatz entwickeln.

Dieser Teil Ihrer Suggestion könnte wie folgt lauten: „Während ich tief und entspannt atme, kann ich mir vorstellen, wie ich mein Päckchen Kaugummi (oder was auch immer) herausziehe ... den Kaugummi auswickle, in den Mund stecke und den Geschmack auskoste ... ich kann tatsächlich fast schmecken, wie gut er ist, während ich langsam das Päckchen zurücklege ... langsam das Papier zerknülle. Ich nehme mehrere tiefe und wohltuende Atemzüge, kaue langsam weiter und weiß, daß meine Hände und alle Finger mir meiner Gesundheit und meinem Leben zuliebe geholfen haben, Nichtraucher zu bleiben."

Vielleicht möchten Sie Ihre Zigaretten in einem rituellen Feuer verbrennen, um ein Ende und einen Neuanfang zu symbolisieren. Lassen Sie es dann in Selbsthypnose noch einmal Revue passieren. Onno van der Hart (1983) zitiert in seinem Buch über Rituale in der Psychotherapie Fritz Perls, den brillianten Lehrer der Gestalt-Therapie, der sagte, daß eine Begebenheit bedeutungslos und flach erscheinen würde, wenn es keine Rituale gäbe – keinen Trinkspruch, kein Händeschütteln, keine Zeremonie gleich welcher Art.

Andere Rituale

Ein anderes von Rauchern entwickeltes Ritual ist die Zigarette nach dem Essen. Auch hier empfiehlt es sich, eine Zeitlang ein Ersatzritual durchzuführen, um den Übergang von alten zu neuen Gewohnheiten zu erleichtern.

Ein gutes Ersatzritual für die Zigarette nach dem Essen ist das Händewaschen. Das sollte fast überall möglich sein. Manche Menschen putzen sich auch die Zähne.

Das Aufstehen und der Gang zur Toilette verhindern das alte Ritual des Rauchens und setzen ein neues an seine Stelle. Die folgende Suggestion können Sie Ihren Umständen entsprechend verändern (ersetzen Sie sie durch Zähne putzen, Haare kämmen oder andere Aktivitäten):

„Immer wenn ich eine Mahlzeit beende, weiß ich, daß ich mich mit einem bestimmten Auslöser an meine Entscheidung erinnern kann, nicht mehr zu rauchen. Ich kann mich vom Tisch entschuldigen ... oder meine Serviette über meinen Teller legen, um zu signalisieren, daß ich fertig bin, oder ich kann einfach meinen Teller beiseite schieben ... aufstehen und ins Badezimmer gehen und meine Hände waschen. Während ich meine Hände wasche oder meine Zähne putze...und gerade jetzt stelle ich mir vor, wie ich das tue ... weiß ich, daß ich damit auch eine alte Gewohnheit abwasche ... das Ungesunde abwasche und eine neue Gewohnheit einführe ... und eine gesunde Entscheidung treffe, um Nichtraucher zu bleiben. Ich stelle mir jetzt vor, wie ich in den Spiegel schaue und mich selbst beglückwünsche zu meiner dauerhaften Entscheidung, meiner Gesundheit und meinem Leben zuliebe nicht mehr zu rauchen."

Wenn Sie so weit sind, stehen Sie bewußt vom Tisch auf und gehen sich die Hände waschen. Jedesmal, wenn Sie dieses Ritual ausführen, wird es zu einem stärkeren und effektiveren posthypnotischen Auslöser werden. Machen Sie sich klar, daß Sie diese Handlung nur zu vernünftigen und angemessenen Zeiten bei Beendigung der Mahlzeit ausführen. Zu anderen Zeiten sollten Sie weder Ihre Hände übermäßig häufig waschen, noch Ihre Zähne übertrieben oft putzen (außer natürlich zu Ihren gewohnten Zeiten, morgens und abends). Dies ist ein sehr natürlicher und vernünftiger Ersatz für eine Handlung nach der Mahlzeit.

Wenn Sie sich danach im Spiegel anschauen, können Sie sich anlächeln und sich sagen, daß Sie Ihre positive Entscheidung gerade in diesem Moment wieder bekräftigt haben. Spüren Sie die Genugtuung, die das Einhalten einer guten Entscheidung mit sich bringt.

Eine andere Suggestion, die Sie sich vielleicht geben wollen, lautet so: „Während ich mir vorstelle, wie ich gerade eine vorzügliche Mahlzeit beende, weiß ich, daß die gesunde Wirkung und der Nährwert dieses Essens noch verstärkt werden können, wenn ich aufstehe und eine kurzen Spaziergang mache. Gewohnheiten, wie nach dem Essen zu rauchen, können zu Herzschmerzen, Krebs und einer kürzeren Lebenszeit führen. Ein Spaziergang nach dem Essen ist gesund und kann zu einem längeren Leben und einem besseren Kreislauf führen. Ich beginne und mache weiter ... jetzt und später."

Verstärken Sie Ihre Gründe für das Nichtrauchen

Vielleicht ist einer Ihrer Gründe, mit dem Rauchen aufzuhören, daß Sie Ihren Kindern ein besseres Beispiel sein wollen. Oder Sie wollen vermeiden, die Lungen Ihrer Kinder mit Rauch einzunebeln, wenn Sie mit Ihnen im Haus, im Auto oder sonstwo zusammen sind.

Ihre Autosuggestion könnte so lauten: „Wenn ich mit meinen Kindern über Dinge wie Ehrlichkeit, Fairness und persönliche Sicherheit rede, so weiß ich, daß mein Vorbild der beste Lehrer ist. Ich kann meinen Kindern am besten beibringen, Respekt vor Ihrem eigenen Körper zu haben und sich um Ihre Gesundheit zu kümmern, indem ich aufhöre zu rauchen. Wenn ich ihnen ein Beispiel gebe, dann ist das die beste Belehrung. Außerdem wird Ihnen mein Nichtrauchen dadurch zugute kommen, daß sie keine verrauchte Luft mehr atmen müssen."

Nachdem Sie sich selbst in Trance versetzt haben, können Sie auch die folgenden von Spiegel (1970, 1978) angeführten Punkte in Ihren Suggestionen verstärken:

1. Rauchen ist Gift für meinen Körper. Ich bestehe aus vielen Komponenten, und der wichtigste ist mein Körper.
2. Ich kann ohne meinen Körper nicht leben. Er ist meine unersetzliche leibliche Hülle, durch die ich das Leben erlebe.
3. In dem Ausmaß, wie ich das Leben leben und erleben will, schulde ich meinem Körper Respekt und Schutz. Ich bin der Hüter meines Körpers. Ich sehe seine zerbrechliche, wertvolle Natur und sehe mich selbst als den Bewahrer meines Körpers. So wie ich meine Verpflichtung anerkenne, meinen Körper zu respektieren und zu schützen, so weiß ich auch, daß ich die Kraft habe, es bei der letzten Zigarette zu belassen.

Eine andere Technik, Auslöser zu entwickeln, besteht darin, sich einen Aschenbecher voller Kippen auf den Nachttisch zu stellen. Suggerieren Sie sich, wenn Sie den Geruch nicht mehr ertragen können, daß Sie den Aschenbecher aus dem Schlafzimmer entfernen. Während Sie ihn wegschaffen, verschwindet auch Ihr Verlangen zu rauchen.

Falls Sie vielleicht nicht in der Lage sind, Ihr Verlangen auf einmal zu unterdrücken, so stellen Sie den Aschenbecher in den Flur – oder irgendwo außerhalb Ihres Schlafzimmers. Auf diese Weise entfernen Sie den stinkenden Aschenbecher nach und nach. Suggerieren Sie sich, daß mit dem Verschwinden des Aschenbechers auch Ihr Interesse und Ihr Verlangen nach Zigaretten verschwindet.

Stellen Sie sich sich selbst als Nichtraucher vor

Spielen Sie Ihre Rolle als Nichtraucher durch. Sehen Sie sich in Ihrer Phantasie in Situationen, in denen Sie nicht rauchen – vielleicht auf einer Party, wo andere rauchen, Sie aber kein Bedürfnis mehr nach Zigaretten haben; vielleicht bei der Arbeit, wo Sie früher aus Langeweile oder wegen großer Belastung wahrscheinlich geraucht hätten.

Als weiteres Bild können Sie sich einen Weg vorstellen – den Weg, auf dem Sie durchs Leben gehen.

Direkt vor Ihnen ist eine Gabelung, zur Rechten führt ein heller, sauberer, sicherer und gerader Weg in die Ferne, weiter, als Sie sehen können.

Der linke Abzweig ist eine dunkle, schmutzige, unsichere Sackgasse. Diese steht natürlich für den Weg des Rauchers. Welchen Weg Sie wählen, das liegt an Ihnen.

Eine weitere Autosuggestionsmethode auf dem Weg zum Nichtrauchen ist positives Denken. Anstatt die negativen Folgen des Rauchens aufzuzählen, gehen Sie Ihr Ziel von der gesunden, positiven Seite aus an.

Sie können sich auch die Tatsache suggerieren, daß vermehrte Sauerstoffaufnahme die Entzugserscheinungen neutralisiert. Ihre erhöhte Sauerstoffaufnahme wird auch Ihre Widerstandsfähigkeit, Ihre sexuelle Potenz und Ihre Hirnaktivität stärken. Vielleicht bemerken Sie die Wirkung sofort, es kann natürlich auch einige Sitzungen dauern, bevor die Suggestionen wirken.

Entwickeln Sie außerdem wieder mehrere Auslöser für ein und dasselbe Ziel. Wenn Sie versuchen, ihr Verlangen nach Zigaretten einzuschränken, können Sie sich suggerieren, daß Sie sich jedesmal, wenn Sie Zigarettenrauch riechen, an die Schädigung Ihrer Lunge erinnern werden. Oder Sie können sich suggerieren, daß Sie genau wie die Umwelt auch einen Neuanfang nötig haben ... neue Regeln ... neue Techniken, um zu überleben.

Selbsthypnose ist als Hilfsmittel, um mit dem Rauchen aufzuhören, dann am effektivsten, wenn Sie hochmotiviert sind. Selbsthypnose ist keine Zauberei, und es gibt dabei keine Wunderheilungen. Sie müssen wirklich aufhören wollen und regelmäßig auf dieses Ziel hinarbeiten.

Arbeiten bedeutet in diesem Fall, Selbsthypnose oft zu üben, vielleicht zu Anfang zwei- bis dreimal am Tag. Üben Sie regelmäßig morgens, das ist die beste Zeit, um Ihren Tag zu planen und ein Programm aufzustellen.

Das Selbsthypnose-Programm

1. Füllen Sie den Fragebogen aus. Untersuchen Sie Ihre Gewohnheiten. Machen Sie sich bewußt, warum, wo und wann Sie rauchen.
2. Setzen Sie sich realistische Ziele. Setzen Sie das Datum fest, an dem Sie Nichtraucher werden wollen, und geben Sie sich selbst genug Zeit, Ihre Suggestionen wirken zu lassen – vielleicht einen Tag oder drei Wochen oder einen Monat.
3. Üben Sie regelmäßig Selbsthypnose, am Anfang mindestens zweimal pro Tag. Geben Sie sich Suggestionen, sich zu entspannen und mehr zu üben. Geben Sie sich des weiteren Suggestionen, um Ihre kurz- und langfristigen Ziele zum Nichtrauchen zu erreichen und zu verstärken. Bringen Sie viele Auslöser für bestimmte Aktivitäten oder Gegebenheiten ein, die Sie ermutigen, weniger zu rauchen oder das Rauchen zu vermeiden.
4. Verwenden Sie Ergebnis- und Prozeßvorstellungen, um mental Ihre Rolle als Nichtraucher durchzuspielen. Führen Sie diese Form der Visualisation in Ihrer Selbsthypnose mindestens einmal am Tag durch. Es ist sogar noch besser, sich die Zeit zu nehmen und diese Visualisierung bei jeder Trance zu machen.
5. Vielleicht wollen Sie sich eine Kassette für Ihre Suggestionen und Auslöser aufnehmen. Kapitel 11 wird Ihnen bei der Anleitung zum Aufnehmen einer Kassette helfen.
6. Verschaffen Sie sich einen Überblick über Ihre Arbeit – nach einer Woche, nach zwei Wochen, nach einem Monat. Sehen Sie, ob Ihre Suggestionen wirken oder ob es mehrere Wochen braucht, bis Sie Wirkung zeigen.

7. Führen Sie genau Buch über Ihren Erfolg. Hängen Sie eine Kopie gut sichtbar auf, vielleicht am Kühlschrank, am Schlafzimmerspiegel oder an einer Pinnwand.

	Montag	Dienstag	Mittwoch	Donnerstag	Freitag	Samstag	Sonntag
Anzahl der Zigaretten							
Aktivitäten und Gefühle vor dem Rauchen							
Aktivitäten und Gefühle nach dem Rauchen							
Zeit, die ich mich heute entspannt habe							

IHR NICHTRAUCHERPLAN

Vielleicht hören Sie nach Ihrer ersten Trancesitzung mit dem Rauchen auf, oder Sie beginnen vielleicht, sich Suggestionen zu geben, und rauchen noch einige Wochen weiter, verlieren dann irgendwann den Geschmack oder das Verlangen, noch bevor Ihr Zieldatum für das Nichtrauchen gekommen ist. Akzeptieren Sie Ihr eigenes Tempo!

Selbst wenn Sie mit dem Rauchen schon einige Monate lang aufgehört haben, müssen Sie weiterhin Ihren Erfolg und Ihre posthypnotischen Auslöser verstärken.

Sie können nicht einfach aufhören, weil Sie die erste Hürde genommen haben. Wenn Sie länger als ein paar Jahre geraucht haben, ist die Gewohnheit so eingeprägt, daß Sie das neue Verhalten ungefähr sechs oder acht Monate verstärken müssen, vielleicht auch länger. Wenn Sie sich um Ihren Körper und Ihr ganzes Wesen kümmern, können Sie befriedigende Ergebnisse erwarten.

Literatur

Field, P.B. (1970): Smoking and hypnosis: A systematic clinical approach. *International Journal of Clinical and Experimental Hypnosis* 18.

Hall, J.A. a. H.B. Crasilneck (1979): Development of a hypnotic technique for treating chronic cigarette smoking. *International Journal of Clinical and Experimental Hypnosis* 18.

Hartland, J. (1971): Medical and dental hypnosis. Baltimore (Williams & Wilkins).

Hyman, G.J., R.O. Stanley, G.D. Burrows a. D.J. Horne (1986): Treatment effectiveness of hypnosis and behaviour therapy. In: Smoking cessation: A methodological refinement. *Addictive Behaviors* 11.

Kroger, W.S. (1977): Clinical and experimental hypnosis. Philadelphia (J.B. Lippincott).

Rabkin, S.W., E. Boyko, F. Shane a. J. Kaufert (1984): A randomized trial comparing smoking cessation programs utilizing behavior modification, health education or hypnosis. *Addictive Behaviors* 9.

Sanders, S. (1977): Mutual group hypnosis and smoking. *American Journal of Clinical Hypnosis* 20 (Oct.).

Spiegel, H. (1970): Single-treatment method of stop smoking using ancillary self-hypnosis. *International Journal of Clinical and Experimental Hypnosis* 18.

Spiegel, H. a. D. Spiegel (1978): Trance and treatment. New York (American Psychiatric Press).

Straatmeyer, A.J. (1985): Hypnotic aversive and positive imagery in the cessation of smoking and the maintenance of nonsmoking behavior. *Journal of Mental Imagery* 8 (2).

Tuomelehto, J. et al. (1986): Long-term effects of cessation of smoking on body weight, blood pressure and serum cholesterol in the middle-aged population with high blood pressure. *Addictive Behaviors* 11.

Van der Hart, O. (1983): Rituals in psychotherapy. New York (Irvington).

Von Dedenroth, T.E.A. (1968): The use of hypnosis in 1000 cases of tobaccomanics. *American Journal of Clinical Hypnosis* 10 (Jan).

Watkins, H.H. (1975): Hypnosis and smoking: A five session approach. *International Journal of Clinical and Experimental Hypnosis* 24.

Kapitel 16

Selbsteinschätzung – Seien Sie Ihr eigener Berater

Wenn Sie nach innen schauen, auf Ihre Erlebnisse in der Vergangenheit, und Ihr Verhalten, Ihre Worte und Gefühle interpretieren, können Sie zu neuen Einsichten und einem besseren Verständnis von sich selbst kommen. Das ist vielleicht eins der wertvollsten Ziele, die Sie mit Selbsthypnose verfolgen können.

Im Prozeß der Selbsteinschätzung ist es vielleicht nötig, bestimmte Emotionen und Gefühle loszulassen. Das Loslassen von Emotionen nennt man Katharsis. Es kann sich dabei um eine emotionale Anspannung handeln, der Sie sich zuvor nicht bewußt waren. Vielleicht haben Sie ein bestimmtes Gefühl wahrgenommen, aber nicht seine Tiefe oder Intensität.

Wenn Menschen beginnen, sorgfältig und gezielt nach innen zu schauen, ist es normal, daß sie mit Traurigkeit, Wut, Frustration oder Groll in Kontakt kommen. Katharsis kann eine sehr gesunde, befreiende Erfahrung sein. Wenn Sie eine zu starke Reaktion Ihrer Gefühle spüren oder wenn es schwierig ist, sie zu kontrollieren, kann das ein Signal sein, daß Sie professionelle Beratung brauchen.

Es gibt eine Vielzahl von Methoden, um neu an die Oberfläche kommende Emotionen auszudrücken und loszulassen. Wählen Sie die Methode, die für Sie am natürlichsten und angenehmsten ist.

Manchmal erlebt man etwas Unangenehmes, damit man sich hinterher wieder besser fühlt. Das kann ein Teil dieses Prozesses sein. Eine Veränderung ruft zeitweilig vielfach Unruhe, Trauer oder Bedauern hervor. Auch das ist Teil der neuen Erfahrung.

Manche Menschen finden es befreiend, neuentdeckte, angestaute Emotionen durch Weinen herauszulassen. Das kann auch in Trance vorkommen und ist in Ordnung. Weinen ist ein Weg, Spannung loszulassen, um sie am Ende der Trancesitzung hinter sich zurückzulassen.

Sie können sich von einem an die Oberfläche gekommenen Gefühl befreien, indem Sie es sich als Gepäckstück vorstellen, das auf ein abfliegendes Flugzeug, einen abfahrenden Zug oder einen Lastwagen verladen wird. Erkennen Sie das Gefühl an und empfinden Sie es, um es dann in die Vergangenheit zu verfrachten.

Es kann auch sein, daß das Loslassen erst später passiert – nach der Selbsthypnose. Das ist auch in Ordnung. Vielleicht geben Sie sich sogar Suggestionen für diese Möglichkeit.

Hier sind unterschiedliche Ansätze zur Selbsteinschätzung vergangener Gefühle, Erlebnisse oder Traumata:

1. Vielleicht können Sie sich einen Abend reservieren, an dem Sie ganz alleine sind, um sich mit Gefühlen zu befassen, die Sie im Innern angestaut haben. Suchen Sie sich einen Tag aus, an dem Sie einen schönen langen Spaziergang machen und Selbstgespräche führen. Sprechen Sie über Ihre Emotionen, und es kann sein, daß Sie einige sofort dort erleben.
2. Schaffen Sie sich in Ihrer Phantasie einen ganz besonderen Ort. Hammond (1990) wandte mit bestimmten Klienten die von ihm so benannten Kontrollzentrumstechniken an. Sie wandeln dieses Konzept für Ihre Arbeit mit Selbsthypnose ab, indem Sie sich eine Kontrollstelle vorstellen, einen Ort in Ihrem Gehirn, von dem aus Sie Bewußtsein, Handlungen und Gefühle regulieren. Schaffen Sie sich einen solchen Raum, den Sie im Geiste aufsuchen, um Ihre selbstexploratorische Trancearbeit durchzuführen.
3. Noch in Trance geben Sie sich Suggestionen, daß bei einem Spaziergang jeder Schritt ein Auslöser für einen positiven Veränderungsschritt sein wird. Akzeptieren Sie Ärger, Groll, Enttäuschung, Traurigkeit oder welche Gefühlen auch immer an die Oberfläche kommen. Falls Ihre Emotionen mit Handlungen einer anderen Person zusammenhängen, so können Sie sich vorstellen, wie Sie diese Person direkt mit Ihren Gefühlen konfrontieren.
4. Vielleicht haben Sie früher mit einem Freund oder einer Freundin über Ihre Gefühle gesprochen und hatten dadurch eine Resonanz. Möglicherweise haben Sie diese Methode schon einige Zeit nicht mehr angewandt. Versuchen Sie es wieder mit dieser Technik.

5. Tagebuch führen ist eine andere Möglichkeit, wie Sie Ihren Emotionen Ausdruck verleihen und sie loslassen können.
6. Eine sehr effektive Methode besteht darin, den Menschen, die für die Emotion verantwortlich oder daran beteiligt sind, Briefe zu schreiben. Beginnen Sie den Brief mit „Liebe Mutter", „lieber Sohn" oder wie auch immer. Im Brief drücken Sie die Gefühle aus, die losgelassen werden müssen. Teilen Sie Eltern, Kind, Schwester, Ehepartner, Exliebhaber, Chef oder wem auch immer, genau mit, was Sie zu dem Zeitpunkt gefühlt haben, aber nicht ausdrücken konnten. Vielleicht lesen Sie den Brief nach einigen Tagen noch einmal. Danach werfen Sie ihn einfach weg oder verbrennen ihn. Mit dieser Aktion können Sie sich auch von Schuldgefühlen, Wut, Sorgen oder anderen Emotionen befreien, die Sie vorher unterdrückten. Gleichgültig, ob Sie den Brief abschicken oder nicht, Sie wälzen damit eine schwere Last ab. Sie können natürlich auch versuchen, Ihren Brief in Selbsthypnose zu schreiben.

Es ist die aus Einsicht und Selbsteinschätzung geborene Handlung, die Ihr Leben verändert. Wie bei einem tiefen, wohltuenden Atemzug, zielt die Veränderung auf mehr Gleichgewicht, auf das Finden Ihrer Mitte.

Akzeptieren Sie sich und Ihre Vergangenheit, selbst wenn Sie Schmerzen haben und leiden, traurig und allein sind. Bringen Sie den Willen auf weiterzugehen, sich von diesem Punkt aus nach vorn zu bewegen. Anstatt Ihre augenblickliche Realität zu verleugnen, arbeiten Sie daran, warum Sie sie vielleicht verleugnen wollen. Entwickeln Sie ein Verständnis für die Gegenwart.

Diese Akzeptanz erlaubt Ihnen, sich zu verändern. Solange Sie gegen einen Teil von sich selbst kämpfen, ist keine Veränderung möglich. Allerdings beginnt mit der Tatsache, daß Sie sich akzeptieren, eigentlich schon die Veränderung.

Haben Sie für die Teile, die Sie verändern möchten, so viel Einfühlungsvermögen und Verständnis wie für Freunde oder Familienmitglieder, die Trost und Hilfe brauchen. Geben Sie sich die gleiche Zärtlichkeit und pflegen Sie sich mit der größten, liebevollsten Fürsorge.

Beginnen Sie zuerst mit kleinen Veränderungen. Wenn Sie in die Vergangenheit schauen, erkennen Sie vielleicht, daß Sie Ihr gegenwärtiges Verhalten nicht über Nacht entwickelt haben. Setzen Sie sich angemessene Ziele und geben Sie sich genug Zeit, sie zu erreichen.

Die Zeit, die Sie mit dieser Arbeit in Selbsthypnose verbringen, ist wie eine Investition. Mit jeder Trancesitzung legen Sie Depots für Ihre Zukunft an. Je mehr Sie einzahlen, desto mehr bekommen Sie heraus. Man kann nicht verlieren, wenn man in sich selbst investiert.

Durch die Anwendung von Selbsteinschätzungstechniken können Sie Problemlösungen entwickeln und innere Barrieren beseitigen, die der Selbstveränderung im Wege stehen.

Warum führt Selbsteinschätzung mit Selbsthypnose zu Veränderungen?

Wie Sie schon in vorangegangenen Kapiteln herausgefunden haben, öffnet Selbsthypnose die Tür zu Ihrem Unbewußten. Ihr Unbewußtes kennt Sie am besten. Der direkteste Weg, um Informationen aus dem riesigen Schatz Ihrer Erfahrungen, Erinnerungen, Eindrücke, Gefühle und Gedanken zu bekommen, besteht darin, Antworten und Informationen von Ihrer „Präsenzbibliothek" zu erbitten, von Ihrem inneren Selbst.

Das Bewußtsein ist Teil unseres rationalen und logischen Selbst. Es ist sowohl ein großes Geschenk als auch eine große Einschränkung. Unser Bewußtsein hält uns davon ab, phantasievoller zu sein, wenn es darum geht, eine Situation aus vielen unterschiedlichen Blickwinkeln zu betrachten.

Ihr Bewußtsein tendiert dazu, Dinge zu filtern, zu beeinflussen und im Vorfeld zu bewerten. Aus diesem Grund machen zwei Personen, die dieselbe Szene sehen, unterschiedliche Aussagen darüber. Sie „sehen" sie sozusagen durch unterschiedlich gefärbte Brillengläser.

Die unterschiedlichen Nuancen ergeben sich dadurch, daß das Bewußtsein Informationen aufgrund von Wünschen, Bedürfnissen, Vorurteilen, früheren Erfahrungen – guten und schlechten – und vielen anderen emotionalen Faktoren interpretiert.

Als Kinder waren wir in viel engerem Kontakt mit unserem Unbewußten, mit dem Teil von uns, der mit Intuition und Gefühlen zu tun hat. Es ist der phantasievollere Teil von uns. Vielleicht sind wir als Erwachsene unglücklicher, weil wir mehr Zeit damit verbringen, bewußten Gedanken nachzuhängen. Wenn Sie Zugang zu Ihrem Unbewußten erlangen, haben Sie eine viel klarere Vorstellung davon, was in Ihnen passiert.

Tief versteckt in Ihrem Unbewußten ist oft eine präzisere Aufzeichnung von Ereignissen, Gesprächen und Erinnerungen als in Ihrem Bewußtsein. Sie wurden bei der Abspeicherung weniger von Ihrem voreingenommenen Bewußtsein beeinflußt.

Durch Anwendung von Selbsthypnose und Selbsteinschätzung erhalten Sie einen besseren Einblick in Ihr Innerstes. Sie untersuchen Ihr Interaktionsverhalten und Ihre Gefühle in spezifischen Situationen, ohne sie zu bewerten. Sie führen sich objektiver noch einmal vor Augen, wie Sie bei der Arbeit, in Ihrer Familie und bei gesellschaftlichen Anlässen reagiert haben. Sie gewinnen durch das innere Erforschen in Trance eine Perspektive auf sich selbst und Ihre Handlungen, die nicht durch die Nebelwand Ihres bewußten Denkens verschleiert ist.

Sie können sich auch so akzeptieren, wie Sie gegenwärtig sind – in diesem Augenblick. Von diesem Augenblick können Sie weitergehen und die Veränderungen bewirken, die Sie sich wünschen.

Die Methode

Im Folgenden finden Sie eine Beschreibung, wie Sie mit Hilfe von Trancetechniken Ihr Inneres besser erforschen können.

Vor der Selbsthypnose

Setzen Sie sich zuerst – schriftlich – die Ziele, die Sie erreichen wollen. Zum Beispiel: „Ich möchte besser verstehen, warum ich meinem Vater gegenüber so gereizt bin", oder: „Was tue und fühle ich, das meinen Partner dazu bringt, mich seinen/ihren Gefühlen gegenüber als unsensibel zu bezeichnen?" Das Ziel sollte spezifisch und für alle Möglichkeiten offen sein.

Akzeptieren Sie, wo Sie jetzt im Moment stehen. Machen Sie sich nichts vor. Seien Sie dazu bereit, ein Ungleichgewicht in Ihrem Leben oder Ihrem Körper auszugleichen – *Sie* wollen sich verändern. Das ist wichtig. Auf diese Art und Weise stellen Sie sicher, daß Sie Ihr Bewußtsein, den bewußten Teil, der der Veränderung widerstrebt, vom Selbsteinschätzungsprozeß abkoppeln. Wenn Sie sich ermutigen, offen zu sein, eröffnen sich Ihnen vielleicht Möglichkeiten, um die Widerstände gegen Veränderungen abzubauen.

Räumen Sie dieser Arbeit der Selbsteinschätzung und Selbstveränderung Priorität ein. Machen Sie sich klar, wie wichtig diese Arbeit für Sie ist. Nehmen Sie sie ernst genug, um einen Übungsplan zu erstellen – einmal, zweimal am Tag oder sooft Sie Zeit dafür aufbringen können. Entscheiden Sie, wie oft und wie lange Sie üben wollen. Planen Sie diese Zeit ein und achten Sie auf die Veränderungen, die Sie in Ihrem Leben machen möchten.

Es ist wichtig, mit dem in Ihrer Selbsthypnose gewonnenen Material zu arbeiten und es in Ihr Leben zu integrieren. Die Einsicht in Ihre Probleme ist nur der erste Schritt. Sie müssen dieses Wissen nun aktiv anwenden, um Veränderungen herbeizuführen.

Wenn Sie sich in Trance besinnen, wird es fast immer zu einer Bewußtseinserweiterung kommen. Aber Bewußtsein allein reicht manchmal nicht aus. Sie müssen sich vielleicht aktive Suggestionen für positive Veränderungen geben.

Im Folgenden finden Sie einige Schritte und Beispiele, wie Sie unter Anwendung von Selbsthypnose vorgehen können, um neue Einsichten zu gewinnen und Veränderungen zu vollziehen.

Während der Selbsthypnose

1. Nachdem Sie sich entspannt und eine angenehme Trance entwikkelt haben, blicken Sie zurück auf die letzten Tage, die letzten Wochen oder auf das ganze letzte Jahr – die Zeitspanne, die für Ihr Problem oder Ihr Ziel relevant ist. Untersuchen Sie Ihre Interaktionen mit anderen Menschen zu dieser Zeit. Wie haben Sie sich in der jeweiligen Situation gefühlt? Wie haben sich andere Ihrer Meinung nach angesichts Ihrer Worte und Taten gefühlt?

2. Antworten Sie sich ehrlich, was Sie in bezug auf Ihr Problem gefühlt haben. Sprechen Sie in diesem Zustand mit sich selbst – laut oder leise. Gehen Sie, wenn nötig, einen ganzen Tag durch, vom Aufstehen am Morgen, über Ihre Arbeit bis zur Freizeit und zu gesellschaftlichen Verabredungen. Versuchen Sie auch, sich an Ihren Schlaf zu erinnern. War er unruhig? Was haben Sie geträumt? Wie haben Sie sich gefühlt?
3. Verlassen Sie sich darauf, daß Sie in Trance genau wissen, was wichtig ist und was nicht. Denken Sie daran, daß Sie sich selbst am besten kennen. Lassen Sie sich von Ihrem Unbewußten leiten. Wenn Ihre Gedanken abschweifen, lassen Sie sie. Wahrscheinlich sind diese Abschweifungen für Ihre Gefühle von Bedeutung. Untersuchen Sie diese mentalen Nebengleise.
4. Sie können sich leichter an Ihre Gedanken während der Trance erinnern, wenn Sie sie mit einer Farbe oder einer Zahl verbinden. Ein helles Gelb erinnert Sie womöglich an etwas längst Vergangenes. Vielleicht assoziieren Sie Blau mit einem Gefühl von Stärke, das sie einmal hatten. Die bildhafte Vorstellung dieser Rückblenden kann Ihnen helfen, sich lebendiger und leichter daran zu erinnern. Auch werden Sie sie um so besser verstehen, je detaillierter sie sind.
5. Sie können sich einen posthypnotischen Auslöser geben, um sich an bestimmte Elemente und bestimmte Einsichten Ihres Rückblicks zu erinnern. Sie könnten beispielsweise einen solchen einfachen Auslöser verwenden: „Wenn ich aus der Trance erwache, schließe ich meine Augen noch einmal und sehe die Worte und Bilder noch einmal, die ich mir merken will. Ich spüre vielleicht, wie sich mein Rückgrat stärkt und wie meine Haltung sich verbessert. Das kann ein Signal dafür werden, daß ich hinsichtlich meiner Veränderungsfähigkeiten zuversichtlicher sein kann. So wie eine Raupe zum Schmetterling wird, kann auch ich mich verwandeln."
6. Spielen Sie Situationen durch, die mit Ihrem Problem zusammenhängen. Stellen Sie sich die vielen Möglichkeiten vor, wie Sie anders hätten reagieren können. Visualisieren Sie, wie andere auf Sie reagieren. Probieren Sie die vielen positiven und negativen Reaktionsweisen aus, die Ihnen zur Verfügung stehen. Erleben Sie

die Spannungen und Ängste des Versagens. Verbessern Sie Ihre Reaktionsmöglichkeiten in Ihrem eigenen besten Interesse. Lassen Sie Ihrer Phantasie freien Lauf, um Symbole und Metaphern für die Veränderungen zu kreieren. Ein schmutziger Teich, der wieder klar wird, kann zum Symbol werden für die Klärung eines bestimmten Problems in Ihrem Leben. Ein Vogel, der sein graues Federkleid durch ein buntes Gefieder ersetzt, kann symbolisieren, daß Sie jetzt mehr aus sich herausgehen.

7. Das wichtigste ist, daß Sie sich noch in Trance vorstellen, was Sie tun können, um sich zu verändern. Stellen Sie sich vor, wie Sie Ihre Reaktionen auf Situationen aufgrund Ihrer neuen Einsichten verändern können. Stellen Sie sich vor, daß Sie eine Tür öffnen, die zu neuen Reaktionsweisen führt, und eine alte Tür schließen, hinter der Sie die alten Muster, die Sie nicht mehr wollen, zurücklassen.
8. Schreiben Sie nach der Trance auf, was Sie aus der Sitzung gelernt haben. Selbst Erinnerungen, Gedanken oder Gefühle, die scheinbar nichts mit Ihrem Ziel zu tun haben, können durchaus von Bedeutung sein.
9. In späteren Trancesitzungen können Sie an Veränderungen arbeiten, die auf Ihren Einsichten oder Beobachtungen beruhen, die Sie aus früheren Selbsthypnoseübungen gewonnen haben. Sie haben unendlich viele Wahlmöglichkeiten; Selbsthypnose hilft Ihnen, sie bewußt wahrzunehmen.
10. Vielleicht dauert es einige Übungssitzungen oder -tage, bevor sich tatsächlich neue Perspektiven für Ihr Problem oder Ziel eröffnen. Selbsteinschätzung ist keine geschwinde automatische Abfertigung. Manchmal geht die Bewußtseinsbildung rasch vonstatten, aber manchmal entwickelt sie sich erst nach fortwährendem Bemühen.
11. Vielleicht lassen Sie die Arbeit an einem Ziel etwas langsamer angehen, wenn es den Anschein hat, daß sich nach etwa einer Woche nur wenig verändert hat. Gehen Sie ein neues Problem oder ein anderes Ziel an. Die meisten Ihrer Ziele hängen in irgendeiner Weise zusammen. Oft taucht eine Lösung oder Einsicht einige Tage oder Wochen später in Selbsthypnose auf, während Sie sich mit einer verwandten Situation beschäftigen.

12. Versuchen Sie nicht, eine Antwort zu erzwingen, falls es Ihnen zu langsam vorangeht. Vielleicht ist Ihr Ziel oder Ihre Frage zu weit gefaßt. Wenn Sie keinen Erfolg haben, Einsicht in Ihr Problem zu gewinnen, gehen Sie zurück und bewerten Sie Ihr aufgeschriebenes Ziel neu. Wenn Sie den Verdacht haben, daß es zu hoch gesteckt ist, um auf ein Mal gelöst zu werden, formulieren Sie es neu, um es spezifischer zu halten.

Eine schwierige Aufgabe

Hier ist ein Beispiel dafür, wie Selbsterforschung zu neuen Einsichten führen kann und wie Sie dieses neue Bewußtsein für positive Veränderungen nutzen können.

Sue versuchte die Gründe zu verstehen, weshalb ihr Chef ihr immer mehr Arbeit auflud. Ihr Ziel war es, ihre berufliche Situation besser zu verstehen, um Streß abbauen zu können.

Nachdem sie sich in einen entspannten Trancezustand versetzt hatte, ließ sie die Tage noch einmal im Geiste an sich vorbeiziehen, bevor ihr Vorgesetzter begann, ihr Extraarbeit zu geben und knappe Abgabetermine zu setzen.

Sie ließ sich das, was vorgefallen war, eine ganze Zeitlang durch den Kopf gehen. Sie konzentrierte sich auf einen speziellen Dialog, den sie beide miteinander führten. Da gab es einige seltsame Begebenheiten, die diese Tage umgaben. Es dauerte länger als eine Trancesitzung. Aber so, wie man eine junge Pflanze wässern muß, damit sie im Garten gedeiht, mußte Sue sich hier um ihr eigenes Wachstum kümmern. Und wie die junge Pflanze Zeit zum Wachsen brauchte, so brauchte auch sie einige Zeit zum Wachsen.

Sue fand heraus, daß sie einmal scherzend zu ihrem Chef gesagt hatte, daß ihre Arbeit leicht sei. Ein anderes Mal hatte sie, ohne nachzudenken, ganz unschuldig erzählt, wie gelangweilt sie sei. Sie hatte auch noch andere wenig ernstgemeinte Bemerkungen gemacht, wie es eben ihre humorige Art war.

Aufgrund dieser Beobachtung begann Sue nachzuforschen, wie sie wohl Dinge bei anderen Gelegenheiten auf ihre witzige Art formuliert hatte, Äußerungen, die ernstgenommen worden waren. Manchmal hatte sie versucht, schlagfertig zu sein oder auch Ihre persönliche Frustrationen auszudrücken, und war dabei falsch verstanden worden. Zu anderen Zeiten, wenn sie angespannt oder ängstlich war, hatte sie einen Witz gemacht, um ihre Nervosität zu verdecken.

Veränderungsarbeit und Selbsthypnoseübungen

Das waren wichtige Einsichten für Sue. Ihre Bemerkungen wurden ernster genommen, als sie es gewünscht hatte. Gut. Als nächstes mußte diese neue Einsicht so angewandt werden, daß Taten folgten, die eine Veränderung herbeiführen würden.

Noch in Selbsthypnose gab sich Sue den Auftrag, daß sie, um zukünftige Probleme auszuschließen, immer erst einen Moment ruhig sein würde, um nachzudenken, bevor sie einen Witz machte. Insbesondere zu Zeiten, wenn sie nervös und angespannt war. Sie wollte sich erst fragen: „Kann das, falls es falsch aufgefaßt wird, negative Gefühle oder Reaktionen auslösen?“

Wenn Sie beabsichtigen, das alleine zu üben, dann sollten Sie es sich später entweder aufschreiben oder in Erinnerung rufen, daß Sie in Ihrer nächsten Selbsthypnosesitzung etwas ausprobieren und üben wollen. Vielleicht hilft es auch, sich Situationen bildhaft vorzustellen, in denen das Problem in Zukunft auftauchen könnte.

Indem Sie Situationen auf diese Art und Weise durchspielen, können Sie sich auf zu erwartende Situationen richtig vorbereiten und mit effektiverem und positiverem Verhalten reagieren. Diese Art des Durchspielens ist sehr wertvoll bei der Umstrukturierung Ihrer Reaktionen. Bei der Vorbereitung auf zu erwartende Situationen können Sie so die Wirksamkeit ihres neuen Verhaltens erproben.

In ihren Tranceszenen hatte Sue die Situation unendlich oft erlebt. Einmal machte sie mit Absicht sogar alles mögliche falsch, um so ihre Reaktion auf ängstliches Versagen zu proben. Sie machte die absurdesten Bemerkungen, die ihr einfielen. Ihre Witze waren so lächerlich wie nur möglich. Sie stellte sich das Furchtbarste vor.

Sie sah die Reaktionen der anderen ihr gegenüber bildhaft vor sich. Sie erlaubte sich, sich ängstlich, verspannt und erniedrigt zu fühlen. Dann ließ sie alle diese Gefühle los. Sie lachte diese Gefühle aus sich heraus, und gleichzeitig lockerte sie sich dabei. Das war eine gute

Praxis: Sie versuchte, ihre Gefühle zu verstehen, sie loszulassen und sich weiterzuentwickeln.

Diese Art des Durchspielens entschärft den Druck, die Angst und die Sorgen vor zukünftigen ähnlichen Situationen. Sie setzen Ihre neuen Verhaltensweisen in einen bewußten Gegensatz zu Ihren alten. Sie können während der Selbsthypnose verschiedene Varianten ausprobieren. Vertrauen Sie auf Ihr Unbewußtes, das die besten Verhaltensvarianten für Sie aussuchen wird.

Solche Übungen dauern oft mehrere Sitzungen. Das wiederholte Üben kann auch zu allen möglichen neuen Erkenntnissen führen. Und diese neuen Erkenntnisse können wieder neue Veränderungen bewirken.

Bleiben Sie offen und akzeptieren Sie sich selbst. Halten Sie sich auch für Veränderungen offen. Ihre selbsthypnotische Trance wird Ihr Ego und Ihre Abwehrmechanismen davon abhalten, die Einsichten zu verhindern. Sie müssen jedoch motiviert sein, Ihr Verhalten zu verändern. Motivation selbst ist eine Zielsetzung, die Sie mit Hilfe dieser hier beschriebenen Techniken verstärken können.

Echte Veränderungen oder Schauspielerei?

Die Veränderungen, die Sie machen werden, sind weder roboterhaft noch künstlich. Es sind echte Veränderungen in Ihrem Verhalten. Sie werden die besten Ansätze herausfinden, um Situationen zu meistern. Wenn auch die neuen Verhaltensweisen zuerst vielleicht noch etwas ungewohnt sind, so werden doch die positiven Resultate die anfänglichen Unbequemlichkeiten aufwiegen.

Dieser Prozeß läuft unser ganzes Leben lang kontinuierlich ab. Beispielsweise passen Sie Ihr Verhalten einem neuen Arbeitsplatz mit neuer Verantwortung an. Sie erhöhen hier lediglich die Geschwindigkeit der Anpassung. Unser Bewußtsein stellt sich Veränderungen oft in den Weg, obwohl wir zu viel mehr in der Lage wären.

Vielleicht entschließen Sie sich, neue Kommunikationsfähigkeiten für unterschiedliche Situationen zu erlernen. Flirten, heiraten, Kinder bekommen, all das wird Ihr Verhalten ändern, bewußt oder unbewußt. Diese Veränderungen können positiver sein, als Sie annehmen.

Änderungen, die Sie durch Selbsthypnose herbeiführen, sind ernsthafte Veränderungen Ihrer Persönlichkeit. Es sind Verbesserungen, für die Sie sich aus Einsicht entschieden haben. So wie Sie Ihre Fertigkeiten auf anderen Gebieten verbessern können – im Sport, auf akademischem Gebiet oder im sozialen Umfeld, können Sie auch grundlegende Veränderungen in Ihrem Umgang mit den unterschiedlichsten Situation einführen. Hierbei handelt es sich nicht um ein aufgesetztes Verhalten, mit dem andere hinters Licht geführt werden sollen. Es sind echte Veränderungen, die Sie vornehmen, um sich selbst zu helfen.

Seien Sie stolz auf Ihre Fähigkeiten, solche Veränderungen auszulösen. Genießen Sie das Gefühl, daß Sie in der Lage sind, sich so zu entwickeln, wie Sie das gerne hätten. Diese Fähigkeit zur Veränderung haben Sie schon immer in sich gehabt. Selbsthypnose ist eine Art Wegweiser für Sie, aber Sie sind es, der in Ihrem Leben die Veränderungen schafft.

Geben Sie sich selbst Veränderungssuggestionen

Sobald Sie entschieden haben, an welchen Veränderungen Sie arbeiten wollen, beginnen Sie, sich Autosuggestionen zur Verstärkung dieser positiven Veränderungen zu geben. Hier ist ein Beispiel dafür, wie Einsichten durch Suggestionen zu Taten werden.

Versetzen Sie sich in einen bequemen, entspannten Trancezustand. Die folgenden Suggestionen sind wie alle in diesem Buch nur eine von vielen Möglichkeiten. Die besten Suggestionen und Symbole für Veränderungen sind immer diejenigen, die auf Ihren eigenen Erfahrungen, Vorlieben und Werten basieren.

„Während ich mich in einer angenehmen Selbsthypnose befinde, kann ich von fünf bis eins zählen. So ie ich die Eins erreiche, weiß ich auch, daß ich den entspanntesten Zustand erreichen kann, den ich möchte. Ich kann mich entspannter fühlen, behaglich und konzentriere mich auf meine Ziele. Ich kann von fünf bis null zählen, zwei- oder dreimal, und dabei jedesmal noch tiefer gehen."

Auf diese Art können Sie Ihren Trancezustand verstärken. Durch diese Art von Suggestionen, wie auch durch jede Zähl- oder

Vertiefungstechnik, verstärken Sie Ihre Trance. Selbst in leichter Trance können Sie signifikante Veränderungen vornehmen und posthypnotische Auslöser entwickeln.

„Ich bin die geeignetste Person, um an meinen Zielen zu arbeiten. Ich wiederhole die Zahl eins dreimal. Jedesmal wenn ich die Zahl eins ausspreche, merke ich, daß mir mein Ziel klarer wird."

Solche Suggestionen bereiten Ihr Unbewußtes darauf vor, neue positive Gedanken zu empfangen. Um das Beispiel von Sue fortzusetzen:

„Mir wird vielleicht klar, daß ich letzte Woche einige Male etwas gesagt habe, das anders verstanden wurde, als ich es meinte. Ich gebe zu, daß diese Situationen bei mir Angst und Sorge ausgelöst haben."

Hier wird das Problem noch einmal klar ausgedrückt. Sie setzen die folgenden Suggestionen in Zusammenhang mit dem Problem und dem Ziel. An dieser Stelle wollen Sie sich vielleicht auch noch einmal vor Augen führen, wie Sie Einsicht in Ihr Problem gewonnen haben. Das ist wichtig, weil es Ihre Motivation zur Veränderung verstärkt.

Die Motivation zur Veränderung ist ein entscheidender Faktor, wenn Sie mit Selbsthypnose Erfolg haben wollen. Tun Sie alles, um Ihr Verlangen nach positiven Änderungen zu steigern. Sobald Ihre Motivation sich auf einem hohem Niveau befindet, versuchen Sie sie dort zu halten.

„Ich sehe ein, daß ich in den Situationen (*detaillierte Beschreibung hier einfügen*) nervöser war als nötig. Ich habe versucht, witzig und schlagfertig zu sein, um damit meine Unsicherheit zu verdecken und mich zu beruhigen. Einiges von dem, was ich gesagt habe, ist wohl mißverstanden oder falsch ausgelegt worden. Meine Bemerkungen waren wohl nicht sehr angebracht.

Während ich mich mehr entspanne und weiter öffne, wird mir auch klar, daß ich mich in solchen Situationen mehr entspannen kann. Ich kann in den Problemsituationen genauso entspannt sein wie jetzt.

Von nun an, noch bevor ich zur Arbeit gehe oder mit einer für mich wichtigen Situation konfrontiert werde (*seien Sie spezifisch in bezug auf die Situation*), kann ich Selbsthypnose üben und die Umstände durchspielen, in denen ich mich wiederfinden werde. Bei diesen Erlebnissen kann ich viel effektiver, viel ruhiger und viel selbstsicherer sein als zuvor."

Diese Suggestionen geben den Ton für die Veränderungen, die Sie machen möchten. Sie haben Ihre Motivation erhöht. Sie haben sich klargemacht, daß mentales Durchspielen Ihnen beim Herbeiführen der gewünschten Veränderungen helfen wird. Nun können Sie beim Durchspielen Ihre Fähigkeiten entwickeln, um in den entsprechenden Situationen erfolgreicher aufzutreten.

„Während ich Situationen am Arbeitsplatz in Gedanken durchspiele, sehe ich mich auf dem Weg zur Arbeit. Um mich von Ängsten völlig zu befreien, stelle ich mir vor, wie ich über eine Schnur stolpere, gegen den Schreibtisch trete, herumstottere oder Dummheiten von mir gebe. Ich kann sogar über das, was ich tue, amüsiert sein. Das wird mir helfen, alle Ängste und Spannungen abzulegen, so daß ich an meinen positiven Veränderungen befreiter arbeiten kann. Nachdem ich mir nun alle nur möglichen Katastrophen vorgestellt habe, kann ich jetzt den positiven Möglichkeiten gegenüber offener sein."

Hier visualisieren Sie nochmals möglichst absurde Verhaltensweisen, um sich zu desensibilisieren. Sich selbst zu desensibilisieren ist eine gute Methode, um sich von den Spannungen und Ängsten über mögliche Fehlschläge zu befreien.

„Ich möchte mich gerne verändern, um mich ruhiger und entspannter zu fühlen – so wie gerade in diesem Augenblick – wenn ich meine Arbeitsstelle betrete (*beschreiben Sie die problematische Situation hier im Detail*). Ich gehe in das Zimmer, setze mich hin, nehme einige tiefe, befriedigende Atemzüge und erlebe einige der Auslöser, die ich mir gegeben habe, um mich mehr zu entspannen, mehr zu beherrschen und um effektiver zu sein."

Nun folgen die spezifischeren Suggestionen, die Sie für sich entwickelt haben, die posthypnotischen Auslöser, die Ihnen helfen werden, das gewünschte Verhalten auszulösen. Sie können Farben, spezifische Handlungen, Gegenstände oder sonst etwas benutzen, was Ihr Unbewußtes an die gewünschten Veränderungen erinnert. In Kapitel 5 können Sie nachlesen, wie Sie wirkungsvolle Auslöser entwickeln können.

Im Folgenden finden Sie einige grundlegende Ansätze, die Sie durch die Verwendung eigener Beispiele auf sich persönlich abstimmen können.

Die Bildertechnik

Angenommen, Sie wollen mehr Einsicht gewinnen in Ihre Fähigkeiten, mit Ihrem Partner oder Liebhaber, Ihren Freunden oder Arbeitskollegen umzugehen.

Stellen Sie sich ein Foto von sich selbst vor. „Sehen" Sie ein Bild vor sich, das jemand von Ihnen aufgenommen hat. Es gibt ein Positiv und ein Negativ. Jeder von uns hat positive und negative Seiten.

Während Sie sich im Zustand entspannter Selbsthypnose befinden, betrachten Sie den Negativteil von sich. Sehen Sie, auf welche Art dieser negative Teil Ihnen schadet, Sie von anderen isoliert oder andere Menschen vor Ihnen zurückschrecken läßt. Beobachten Sie die negativen Aspekte in Ihrer Interaktion mit anderen, in der Art, wie Sie mit anderen kommunizieren – sozial, sexuell, verbal und nonverbal. Lassen Sie diese negativen Verhaltensweisen in Ihrer Vorstellung ganz lebendig werden und versuchen Sie die Ursache zu erkennen. Schauen Sie sich den Teil von sich genau an, der Sie unterdrückt, belastet, Sie davon abhält zu tun, was Sie vielleicht tun wollen. Untersuchen Sie die Teile, die sich minderwertig fühlen, die Teile ohne Selbstvertrauen. Versuchen Sie, diese Teile Ihrer Persönlichkeit besser zu verstehen.

Die Selbsteinschätzung Ihrer negativen Aspekte in Trance soll allerdings nicht zu viel Zeit in Anspruch nehmen. Sich in Orgien der Kritik hineinzusteigern und mit Schuldgefühlen zu belasten ist nicht Sinn der Übung, denn es geht schließlich darum, sich selbst besser zu verstehen (lassen Sie Selbstkritik und Schuldgefühle beiseite; Sie beobachten und erforschen nur).

Unterhalten Sie sich in Ihrer Trance ganz zwanglos. Verwenden Sie Ihre eigene, flexible und offene Sprache. Sie könnten zum Beispiel folgendes sagen: „Ich kann mir richtig vorstellen, wie ich mich über meinen Bruder ärgere. Der negative Teil in mir möchte ihm etwas an den Kopf werfen. Ich würde ihn am liebsten anbrüllen. Ich könnte sogar Dinge sagen, die nicht stimmen, weil ich ihn verletzen will. Ich sehe, wie ich immer verbohrter werde, wie ich mich stur weigere, die Wahrheit zu erkennen, obwohl ich unrecht habe."

Weitere Suggestionen könnten sein: „Während ich schaue und meine negativen Aspekte sehe, kann ich diese Elemente ganz genau beobachten. Ich kann besser verstehen, wieso ich das tue. Ich kann sie sogar von meinen positiven Verhaltensweisen trennen. Ich kann mir vorstellen wie es wäre, wenn nur meine negativen Aspekte in eine Beziehung, in meine Arbeit oder mein Sexualleben eingehen würden."

Während Sie diese Vorstellungen weiterentwickeln, werden Sie vielleicht wahrnehmen, wo die Ursachen der Negativität liegen. Vielleicht haben Sie es schon von Ihren Eltern gelernt. Vielleicht aus Kindheitserfahrungen übernommen. Es wird Ihnen möglich sein, sich und die Umstände im Trancezustand klarer zu sehen.

Dieser Prozeß kann einige Sitzungen in Anspruch nehmen. Nehmen Sie sich genug Zeit, um diese negativen Aspekte Ihrer Persönlichkeit so bildhaft und klar wie möglich in Ihrer Phantasie entstehen zu lassen (ohne sich selbst fertigzumachen).

Es ist so, als ob man Ölschmiere von einer Fensterscheibe wischt, um besser durchblicken zu können. Zuerst verschmiert das Öl nur. Nach etwas größeren Anstrengungen löst sich die Unklarheit auf, und Sie bekommen einen Einblick in die Ursachen für Ihre negativen, selbstzerstörerischen Handlungsweisen.

Sobald Sie fühlen, daß Sie Ihre negativen Seiten genug erforscht haben, wenden Sie sich Ihren positiven Aspekten zu. Vielleicht sehen Sie das Negative daneben als einen starken Gegensatz. Verbringen Sie mindestens genauso viel oder noch mehr Zeit mit der Erforschung Ihrer positiven Seiten und Ihren Veränderungsmöglichkeiten, wie Sie zuvor in die negativen Seiten investiert haben.

Sie können sich suggerieren: „Die dunklen Aspekte in mir können sich leicht in helle, positive Schattierungen verwandeln, so wie ein Negativ durch Entwicklung zum Positiv wird. Mit meinen neuen Erfahrungen aus dieser Selbsteinschätzung kann ich die meisten meiner negativen Teile zum Positiven hin entwickeln. Durch die Entwicklung meines Bewußtseins und Denkens kann ich positive Veränderungen in meinem Leben bewirken."

Wachstum auf dem Bauernhof

Stellen Sie sich in Selbsthypnose als ein großes Stück Land vor. Teile des Bodens sind bereits für den Anbau der besten Früchte abgeteilt worden. Und es gibt einen Teil, der voller Unkraut ist und scheinbar am wenigsten fruchtbar. Ihr geistiger Monolog könnte sich vielleicht folgendermaßen anhören: „Ich weiß, daß ich eine Menge Unkraut loswerden will. Es wird etwas Arbeit kosten, das Unkraut zu jäten und dieses Feld zu bestellen. Ich will natürlich, daß möglichst viele meiner Böden produktiv sind. Folglich werde ich Wege finden, um zu diesem negativen, zugewachsenen Teil von mir vorzudringen, um zu verstehen, wie sie entstanden sind, und sie dann bestellen.

Wenn ich einen meiner negativen Aspekte verstanden habe, ist es geradeso, als hätte ich Unkraut gejätet. Manche Unkräuter haben eine erstickende Wirkung, wie auch einige meiner negativen Handlungen.

Andere Unkräuter, genau wie andere Teile von mir, können die Sonne abhalten und das Wachstum an diesen Stellen verhindern. Ich kann diese Vegetation, die ihren Schatten auf meine Pflanzen wirft und deren Wachstum hemmt, beseitigen. Je mehr ich von mir verstehe, um so besser kann ich mein Feld bestellen.

Ich verstehe, wie notwendig Gleichgewicht für mein Leben ist. Ich weiß, daß ich das Unkraut, das ich erreichen kann, ausreißen will – das Hinderliche, das mir am meisten im Wege steht. Aber ich weiß auch, daß ich einiges Unkraut stehen lassen kann und doch Gleichgewicht besteht. Es ist nicht nötig, alles Unkraut zu entfernen, um eine fruchtbare und reichhaltige Ernte zu erzielen.

Malen Sie sich bunt an

Sie befinden sich in einer entspannten Trance und stellen sich vor, wie Sie eine Schachtel mit Buntstiften oder Farben holen. Suchen Sie sich die Farben heraus, die am besten darstellen können, wie Sie sich gerade fühlen. Malen Sie sich in Gedanken.

Vielleicht fühlt sich ein Teil rosa und ein anderer blau. Es ist einerlei, welche Farben Sie wählen. Vielleicht sind es unterschiedliche Töne von Grün, Gelb, Rot oder Lila.

Nachdem Sie sich zu Ende gemalt haben, schauen Sie sich alle Farben genau an und sehen Sie, welches Ihre Lieblingsfarbe ist. Dann erkunden Sie, welche Farbe Ihnen am wenigsten angenehm ist und suchen die Farben heraus, die die am wenigsten hilfreichen Anteile Ihrer Persönlichkeit repräsentieren.

Schauen Sie genauer auf die Farben, die Ihre dunkleren, negativeren Seiten repräsentieren. Vielleicht fällt Ihnen auf, womit diese Farben in Ihrem Inneren am engsten in Zusammenhang stehen. Nehmen Sie sich Zeit, diesen Teil ganz genau zu erforschen. Drehen Sie die Vorstellung um, stellen Sie sie gedanklich auf den Kopf.

Vielleicht ist es ein dunklerer Blauton, der den negativen Teil ausmacht, im Gegensatz zum Hellblau, das für die positivere, selbstsicherere und kreativere Seite steht. Unter Verwendung Ihrer Vorstellungskraft können Sie vielleicht herausfinden, was Sie tun können, um die dunkleren Farben heller werden zu lassen. Stellen Sie sich diese Frage.

Vielleicht lassen mehr Licht und ein besseres Verständnis die dunklen Gebiete heller werden. Vielleicht braucht Ihr Bild mehr Licht – muß bestimmten Menschen, bestimmten Orten mehr ausgesetzt werden. Vielleicht sollten Sie sich suggerieren, neue Orte zu erkunden oder andere Menschen kennenzulernen.

Indem Sie Farben als Symbole für Veränderungen benutzen, können Sie Ihre negativen und positiven Aspekte erforschen und sich eine Farbpalette und eine Leinwand für Bewußtheit und Veränderungssuggestionen zusammenstellen.

Grenzenlos glücklich

Während Sie in Selbsthypnose sind, lassen Sie ein Bild von sich entstehen, das Sie unsagbar glücklich zeigt. Dann fragen Sie sich: „Wie alt bin ich da gerade, als ich grenzenlos glücklich war?“

Sind Sie fünf Jahre alt? Zwanzig, vierzig oder fünfundsechzig Jahre? Gleichgültig, wie alt Sie in Ihrem Phantasiebild sind, verknüpfen Sie das Bild mit Ihrer heutigen Person. Sehen Sie sich ganz klar, damals und jetzt. Und wenn das Alter übereinstimmt, entwerfen Sie ein deutlicheres Bild von der Person, die Sie jetzt sind.

Gehen Sie wieder zu dem Alter, in dem Sie so glücklich sind wie nie zuvor. Fragen Sie diesen Teil von sich – ihr Selbst, das vielleicht jünger oder älter und weiser ist – was bei dieser Selbsteinschätzung wohl der beste Weg sei, um die Frage zu beantworten oder das Ziel zu erreichen. Respektieren Sie sich so, wie Sie jetzt sind, und freuen Sie sich auf die positiven Veränderungen, die Sie durch diese Arbeit erzielen werden.

Sie kennen das alte Sprichwort, daß vier Augen mehr sehen als zwei. Vielleicht können ihre eigenen vier Augen, die zwei bewußten und die zwei unbewußten, hier gemeinsam auf Ihr Ziel hinarbeiten.

Stärkung der Selbstachtung

Manche Menschen wollen ihre Selbstachtung entwickeln oder stärken. Wie Michael Yapko in seinem Buch „Trancework" (1990) beschreibt, ist allein schon die Entdeckung, daß Sie fähiger und effektiver sind, als Sie bisher dachten, ein Weg, Ihr Selbstwertgefühl zu stärken.

Erforschen Sie beispielsweise in Trance, auf welchem Gebiet Sie sich mehr Anerkennung wünschen – bei der Arbeit, in der Familie, im Freundesbereich oder bei gesellschaftlichen Bekanntschaften. Schauen Sie, wie Sie in der Vergangenheit mit Kritik an Ihrer Person umgegangen sind. Wie gehen Sie mit Anerkennung und Lob um? Werten Sie mit einem „Ja, aber ..." ab oder nehmen Sie sie mit einem einfachen „Dankeschön" an?

In Trance können Sie die positiven Bemerkungen aufnehmen, sie ganz verinnerlichen, und die angenehme Wärme der Selbstbestätigung verspüren und sich ausbreiten lassen. Zollen Sie sich gerade jetzt Anerkennung für all das Neue, das Sie gelernt haben (egal wie weit Sie bisher gekommen sind). Erinnern Sie sich daran, daß das, was Sie gerade im Moment tun, nämlich dieses Buch durchzuarbeiten und zu lesen, Sie fähiger und effektiver werden läßt, als Sie jemals gedacht haben.

Drei Seiten einer Medaille

Hierbei handelt es sich um eine Abwandlung der „Grenzenlos-glücklich-Technik". Grenzen Sie drei verschiedene Teile Ihrer Persönlichkeit klar ab, den elterlichen Teil, der Sie beaufsichtigt und sich um Sie kümmert, den lernenden Teil, der sich wundert, Fragen stellt und etwas über das Leben lernt, und Ihren weisen Anteil, der organisiert, einlenkt und Ihnen hilft, ins Gleichgewicht zu kommen und Lösungen zu finden. Sie können sich diese Teile wie die drei Seiten eines Dreiecks vorstellen oder wie die drei Seiten einer Münze, wobei der Rand die dritte Seite bildet. Lassen Sie Ihrer Phantasie beim Entwickeln der Vorstellungsbilder freien Lauf. Stellen Sie sich diese drei Teile Ihres Selbst so vor, wie es für Sie am einfachsten ist.

In Selbsthypnose haben Sie die Fähigkeit, gezielter und konzentrierter zu arbeiten. Trancezeit ist ungestörte Zeit, die Ihnen erlaubt, dem Nutzen aus Ihrem Unbewußten Beachtung zu schenken. Der Nutzen liegt in Ihrer Fähigkeit, sich selbst aus drei verschiedenen Perspektiven zu sehen, diese drei Blickwinkel genau zu untersuchen und aktiv an sich zu arbeiten.

Der elterliche Teil sagt Ihnen vielleicht, was Sie tun sollen. Sie können diesen Teil von sich erforschen, mit allen positiven und negativen Aspekten. Dieser elterliche Teil in Ihnen entspricht in etwa Ihrem Bewußtsein und beinhaltet Verhaltensweisen, die Sie erlernt und entwickelt haben.

Dann wenden Sie sich dem Schüler in sich zu, demjenigen, der lernen will. Dieser Teil von Ihnen hat vielleicht auch viele Wünsche und Erwartungen. Unsicherheit und Schwäche können sich hier aufhalten. Eventuell entdecken Sie auch kindisches, unberechenbares, selbstzerstörerisches Verhalten. Untersuchen Sie diese Seite Ihrer Persönlichkeit ebenfalls genau.

Am Ende nun können Sie Ihren weisen Anteil konsultieren. Es ist der Teil in Ihnen, der für Gleichgewicht sorgt, der Teil, der Sie führt. Aus dieser Perspektive können Sie – nachdem Sie sich von den anderen beiden Gesichtspunkten aus betrachtet haben – einige Einsichten zur Veränderung Ihrer Gesamtpersönlichkeit gewinnen.

Experimentieren Sie mit dieser Technik. Nehmen Sie sich vielleicht eine Trancesitzung Zeit für jeden Teil Ihres Dreiecks, Ihrer Münze oder welche Form die drei Teile Ihres Selbst in Ihrem Vorstellungsbild auch immer angenommen haben. Machen Sie sich gleich anschließend Notizen, um Ihre Gefühle, Beobachtungen und

Ideen für Veränderungen festzuhalten. Es ist ein Vorgehen, als würden Sie Exkursionen zu verschiedenen Teilen in sich selbst unternehmen. Lesen Sie Ihre Notizen vor jeder neuen Entdeckungsreise durch.

Selbstuntersuchung bei körperlichen Problemen

Viele körperliche Probleme wie Hautleiden, Magengeschwüre, Reizdarm, Übergewicht und hoher Blutdruck haben eine psychische Grundlage. Ein Teil der Ursachen kann emotional sein – Verspannung, Streß und unterdrückte Wut- oder Schuldgefühle. Diese seelischen Symptome werden in Körpersymptome umgewandelt. Sie suchen nach Wegen, um diese krankmachenden Ursachen so abzuändern, daß Sie besser mit ihnen umgehen können.

Vergessen Sie nicht, daß einige Ihrer Probleme auch physische Ursachen haben können – wie Bakterien, Viren, Chemikalien und Reizstoffe, die Ihre Haut angreifen können. Jede körperliche Krankheitserscheinung, jedes Ungleichgewicht sollte zuerst durch einen Arzt abgeklärt werden. Neben dieser medizinischen Behandlung sollten Sie auch Selbsteinschätzung betreiben, um mögliche psychologische Ursachen aufzudecken, die eventuell zu den störenden Körpersymptomen beigetragen haben.

Ihre Haut ist beispielsweise ein Organsystem, das in ganz engem Zusammenhang mit Ihrem Nervensystem steht, und sie ist oft eine der ersten Körperregionen, die durch emotionale Faktoren gestört wird (siehe Kapitel 19 zu Hautproblemen).

Wir verwenden hier Hautprobleme als ein Beispiel, um aufzuzeigen, wie Sie durch Selbsthypnose psychische Ursachen körperlicher Probleme untersuchen können. Dieselben Methoden können jedoch bei vielen anderen Körperproblemen ebenfalls angewendet werden.

Sie können, wenn Sie in einer angenehm entspannten Trance sind, beginnen, indem Sie sich auf das kranke Gebiet Ihres Körpers konzentrieren. Fühlen Sie diesen Teil ein bißchen stärker als Ihre anderen Teile. Achten Sie darauf, wie sich die Region anfühlt, wie sie sich in der Vergangenheit angefühlt hat und wie viel bequemer sie sich in Zukunft anfühlen kann.

Erleben Sie eine Veränderung in diesem Bereich. Stellen Sie sich ein Kribbeln vor, so als hätte man eine medizinische Salbe aufgetragen. Stellen Sie sich eine Abkühlung vor, als ob kaltes Wasser über diesen Bereich fließt.

Erinnern Sie sich und suggerieren Sie sich: „Meine Haut ist das größte Organ meines Körpers und vielleicht das erste, das auf meine Emotionen reagiert. Wenn ich verlegen bin, wird mein Gesicht rot. Wenn ich ärgerlich bin, wird meine Haut rot. Wenn ich Angst bekomme, wird meine Haut kalt und feucht."

Ihre Haut reagiert auf Temperatur und Druck. Sie beschützt Ihre inneren Organe vor Verletzungen.

Beginnen Sie sich Parallelen zwischen Ihrer Haut und bestimmten Erlebnissen Ihres Lebens vorzustellen. Falls hauptsächlich Ihre Füße betroffen sind, versuchen Sie Verbindungen zu schaffen zwischen Ihren Füßen und dem Problem, unter dem Sie leiden. Erforschen Sie zum Beispiel die Gründe, warum Sie Warzen hauptsächlich unter den Fußsohlen haben oder warum ein Fuß mehr betroffen ist als der andere.

Stellen Sie sich eine Reihe von Fragen und beantworten Sie diese, so gut Sie können. Achten Sie auf Ihre Reaktionen. Tun Sie das in einer Art Unterhaltung. Sprechen Sie mit sich in Selbsthypnose, so wie Sie mit einem Freund oder einem Berater sprechen würden. Seien Sie Ihr eigener Berater. Erforschen Sie im Geiste, visuell und im Selbstgespräch die verschiedenen Aspekte Ihres Zustandes. Wonach Sie suchen, sind Verbindungen und Zusammenhänge, etwas, das in Ihrem Unterbewußtsein „klick" macht und Sie auf den Weg zu positiven Veränderungen bringt. Etwas, das Ihnen sagt: „Genau, das ist mir früher nie aufgefallen!"

Angenommen, Sie haben ein Hautproblem an den Händen. Sie könnten sich suggerieren: „Meine Hände fühlen die Kühle der Gegenstände, die ich berühre. Sie können die Hitze eines Feuers spüren. Mit meinen Händen kann ich viele Gefühlsempfindungen in den Griff bekommen. Mit meinen Händen kann ich Dinge greifen." An dieser Stelle könnten Sie vielleicht eine Faust machen, so als ob Sie etwas greifen würden.

Falls ein anderer Teil von Ihnen ein Problem hat, so könnten Sie diesem Teil vielleicht vorangehen oder darauf zurückblicken.

Vielleicht achten Sie einmal darauf, wie Sie gestikulieren oder sich kratzen, wenn Sie frustriert oder nervös sind. Trance ist ein Zustand erhöhter Aufmerksamkeit. Richten Sie diese Aufmerksamkeit auf den betroffenen Körperbereich.

Während der Selbsthypnose können Sie sich vielleicht vorstellen, in einen kristallklaren See zu blicken. Versuchen Sie Ihr Spiegelbild darin zu sehen. Vielleicht wird Ihnen eine Erinnerung, eine Person, ein Ort oder ein Ereignis in den Sinn kommen. Vielleicht sehen Sie ein Bild von Ihren Eltern, von Ihren Mitarbeitern oder Ihrem Ehepartner. Und diese Reflexion kann Ihnen zur Einsicht verhelfen. Was auch immer in Ihren Gedanken auftaucht, prüfen Sie es und erinnern Sie sich an jede mögliche Verbindung, die diese Erinnerung vielleicht mit Ihrem Hautproblem hat.

Ihr Unbewußtes ist mehr als bereit, mit Ihrem bewußten Teil zu kommunizieren, wenn Sie nur die Verbindungsleitungen offenhalten. Selbsthypnose bietet den Vorteil der offenen Leitungen.

Hierbei handelt es sich um einen Entwicklungsprozeß. Es ist möglich oder auch nicht, schon beim ersten oder zweiten Üben der Technik Einsichten zu gewinnen. Sie müssen sich zum regelmäßigen Praktizieren verpflichten. Es kann eine Woche täglichen Übens brauchen, bevor Sie zu irgendeiner Einsicht in Ihr Problem gelangen.

Experimentieren Sie. Halten Sie Ausschau nach den kleinsten Hinweisen auf eine neue Perspektive. Der kleinste Zweig eines neuen Verständnisses kann zu einem Baum heranwachsen, wenn Sie ihn nur gut nähren. Der Prozeß Ihrer persönlichen Untersuchung und Entwicklung kann so aufregend sein, wie es damals war, als Sie als Kind einen geheimnisvollen Teich voller Leben erforschten. Seien Sie bei Ihrer Arbeit geduldig. Sie sind hier Ihr eigener Therapeut und haben damit auch selbst beschlossen, wie Sie behandelt werden möchten. Behandeln Sie sich entsprechend.

Sie benutzen die Techniken der Selbsthypnose, um sich besser kennenzulernen. Falls Sie sich sehr deprimiert fühlen oder sogar selbstzerstörerische Tendenzen haben, sollten Sie professionelle Hilfe in Anspruch nehmen. Dieses Kapitel ist kein Ersatz für professionelle Hilfe, wenn sie nötig sein sollte.

Die Kraft von Ritualen

Onno van der Harts Buch *Rituals in Psychotherapy* (1983) bietet ein hervorragendes Beispiel für die Anwendung von Ritualen bei der Selbsteinschätzung, um aus festgefahrenen Situationen wie etwa Trauer herauszufinden. Ein Beispiel beschreibt eine junge Frau, die anorektische Verhaltensmuster zeigte. Seit dem Tode ihres jüngeren Bruders bei einem tragischen Verkehrsunfall hatte sie sehr wenig gegessen. In der Familie wurde nicht über den Tod des Sohnes gesprochen, und für mehr als zwei Jahre wurden Trauer und emotionale Äußerungen darüber weder ermutigt noch erlaubt.

Dann entschied der Vater, daß es nun Zeit sei, die Kleidung des Verstorbenen zu entfernen. Nun kamen Gefühle an die Oberfläche, und es wurde darüber diskutiert, was mit den Kleidungsstücken geschehen solle. Der Vorschlag, die Kleider im Garten zu begraben, wurde angenommen. Auch die anorektische Schwester half, das Loch zu graben und die Kleidung hineinzulegen.

Die Familie pflanzte einen Baum auf das Kleidergrab. Bald darauf begann die Schwester wieder zu essen. Sie sprach auch wieder von ihrem Bruder.

Haben Sie einen Verlust erlitten, den Sie noch nicht ausreichend betrauert oder verarbeitet haben, so ist es hilfreich, für sich selbst ein Ritual zu schaffen, das erlaubt, Gedanken, Gefühle, Gegenstände oder andere Symbole, die mit der Trauer in Verbindung stehen, loszulassen.

Schaffen Sie eigene Bilder und Symbole zur Selbsterkundung

Der Prozeß der ganz ehrlichen und offenen Betrachtung Ihres Inneren ist oft am besten mit Hilfe von Symbolen und Bildern durchführbar, die aus Ihrer eigenen Erfahrung erwachsen. Ein Weg, diese Symbole zu finden, ist es, die folgende Frage zu beantworten: „Wo kann ich mein Spiegelbild am besten sehen?"
Haben Sie sich in einem Spiegel gesehen? Was für ein Spiegel war das? Vielleicht war es ein runder Spiegel oder ein großer Spiegel an einer

Tür, in dem Sie sich ganz sehen konnten, oder ein Badezimmerspiegel, oder waren es Spiegelfliesen an einer Wand?

Vielleicht erinnern Sie sich an eine Zeit, als Sie Ihr Spiegelbild in einem Fenster sahen oder in einem klaren, stillen See. Vielleicht erinnern Sie sich an Ihre Reflexion auf einem Teller oder auf einer glänzenden Metalloberfläche. Sie haben Ihr Spiegelbild an so vielen verschiedenen Orten gesehen. Welcher fällt Ihnen gerade ein? War es zu Hause, in einem Geschäft, am Strand oder in Ihrem Auto?

Nehmen Sie das Spiegelbild, das in Ihrer Erinnerung und in Ihrem Vorstellungsvermögen am klarsten erscheint. Richten Sie Ihre selbsthypnotische Trance in Gedanken auf diesen Ort. Beschreiben Sie den Ort für sich. Versetzen Sie sich dorthin und erleben Sie, wie es sich anfühlt, dort zu sein. Aus Ihrem Spiegelbild an diesem Platz können Sie besser definieren, wer Sie sind, wer Sie waren und wer Sie sein wollen.

Die persönliche Relevanz ist es, die den Prozeß der Selbsthypnose so wirksam macht. Sie geben sich selbst die Kraft, Veränderungen von innen heraus zu vollziehen. Die Metaphern, die Sie für Ihre abstrakte Suggestionssprache benutzen, müssen nicht perfekt sein. Formen und gestalten Sie sie für Ihre eigenen Zwecke. Ihr Unbewußtes kennt Ihre Absicht. Dieser Teil von Ihnen wartet nur darauf, sich zu Wort melden zu dürfen und Sie bei Ihren positiven Veränderungen zu unterstützen.

Viele andere Kapitel dieses Buches werden Sie auf dieses Kapitel zurückverweisen. Durch die hier gelernten Fertigkeiten können Sie psychologische Konflikte und Ängste besser verstehen, die sich hinter Problemen wie Asthma, Schlafstörungen, Selbstzweifel, Furcht oder Ratlosigkeit verbergen. Während der Selbsthypnose können Sie offener, verständnisvoller und objektiver mit sich selbst umgehen.

Zusammenfassung

1. Beginnen Sie, indem Sie Ihr Ziel oder die Problemstellung für die innere Erforschung so spezifisch wie möglich aufschreiben.
2. Gehen Sie die Umstände und Situationen durch, die Ihr Problem oder Ihre Zielsetzung umgeben. Benutzen Sie den Trancezustand,

um Ihrer gegenwärtigen Situation gegenüber offen zu sein, auch offen, um sie zu verändern. Verpflichten Sie sich dazu, an den gewünschten Veränderungen zu arbeiten.

3. Betrachten Sie die Gegebenheiten und Situationen, die mit Ihrem Problem in Zusammenhang stehen, während der Selbsthypnose. Nutzen Sie Ihr bildhaftes Vorstellungsvermögen, um vergangene und zukünftige Situationen im Geiste zu durchlaufen. Stellen Sie sich sowohl positive als auch negative Ereignisse vor. Bauen Sie Angst vor möglichen Fehlern oder Peinlichkeiten ab. Akzeptieren Sie sich so, wie Sie jetzt sind. Beginnen Sie Ihre Arbeit von diesem Punkt aus.
4. Schreiben Sie alle Gefühle, Gedanken, Erkenntnisse oder Suggestionsideen auf, die Sie während Ihrer selbsthypnotischen Trance beobachtet oder entwickelt haben.
5. Geben Sie sich genügend posthypnotische Suggestionen und Auslöser, die die gewünschten Veränderungen in Gang bringen. Entwickeln Sie Auslöser, die Ihre Veränderung und Ihre Zielmotivation verstärken.

Literatur

Crailsneck, H. B. a. J.A. Hall (1985): Clinical hypnosis: Principles and applications. New York (Grune & Stratton).

Hammond, D.C. (1990): Handbook of hypnotic suggestions and metaphors. New York (W.W. Norton/American Society of Clinical Hypnosis).

Hartland, J. (1971): Medical and dental hypnosis. Baltimore (Williams & Wilkins).

Jobsis-Murray, J. (1984): Hypnosis with severely disturbed patients. In: Wester a. Smith (eds.): Clinical hypnosis: A multidisciplinary approach. Philadelphia (J.B. Lippincott).

Kroger, W.S. (1977): Clinical and experimental hypnosis. Philadelphia (J.B. Lippincott).

Van der Hart, O. (1983): Rituals in psychotherapy. New York (Irvington).

Yapko, M.D. (1990): Trancework: An introduction to the practice of clinical hypnosis. 2nd ed. New York (Brunner/Mazel).

Kapitel 17

Hilfe bei Allergien und Asthma

Vielleicht haben Sie selbst eine Allergie oder Asthma, oder Sie kennen jemanden, der darunter leidet. Allein in Amerika sind ungefähr 35 Millionen Menschen von Allergien betroffen.

In dieser großen Menschengruppe gibt es große Unterschiede in den allergischen Reaktionen und im Grad des Leidens. Allergische Reaktionen können von einer laufenden Nase bis zum Nesselausschlag reichen. Bei Asthmatikern umfassen die Symptome Atemnot und ein Engegefühl in der Brust, was angsterregend und in einigen Fällen lebensbedrohlich sein kann.

Menschen, die an Allergien und Asthma leiden, reagieren auf alles mögliche allergisch, von Angorakatzen bis hin zu Zinnien. Und da es eine so große Vielfalt von Allergien gibt, kann es keine Standardformel für die Anwendung von Selbsthypnose geben, um Linderung zu schaffen.

Falls Sie noch nicht von einem Arzt wegen Ihrer Beschwerden untersucht worden sind, holen Sie das jetzt erst einmal nach. Sie müssen so viel wie möglich über Ihre Allergie oder Ihr Asthma in Erfahrung bringen.

Wenn Sie an einer Allergie oder an Asthma leiden und bestimmte Substanzen oder den Kontakt mit Tieren vermeiden müssen, so können Sie mit Selbsthypnose Hilfe finden. Beginnen Sie, indem Sie sich mit Selbsthypnose entspannen und etwas von der Angst abbauen, die mit dem Kummer und den Sorgen über Ihre Allergie zusammenhängt.

Als nächstes beschäftigen Sie sich vielleicht mit der in Kapitel 16 vorgeschlagen Selbsteinschätzung, um in Ihren Erinnerungen nach emotionalen Zusammenhängen zu Ihren asthmatischen und allergischen Reaktionen zu suchen.

Milton Erickson benutzte den Ansatz, alte Probleme von einem neuen Blickwinkel aus zu betrachten, als Veränderungstechnik. Er bot Allergikern und Asthmatikern die Möglichkeit, Ihre Fragen oder ihre Reaktionen auf körperlichen und psychologischen Streß aufzuschreiben.

Menschen sind of überrascht, wenn sie ihre Ansichten in Hypnose aufschreiben und dann Fingerzeige erhalten, die Ihnen helfen, alte Rätsel zu lösen und Leiden zu lindern.

Ein Tagebuch anlegen

Schreiben Sie ein paar Anmerkungen und Beobachtungen über den Verlauf Ihres Problems auf. Ist Ihre Allergie abhängig von der Jahreszeit? Gibt es Tätigkeiten oder Situationen, die die Reaktion verstärken oder abschwächen? Wann ist die Allergie zum ersten Mal aufgetreten? Wie hat sie sich über die Jahre verändert? Gibt es Zeiten, zu denen Sie keine allergischen Reaktionen auf die sonst allergieauslösenden Stoffe zeigen? Wie und wann war es, als Ihre Reaktion am schlimmsten bzw. am leichtesten war? Stellen Sie sich so viele Fragen über Ihre Allergie oder Ihr Asthma wie möglich und schreiben Sie sie auf. Oft kann das Aufschreiben ein Weg sein, um ein Gefühl oder einen Gedanken aus Ihrem Körper zu entfernen. Sie bringen sie zu Papier.

Schreiben Sie Ihre Beobachtungen und Erinnerungen auf. Falls Sie sich nicht an alle Dinge erinnern können, fragen Sie Ihre Familie oder langjährige Bekannte. Sie werden erstaunt sein, wie viel andere bemerkt haben, was Ihnen selbst entgangen ist.

Ziel und Zweck eines Tagebuchs ist es, Ihnen zu helfen sich zu öffnen, indem Sie Ihre Lage verstehen und akzeptieren. Der nächste Schritt besteht dann natürlich darin, mit Suggestionsstrategien eine Veränderung zu bewirken. Ihr detailliertes Wissen über Ihre Allergie hilft Ihnen, effektive Suggestionen für ihre Heilung zu entwerfen.

Wie sich Asthma von Allergien unterscheidet

Es gibt viele Ähnlichkeiten zwischen Asthma und Allergien. Es lohnt sich jedoch, auf einige Unterschiede zu achten.

Bei einem Asthmaanfall ist die Atmung betroffen. Es kann zu einer Verengung der Kehle oder der Bronchien kommen, die bei schweren Reaktionen lebensbedrohlich sein kann. Allergiker sind in der Regel von einem begrenzten Problem betroffen. Asthma kann dagegen viel ernster und schwächender sein. Viele Studien, wie die derbekannten Ärzte T.M. French und F. Alexander (1941), zeigen, daß Asthma oft eine emotionale Grundlage hat. Häufig müssen Asthmatiker psychologisch untersucht werden, um herauszufinden, warum der asthmatische Zustand eigentlich eingetreten ist oder welche emotionalen Verknüpfungen eine Reaktion auslösen können.

In vielen Fällen tragen auch unterdrückte Gefühle zu Asthmasymptomen bei. Emotionen wie Ärger, Traurigkeit oder Angst können, wenn Sie nicht offen ausgedrückt werden, ein Erstickungsgefühl hervorrufen. Der körperlicher Ausdruck dieser emotionalen Blockade kann ein asthmatischer Erstickungsanfall sein.

Oft helfen in Selbsthypnose gegebene Suggestionen, blockierte Gefühle zu befreien. Ihre Suggestionen helfen Ihnen, die Kommunikation mit sich, Ihrer Familie und Ihren Freunden zu verbessern. Sie sollten Ihre Emotionen ausdrücken, anstatt Sie zurückzuhalten.

Wenn Sie an Asthma leiden, müssen Sie sich womöglich von Traurigkeit oder Schmerz über einen Verlust befreien. Vielleicht waren Sie schon als Kind nicht in der Lage, Ihre Emotionen in einer Krisensituation abzureagieren. An sich halten – etwas unterdrücken – ,diese Reaktion aus Ihrer Kindheit kann zu einer Asthmaanfälligkeit geführt haben.

Wie bei Allergien sind Sie vielleicht auch bei Asthma in der Lage, durch die Behandlung der Symptome eine Besserung zu erreichen. Versuchen Sie das einmal als erstes. Obwohl Sie bei Asthma vielleicht besser beraten sind, wenn Sie Symptom und Ursache gleichzeitig bearbeiten.

Wenn die Ursache Ihres Asthmas psychologisch ist und auf unterdrückten Gefühlen beruht, die das Asthma auslösen, ist Abhilfe möglich. Wenn Sie Grund haben zu glauben, daß die unterdrückte Erinnerung an ein Ereignis oder eine Situation die Ursache Ihres Asthmas ist und daß diese Erinnerung zu tief in Ihrem Unbewußten verborgen liegt, um sie mit Selbsthypnose aufzudecken, sollten Sie vielleicht bei einem professionellen Therapeuten klinische Hypnose und Altersregression versuchen, um Ihre Erinnerungen zu entschlüsseln.

Sehr oft wird jedoch Selbsthypnose und eine starke Motivation Ihrerseits genügen, um Ihnen Erleichterung zu verschaffen und die Symptome zu beseitigen.

Die beste Zeit am Tag, um Symptome mit Selbsthypnose zu bekämpfen

Wann ist die beste Zeit, um mit Selbsthypnose gegen die Symptome anzugehen? Wenn Sie morgens üben, haben Sie die Möglichkeit, Kontrollen in Ihren ganzen Tag einzuprogrammieren und damit Anfällen vorzubeugen. Die Übung am Morgen kann auch dazu beitragen, Probleme von gestern zu klären, und sie ermöglicht Ihnen einen frischen Start in den neuen Tag.

Üben Sie abends noch einmal, um die Erfolge des Tages zu verstärken und an Suggestionen für den nächsten Tag zu arbeiten. Zu Beginn wird dieser Ansatz, in dem Sie nach und nach einen Selbsthypnosezyklus aufbauen, die besten und schnellsten Ergebnisse bringen.

Denken Sie daran, daß das effektivste Vorgehen bei allergischen und asthmatischen Reaktionen die Vorbeugung ist. Arbeiten Sie daran, Signale oder Vorboten eines Anfalls zu erkennen, so daß Sie den Anfall im Vorfeld stoppen können. Posthypnotische Auslöser können eingesetzt werden, um die Reaktion zu verhindern, bevor sie sich ganz ausbreitet.

Der Umgang mit einem aktuen Anfall

Schwieriger ist es, mit einem akuten Asthmaanfall oder einer schweren allergischen Reaktion umzugehen. Angst und Anspannung verschlimmern solche Anfälle. Um mit ihnen umzugehen, sollten Sie sich zuerst so gut wie möglich entspannen. Dies kann bei einem Asthmaanfall schwierig sein. Aber posthypnotische Auslöser zur Entspannung können Ihnen helfen, Ihre Angst und Ihre Anspannung zu reduzieren. Geben Sie sich spezifische Auslöser für Situationen, von denen Sie wissen, daß sie oft einen Anfall auslösen. Es folgen nun einige Beispiele.

Suggestionen und posthypnotische Auslöser zur Symptombekämpfung

Erinnern Sie sich an Erlebnisse, die die Gefühle symbolisieren, die Sie gerne hätten, wenn Ihre Symptome beseitigt wären. Wenn Sie Asthma haben, denken Sie an Bilder und Erfahrungen, die mit Offenheit und Weite in Ihrer Lunge und in Ihrer Kehle zusammenhängen, und schaffen Sie mit diesen Symbolen Auslöser. Zum Beispiel: „Ich fühle mich jetzt offener, so offen, wie der Tunnel, durch den ich in meinem letzten Urlaub gefahren bin." Oder, wenn Sie öfter fliegen: „Ich erinnere mich an die Weite der Täler und Ebenen, über die ich flog, und an die kühlen Winde, die um die Tragflächen wehten, und ich fühle jetzt diese Weite."

Wenn Sie im Innern eines Gebäudes arbeiten, könnte eine Suggestion lauten: „Ich erinnere mich an eine Türöffnung, die in einen großen, leeren Raum führt, und stelle mir die Gardinen vor, die vor einem offenen Fenster im Wind wehen. Das erinnert mich daran, daß auch ich mich freier fühlen kann, offener, und mich ein frischer Wind durchweht."

Wenn Sie von Beruf oder aus Hobby Installateur oder Gärtner sind, können Sie sich auf die Ausdehnung eines großen Rohres oder Gartenschlauches beziehen. Oder Sie können sich die weite Öffnung eines Eimers oder Kübels vorstellen.

Jedes dieser Bilder könnte zum Symbol dafür werden, wie sich Ihr Brustkorb und Ihre Kehle ausdehnen und öffnen – und Sie sind es, die die Bilder kontrollieren. Geben Sie sich die Suggestion, daß Sie so positiv reagieren können wie in Trance, wenn Sie sich diese Symbole vorstellen.

Fühlen Sie – wenn Sie eine Allergie haben – wie juckende Augen trocken werden, so wie Pflanzen, die feucht waren, trocken werdenoder wie ein feuchter Frühling, der sich in einen trockenen Sommer verwandelt.

Sie sollten sich für Ihre Arbeit an posthypnotischen Suggestionen zehn bis fünfzehn Minuten Zeit nehmen. Suggerieren Sie sich und stellen Sie sich vor, daß, wann immer Sie an Ihre Bilder denken, Sie die gewünschte Reaktion erzeugen können. Spielen Sie in Trance einmal durch, wie sich diese Veränderungen in Ihrem alltäglichen

Leben manifestieren. Lassen Sie im Geiste Situationen entstehen und reagieren Sie darauf, während Sie sich selbst auf Veränderung einstellen.

Sie können auch direktere Auslöser und Suggestionen auf der Grundlage des Psychologen Don Gibbons (1990) verwenden, wie zum Beispiel: „Wenn ich das Gefühl habe, daß ein Anfall kommt, nehme ich einen tiefen Atemzug und balle meine Faust. Ich kann die Veränderungen in mir spüren (*beschreiben Sie die Veränderungen, die Sie spüren*). Ich öffne meine geballte Faust, während ich gleichzeitig meine Lungen und meine Kehle öffne."

Diese direkten Auslöser lassen sich auch zur Desensibilisierung bei Allergien verwenden, und sie erlauben Ihnen, sich offener zu fühlen. So wie Ihr Auto Luft anzieht, wenn Sie den Motor hochjagen, kann Ihre Lunge angenehme, leichte Luft einatmen.

Ein Programm zum Umgang mit Allergien und Asthma

Rufen Sie sich zuerst die Teile Ihres Körpers, die von Allergie oder Asthma betroffen sind, möglichst klar ins Bewußtsein. Das Schaubild eines Körpers auf der nächsten Seite kann Ihnen dabei helfen. Nehmen Sie Farbstifte oder Marker und zeichnen Sie die Bereiche ein, die bei Ihnen betroffen sind.

Verwenden Sie nach Möglichkeit Farben, die die Reizung oder unangenehmen Gefühle repräsentieren. Sehen Sie den Bereich Ihres Körpers, an dem der Ausbruch ist, als eine Farbe; vielleicht stellen Rot oder Orange für Sie Hautreizungen dar. Und Augenreizungen stellen Sie sich gelb vor. Blau zeigt vielleicht die durch Asthma verursachten Atemschwierigkeiten in Ihrer Lunge oder Kehle an. Eine laufende Nase könnte rosa sein.

Welche Farbe Sie wählen, sollten Sie Ihrem Vorstellungsvermögen überlassen. Es ist wichtig, daß Sie ein mentales Bild von Ihrem Körper und den betroffenen Bereichen erhalten. „Sehen" Sie mental, wo Ihre Beschwerden liegen. Und wenn Sie keine Farbe mit Ihrer Beschwerde assoziieren können, suchen Sie sich einfach eine aus. Die erste Farbe, die Ihnen einfällt, ist in Ordnung.

Stellen Sie sich vor, wie sich die Farben vermischen, wie die schlechten Farben in Ihrem Körperschaubild sich in gute verwandeln. Visualisieren Sie, wie sich Anspannung in Lockerheit verwandelt.

Stellen Sie sich auch einen Geschmack, einen Geruch oder ein Geräusch vor, die Sie mit Ihrer Allergie assoziieren können. Indem Sie Ihre unbewußte Einstellung zu einem allergie- oder asthmaauslösenden Reiz verändern, helfen Sie, die allergische Reaktion zu beseitigen. Assoziieren Sie ein nichtallergisches Bild mit einer allergischen Substanz oder einem Reiz. Das hilft Ihnen, sich gegen den allergischen Auslöser zu desensibilisieren.

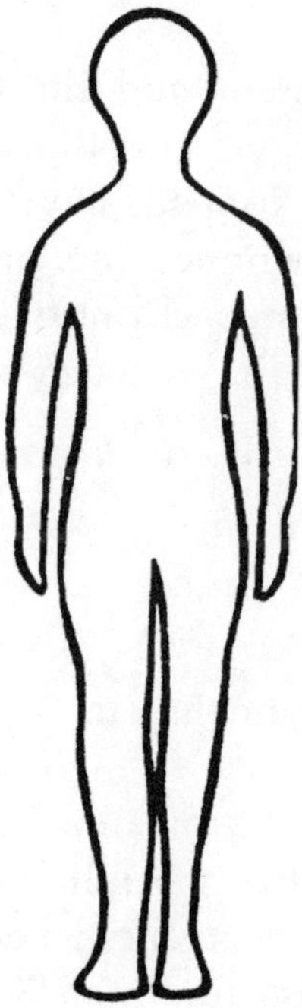

Erstellen Sie Bildsymbole Ihrer Allergie oder Ihres Asthmas, indem Sie die bei Ihnen betroffenen Teile mit einer bestimmten Farbe kennzeichnen und die nicht betroffenen Teile mit anderen Farben.

Zum Beispiel: „Oft fangen meine Augen an zu jucken und zu tränen, wenn ich mich in der Nähe von Katzen aufhalte. Mir wird bewußt, daß ich in Zukunft anders reagieren kann. Wenn ich eine Katze rieche, wird mich das an den Geruch der Jacke erinnern, die ich einmal hatte (*einen bestimmten Geruch, an den Sie sich erinnern*). Natürlich habe ich auf meine Jacke nicht allergisch reagiert, also sehe ich ein, daß ich auch nicht allergisch auf einen Geruch reagiere, der mich an meine Jacke erinnert." Durch Wiederholung dieser Suggestion wird daraus ein posthypnotischer Auslöser, der in Verbindung mit anderen Auslösern Ihre Reaktion verändern kann.

Fügen Sie Suggestionen hinzu, die Ihre visuelle Wahrnehmung von Katzen mit einschließt. Solch eine Suggestion könnte in etwa lauten: „Immer wenn ich eine Katze sehe, die sich mit mir in einem Zimmer befindet, fällt mir auf, daß unterschiedliche Katzen unterschiedlich gemustert sind. Es gibt tatsächlich selten zwei Katzen, die genau gleich aussehen. So verschieden die Katzen sind, so verschieden kann auch meine Reaktion auf sie sein. Ich bemerke, daß sich auch meine Reaktionen verändern und mir weniger auffallen, je mehr ich die Vielfalt der Katzen bemerke."

Dieser Ansatz gibt Ihnen Wahlmöglichkeiten, und Ihr Geist unterhält sich in Selbsthypnose mit Ihrem Körper, so daß Sie sich entspannen und bessere Erfahrungen machen können. Durch das Durchspielen Ihrer Bilder in Selbsthypnose beginnen Sie, andere Erfahrungen zu machen. Auch stärkt etwas mehr Kontrolle Ihr Selbstvertrauen, was eine gute Grundlage bildet für weitere Verbesserungen Ihres Zustands.

Ihre Selbsthypnoseübung

Ihre Selbsthypnoseübung kann folgende Form annehmen:

1. Zuerst entspannen und beruhigen Sie sich. Kontrollieren Sie Ihre Atmung. Nutzen Sie eine der in diesem Buch beschriebenen Techniken, um eine selbsthypnotische Trance zu entwickeln.
2. Lassen Sie Ihren Geist zu einer Radarstation für Ihren Körper werden. Schaffen Sie ein größeres Körperbewußtsein. Vielleicht entspannen Sie jeden Teil des Körpers nach und nach. Untersuchen Sie die Bereiche, die nie von Allergien oder Asthma betroffen sind. Dann untersuchen Sie die Bereiche, die betroffen sind. Stellen Sie die beiden gegenüber. Vergleichen Sie sie. Machen Sie sich die Veränderungen bewußter, die bei einem Anfall stattfinden.

Entdecken Sie selbst kleine Veränderungen, die zu Beginn eines Anfalls auftreten. Simulieren oder visualisieren Sie mental das Gefühl oder das Signal eines aufziehenden Anfalls. Untersuchen Sie die vorgestellten Gefühle eines beginnenden Anfalls, dann fühlen Sie, wie er nachläßt. Diese Technik, das Vorgefühl oder den Auftakt eines Anfalls zu erfassen, wird auch von einigen Epileptikern als Selbsthypnosetechnik angewandt, um Anfälle zu vermeiden. Nutzen Sie Ihr Vorstellungsvermögen, um das Vorgefühl zu kontrollieren und es dann von sich fernzuhalten.

Üben Sie das in Trance. Fühlen Sie die Vorläufer, das Vorgefühl oder die Signale eines Anfalls, und schieben Sie sie dann weg. Dies ist ein Weg, um Kontrolle zu erlangen. Praktizieren Sie diese Übung mehrere Minuten lang.

3. Nutzen Sie Ihre Vorstellungskraft und Ihre Suggestionen, um die anfallauslösenden Substanzen oder Situationen anders wahrzunehmen. Verändern Sie die Art und Weise, wie Sie auf diese Auslöser reagieren.

Sie können beispielsweise langhaarige Katzen als kurzhaarige wahrnehmen. „Ich kann mir vorstellen, wie leicht man einer langhaarigen Katze das Fall kürzen kann." Unter Umständen können Sie sich sogar vorstellen, der Katze selbst die Haare zu schneiden.

Stellen Sie sich in Selbsthypnose eine bestimmte widerliche Pflanze vor und sehen Sie dann, wie sie sich in eine andere Pflanze verwandelt – so wie sich die Jahreszeiten verändern.

Eine neue Pflanze könnte entstehen, oder die alte wird zu einer Papierblume. Verwandeln Sie sie in was immer Sie von Ihrer allergischen Reaktion befreit. Üben Sie mit neuen Wahrnehmungen, mehr mit Farbe als mit Struktur, mehr mit Ruhe als mit Anspannung, und entspannen Sie sich mehr als je zuvor.

Verwandeln Sie in Ihrer Vorstellung Erdbeeren in Karotten. Stellen Sie sich Kaninchen vor, die die Erdbeeren essen. Suggerieren Sie sich, daß auch Sie diese Art von Möhren essen können, die aussehen wie Erdbeeren. Nehmen Sie sich für diese Art von Suggestionen und Vorstellungen in jeder Übungssitzung etwa zehn Minuten Zeit.

Beachten Sie: Falls Sie unter mehreren reizauslösenden Stoffen leiden, sollten Sie den obigen Prozeß mit jeder Substanz durchführen.

Gehen Sie eine nach der anderen durch. Versuchen Sie erst, sich gegen einen Stoff etwas zu desensibilisieren, bevor Sie sich dem nächsten zuwenden.

4. Arbeiten Sie als nächstes daran, allergischen Reaktionen auf bestimmte Stoffe vorzubeugen, indem Sie posthypnotische Auslöser entwickeln, die Sie zu Hilfe nehmen können, wenn Sie mit solchen Stoffen in Kontakt kommen. Dies ist ein weiterer Aspekt, um Symptome zu behandeln. Ein Teil dieser Arbeit kann Ihnen helfen, ein Bewußtsein dafür zu entwickeln, wann es an der Zeit ist, einer allergischen Substanz aus dem Wege zu gehen. Sie entwickeln Fähigkeiten, um erfolgreicher zu sein. Üben Sie täglich!
5. Fassen Sie schließlich alle Suggestionen zusammen, die Sie für sich entwickelt haben. Verstärken Sie Ihren Wunsch nach Veränderung. Wiederholen Sie die posthypnotischen Auslöser.

Dann geben Sie sich Auslöser, um beim nächsten Mal leichter und schneller in Trance zu fallen. Dies sollte Teil einer jeden Selbsthypnosesitzung sein.

Beenden Sie Ihre Sitzung entweder mit Suggestionen, um einzuschlafen oder um frisch und munter aufzuwachen. Sobald Sie diesen letzten Schritt getan haben, gehen Sie direkt zu einer anderen Aktivität über. Ihre Suggestionen werden effektiver sein, wenn Sie nicht versuchen, sie zu analysieren. Selbsthypnose schließt unbewußte Prozesse ein – belassen Sie es dabei und freuen Sie sich über die Ergebnisse.

Wann gibt es die ersten Ergebnisse?

Sie können in derselben Trancesitzung sowohl an Selbsteinschätzung als auch an Symptombeseitigung arbeiten. Arbeiten Sie etwa zehnMinuten an Selbsteinschätzung, um die Ursache Ihrer Symptome zu erkennen. Dann geben Sie sich zehn bis fünfzehn Minuten lang Suggestionen zur Veränderung Ihrer Wahrnehmung der anfallsauslösenden Situationen oder Gefühle. In diesem zweiten Teil Ihrer

Trance können Sie sich auch posthypnotische Auslöser geben, um mit Ihrer allergischen Reaktion umzugehen.

Vielleicht bemerken Sie, wenn Sie in den ersten Wochen täglich üben, daß Sie entspannter sind und mehr Kontrolle über Ihre Anfälle haben. Sie haben sich vielleicht um zehn Prozent verbessert. Denken Sie daran, sich selbst vernünftige Ziele zu setzen. Ein Problem, an dem man lange Zeit gelitten hat, braucht oft einige Zeit, um wieder in Ordnung zu kommen.

Arbeiten Sie darauf hin, in den ersten ein oder zwei Monaten 20 Prozent Linderung zu bekommen. Eine 50prozentige Linderung können Sie nach etwa sechs Monaten erwarten. Aber denken Sie daran: Ihr Fortschritt hängt davon ab, wie motiviert Sie bei Ihren Übungen sind, wie kompliziert Ihr Problem ist und was ihm zugrunde liegt. Ihr Erfolg muß also ganz individuell gemessen werden.

Wenn Sie nach einem Monat noch keinen Erfolg sehen, müssen Sie vielleicht mehr daran arbeiten, die emotionalen Wurzeln Ihres Problems aufzudecken. Wenn Sie fühlen, daß eine Veränderung Ihrer Suggestionen nötig ist, dann zögern Sie nicht, andere Metaphern oder unterschiedliche Auslöser auszuprobieren. Sie müssen alles mögliche ausprobieren.

Seien Sie geduldig mit sich

Haben Sie Mut! Wahrscheinlich haben Sie schon lange an Ihrer Allergie oder Ihrem Asthma gelitten. Sie investieren jetzt in eine Langzeitheilung. Je länger Sie schon gelitten haben, desto tiefer haben sich die Sensibilitätsmuster eingeprägt. Es braucht Zeit, um dieseMuster zu beseitigen – aber es ist möglich.

Akzeptieren Sie Ihr eigenes Tempo. Setzen Sie sich als Teilziel eine bestimmte Prozentzahl an Linderung. Kapitel 9 wird Ihnen helfen, angemessene Ziele und Erwartungen aufzustellen.

Gehen Sie spielerisch an die Entwicklung von Veränderungsmetaphern und -bildern heran. Statt Ihre Übungszeit als eine Behandlung zu sehen, die Sie zu ertragen haben und bei der Sie sich mit Suggestionen vollstopfen müssen, sollten Sie das Ganze etwas lockerer und phantasievoller sehen. Selbsthypnose kann und sollte eine entspannende, angenehme, bereichernde Erfahrung sein, auf die Sie sich freuen. Daran sollten Sie denken, wenn Sie sich auf Ihre Übungssitzungen vorbereiten.

Selbsthypnose für Kinder mit Allergien und Asthma

Wenn Ihr Kind unter Allergie- oder Asthmaanfällen leidet, können Sie ihm einige Selbsthypnosemethoden beibringen, damit es das Problem in den Griff bekommt. Kinder haben von Hause aus eine erstaunliche Fähigkeit, Selbsthypnose anzuwenden. Sie fallen sehr leicht in Trance und kommen auch leicht wieder aus der Trance heraus.

Wenn Kinder in eine Fernsehsendung oder ein Spiel vertieft sind, kann man beobachten, wie tief absorbiert sie dabei sind. Sie befinden sich häufig in einem Trancezustand. Ein Kind fällt an einem einzigen Tag viele Male in Trance. Meistens sind diese Trancen ziellos.

Die Psychologen Gary Elkins und Bryan Carter (1990) beschreiben eine Technik der flexiblen Suggestion für Kinder im Alter zwischen sechs und dreizehn Jahren. Wir haben diese Technik so angepaßt, daß sie speziell bei Asthma oder allergischen Symptomen angewendet werden kann. Bieten Sie Ihrem kleinen Jungen oder Mädchen die Suggestionen spielerisch an. „Hast du Lust, ein neues Spiel zu spielen? Es heißt ‚Stell dir was vor'? Komm, wir setzen uns zusammen, machen die Augen zu und sehen, was du dir vorstellen kannst."

Kinder entwickeln ihre eigene Trance. Sie sollten ihnen dabei nur insofern helfen, als Sie sie auf das Ziel hin orientieren, eine Allergie zu beseitigen oder das Asthma zu lindern. Es ist zu Beginn nicht nötig, zwischen dem „Spiel" und dem Problem eine Verbindung herzustellen. Hier ist ein Beispiel.

Scott litt zwischen dem sechsten und zehnten Lebensjahr unter Allergien und Asthma. Niemand konnte verstehen, warum, oder was man hätte tun können. Er wurde medizinisch behandelt, erhielt Injektionen und vermied eine Menge Dinge und Substanzen, die einen Anfall hätten auslösen können. Er schaffte es die meiste Zeit mehr schlecht als recht.

Mit zehn Jahren lernte Scott Selbsthypnose, um sich zu entspannen, und er benutzte oft das Bild, eine Treppe mit 20 Stufen hinabzusteigen. Wenn er in seiner Vorstellung die unterste Stufe erreicht hatte, war er im „Nintendo-Land", wo alle Spiele lebten und fast alles möglich war. Dort angekommen erfand er ein Spiel, das er so spielte, als würde es in seinem Körper stattfinden.

Indem er ein Labyrinth mit vielen Durchgängen konstruierte, konzentrierte sich Scott auf die Idee neuer Wege, neuer Öffnungen, neuer Durchgänge. Nach mehreren Wochen des Übens mit diesen Vorstellungsbildern in Selbsthypnose war er entspannter und fühlte sich besser, und seine allergischen und asthmatischen Anfälle traten nicht wieder auf. Vorher hatte er nie mehr als eine Woche ohne Anfall verbracht.

Indem er Selbsthypnose weiterhin übte, schaffte es Scott, die Häufigkeit seine Symptome um etwa 80 Prozent zu reduzieren, und auch die Intensität der Anfälle nahm ab.

Wenn Sie Ihrem Kind Selbsthypnose gegen Allergien oder Asthma beibringen, suchen Sie sich am besten eine Zeit aus, wenn es in einer ruhigen und entspannten Stimmung ist – vielleicht abends, bevor es zu Bett geht. Sie werden am besten wissen, wann Ihr Kind zu dieser Art Spiel bereit ist.

Sie müssen dafür ein paar Hausaufgaben machen. Suchen Sie sich Figuren aus, die Ihr Kind aus dem Fernsehen kennt, beispielsweise aus der „Sesamstraße" oder aus einem seiner liebsten Filme. Wählen Sie ein paar gute Typen aus, mit denen sich Ihr Kind identifizieren kann, und als Gegenpart ein paar Bösewichte.

Lassen Sie Ihr Kind die Augen schließen und sich eine „gute" Lieblingsfigur vorstellen. Wenn Ihr Kind sich z.B. den Roadrunner-Vogel vorstellt, dann bitten Sie Ihr Kind, sich auch den Gegner des Roadrunners, den Kojoten, vorzustellen.

Bitten Sie das Kind, sich die beiden Charaktere zusammen vorzustellen. Der Kojote ärgert den Roadrunner, ist ein Quälgeist und kommt ihm ständig in die Quere. Erklären Sie, wie der Roadrunner in der Lage ist, mit seiner eigenen Kraft einen Weg zu finden, um diesen verflixten Kojoten in Schach zu halten.

Suggerieren Sie Ihrem Kind, daß der Roadrunner den Kojoten dadurch kontrolliert, daß er sich eine Schutzhütte baut, in die der

Kojote nicht eindringen kann. Lassen Sie Ihr Kind sich vorstellen, wie es eine Schutzhütte baut, und ermutigen Sie es, sie zu beschreiben.

Dann suggerieren Sie, daß der Kojote, oder wer auch immer der Schurke ist, vor Wut schnaubt und versucht, die Hütte umzustoßen, es aber nicht schafft. Der Roadrunner ist so viel schlauer, da er in der Lage ist, den Kojoten mit Hilfe seiner Hütte auszutricksen und zu kontrollieren.

Dieser Prozeß impft dem Kind ein positives Bild ein und gibt ihm das Gefühl, den Eindringling – seine Allergie oder sein Asthma – kontrollieren zu können. Entwickeln Sie für andere Arten von Allergien ähnliche Analogien. Der Eindringling kann versuchen, die Hütte mit Erdnüssen zu verschütten oder mit Katzen oder womit immer die Allergie zusammenhängt.

Seien Sie kreativ und hören Sie auf die Ideen Ihres Kindes. Flechten Sie Bilder oder Erfahrungen ein, die Ihr Junge oder Mädchen Ihnen anbietet. Sie wissen, in welche Richtung Sie die Handlung letztendlich dirigieren wollen. Lenken Sie die mentalen Bilder Ihres Kindes auf das Ziel; in diesen Szenen gewinnt der Held immer!

Machen Sie den Vorschlag, daß der „Gute" nach seinem Triumph einen langen Spaziergang über eine Wiese macht. Sagen Sie, daß sich beispielsweise der Roadrunner nach seinem Sieg über den Kojoten so toll fühlt, daß er sich zu einem schönen, langen Spaziergang durch die Wüste oder den Wald aufmacht. Fragen Sie Ihr Kind, wo der Roadrunner wohl spazierengeht. Lassen Sie Ihre Kleine oder Ihren Kleinen entscheiden, wie, wo und was geschieht. Sie geben nur die notwendige Anleitung.

Spazierengehen ist sehr gut für das Herz-Kreislauf-System. Man muß dabei tief durchatmen, was bei Asthma gesund ist. Sie helfen Ihrem Kind, einen posthypnotischen Auslöser zu schaffen, damit es mehr an die frische Luft geht, besser atmet, sich besser fühlt und mehr Kontrolle über den Bösewicht hat. All das bedeutet mehr Kontrolle über die Allergie oder das Asthma.

Bei einer weiteren Sitzung wählen Sie andere Figuren aus und spielen ein ähnliches Szenario durch. Lassen Sie Szenen entstehen, in denen der Held ein Gefühl von Kontrolle bekommt. Die Kontrolle wird sich auch beim echten Regisseur bzw. Verfasser des Manuskriptes entwickeln – bei Ihrem Kind.

Lassen Sie Ihre Kleine oder Ihren Kleinen die Farben und die Details so weit wie möglich selbst bestimmen, so daß es ihr oder sein Film wird. Falls die Geschichte Ihres Kindes aus der gewünschten Richtung gerät, suggerieren oder lenken Sie die Handlung wieder in die richtige Richtung. Befehlen Sie nicht, werden Sie nicht böse und erzwingen Sie keine Veränderung. Wenn die Geschichte ein wenig abschweift, ist das in Ordnung. Schlagen Sie eine überraschende Wendung vor, die sie wieder in die gewünschte Bahn bringt.

Kinder identifizieren sich in den Geschichten, die sie sich ausdenken, leicht mit den Helden. Wenn Ihr Kind dem Roadrunner Macht und Kontrolle über den Bösewicht gegeben hat, dann hat auch das Kind etwas Macht und Kontrolle über seine eigenen „Bösewicht", über die Allergie oder das Asthma. Diese Stärke kann das Wohlbefinden Ihres Kindes vergrößern.

Literatur

Aronoff, G.M., S. Aronoff a. L.W. Peck (1975): Hypnotherapy in the treatment of bronchial asthma. *Annals of Allergy* 34.

Chong, T.M. (1965): Treatment of asthma by hypnotherapie. *Medical Journal of Malaya* 18.

Collison, D.R. (1968): Hypnotherapy in the management of asthma. *American Journal of Clinical Hypnosis* 11.

Dennis, M. a. M.J. Phillippus (1965): Hypnotic and non-hypnotic suggestion and skin response in atopic patients. *American Journal of Clinical Hypnosis* 7.

Edwards, G. (1960): Hypnotic treatment of asthma. *British Medical Journal* 2.

Elkins, G.R. a. B.D. Carter (1990): A science fiction-based imagery technique. In: Handbook of hypnotic suggestions and metaphors. New York (W.W. Norton/American Society of Clinical Hypnosis).

French, T.M. a. F. Alexander (1941): Psychogenic factors in bronchial asthma. *Journal of Psychosomatic Medicine* 4.

Gibbons, D.E. (1990): Suggestions with asthma. In: Handbook of hypnothic suggestions and metaphors. New York (W.W. Norton /American Society of Clinical Hypnosis).

Grant, R.T., R.S. Bruce-Pearson a. W.J. Comeau (1936): Observations on urticaria provoked by emotions, by exercise and by warming the body. *Clinical Science* 2.

Haley, J. (ed.) (1967): Advanced techniques of hypnosis and therapy. Selected papers of Milton H. Erickson, M.D. New York (Grune & Stratton).

Hanley, F.W. (1974): Individualized hypnotherapy of asthma. *American Journal of Clinical Hypnosis* 16.

Knapp, P.H. a. S.J. Nemetz (1957): Sources of tension in bronchial asthma. *Journal of Psychosomatic Medicine* 19.

Kroger, W.S. (1977): Clinical and Experimental Hypnosis. Philadelphia (J.B. Lippincott).

Maher-Loughnan, G.P. (1970): Hypnosis and auto-hypnosis for the treatment of bronchial asthma. *International Journal of Clinical and Experimental Hypnosis* 18.

Murphy, A.I. et al. (1989): Hypnotic susceptibility and its relationship to outcome in the behavioral treatment of asthma. *Psychological Reports* 65 (2).

Schneer, N.I. (1963): The asthmatic child: Psychosomatic approach to problems and treatment. New York (Harper & Row).

Sutton, P.H. (1969): A trial of group hypnosis and auto-hypnosis in asthmatic children. *British Journal of Clinical Hypnosis* 1.

Kapitel 18

Strategien zur Schmerzkontrolle

Schmerzen sind ein Alarmsignal. Sie machen uns auf ein dringendes Problem aufmerksam. „Paß auf!“, ruft es.

Akuter Schmerz signalisiert eine Gewebeverletzung, und wir reagieren darauf, indem wir nach den Ursachen unserer Schmerzen suchen. Es ist äußerst wichtig, Verletzungen oder Krankheiten medizinisch untersuchen und angemessen behandeln zu lassen. Nachdem wir jedoch beim Arzt waren, die Ursache des Problems kennen und mit der richtigen Behandlung begonnen haben, verlieren Schmerzen an Bedeutung. Wir brauchen sie nicht mehr. Was tun mit Schmerzen, die wie ein Einbruchalarm nicht abgestellt werden können und uns weiterhin nerven?

Viele Schmerzen sind chronisch. Migräne, Kopfschmerzen, Rükkenschmerzen, Arthritis und Gicht sind einige der chronischen Schmerzen, unter denen Menschen leiden. Bestimmte Formen von Krebs und auch deren Behandlungen können unnötige Schmerzen verursachen. Zahnschmerzen, postoperative Schmerzen oder andere unangenehme Krankheitsgefühle können unnötige Schmerzen bereiten.

Sie können alle wie auch immer gearteten, überflüssigen Schmerzen kontrollieren, während Ihr Alarmsystem weiterhin intakt bleibt. Es ist auf dem Gebiet der Schmerzkontrolle sehr wichtig, nicht den gesamten Schmerz zu eliminieren, sondern selektiv vorzugehen. Mit Selbsthypnose können Sie lernen, unerwünschte, unnötige Schmerzen zu kontrollieren, aber zugleich jegliche neue Empfindung wahrzunehmen, die Sie auf ein neues Problem oder die Veränderung des existierenden Problems hinweist.

Immer wenn Schmerz seine Nützlichkeit verloren hat, ist es Zeit, ihn zu beseitigen. Zur Selbsthypnose braucht man keine Drogen, keine Apparate, keine elektrischen Anschlüsse. Sie ist dennoch so wirkungsvoll, daß sogar größere Operationen nur mit Selbsthypnose als Anästhetikum durchgeführt wurden.

Victor Rausch, der Zahnarzt, von dem in einem früheren Kapitel die Rede war, setzte bei der Entfernung seiner Gallenblase nur Selbsthypnose ein, keine anderen Anästhetika oder Analgetika. (Anästhetika sind Narkosemittel, die den Menschen vollkommen bewußtlos machen – man fühlt dabei überhaupt nichts. Analgetika sind Stoffe, die Schmerz in einer bestimmten Region unterbinden oder reduzieren, ohne daß man dabei das Bewußtsein verliert.) Rauschs Erfahrungsbericht (1980) bietet uns einen einzigartigen Einblick in die Anwendung von Selbsthypnose bei größeren Operationen:

„Genau in dem Augenblick, als der Einschnitt gemacht wurde, passierten viele Dinge gleichzeitig", sagt Rausch. „Ich hatte ein fließendes Gefühl, das sich durch meinen ganzen Körper ausbreitete... Ich war mir plötzlich meiner Umgebung viel bewußter... Meine Augen waren offen, und das Operationsteam sagte, daß keine sichtbare Muskelanspannung, keine Atemveränderung, kein Wimpernzucken und keine Veränderung des Gesichtsausdrucks zu sehen war."

Die Operation dauerte eine Stunde und 15 Minuten. Rausch erinnerte sich, daß er sich mit der OP-Schwester und dem Anästhesisten unterhielt (der nicht viel zu tun hatte, außer Rauschs Lebenssignale zu überwachen) und sogar Witze erzählte, die er vor kurzem gehört hatte. Er sprach mit dem operierenden Chirurg, der ihn an einer Stelle bat, seinen Blutfluß nicht zu kontrollieren, damit er keine Blutung übersah, die später Komplikationen verursachen könnte. Als die Wunde vernäht worden war, ging Rausch mit Unterstützung in sein Zimmer zurück. Er hatte überhaupt keine Schmerzen und fühlte sich nur etwas unwohl. Zehn Tage nach seiner Operation war Victor Rausch wieder in seiner Praxis, arbeitete voll einsatzfähig und fühlte sich wohl.

Natürlich war Rausch ein außergewöhnlicher Mensch. Er verfügte über langjährige Erfahrungen mit Hypnose und Selbsthypnose in seiner Praxis, als Lehrer und in experimentellen Settings. Doch auch uns sind die von ihm erlebten, grundlegenden Ebenen der Schmerzvorbeugung und Schmerzlinderung zugänglich.

Sie sind vielleicht auf viel weniger spektakuläre Ergebnisse aus. Aber die Befreiung von Migräne, Rückenschmerzen, Arthritisschmerzen und Schmerzen, die von anderen Krankheiten und Verletzungen herrühren, kann für einen leidenden Menschen sicherlich sehr erregend sein.

Wie lang dauert es, bis Sie mit Selbsthypnose Erleichterung finden?

Bei einigen wenigen Menschen werden selbst lange andauernde und große Schmerzen schon bei der ersten Selbsthypnoseübung nachlassen. Weitaus häufiger stellt sich Schmerzlinderung nach den ersten paar Sitzungen ein. In anderen Fällen dauert es noch länger, bevor es sichtbare Erfolge gibt.

Die Erleichterung, die Sie spüren, tritt vielleicht auf einmal ein, oder sie entwickelt sich nach und nach. Manche Menschen registrieren, daß ihre Schmerzen sofort nachlassen. Andere verspüren Erleichterung Stunden nach der Selbsthypnosesitzung. Wenn Sie jahrelang unter chronischen Schmerzen gelitten haben, wird es länger dauern, bis sich die angenehmen Gefühle einstellen.

Dr. Milton Erickson, der Hypnosetechniken weiterentwickelte, wurde einmal zu einem totkranken Mann gerufen. Joe, der Patient, war im Begriff, an Krebs zu sterben, und hatte längere Zeit an schrecklichen Schmerzen gelitten. Alle möglichen Methoden der Schmerzkontrolle waren ausprobiert worden, und nur hohe Dosen an narkotischen Schmerzmitteln hatten eine Wirkung. Joe glaubte nicht an Hypnose und teilte Erickson das bei ihrer ersten Begegnung mit. Er war äußerst skeptisch gegenüber Ericksons Fähigkeiten, ihm in den wenigen Monaten, die ihm noch blieben, zur Linderung seiner Schmerzen zu verhelfen. Aber er war willens, den Doktor einen Versuch unternehmen zu lassen. Erickson wußte, daß der fehlende Glaube des Patienten wenig mit dem tatsächlichen Erfolg zu tun hatte. Während er mit dem Patienten über dessen Arbeit als Tomatenzüchter sprach, flocht Erickson sehr behutsam und indirekt Suggestionen zur Schmerzlinderung in die Unterhaltung ein.

Am Ende der zweistündigen Unterhaltung hatte Joe unter Ericksons Anleitung eine leichte Trance entwickelt. Er hatte das Gefühl, daß der Schmerz schon etwas nachgelassen hätte. Erickson gab ihm noch mehr Suggestionen, daß die Schmerzen mit der Zeit weiter abnehmen würden. Bei ihrem nächsten Treffen konnte Joe kaum erwarten, Erickson zu erzählen, daß sich seine Schmerzen deutlich gebessert hätten, was er sich gar nicht erklären könne.

Nach einigen weiteren Behandlungswochen war der Mann schließlich in der Lage, zum ersten Mal nach fast einem Jahr des Leidens nachts gut zu schlafen. Obwohl ihm seine Ärzte nur noch einige Monate zu leben gegeben hatten – der Krebs war schon weit fortgeschritten – lebte er noch länger als sieben Monate. Diese längere Überlebenszeit kann zum Teil mit der Schmerzlinderung zusammenhängen.

Anmerkungen zur Schmerzlinderung mit Selbsthypnose

Vier Dinge entscheiden darüber, ob Sie fähig sind, Ihre Schmerzen mit Selbsthypnose zu lindern: 1. Ihr Erfolg beim Entwickeln einer selbsthypnotischen Trance; 2. Ihre Motivation, die Schmerzen zu lindern; 3. angemessenes Umgehen mit Ihrer Angst, den Schmerz loszulassen; und 4. die Überzeugung, daß Sie Ihre Schmerzen kontrollieren können.

Wir werden jeden dieser Faktoren im einzelnen untersuchen:

1. Erfolg mit Selbsthypnosetechniken ist eine Frage der Übung. Sie werden mit verschiedenen Ansätzen, Suggestionen und Vorstellungsbildern experimentieren müssen. Kapitel 11 hilft Ihnen, den für Sie besten Weg zu finden, um mit Selbsthypnose Erfolg zu haben. Zuerst sollten Sie üben, sich zu entspannen.
   Entspannung trägt in vielen Fällen beträchtlich zur Schmerzlinderung bei. Muskelspannung führt häufig zu einem Druck auf die Nerven und damit zu verstärkten Schmerzen. Ihre Spannung zu verringern ist das erste Ziel. Dann können Sie beginnen, an den Schmerzen zu arbeiten.
2. Motivation zur Schmerzlinderung bedeutet, daß Sie sich von der Notwendigkeit befreien, Ihr Leben mit Schmerzen zu verbringen. Es mag unglaublich scheinen, daß Sie vielleicht Schmerzen „nötig" haben. Aber oft durch Schmerzprobleme sowohl Vor- als auch Nachteile. Wenn Ihre Schmerzen zur Folge haben, daß Sie nicht arbeiten müssen, man Mitleid mit Ihnen hat, Sie eine Rente beziehen oder sich lästigen Verantwortungen entziehen, dann können diese Vorteile Ihre Motivation, sich besser fühlen zu

wollen, unterlaufen. Es gibt vielleicht unbewußte Gründe – Gründe, derer Sie sich nicht gewahr sind – um an Ihren Schmerzen festzuhalten. Lesen Sie die Strategien in Kapitel 16, um sich unbewußte Prozesse, Muster oder Gefühle bewußtzumachen. Betrachten Sie die Schmerzen in Ihrem Leben ganz ehrlich. Fragen Sie sich, warum Sie möglicherweise daran festhalten. Dies ist jedoch nur dann notwendig, wenn Sie feststellen, daß Sie bei der Schmerzlinderung keinen Erfolg haben.

3. Vielleicht haben Sie Angst, Ihre Schmerzen loszulassen. Da wir wissen, daß Schmerzen ein Signal dafür sind, daß etwas mit uns nicht stimmt, haben wir vielleicht Angst, sie zu beseitigen. Sie sollten jedoch begreifen, daß Selbsthypnose im Gegensatz zu Drogen nur unnötige Schmerzen lindert. Mit Selbsthypnose lassen Sie Ihr „Alarmsystem" intakt. Sollten weitere Verletzungen, Krankheiten, Degenerationen oder andere Probleme auftauchen, so werden Sie das wahrnehmen. Wegen dieser Selektivität ist Selbsthypnose bei Schmerzbehandlungen so vorteilhaft. In Kapitel 13 können Sie sich mit dem Umgang mit Ängsten vertraut machen.
4. Sie können Ihren Schmerz kontrollieren. Schmerz ist keine externe Empfindung. Wir produzieren das Schmerzgefühl in unserem Gehirn. Schmerz dient unserem Lebenstrieb, und wir haben letztendlich die Kontrolle darüber.

Wie lange hält die Schmerzlinderung an?

Bei der Beantwortung dieser Frage spielt Ihre Motivation eine große Rolle. Wie schon gesagt, können Ihnen Schmerzen kurzfristig eine Menge Vorteile bringen. Nur Sie selbst bestimmen, in welchem Maß diese Vorteile durch die Wohltat der Schmerzlinderung außer Kraft gesetzt werden, durch ein schmerzfreies Leben und durch eine wiedergewonnene Selbständigkeit.

Andere Faktoren in Ihrem Leben können ebenfalls zu einer dauerhaften Linderung beitragen. Das umfaßt sportliche Betätigung, gute Ernährung, normale soziale Kontakte mit anderen Menschen. Eine Intensivierung der Aktivitäten, die die Vorteile der Schmerzreduzierung verstärken – Arbeit, Sex und Spiel – ist ebenfalls nötig.

Wie lange die Schmerzlinderung anhält, hängt von vielen Dingen ab, unter anderem auch von der Art der Schmerzen. Zuerst ist die Erleichterung vielleicht nur kurz, aber Sie können erwarten, daß Sie sich längere Zeit gut fühlen. Nachuntersuchungen haben gezeigt, daß es Fälle gibt, die 17 Jahre lang erfolgreich waren. Natürlich können wir davon ausgehen, daß es eine breite Palette von Unterschieden und individuellen Erfolgsraten gibt.

Die Leidensdauer und die Zeitdauer, die jemand in Selbsthypnose investiert, sind wichtige Variablen in diesem Prozeß. Je mehr Zeit man in einer angenehmen Trance verbringt, desto länger werden die schmerzfreien Intervalle sein.

In der Regel können Sie lernen, Schmerzen so lange zu kontrollieren, wie Sie wollen. Eine effektive Kontrolle kann tägliche Selbsthypnose erfordern, vielleicht sogar zweimal pro Tag. Oder vielleicht brauchen Sie Selbsthypnose zur Schmerzkontrolle nur ein- oder zweimal pro Woche. Das ist individuell verschieden.

Im Gegensatz zu Drogen gibt es bei Selbsthypnose keine Gewöhnung. Die Vorzüge addieren sich und werden mit jeder Übung größer. Mit großer Wahrscheinlichkeit werden Sie im Laufe der Zeit durch wachsende Erfahrung mit Selbsthypnose mehr schmerzfreie Intervalle erleben.

Schmerzkontrolle von innen

Warum kommt uns zuallerletzt der Gedanke, daß wir uns selbst helfen können, wenn es darum geht, Schmerzen zu beseitigen? Liegt doch in unserem eigenen Körper und unserem eigenen Geist die größte Kraft zur Schmerzlinderung.

Da die meisten anderen Schmerzbehandlungen von außen vorgenommen werden, können Sie sich vielleicht nicht vorstellen, daß Sie Ihre Schmerzen von innen kontrollieren können. Wir sind von frühester Jugend an darauf konditioniert worden zu glauben, daß jemand anders uns die Schmerzen nimmt. Zuerst haben unsere Eltern unsere Schmerzen weggeküßt. Dann gab uns der Arzt etwas gegen Schmerzen. Die Werbung macht uns weis, nur eine bestimmte Medizin würde uns helfen. Aber die meisten von uns haben bemerkt, daß wir uns von einem Schmerzgefühl ablenken können. Freilich ist der genaue Mechanismus, wie Hypnose wirkt, unbekannt. Aber es ist auch nicht wichtig, den genauen Mechanismus hypnotischer Schmerzlinderung zu kennen, um ihn zum eigenen Vorteil zu nutzen.

Hatten Sie schon einmal eine Verletzung oder Schmerzen in einem Teil Ihres Körpers und sie nicht mehr gespürt, als Sie sich einen anderen Teil verletzten? Angenommen, Sie stoßen sich während einer Migräne am großen Zeh. Während Sie sich Ihrem gerade an gestoßenen Zeh widmen, „vergessen" Sie die Kopfschmerzen.

Diese Art von Erfahrung zeigt die Macht der Ablenkung. Sie können sich des neuen Schmerzes so bewußt werden, daß Sie gar nicht merken, wie sich Ihre Aufmerksamkeit vom alten Schmerz löst und ihn nicht mehr registriert. Und das erreichen Sie ganz ohne Medizin, ohne Arzt und ohne elektrische Apparate.

Laute Musik beim Zahnarzt und die Methode der Krankenschwester, Ihnen einen Klaps zu versetzen, bevor Sie eine Spritze gibt, sind weitere Beispiele, wie Ablenkung das Schmerzerleben reduzieren oder beseitigen kann. Die Wirksamkeit von Ablenkung ist nur ein Beispiel für Schmerzlinderung, die aus Ihrem Innern kommt.

Die Schwellen-Theorie des Schmerzes

Über die Schmerzmechanismen gibt es noch viel zu lernen. Wir wissen, daß Nervenzellen die Botschaften weiterleiten, und wenn ein Nerv verletzt oder chemisch blockiert ist, können im allgemeinen keine Schmerzbotschaften zum Gehirn weitergeleitet werden. Wenn das passiert, hat man überhaupt keine Empfindung.

Die eigentliche Interpretation der Empfindungen, inklusive derer, die wir als Schmerz erleben, wird im Gehirn erstellt. Eine der allgemein anerkannten Beschreibungen der Schmerzfunktion stammt von den Ärzten Ronald Melzack und Patrick D. Wall (1965). Man nennt sie Schwellentheorie.

Nach dieser Theorie wird die Botschaft zum Gehirn „telegrafiert", wenn unsere Nervenzellen durch Krankheit, Verletzung oder andere Störungen gereizt werden. Dabei wird das Signal auf dem Weg zuerst in der Wirbelsäule, dann in unterschiedlichen Bereichen des Gehirns interpretiert.

An einem bestimmten Punkt wird die Botschaft vielleicht in einen Reflex übersetzt. Wenn man auf eine heiße Herdplatte faßt, zuckt die Hand zurück, noch bevor das Gefühl des Verbrennens registriert wird. Es ist; als ob eine vorher aufgenommene Reflexreaktion angestoßen wird.

In einem anderen Teil des Gehirns wird vielleicht die Natur des Schmerzes decodiert. Wir nehmen wahr, ob es ein stechender oder ein dumpfer Schmerz ist, ob er immer an derselben Stelle auftritt oder sich bewegt und wie er generell beschaffen ist.

Wieder in einem anderen Bereich des Gehirns wird ein Teil der Botschaft in Beschwerden, Unwohlsein oder das dringende Gefühl übersetzt, den Schmerz unterbinden zu wollen.

Wie die Schmerzlinderung mit Selbsthypnose funktioniert

Die unterschiedlichen „Interpretationsbereiche“ für Schmerz lassen sich wohl voneinander trennen. Möglicherweise ist es das, was auch in Hypnose geschieht.

Dr. Melzack und Dr. Wall (1965) beschreiben die Wirkung von Hypnose bei Schmerzen so: „Sie verändert die Art und Weise, wie man Schmerzen fühlt. Sie können den Bereich ausschalten, der sich schrecklich und unangenehm anfühlt, und doch können Sie den Schmerz immer noch wahrnehmen und beschreiben – wo er ist und was er ist, ohne die Beschwerden zu spüren.“

Es gibt verschiedene Wege, um das Schmerzgefühl nicht als unangenehmes Gefühl wahrzunehmen, um es abzuspalten. Ablenkung und bildhafte Vorstellungen sind zwei davon. Diese Techniken werden an späterer Stelle in diesem Kapitel erklärt.

Kann Schmerz nur in Ihrem Kopf stattfinden, als eine mentale Erfahrung?

Schmerz wird zwar in Ihrem Gehirn interpretiert, aber die Reizursache kann überall in Ihrem Körper liegen. Manchmal spürt man

Schmerzen, auch wenn es anscheinend im Körper keine Ursache dafür gibt. Diesen Schmerz nennt man oft psychogen – was bedeutet, daß er im Geist entsteht. Der Geist nutzt die Schmerzempfindung als Mittel, um auf ein psychologisches Problem oder eine Disharmonie aufmerksam zu machen.

Der Philosoph Descartes ging von einer Dualität oder Trennung von Körper und Geist aus. Die konventionelle Medizin, bei der nur der Körper mit Schmerzmitteln behandelt wird, hält dieses Konzept aufrecht. Oft wird nur das Symptom behandelt und nicht die Ursache.

Es gibt jedoch immer mehr Beweise, daß Körper und Geist so miteinander verwoben sind, daß es unmöglich ist, die Trennung länger aufrechtzuerhalten. Selbst Schmerzen, die im Geist entstehen, wirken eindeutig auf den Körper.

Diese Überschneidung von Körper und Geist wird am deutlichsten beim sogenannten „Phantomschmerz". Phatomschmerzen treten bei Menschen auf, die amputiert werden mußten, häufig jedoch unerträgliche Schmerzen in dem fehlenden Körperteil haben. Früher nahm man an, daß die verletzten Nervenenden im Stumpf diese Schmerzen auslösen, aber diese Theorie hält den Gegenbeweisen nicht stand.

Eine andere Theorie geht davon aus, daß Menschen nach dem Verlust einer Gliedmaße versuchen, ein intaktes „Körperbild" aufrechtzuerhalten. Dieses Körperbild beginnt sich im Kleinkindalter zu formen und wird mit den Jahren aufgebaut. Menschen, die sehr früh in Ihrem Leben oder durch Geburtsschäden einen Arm oder ein Bein verloren haben, leiden nicht an Phantomschmerzen. Auch Erwachsene, die ein schwach entwickeltes Selbstbild haben, wie z.B. heruntergekommene Penner, haben selten Phantomschmerzen.

Zusätzlich zu den hypnotischen Phänomenen deuten diese Beobachtungen darauf hin, daß das Erleben oder die Abwesenheit von Schmerz sowohl psychologische als auch körperliche Ursachen hat. Die Tatsache, daß Menschen auch ohne organische Ursache Schmerzen haben, deutet darauf hin, daß das Gehirn Schmerzempfindungen sowohl auslösen und senden als auch empfangen und interpretieren kann.

Solche Schmerzen können genauso „real", genauso intensiv sein, als wenn der Reiz von einer frischen Verletzung ausgelöst worden wäre.

Was ist mit Schmerzmitteln?

Es gibt unzählige Medikamente und Stoffe, um Schmerzen zu reduzieren oder zu beseitigen. Viele davon sind nur auf Rezept erhältlich, wie z.B. Darvon und Vicodin. Fast alle können abhängig machen und haben alle möglichen Nebenwirkungen.

Darvon kam 1957 auf den Markt und wurde angepriesen als ein starkes Schmerzmittel, das keine Abhängigkeit erzeugen würde. Nach Meinung vieler Forscher macht es jedoch abhängig. Im Jahr 1976 wurde es vom Justizministerium zum Narkotikum erklärt. Einige Todesfälle wurden mit seiner Einnahme in Verbindung gebracht, und zur Zeit ist Darvon verboten. Es galt einmal als ein sicheres, starkes Schmerzmittel, praktisch ohne Nebenwirkungen. Alle anderen Narkotika, wie Codein, Demerol und Percodan machen extrem süchtig. Auch haben sie eine Vielzahl von Nebenwirkungen, die genauso schädlich sein können wie der Schmerz, den sie eigentlich beseitigen sollen.

Viele Menschen, die an chronischen Schmerzen leiden, können bestätigen, daß selbst die stärksten Schmerzmittel nach einer gewissen Zeit ihre Wirkung verlieren und die Dosis erhöht werden muß.

Man hat keine Vorteile von langwierigen, chronischen Schmerzen, aber es gibt auch keine Medikamente, die sichere, langfristige Erleichterung bringen. Es ist paradox und dennoch wichtig zu wissen, daß der Geist/Körper für den Schmerz verantwortlich ist, und daß es wohl nur der Geist/Körper ist, der auf längere Sicht Erleichterung bringen kann.

Es gibt einen weiteren Grund dafür, sich nicht mit Hilfe von chemischen Mitteln vollkommen von Schmerzen abzuschneiden. Milton Erickson (1982) sagt: „Bei schmerzhaften Krankheiten werden Sedativa, Analgetika und Narkotika eingesetzt, die dem Patienten womöglich das Recht vorenthalten zu spüren, daß er am Leben ist, und die angenehmen Dinge, die ihm zur Verfügung stehen, zu genießen; sie halten andere davon ab, mit einer geistig regen Person in Kontakt zu kommen. Daher sollten Medikamente nur in der Menge verabreicht werden, die den körperlichen Erfordernissen entspricht, ohne die für die gesamte Lebenssituation entscheidenden psychologischen Bedürfnisse zu unterdrücken oder zu beseitigen.

Gibt es Schmerzen, die durch Selbsthypnose nicht beeinflußbar sind?

Hypnotische Analgesie wirkt bei allen Schmerzen. Wie zu Beginn dieses Kapitels durch die Schwellentheorie erklärt wurde, scheinen alle Schmerzen vom Wesen her ähnlich zu sein. Mit Selbsthypnose kann man bei allen Beschwerden und allen unangenehmen Schmerzgefühlen eingreifen. Sie werden dennoch in der Lage sein, die Gefühle des verletzten oder kranken Körperteils wahrzunehmen. Und sollte ein neues Problem auftauchen, werden Sie auch das fühlen können.

Kann jeder Selbsthypnose gegen Schmerzen anwenden?

Jeder, der Selbsthypnose erlernt, kann sie zur Schmerzlinderung einsetzen. So wie Schmerz und Leid von Mensch zu Mensch unterschiedlich sind, so auch die Qualität der Schmerzlinderung.

Gibt es unterschiedliche Arten von Schmerz?

Natürlich gibt es unterschiedliche Arten von Schmerz, wie etwa brennender, stechender, blitzartiger, klopfender oder dumpfer Schmerz und so weiter. Dies sind „diagnostische" Wahrnehmungen, die uns etwas über Wesen, Ort, Intensität und Ausmaß der Verletzung oder der Krankheit sagen.

Ein anderer wichtiger Punkt ist der, daß es beim Schmerz unterschiedliche Bestandteile gibt: den sensorischen Schmerz, das Leiden und die Seelenqual.

1. Durch den sensorischen Schmerz spüren wir, daß etwas wehtut. Wir empfinden einen tiefen stechenden Schmerz oder ein Brennen auf der Haut oder einen dumpfen Schmerz über einen weiten Bereich.
2. Wenn wir leiden, verspüren wir ein unbehagliches Gefühl oder haben das Verlangen, den Schmerz um jeden Preis zu beseitigen. An dieser Komponente wird bei Selbsthypnose am meisten gearbeitet, um sie zu verringern oder zu beseitigen.
3. Seelenqual umfaßt Gefühle von Traurigkeit, Hoffnungslosigkeit, Depression und Frustration, die Begleiterscheinungen chronischer

Schmerzen. Je mehr Zeit vergeht, desto intensiver wird sie. Auch an dieser Komponente kann man mit Selbsthypnose effektiv arbeiten.

Wie kann Selbsthypnose bei Seelenqual helfen?

Menschen, die lange Zeit unter Schmerzen gelitten haben, fühlen sich so, als ob ihr Leiden sie ihr ganzes Leben lang begleiten wird. Sie haben oft jede Hoffnung aufgegeben, sich jemals wieder „gesund" zu fühlen. Obwohl die Ursache Ihrer Schmerzen vielleicht schon lange nicht mehr lebensbedrohlich ist, erinnern sie die Schmerzen doch ständig an ihr Problem. Falls die Krankheit oder Verletzung immer noch eine Bedrohung darstellt, ist der Schmerz eine zusätzliche Belastung für sie.

Menschen, die an chronischen Schmerzen leiden, haben in der Regel Ärzte aufgesucht, Medikamente eingenommen und vielleicht auch weniger konventionelle Therapien, wie beispielsweise Akupunktur oder Biofeedback ausprobiert. Sie befürchten, daß sie durch den Schmerz in ihrem Lebensstil eingeschränkt werden – etwa bei gesellschaftlichen Anlässen, beim Sport, Tanzen oder Sex. Ihr ganzes oder ein großer Teil ihres Lebens wird von ihrer Konzentration auf den Schmerz vereinnahmt.

Die Qual der Schmerzen führt oft zu Folgeproblemen, wie Depression, Drogen- oder Alkoholmißbrauch, Familien- oder Partnerproblemen, Arbeitslosigkeit und geringem Selbstwertgefühl. Hoffnungslosigkeit breitet sich aus, und die Frustration vereitelt jeden Versuch, diesen Teufelskreis zu durchbrechen.

Selbsthypnose kann Menschen helfen, sich mit ihrer gegenwärtigen Situation auseinanderzusetzen. Wenn Sie ein Schmerzproblem haben, gibt Ihnen Selbsthypnose die Möglichkeit, Ihre Probleme anzuerkennen und sich selbst mit innerer Klarheit zu sehen. Es kann Ihnen auch klar werden, daß Sie Ihr wichtigster Helfer sind. Mit Hilfe der in diesem Kapitel beschriebenen Techniken können Sie Ihre Schmerzen, Ihr Leiden, Ihre Erwartungen und Ihre Veränderungsfähigkeit untersuchen.

Durch die Erkenntnis, daß es etwas gibt, das *Sie* tun können, um sich selbst zu helfen, können Sie neue Hoffnung schöpfen und etwas unternehmen. Indem Sie untersuchen, was Ihr Schmerz bei Ihnen und Ihren Nächsten bewirkt hat, beginnen Sie, die Verstrickung von Depression und Verzweiflung aufzulösen.

Mit Selbsthypnose verringern Sie Ihre Schmerzen und stellen sich geistig neu auf die Zukunft ein. Sie reduzieren auch Ihre Angst, daß die Schmerzen wieder auftreten könnten.

Dieser Prozeß braucht Zeit. Je länger Sie die Schmerzen schon ertragen, desto mehr Arbeit erfordert es in der Regel. Aber wenn Sie stark motiviert sind, finden Sie vielleicht viel schneller einen Ausweg aus dem Labyrinth der Qualen.

Können Sie alle Schmerzen loswerden?

Bei der Schmerzlinderung mit Selbsthypnose darf normalerweise ein gewisser Teil der Schmerzen bestehen bleiben. Insbesondere bei Menschen, die schon sehr lange chronisch leiden. Es ist am besten, sich einen bestimmten Prozentsatz an Erleichterung als Ziel zu setzen.

Stellen Sie sich Ihre Schmerzen auf einer Skala von „1" bis „10" vor, mit „10" als die schlimmsten Schmerzen, die Sie sich vorstellen können. Sind Ihre Schmerzen momentan bei „7", versuchen Sie vielleicht zuerst, sie auf „6" oder „5" zu reduzieren. Das ist wohl angenehmer. Wenn Sie es schaffen, die Schmerzen auf „3" oder „2" zu senken, wäre das natürlich noch besser.

Manche Menschen können Ihre Schmerzen vollkommen beseitigen. Das ist phantastisch. Aber wenn Sie Ihre Schmerzen um 90 Prozent lindern könnten, wäre das sicherlich ein Erfolgserlebnis für Sie, das Ihnen eine neue und größere Freiheit bescheren würde.

Welche Tageszeiten sind für Selbsthypnose am besten?

Ihre Schmerzen lassen sich durch Selbsthypnose am besten lindern, wenn Sie morgens üben. Wenn Sie morgens Ihre Übung machen, schaffen Sie die über Nacht angestauten Schmerzen beiseite und „programmieren“ zugleich den vor Ihnen liegenden Tag.

Milton Erickson litt selbst unter starken Schmerzen. Diejenigen von uns, die bei ihm in seiner Praxis in Arizona studierten, konnten in ihm zwei unterschiedliche Menschen sehen.

Früh morgens konnte man Erickson in seinem Rollstuhl erleben, abgespannt, mit trüben Augen, nach vorn übergebeugt, sein Gesicht und seine Stimme vom Leiden gezeichnet. Eine Stunde später konnte man ihn fröhlich beim Frühstück sehen, wie er sich hellwach und mit funkelnden Auge unterhielt.

Seine Verwandlung geschah in der Stunde, die er jeden Morgen in Selbsthypnose verbrachte.

Mit 17 Jahren erkrankte Erickson an Kinderlähmung. Anfangs konnte er nur seine Augen bewegen. Er brachte sich selbst bei, seinen Oberkörper wieder zu bewegen, indem er sich erinnerte, wie er sich vor seiner Krankheit bewegt hatte. Mental ging er eine einzige Bewegung stundenlang durch, nur um einen Muskel zum Zucken zu bringen.

Obwohl er sein Leben lang an einen Rollstuhl gefesselt blieb, begann Erickson doch jeden Tag damit, durchzuspielen, wie gut er sich den Tag über fühlen könnte. Selbst als er schon über 70 Jahre alt war, gelang es ihm, das Joch der Schmerzen jeden Morgen abzuwerfen, um zu lehren, zu reisen, Vorlesungen zu halten und seine Patienten zu behandeln.

Ihre Selbsthypnosesitzung am Morgen ist die wichtigste. Vielleicht müssen Sie aber auch mehrmals am Tag üben.

Probieren Sie es aus, um den für Ihre Situation besten Zeitplan zu finden. Dreimal täglich ist für den Anfang vielleicht ganz gut. Wenn Ihre posthypnotischen Auslöser wirksamer werden und länger anhalten, werden weniger Sitzungen nötig sein.

Was können Sie tun, wenn Ihre Schmerzen zu stark sind, um Selbsthypnose anzuwenden?

Es gibt zwei Wege, um mit diesem Problem umzugehen.

Sie können zum einen versuchen, eine bestimmte Zeit zu finden, wenn die Schmerzen ein wenig nachgelassen haben. Vielleicht nach einer Entspannungsübung oder Körpertherapie. Gegebenenfalls finden Sie durch Unterwassermassage, durch irgendeine Form von Wärmetherapie oder durch kalte Umschläge etwas Schmerzlinderung. Nutzen Sie diese Zeit, um Selbsthypnose zu praktizieren.

Sobald Sie sich erst einmal mit Selbsthypnose vertraut gemacht haben, wird es Ihnen von Mal zu Mal leichter fallen. Die posthypnotischen Auslöser, die Sie sich geben, helfen Ihnen, die Schmerzen später zu vermindern. Außerdem helfen Sie Ihnen, wieder in Trance zu kommen.

Entspannung ist im allgemeinen das erste Ziel der Selbsthypnosepraxis. Es ist in der Regel das Vehikel, um sich in Trance zu versetzen. Freilich ist bei chronischen oder akuten Schmerzen Entspannung nicht immer möglich.

Den Schmerz als Fokus nutzen

Die zweite Technik besteht darin, Ihre Aufmerksamkeit und Konzentration auf einen Brennpunkt zu richten. Das ist ein wesentlicher Bestandteile aller hypnotischen Methoden. Wenn Sie nicht in der Lage sind, einen Moment Ruhe von Ihren Schmerzen zu finden, nutzen Sie die Beschwerden selbst als Konzentrationspunkt.

Dieser Ansatz scheint vielleicht absurd oder Ihren Interessen zuwiderzulaufen, aber wenn der Schmerz alles andere unterbindet, dann ist das Fokussieren darauf der direkteste Zugang zur Veränderung seiner Intensität.

Untersuchen Sie Ihren Schmerz gründlich. Beschreiben Sie ihn. Ist es ein brennendes Gefühl? Ist es wie ein heißer Feuerhaken in Ihrem Rücken? Fühlt es sich an, wie wenn heißes Öl über Ihre Schulter läuft? Fühlen Sie Ihr Herzklopfen bis in den Kopf? Ist es, als ob man mit Nadeln in Ihren Fuß sticht?

Stellen Sie sich vor, wie der Schmerz aussieht. Vielleicht sieht er aus wie eine große Münze, ein Becken voll Wasser, oder er hat eine lebendige Farbe. Sehen Sie, wie Münze oder Wasserbecken kleiner werden und wie die Farbe verblaßt und dabei auch Ihre Schmerzen zurückgehen, wenn auch vielleicht nur leicht. Konzentrieren Sie Ihre Gedanken nur auf die Schmerzen. Vielleicht probieren Sie drei oder vier verschiedene Vorstellungsbilder aus, um eins zu finden, mit dem Sie am besten arbeiten können.

Atmen Sie bei Ihren Vorstellungen tief und regelmäßig. Nehmen Sie langsame, tiefe, wohltuende Atemzüge. Konzentrieren Sie sich weiterhin auf die Schmerzen und stellen Sie sich vor, wie mit jedem

Ausatmen ein kleines Stückchen von Ihren Schmerzen entweicht. Das Bild der Münze, des Wasserbeckens oder was auch immer Sie sich für ein Bild ausgesucht haben könnte anfangen zu schrumpfen. Oder, wenn Sie sich eine Farbe vorgestellt haben, könnte sie beginnen, heller zu werden und eine andere Schattierung anzunehmen.

Rufen Sie beim Einatmen die entwichenen Schmerzen wieder zurück. Fahren Sie mit diesem Kreislauf fort. Stellen Sie sich den Schmerz wieder so vor, wie Sie ihn zuerst beschrieben haben. Sehen und fühlen Sie, wie die Schmerzen mit jedem Ausatmen geringer werden. Sehen Sie, wie sie mit jedem Mal mehr verschwinden. Dann sehen Sie beim Einatmen alle Schmerzen zurückkommen.

Vielleicht fragen Sie sich: „Warum ist es wichtig, die Schmerzen zurückzurufen? Ist mein Ziel denn nicht, sie loszuwerden?"

Stimmt. Das ist letztendlich Ihr Ziel. Zuerst müssen Sie jedoch lernen, die Schmerzen zu kontrollieren. Dazu gehört, die Schmerzen zurückrufen zu können, wann immer Sie wollen. Kontrolle bedeutet, die Fähigkeit zu haben, selbst die Schmerzen zurückzurufen. Es ist vielleicht etwas schwer zu verstehen, aber dadurch, daß Sie den Schmerz kontrollieren, um ihn zurückzuholen, lernen Sie, ihn um so besser zum Verschwinden zu bringen.

Diese Art der Kontrolle kann man durch Körperbewußtsein erlangen. Aus diesem Grund sollten Sie den Schmerz klar beschreiben und visualisieren. Stellen Sie ihn sich als einen Gegenstand vor oder nehmen Sie seine Temperatur wahr. Geben Sie ihm Ausdehnung, Form, Oberflächenbeschaffenheit, ja, sogar Geschmack. Je lebendiger Sie sich den Schmerz vorstellen können, desto mehr Kontrolle werden Sie letztendlich über ihn haben.

Dies zu lernen erfordert Übung und Zeit. Es geschieht vielleicht nicht alles in Ihrer ersten Sitzung. Seien Sie geduldig und üben Sie weiter, bis Sie beim Ausatmen eine kleine Veränderung in der Intensität Ihrer Schmerzen spüren.

Sobald Sie die Schmerzen auch nur ein wenig verändert haben, wissen Sie, daß Sie sie beherrschen können. Wenn Sie ein wenig Veränderung verursachen können, werden Sie mit etwas Übung auch größere Veränderungen schaffen. Sie haben Ihre eigenen Schmerzen und Ihre Atmung genutzt, um sich in eine selbsthypnotische Trance zu versetzen. Sie haben begonnen, die Wahrnehmung Ihrer Schmerzen zu kontrollieren.

Das Akzeptieren Ihrer Situation ändert Ihre Perspektive

Schmerz ist ein unentbehrliches Schutzsystem – ein Alarmsystem – das Ihnen eine Verletzung oder Krankheit meldet. Er führt den Arzt zu einer richtigen Diagnose und Behandlung Ihres Problems.

Wenn dies geschehen ist, ist Schmerz nicht mehr notwendig. Sie können die Empfindungen für den Fall einer neuen Entwicklung in Reserve halten, aber Sie können die Beschwerden und die unangenehmen Gefühle loslassen.

Wenn Sie eine Verletzung oder eine Krankheit haben, die diagnostiziert und behandelt wurde oder wird, aber der Schmerz hält weiter an, sind dies Faktoren, denen Sie nicht ausweichen können. Sie müssen Sie anerkennen.

Sie können Ihr Unbewußtes nicht leicht täuschen. Sie müssen Ihre Selbsthypnose damit beginnen, daß Sie sich Ihrer gegenwärtigen Situation stellen. Von hier aus können Sie Fortschritte machen. Akzeptieren Sie sich da, wo Sie jetzt sind. Geben Sie sich die Erlaubnis, dort zu sein, wo Sie sich gegenwärtig befinden, sei es, daß Sie krank oder verletzt sind oder was auch immer.

Zeitregression zur Schmerzlinderung

Sie haben nicht immer Schmerzen gehabt. Vor dem Unfall, vor der Krankheit hatten Sie schmerzfreie Erlebnisse. Vielleicht gab es auch seit Ihrer Verletzung oder Krankheit Momente, wo Sie sich für kurze Zeit behaglich oder erleichtert fühlten.

Suchen Sie sich eine möglichst bequeme sitzende oder liegende Position. Nehmen Sie mehrere tiefe, wohltuende Atemzüge. Falls Ihnen das unangenehm ist, so atmen Sie auf eine für Sie angenehme Art und Weise.

Beginnen Sie, indem Sie sich an die Umstände Ihrer Verletzung oder Krankheit erinnern. Angenommen, Sie haben sich beim Heben den Rücken verhoben. Heben kann eine Art Gegengewicht bilden, vielleicht eine Art Hebelverhältnis darstellen. Nehmen Sie die Symbole Ihrer Verletzungen als einen Ausgangspunkt für die Zeitregression. Finden Sie Bilder und Worte, die die Umstände Ihrer Verletzung symbolisieren, visuelle und verbale Assoziationen, die eine ähnliche Situation repräsentieren können.

Zum Beispiel: „So wie das Aufheben eines schweren Gegenstandes zu Zerrungen oder anderen Schäden führen kann, ist es damit auch möglich, eine andere schwere Last aufzuheben: Schmerzen. Mit dem entsprechenden Gegengewicht kann eine ausbalancierte und gut bewegliche Wippe enorme Gewichte heben."

Sie schaffen ein günstigeres Bild von den Umständen Ihrer Verletzung. Sie können sich dadurch an den Unfall erinnern, ohne die Spannung und den Schmerz wieder zu erleben. Für eine dauerhafte Linderung ist das wichtig. Erinnern Sie sich an Ihre Gefühle vor dem Schmerz. Schaffen Sie bessere Assoziationen zwischen jenen Erinnerungen, dem Moment des Unfalls und der Gegenwart. Das wird Ihrem Unbewußten helfen, sich von den Schmerzen zu befreien.

„Man kann viele Gegenstände hochheben, indem man den Gleichgewichtspunkt nach vorn oder hinten verlagert, um die unterschiedlichen Gewichte auszubalancieren. So wie ich als Kind auf der einen Seite der Wippe saß und meinen Spielkameraden auf der anderen Seite hochhob, kann ich auch den Schmerz, den ich fühle, aufheben."

Suchen Sie nach einer wohltuenden, angenehmen Erfahrung, die Sie früher hatten. Machen Sie sich klar, daß Sie jetzt eine neue, angenehme Erfahrung hervorbringen können. Vielleicht stellen Sie sich vor, wie Sie auf der Schaukel sitzen, und auf der anderen Seite sitzt der Schmerz; Sie können den Schmerz aufheben. Visualisieren Sie, wie Sie ihn hochheben und sich den Schmerz vom Leibe schaffen.

Drücken Sie das behagliche und angenehme Gefühl, das Sie vor der Verletzung hatten, auf unterschiedliche Arten aus. Vielleicht verknüpfen Sie es mit der Kleidung, die Sie in Ihrer Erinnerung vor der Verletzung getragen haben. „Das blaue Hemd, das ich anhatte, erinnert mich an das Meer, kühl und entspannend."

Vielleicht können Sie sich an einen bestimmten Ort erinnern, an dem Sie sich immer wohl fühlten. Kombinieren Sie Vorstellungskraft mit Ihren Suggestionen: „Ich lasse meinen Schmerz oben auf dem

Berg, den ich letztes Jahr bestieg. Wenn ich hinuntersteige, lasse ich den Schmerz oben auf dem Berg zurück."

Wenn es eine bestimmte Körperhaltung gibt, in der Sie sich wohlfühlen, nehmen Sie diese als einen Bezugspunkt: „Ich erinnere mich, wie ich vor dem Fernseher bequem auf dem Rücken liege und eine Schüssel Popcorn auf meinem Bauch balanciere. Ich kann die Butter und das Salz jetzt richtig riechen."

Sie erinnern sich bestimmt an Körperhaltungen, die sich gut anfühlten, oder an Situationen, in denen Sie entspannende und angenehme Gefühle hatten. Rufen Sie sich diese in Erinnerung und lassen Sie die Bilder so lebhaft wie möglich vor Ihrem geistigen Auge entstehen.

Lassen Sie diese Bilder und mentalen Suggestionen wie in einem Film ablaufen, um Erinnerungen an angenehme Situationen zu schaffen.

Vielleicht können Sie ein paar Gegebenheiten einbauen, als das Hochheben keine Schmerzen verursachte. Erinnern Sie sich an Beispiele, bei denen Ihnen das Hochheben angenehmen Gefühle und Vergnügen bereitete.

„Ich kann innerlich sehen, wie ich das erste Mal mein Neugeborenes aus seinem Bettchen hochhob. Welche Freude und welchen Stolz ich damals fühlte." Schmücken Sie eine solche angenehme Erinnerung mit Ihren eigenen Worten weiter aus. Finden Sie andere Beispiele aus Ihrer Vergangenheit, die sich mit der Situation Ihrer Verletzung oder Ihrer Krankheit assoziieren lassen.

„Ich kann mich an die Befriedigung erinnern, als ich zum ersten Mal bei den Pfadfindern die Fahne hissen durfte." Oder: „Was für ein großartiges Gefühl, als ich bei unserer Hochzeit meine Braut hochhob und sie über die Schwelle trug."

Vielleicht haben Sie einmal einen Reifen gewechselt und dabei mit dem Wagenheber den Wagen gehoben, so daß Sie Ihre Reise fortsetzen konnten. Auch Sie können sich über Ihre Schmerzen erheben, um Ihre Reise durchs Leben fortzusetzen.

Ihr Ziel ist es, mit dieser Technik neue Assoziation zu Ihrer Verletzung oder Krankheit herzustellen. Aus einer Erinnerung an ein schreckliches oder schmerzhaftes Erlebnis schaffen Sie eine Erinnerung, die mit Fortschritt und Wachstum verbunden ist.

Rufen Sie sich in Selbsthypnose behagliche Gefühle in Erinnerung. Das hilft Ihnen, Ihren Körper und Geist neu zu programmieren und Gefühle von Schmerzfreiheit zu akzeptieren. Üben Sie in Gedanken, positive Situationen aus der Vergangenheit durchzuspielen.

Mit Schmerzen, die krankheitsbedingt sind, kann man ähnlich verfahren. Angenommen, Arthritis verursacht Ihnen Schmerzen in den Füßen.

Erinnern Sie sich an die Zeit vor Beginn der Arthritis, als Ihre Füße sich schmerzfrei anfühlten. Denken Sie an die Wanderungen, die Sie unternommen haben, die kleinen nächtlichen Ausflüge in die Küche, um etwas zu naschen. Erinnern Sie sich, wie gut es sich anfühlte, morgens aufzustehen und unter der Dusche zu stehen, das warme, herabfließende Wasser zu spüren, oder wie gut sich Ihre Füße anfühlten, wenn Sie sie nach der Arbeit hochlegten.

Erinnern Sie sich möglichst in selbsthypnotischer Trance. Beschreiben Sie jede Szene so detailliert, wie Sie können. Rufen Sie sich die Farben in Erinnerung, die Gerüche, die Geräusche, die Sie umgaben. Machen Sie die Erinnerung so klar wie möglich.

In Selbsthypnose könnten Sie sich suggerieren: „Ich erinnere mich, wie leicht meine Füße in jener Nacht über das Parkett glitten. Ich hatte das Gefühl zu schweben. Der Geschmack des Champagners, die Geräusche der Neujahr feiernden Menschenmenge, die Girlanden und Fähnchen im Saal. Ich kann mich an das Gefühl erinnern, so als sei es jetzt. Meine Füße fühlen sich schon jetzt angenehmer an, als würden Sie auf einem Luftkissen ruhen.

Während ich mich an diese wunderbare Zeit erinnere, stelle ich fest, wie meine Füße empfindungslos oder vielleicht kühl werden oder sich womöglich eher leicht als empfindungslos anfühlen. Immer wenn ich ans Tanzen denke, fällt mir auf, daß sich meine Füße so empfindungslos oder kühl anfühlen. Vielleicht merke ich, daß diese angenehmen Gefühle in meinen Füßen nur kurz anhalten, vielleicht aber auch viel länger, als ich es je für möglich gehalten hätte."

Werden Sie sich schon der kleinsten Veränderungen in der Schmerzintensität bewußt. Fördern Sie dieses Gefühl mit weiteren Suggestionen: „Ich bemerke, daß ein leichtes Kribbeln in meinem rechten Fuß eingesetzt hat. Es ist ein schönes Gefühl. So wie ich sehe, daß sich ein Tropfen blauer Farbe im Wasser ausbreitet, so kann sich auch diese kühle Empfindungslosigkeit ausbreiten. Es ist, als liefe ich einen Hügel hinunter, und jeder Schritt geht so leicht in den nächsten über. Der Schwung läßt das Laufen in ein flotteres Tempo übergehen, so wie die Empfindungslosigkeit sich von meinen Zehen in meinen Fuß ausbreitet."

Diese leichte Empfindungslosigkeit ist vielleicht alles, was Sie in den ersten Übungsstunden erreichen. Das ist in Ordnung. Üben Sie weiter und mit jeder Übung wird es Ihnen leichter fallen. Es kann natürlich auch vorkommen, daß eine Sitzung vielleicht einmal nicht so produktiv ist wie sonst.

Es wird immer Unterschiede in der Qualität Ihrer Selbsthypnosesitzungen geben. Das ist natürlich und zu erwarten. Tun Sie das Beste, was Sie können. Es geht sowohl um kurzfristige als auch um langfristige positive Auswirkungen. Üben Sie weiter und achten Sie auf die Fortschritte, die Sie von Tag zu Tag und von Woche zu Woche machen.

Kopfschmerzen, Magenschmerzen und andere Schmerzen

Anders als chronische Schmerzen, die ununterbrochen und lange andauern, kommen akute Schmerzen schnell und gehen nach kurzer Zeit auch wieder. Sie kommen jedoch häufig wieder, wie beispielsweise Migräne oder andere Kopfschmerzen.

Auf solche Schmerzen bereitet man sich am besten schon vorher vor. Präventive Selbsthypnose ist am effektivsten. Üben Sie Selbsthypnose, wenn Sie sich wohlfühlen und ohne Schmerzen sind. Bauen Sie Verspannungen ab und geben Sie sich viele posthypnotische Auslöser, um mit Streß und Spannung umgehen zu können.

Ballen Sie Ihre Faust, als ob Sie Spannung und Druck, die Schmerz verursachen, in den Griff bekommen, dann lassen Sie sie beim Ausatmen los. Das kann ein guter posthypnotischer Auslöser sein. Oder ziehen Sie vielleicht Ihre Schultern hoch und sammeln Sie dort alle Muskelspannung und allen Streß, während Sie tief einatmen. Beim Ausatmen lassen Sie Ihre Schultern fallen, und die Spannung gleitet an Ihnen ab.

Das sind zwei Auslöser, die Sie entwickeln können. Suchen Sie sich weitere. Bei dem Auslöser kann es sich um irgendeine Aktion handeln oder um ein Bild, das Sie sich im Geiste machen, um die erwünschte Reaktion auszulösen.

Sie können noch einmal Kapitel 12 zum Steßmanagement lesen, um einige weitere Ideen für Auslöser zu bekommen. Indem Sie diese posthypnotischen Auslöser schaffen, entwickeln Sie eine Reaktion, die immer dann eintritt, wenn Sie die Handlung vollziehen, sogar außerhalb der Trance.

Diese Auslöser können auch angewandt werden, um Kopfschmerzen oder arthritische Schmerzen einzudämmen, bevor sie zu schlimm werden. Es ist am besten, wenn Sie diese Schmerzen stoppen, bevor Sie richtig losgehen. Sobald Sie merken, daß die Schmerzen beginnen, entspannen Sie sich mit einem Ihrer Auslöser und versetzen Sie sich in einen schmerzfreien, angenehmen Zustand.

Ihre Kopfschmerzen mit Wärme beseitigen

Eine weitere Selbsthypnosetechnik zur Beseitigung von Kopfschmerzen ist die Autosuggestion eines Wärmegefühls in den Armen. Wenden Sie das eine Zeitlang an und suggerieren Sie sich dann die Wärme auch in den Armen und Beinen oder vielleicht in Ihren Händen oder Fingerspitzen.

Das Ganze funktioniert aus folgendem Grund: Da Sie Ihr Blut in Ihre Extremitäten fließen lassen – was das warme Gefühl hervorruft – vermindern Sie den Blutdruck im Kopf. Und Blutdruck ist wohl ein Faktor, der zu Migräneanfällen oder vaskulären Kopfschmerzen beiträgt. Probieren Sie es aus und schauen Sie, ob es Ihren Kopfschmerzen hilft.

Wie Sie Erleichterung sich ausbreiten lassen können

Wenn Schmerzen wie z.B. Kopfschmerzen schon eingesetzt haben, ist es für Präventivmaßnahmen zu spät. Akzeptieren Sie den Schmerz. Machen Sie sich bewußt, daß Sie sich später besser fühlen werden. Dann konzentrieren Sie sich auf einen Teil Ihres Körpers, der sich gut anfühlt.

Vielleicht sind es Ihre Beine, die sich angenehm anfühlen, vielleicht Ihre Arme oder nur Ihr kleiner Finger. Finden Sie einen oder mehrere Bereiche, die sich gut anfühlen.

Die Strategie besteht darin, sich die Schmerzen bewußtzumachen, aber auch die Bereiche bewußt wahrzunehmen, die gesund sind. Vergleichen Sie die beiden. Machen Sie sich bewußt, daß in dem Maße, in dem sich ein Teil empfindlich und schmerzhaft anfühlt, ein anderer Körperteil genau die gegenteiligen Gefühle empfinden kann. Vergleichen Sie die Köperbereiche. Ihre Absicht ist es, eine Möglichkeit zu finden, um die Empfindungen zu vermischen und damit den Schmerz zu mildern. Suchen Sie nach einem Weg, das Wohlgefühl des einen Körperbereiches auf den schmerzenden Bereich auszudehnen. Während sich das gute Gefühl ausbreitet, fördern Sie seine Ausbreitung in Ihrem gesamten Körper.

Eine Seite Ihres Kopfes schmerzt beispielsweise so, als würde eine Glocke darin läuten, die andere Seite fühlt sich dagegen gut an. Vielleicht kann es so sein, als betrachteten Sie die Farben Rot und Lila und den Unterschied zwischen den beiden. Geben Sie sich Suggestionen, in denen Sie die Farben vergleichen. Entwerfen Sie andere Symbole, die die unterschiedlichen Gefühle charakterisieren. Dann vermischen Sie sie, so wie Farben sich vermischen.

Zum Beispiel: „Eine Seite meines Kopfes fühlt sich an wie eine rote Glocke, die mit jedem Herzschlag ertönt. Aber mein großer Zeh fühlt sich kühl, gesund und angenehm an. Mein Zeh fühlt sich an wie eine lila Pflaume, kühl, weich und angenehm.

Ich kann den Farbunterschied und die unterschiedlichen Gefühle in diesen beiden Bereichen meines Körpers sehen. Ich kann mir sogar vorstellen, wie die lila Pflaume die rote Glocke anschlägt. Die Weichheit meines Zehs würde einen gedämpften Glockenton erzeugen. Das Lila des Zehs verfärbt vielleicht das Rot der Glocke. Ich fühle, wie die Weichheit und das sanfte Wohlgefühl meines lila Zehs sich mit dem Rot der Glocke vermischt und sie leiser klingen läßt. Vielleicht läßt auch das Pochen in meinem Kopf nach, wenn ich mir vorstelle, wie sich das Rot in Lila verwandelt."

Es kann sein, daß Sie einige Minuten brauchen, um mit dieser Strategie Schmerz und Wohlgefühl erfolgreich zusammenzuführen. Vielleicht nehmen Sie sich zwei oder drei Minuten Zeit, um jedes der kontrastierenden Gefühle zu untersuchen – den Schmerz und das Wohlgefühl. Schaffen Sie verschiedene Assoziationen, wie etwa die mit den Farben (rot/lila), mit Formen und Geräuschen (Glocke/Pflaume).

Seien Sie nicht enttäuscht, wenn Sie einige Zeit brauchen, bis Sie diese Technik beherrschen. Es wird mit jedem Mal besser und schneller gelingen, die gewünschten Ergebnisse zu erzielen.

Ablenkungsstrategien

Ablenkung wird zum Beispiel vom Zahnarzt genutzt, wenn er Ihnen beim Bohren einen Kopfhörer zum Musikhören aufsetzt. Ablenkung vermindert den Schmerz. So vergessen Sie beispielsweise Ihre Kopfschmerzen, wenn Sie an einer Unfallszene vorbeifahren. Sie vergessen die Schmerzen in der Schulter, wenn Sie sich den Zeh anstoßen. Mit Selbsthypnose können Sie lernen, die Kunst der Ablenkung zu beherrschen.

Suchen Sie sich einen Teil Ihres Körpers aus, der sich gut anfühlt. Konzentrieren Sie sich völlig darauf. Während Sie Ihre selbsthypnotische Trance entwickeln, konzentrieren Sie sich auf die wohligen Bereiche, die Teile Ihres Körpers, die sich angenehm anfühlen.

Vielleicht beginnen Sie mit progressiver Entspannung. Fangen Sie bei den Füßen an und arbeiten Sie sich durch jeden Teil Ihres Körpers. Achten Sie besonders auf die Bereiche, die sich gut anfühlen. Untersuchen Sie, wie gut Sie sich fühlen. Wenn Sie zu große Schmerzen haben, um sich lange zu konzentrieren, üben Sie jeweils für zwei oder drei Minuten, bevor Sie aus der Trance kommen, um sich dann wieder für mehrere Minuten in Trance zu versetzen und dann wieder herauszukommen.

Akzeptieren Sie den Schmerz, wenn Sie nicht in Trance sind. Wenn Sie in Trance sind, konzentrieren Sie sich auf die Bereiche, die sich gut anfühlen. Denken Sie sich die zwei oder drei Minuten der selbsthypnotischen Konzentration als einen Ausflug weg vom Schmerz, als einen Besuch beim Wohlbehagen. Selbst wenn Sie sich nicht sicher sind, ob Sie sich tatsächlich in Trance befinden, konzentrieren Sie Ihre Aufmerksamkeit auf gesunde Bereiche Ihres Körpers.

Geben Sie sich Suggestionen für ein wenig Schmerzlinderung: „Während ich mich auf meine Hand konzentriere und bemerke, wie angenehm sie sich anfühlt, wie ruhig die Finger sind, kann ich ein leichtes Kribbeln bemerken, ein Gefühl der Kühle oder Wärme in meinen Fingerspitzen. Dieses kleine Gefühl hält vielleicht nur einige Sekunden an, aber es kann auch eine Minute oder länger dauern.

Ich konzentriere mich weiterhin auf einen Teil meines Körpers, der sich wohlfühlt, vielleicht für ein paar Sekunden, vielleicht eine Minute lang oder vielleicht sogar länger, als ich es für möglich gehalten hätte."

Indem Sie Ihre Aufmerksamkeit auf einen anderen Teil Ihres Körpers lenken, können Sie Ihren Schmerz zeitweilig aufheben. Nutzen Sie auch Ihr Vorstellungsvermögen. Wenn Sie Schmerzen in Ihrer Schulter haben, stellen Sie sich Ihre Füße in einem kalten Wasserbecken vor.

Vielleicht werden Sie überrascht sein, wenn Sie feststellen, daß die angenehmen Gefühle, die Sie sich suggerieren und vorstellen, dem leidenden Teil Ihres Körpers Erleichterung verschaffen. Vertreiben Sie Ihre Schmerzen durch Ablenkung.

Zeitverzerrung

Eine Frau mittleren Alters, die an Krebs litt, hatte schreckliche Schmerzen. Sie nahm so viel Schmerzmittel wie nur möglich. Doch auch das beseitigte nicht alle ihre Schmerzen.

Da sie zu krank war, um alltäglichen Aktivitäten nachzugehen, fand sie die Zeit zwischen den Schmerzmitteleinnahmen unerträglich.

Zunächst wurde sie von einem klinischen Hypnotherapeuten hypnotisiert, dann wurde ihr beigebracht, Selbsthypnose anzuwenden. Mit Hilfe der erlernten Methoden dehnte sie ihre angenehme, schmerzfreie Zeit weit über den Zeitraum der Medikamentenwirkung hinaus aus. Auch schaffte sie es, die unerträgliche Zeit im Geiste auf ein paar Minuten zu komprimieren.

Zeitverzerrung kann für viele Menschen zu einer wertvollen Technik werden, vor allem für diejenigen, die unter zu starken Schmerzen leiden, um normal tätig sein zu können. Ist Ihnen schon einmal aufgefallen, wie schnell ein guter Film vorbei war oder wie Sie das Zeitgefühl verlieren, wenn Sie einen guten Freund besuchen? Das sind Beispiele alltäglicher Zeitverzerrungen. Mit Selbsthypnose können Sie diese natürliche Fähigkeit in eine effektive Strategie verwandeln, um die Zeit, in der Sie sich wohlfühlen, auszudehnen.

Wenn Sie eine der in diesem Kapitel diskutierten Techniken anwenden, wird es Momente geben, an denen Ihre Schmerzen vermindert oder verschwunden sind. Das ist die günstigste Zeit, um Zeitverzerrung anzuwenden.

Vielleicht sind Sie in Trance und bemerken, daß Sie durch Ablenkung oder Vorstellungskraft ein gewisses Maß an Wohlbehagen erreicht haben. Konzentrieren Sie sich in Selbsthypnose einen Moment auf dieses Wohlgefühl. Stellen Sie sich vor, es sei Teil eines langen Films, eines Besuchs bei einem guten Freund oder eines Hobbys, das Spaß macht und Sie völlig gefangennimmt. Visualisieren Sie das, was Ihnen die Idee ausgedehnter Zeit vermittelt.

Vielleicht genießen Sie es, Ihr Wohlbehagen als eine lange, geruhsame Ballonfahrt zu erleben. Oder vielleicht fühlen Sie sich behaglich beim Schreiben eines langen Briefes, bei einem zehngängigen Essen oder beim Anschauen eines altes Fotoalbums. All diese Erlebnisse können genutzt werden, um Zeit auszudehnen. Hier sind einige Beispiele, wie Sie das tun können. Aber denken Sie daran, Ihre eigene Vorstellungskraft zu nutzen, um mehr Material für Ihre Trance hervorzubringen.

Sie beginnen an einem Punkt, an dem Sie sich behaglich fühlen, und fördern die Ausdehnung dieses Gefühls.

Lassen Sie Ihren Lieblingsfilm noch einmal vor Ihrem inneren Auge ablaufen und führen Sie Selbstgespräche: „Dieses angenehme Gefühl ist so, als würde ich *Vom Winde verweht* anschauen. Es ist faszinierend zu sehen, wie lange diese Szenen dauern. Und es ist überaus angenehm zu sehen, wie sich jede Szene entfaltet und die Geschichte sich entwickelt."

Ein anderer Ansatz könnte sein: „Ich bemerke, daß Zeit wie ein Gummiband ist, das ich dehnen und weit auseinanderziehen kann. Mein friedliches, behagliches Gefühl kann sich auf die gleiche Weise ausdehnen ..." Sie können sich lange oder kurze Gummibänder vorstellen, oder auch Schläuche oder vielleicht Kaugummi, der gezogen und gedehnt wird. Sehen Sie sich in angenehmen Umgebungen und sehen Sie, wie sich die Zeit in diesen Szenen ausdehnt wie ein Ballon, der mit Luft gefüllt wird.

Hier ist ein weiteres Beispiel, wie sich durch die Entwicklung Ihres Vorstellungsvermögens angenehme Zeiten verlängern lassen: „Ich stelle mir vor, wie ich auf eine lange Reise gehe und durch viele Städte fahre. In jeder Stadt ist eine Raststätte, an der ich anhalte, um mich auszuruhen. Ich spüre das Wohlbehagen und die Entspannung der ersten Raststätte schon jetzt.

Vielleicht halten dieses Wohlbehagen und der Grad von Erleichterung an, bis ich zur nächsten Raststätte komme. Bei der Ausfahrt aus der Raststätte kann ich fast schon die Lichter der nächsten Stadt und der nächsten Raststätte sehen.

Mir fällt auf, daß der Weg zu dieser Stadt kürzer ist, als ich dachte. Ich bin überrascht oder neugierig, oder vielleicht eher erstaunt als neugierig, wenn ich bemerke, daß ich mich immer noch wohlfühle und daß ich immer noch entspannt bin, während ich mich der nächsten Raststätte nähere. Ich kann sehen, wie ich näher und näher komme ..." Die Reise kann so lange dauern, wie Sie wollen. Und Sie können sich vorstellen, was Sie unterwegs alles sehen.

Durch diese Art der Zeitverlängerung werden Sie feststellen, daß Ihr Bewußtsein nicht mehr genau weiß, wieviele Minuten vergangen sind. Vielleicht vergehen bei diesem Grad der Erleichterung sogar Stunden. Auf diese Weise können Sie die wohltuende Zeitspanne verlängern und die Schmerzintervalle verkürzen.

Sie müssen mit dieser und den anderen Techniken experimentieren, um herauszufinden, was in Ihrer Situation am besten funktioniert. Es kann sein, daß manche Techniken gut funktionieren oder daß Sie sie auch kombinieren können.

Bevor Sie üben, suchen Sie sich Metaphern und Bilder, die Sie in dieser Sitzung anwenden wollen. Erlauben Sie Ihrem kreativen Geist, jedes dieser Bilder in Selbsthypnose auszuschmücken.

Viele der Metaphern und Bilder aus anderen Kapiteln können auch zur Schmerzlinderung eingesetzt werden. Es ist ganz wichtig, daß Sie Beispiele finden, die Ihren eigenen Erinnerungen entsprechen. Verändern Sie die Beispiele aus diesem Buch so, daß sie zu Ihren eigenen Erfahrungen passen.

Literatur

Barber, J. a. C. Adrian (eds.) (1982): Psychological approaches to the management of pain. New York (Brunner/Mazel).

Benson, H. (1979): The mind/body effect. New York (Simon & Schuster).

Edelson, J. a. J.L. Fitzpatrick (1989): A comparison of cognitive-behavioral and hypnotic treatment of chronic pain. *Journal of Clinical Psychology* 45 (2).

Elton, P., G.D. Burrows a. G.V. Stanley (1980): Hypnosis and chronic pain. *Australian Journal of Clinical and Experimental Hypnosis* 8 (Nov.).

Erickson, M. (1982): The interspersal hypnotic technique. In: J. Barber a. C. Adrian (eds.): Psychological approaches to the management of pain. New York (Brunner/Mazel).

Feverstein, M. a. E. Skjei (1979): Mastering pain. New York (Bantam Books).

Freese, A.S. (1973): Headaches: The kind and cures. New York (Doubleday).

Hilgard, E.R. a. J.R. Hilgard (1975): Hypnosis in the relief of pain. Los Altos, CA (W. Kaufmann).

Hughes, R. a. R. Brewin (1979): The tranquilizing of America. New York (Harcourt, Brace, Jovanovich).

Levinthal, C.E. (1989): The effects of indirect hypnosis, direct hypnosis, and progressive relaxation on the primary and secondary psychological symptoms of chronic headache. *Dissertation Abstracts International* 49 (7-B), (Jan.).

Melzack, R. a. P.D. Wall (1965): Pain mechanisms: a new therory. Science 150.

Patterson, D.R., K.A. Questad a. B.J. De Lateur (1989): Hypnotherapy as an adjunct to narcotic analgesia for the treatment of pain for burn debridement. *American Journal of Clinical Hypnosis* 31(3).

Rausch, V. (1980): Cholecystectomy with self-hypnosis. *American Journal of Clinical Hypnosis* 22 (Jan.).

Sacerdote, P. (1982): Techniques of hypnotic intervention with pain patients. In: J. Barber a. C. Adrian (eds.): Psychological approaches to the management of pain. New York (Brunner/Mazel).

Sachs, L.B., M. Feuerstein a. J.H. Vitale (1977): Hypnotic self-regulation of chronic pain. *American Journal of Clinical Hypnosis* 20 (Oct.).
Spinhoven, P. a. A.C. Linssen (1989): Education and self-hypnosis in the management of low back pain. A component analysis. *British Journal of Clinical Psychology*, May 1989.
Wain, H.J. (1980): Pain control through use of hypnosis. *American Journal of Clinical Hypnosis* 23 (July).

Kapitel 19

▶ Tun Sie etwas für Ihre Haut – Warzen, Herpes, Ekzeme und Schuppenflechte

Ihre Haut ist das größte und sichtbarste Organ Ihres Körpers. Es reagiert auf innere und äußere Reize. Wir bekommen Gänsehaut, wenn wir frieren oder Angst haben. Wir laufen rot an, wenn wir Sport treiben oder wütend sind.

Die Epidermis (Oberhaut) ist widerstandsfähig und doch empfindlich, hart genug, daß man den ganzen Tag darauf gehen kann und doch durch inneren Streß verwundbar. Unsere Haut ist die Hülle unseres Körpers und eine Barriere gegen Eindringlinge von außen.

Es ist viel leichter, Hautprobleme zu verstehen, wenn man sich klar macht, daß sowohl Haut als auch Nervensystem einen gemeinsamen Ursprung in der Embryonalphase der menschlichen Entwicklung haben.

Obwohl viele Hautprobleme physiologische Ursachen haben, sollte es dennoch nicht verwundern, daß die Haut die erste Stelle sein kann, an die ein Hilferuf unseres Nervensystems oder unserer Psyche gelangt. Ausschläge, Jucken und Pickel können die ersten Signale sein, daß etwas in uns nicht im Gleichgewicht ist. Dieses „etwas" kann physisch, psychisch oder beides sein.

Nicht jedes Jucken, jeder Pickel und jeder Ausschlag sind ein Schrei von innen. Giftiger Efeu, Flöhe, Mücken oder verstopfte Poren und anderes mehr können dafür verantwortlich sein. Lassen Sie jedes Hautproblem von einem Arzt untersuchen, um zu sehen, ob es eine organische Reizung gibt!

Viele Hauterkrankungen werden durch Reizungen von außen, durch Bakterien und Viren hervorgerufen und durch innere Faktoren verschlimmert.

Es ist nicht leicht, Funktionsstörungen der Haut in psychisch oder organisch bedingte einzuteilen. Wie bereits in anderen Kapiteln diskutiert, gibt es keine klare Trennung zwischen Körper und Geist, denn die beiden Systeme sind eng miteinander verwoben. Seuchen oder Krankheiten können sich ausbreiten oder die Gelegenheit erhalten, sich zu entwickeln, wenn unser Immunsystem angegriffen ist. Wir kratzen uns vielleicht nur ein wenig, reiben uns mit Kalamincreme ein oder machen kalte Umschläge, und bald sind unsere Symptome verschwunden. Aber wohin sind sie verschwunden?

Werden unsere Hautprobleme durch emotionale Probleme verursacht, so finden Streß, Konflikte oder unterdrückte Gefühle einen anderen Teil des Körpers und breiten sich dort aus. Normalerweise wird das, was wir unterdrücken, so lange stärker, bis es einen Weg findet, sich auszudrücken, an die Oberfläche zu kommen oder auszubrechen. Vielleicht ist der Magen als nächstes dran – Geschwüre? Vielleicht der Kreislauf – Bluthochdruck?

Wir wären gut beraten, auf uns zu achten und ein Ohr nach innen zu richten. Ist ein Ausschlag ungeklärter Herkunft, ein unerklärliches Jucken, eine innere Stimme, ein Anruf von unserer Vermittlungszentrale? Wir müssen gegenüber Ereignissen, Gefühlen und Situationen sensibel sein, die in unseren Leben vielleicht noch zu Ende gebracht werden wollen – Wut will ausgedrückt werden, Streß abgebaut und Ängste wollen beseitigt werden.

Hautprobleme haben oft mit Angst zu tun. Selbsthypnose ist eine hervorragende Verordnung, sowohl für die erwünschten Ergebnisse als auch für das Verständnis der Ursache.

Dr. Charles Mutter (1986) schreibt, daß Hypnose in der Geschichte der Medizin schon immer angewandt wurde. Mit Selbsthypnose kann man oft in viel kürzerer Zeit Verbesserungen erreichen als mit traditionellen Ansätzen. Sie bietet einen direkten Zugang zu den unbewußten Ursachen der Reizung und wirkt durch das Aufdecken und Auflösen der Traumata günstig auf den Heilungsverlauf. Bei Hautproblemen wird man oft noch ängstlicher, weil man das Gefühl hat, der Körper sei außer Kontrolle, oder auch weil andere das Problem so leicht sehen können.

Hypnose arbeitet eng mit dem autonomen Nervensystem zusammen, das die unwillkürlichen Körperfunktionen wie Herztätigkeit, Blutdruck, Blutfluß, Stoffwechsel, Atmung und viele chemische Prozesse im Blut steuert, die das Immunsystem beeinflussen. Selbsthypnose kann bei der Linderung vieler Hautprobleme sehr effektiv sein, da sie einen positiven Einfluß auf diese autonomen Funktionen hat.

Warzen

Es ist schon ein kräftiger Virus, der Warzen entstehen läßt. Die Tatsache, daß jemand Kontakt mit dem Virus hat, bedeutet jedoch noch nicht, daß auch Warzen entstehen werden. Es wurde festgestellt, daß emotionaler Streß die Warzen verschlimmern und für ihre Ausbreitung sorgen kann.

So war es bei dem 16jährigen Billy, der an Händen, Fingern und Ellbogen Dutzende von Warzen hatte. Sie waren nicht zu übersehen, und ihm war das peinlich. Er traute sich wegen der Warzen nicht auf Veranstaltungen. Manchmal verdeckte er sie mit Hansaplast.

Sonst war Billy normal und gesund. Aber er war in einem Alter, wo man beginnt, mit Mädchen auszugehen, und er war sich seines Äußeren sehr bewußt. Die Warzen machten ihm Angst.

Seine Eltern hatte alles mögliche bei ihm ausprobieren lassen – Chemie, elektrische Kauterisation, Vereisung, Operationen. Sie hatten eine Menge Geld dafür ausgegeben, aber die Warzen kamen immer wieder. Oft waren die Behandlungsformen unangenehmer als die Warzen.

Nach fast zweijähriger Behandlung empfahl der Hausarzt Hypnotherapie. Es wurde in der ersten Sitzung klar, daß es in Billys Familie viele Probleme gab. Sein Vater hatte sich von ihnen getrennt und eine Frau geheiratet, von der Billy nicht akzeptiert wurde. Billy lebte mit Mutter und Schwester und stritt sich oft mit ihnen.

Diese „Brüche“ im Leben des jungen Mannes manifestierten sich als „Ausbrüche“. Was bei ihm ausbrach, war seine Haut, so als wollte sie sagen: „ich kann damit nicht mehr umgehen, ich bin wirklich gestört, aber wie soll ich es ausdrücken?“

Obwohl die Warzen psychische Ursachen hatten, waren diese nicht der alleinige Grund. Wahrscheinlich gab es auch ernährungs- und kreislaufbedingte Mängel, die den Warzenvirus so aktiv werden ließen.

Billy lernte Selbsthypnose und wurde angeleitet, körperliche Veränderungen herbeizuführen – seine Herztätigkeit zu verändern, die Temperatur in seinen Händen und Fingern zu erhöhen oder zu senken, unterschiedliche Körperregionen sich schwer oder taub anfühlen zu lassen. Diese Übungen gaben ihm ein Gefühl von Kontrolle über seinen Körper.

Es wurde Billy deutlich gemacht, daß es in seinem Leben einige emotionale Probleme gäbe, daß aber die Behandlung mit Selbsthypnose auf seine Symptome – die Warzen – abzielte.

Er wurde ermuntert, sich gut und ausgewogen zu ernähren. Diese ausgewogenen Mahlzeiten wurden als posthypnotische Auslöser genutzt, um Billy dazu anzuhalten, Ausgleich und Harmonie in seiner Haut wieder herzustellen.

In wenigen Wochen erlangte er die Fähigkeit und die Zuversicht, um durch Selbsthypnose die Erfahrung der Körperkontrolle zu genießen. Obwohl seine Warzen noch da waren, konnte er Wärme und Kälte in seinen Händen erzeugen; er war auch in der Lage, sich zu entspannen und viel von dem Streß und der Spannung loszulassen, die sich während des Tages aufgebaut hatten.

Diese Kontrolle gab ihm das Gefühl, daß er auch gegen seine Warzen etwas tun könne. Als nächstes gab sich Bill Suggestionen, die sich direkt auf das Wachstum der Warzen bezogen. Da es ihm gelungen war, die Kontrolle über andere Körperempfindungen zu verstärken, zielten die Suggestionen darauf ab, den Blutfluß zu den Warzen zu vermindern. Man erklärte ihm, daß das Kältegefühl in seinen Händen, das er zu erzeugen gelernt hatte, mit einer Verminderung der Blutzirkulation zu tun hätte. Er gab sich immer wieder die Suggestion: „Kein Blut zu den Warzen!“

Er suggerierte sich auch, daß die Warzen sich auflösten und kleiner würden: „Meine Warzen beginnen zu schrumpfen, wie der Fischteich im Sommer. Sie werden von Tag zu Tag kleiner.“ Billy stellte sich vor, wie sie schrumpften, flacher wurden und dann verschwanden.

Manchmal stellte er sich seine Hände unter einem Vergrößerungsglas oder einem Mikroskop vor und beobachtete, wie die Warzen schrumpften. Dann wieder visualisierte er, wie er sie bei jedem Händewaschen ein wenig wegwusch. Das Waschen seiner Hände wurde zu einem posthypnotischen Auslöser für seinen Körper, die Warzen wegzuwaschen.

Innerhalb weniger Wochen waren die Warzen an seiner rechten Hand fast verschwunden. Viele der kleinen waren vollkommen weg. Nach eineinhalb Monaten hatte Billy nur noch an der linken Hand

Warzen, und auch diese wurden kleiner. Nach vier Monaten waren alle bis auf zwei an seiner linken Hand verschwunden.

Billy wurde gesagt, er solle nicht erwarten, daß all seine Warzen weggehen würden. Es ist wichtig, nicht alle Warzen beseitigen zu wollen. Versuchen Sie, 80 oder 90 Prozent loszuwerden. Das macht Ihr Ziel erreichbarer. Dadurch können einige Warzen bleiben, wo sie sind, denn vielleicht gibt es noch psychologische Gründe für ihre Existenz.

Wenn man annimmt, daß die Warzen bei Billy eine Folge seiner emotionalen Störungen waren, dann könnten ein paar kleine, zurückgebliebene Warzen dafür sorgen, daß sich keine anderen Symptome entwickeln, falls Billy seine emotionalen Probleme noch nicht vollständig gelöst hatte.

Bei diesem jungen Mannes verschwanden die meisten Warzen und mit ihnen auch seine Verlegenheit. Über das Beispiel Körperkontrolle schaffte es Billy, auch mehr emotionale Kontrolle sich selbst und seiner Familie gegenüber zu entwickeln. Es dauerte einige Monate mit Selbsthypnose, bis er eine Lösung erreichte, die für ihn funktionierte. Er lernte, seine Aufmerksamkeit zu konzentrieren, verständnisvoller zu sein, seine Emotionen loszulassen und sich befreiter zu fühlen.

Warzen an den Genitalien

Diese Form von Warzen tritt an den Genitalien oder am Anus von Männern oder Frauen auf, die mit dem Virus in Kontakt gekommen sind. Das Auftreten der Warzen an diesen Stellen bereitet den Betroffenen Verlegenheiten, erzeugt Schuld- oder Schamgefühle und große Ängste. Psychotherapie oder Hypnotherapie können hier oft helfen, um mit diesen selbstzerstörerischen Gefühlen umzugehen. Andere Menschen finden emotionale Unterstützung in Selbsthilfegruppen oder überwinden Ihre Isolation und die Mißverständnisse, die die eigene Sichtweise verzerren, auf andere Art und Weise.

Es ist durchaus nützlich, wenn man weiß, daß man sowohl Warzen an den Genitalien als auch an anderen Teilen des Körpers mit

Hypnose beseitigen kann. Die Klinikerin Diane Roberts Stoler (1990) nutzt bestimmte Metaphern in der Phantasievorstellung, bei der Sie die Anleitungen gibt. Sie läßt einen fruchtbaren Garten entstehen, der das körpereigene Immunsystem stärkt. Das Wasser besitzt die besondere Eigenschaft, diese Warzen aufzulösen, und das Bild eines Teiches nährt die positiven Emotionen.

Dr. Dabney Erwin (1990) verwendet bei seinen Patienten, die an Genitalwarzen leiden, Bilder, in denen Blut zu den Warzen fließt, das Antikörper und weiße Blutkörperchen mit sich bringt, um den Virus zu bekämpfen und den betroffenen Bereich zu heilen.

Andere Kliniker verwenden den Suggestionsansatz, daß die Warzen beginnen, sich trocken anzufühlen, dann braun werden, abfallen und keine weiteren Probleme mehr verursachen und daß man seine Aufmerksamkeit nun wieder auf andere Angelegenheiten richten kann. Alle Suggestionsstrategien in diesem Kapitel können von Ihnen verwendet und persönlich angepaßt werden und gegen alle Warzenarten eingesetzt werden.

Suggestionsstrukturen

Ihre Vorstellungsbilder müssen nicht unbedingt anatomisch oder physiologisch exakt sein, um Erfolg zu haben. Ob Billys Suggestionen lauten: „Kein Blut zu den Warzen!" oder „Mehr Blut zu den Warzen!", ist gleichgültig. Das wichtigste ist die Absicht, die man mit der Suggestion verfolgt.

Verwenden Sie daher die geistige Vorstellung von Heilung, die Ihnen sinnvoll erscheint, um positive Veränderung zu schaffen. Wenn Sie ein Mensch sind, der gerne liest und forscht und alles über seinen Zustand wissen will, dann ist es angebracht, Ihre Suggestionsstrategie auf diesem Wissen aufzubauen.

Falls Sie es jedoch vorziehen, Ihre Suggestionen aus Ihren gegenwärtigen Ansichten über das Funktionieren Ihres Körpers zu entwikkeln, dann werden diese Suggestionen genauso effektiv für Sie sein. Es ist Ihr Verlangen und Ihre Absicht, Linderung zu erfahren, die die Dynamik der Suggestionen nach körperlichen Veränderungen in Gang setzt.

Hypnose oder Placeboeffekt?

Das Phänomen der Hypnose wird sowohl von amerikanischen als auch von britischen Ärztevereinigungen anerkannt, und Hypnose wird in beiden Ländern an medizinischen Hochschulen gelehrt. Doch noch immer kann man die Wirkungsweise von Hypnose nicht vollkommen verstehen, und so mancher Wissenschaftler betrachtet die Behandlungen und unerklärbaren Heilungen mit Skepsis.

Bei der Behandlung von Warzen weiß man nicht, ob die durch hypnotische Suggestionen ausgelöste Anti-Warzen-Reaktion auf eine erhöhte Immunfunktion, mehr oder weniger Blutzirkulation, unbekannte chemische Vorgänge oder auf andere Prozesse zurückzuführen ist. Auf welche Weise das Unbewußte fähig ist, Warzen verschwinden zu lassen, während konventionelle Therapien versagen, ist noch immer nicht vollständig bekannt.

Einige Wissenschaftler vergleichen Hypnose mit dem Placeboeffekt. Und da gibt es tatsächlich Gemeinsamkeiten.

Der Placeboeffekt oder der „Effekt der leeren Pille" wird oft beobachtet, wenn man einem Patienten eine wirkungslose Tablette verabreicht und ihm erklärt, welch starke Wirkung sie haben werde. Wenn der Patient der Person glaubt, die die Tablette verordnet, stellt sich der beschriebene Effekt oft ein.

Neue Medikamente werden häufig in Doppelblindversuchen getestet. Das bedeutet, daß derjenige, der das Medikament gibt, weder den Patienten kennt noch weiß, ob eine Tablette die zu testende Medizin oder eine unwirksame Substanz enthält. Nur die Testleiter, die weder die Patienten sehen noch mit ihnen sprechen, wissen, welche Tabletten was enthalten. Das Ziel ist es, bei den Ergebnissen Erwartungen oder Placeboeffekte auszuschalten.

In einer 1978 von Tasini und Hacket durchgeführten und im *American Journal of Clinical Hypnosis* veröffentlichten Studie wurde eine Warzenbehandlung durch Hypnose mit einer Säurebehandlung verglichen und diese Behandlungen mit der Placebo- sowie der Kontrollgruppe. Die Studie zeigte, daß bei der Hypnosegruppe signifikant mehr Warzen beseitigt wurden als bei den Kontrollgruppen.

Es gibt die Ansicht, daß Placebos ähnlich funktionieren wie Hypnose, das heißt, das Unbewußte lenkt und stimuliert die Suche nach der Reaktion oder Heilung.

Wenn einem Patienten gesagt wird, daß er ein Placebo, also eine Pille ohne Wirkung, erhalten hat, so hört der Patient in der Regel sehr schnell auf, davon zu profitieren.

Der Glaube an die heilenden Eigenschaften des Stoffes scheint der entscheidende Faktor zu sein, unabhängig davon, ob der Patient motiviert ist, gesünder zu werden oder eine Reaktion zu verspüren.

An Hypnose muß man jedoch nicht glauben, damit sie wirkt. Der hypnotische Effekt kann wirken, auch wenn man überhaupt nicht daran glaubt.

Das Wesentliche bei Hypnose ist die Motivation, Erfolg zu haben, Kontrolle zu erlangen, Linderung zu verspüren oder was auch immer das Ziel sein mag.

Bei der Placebogabe wird dem Unbewußten vorgegaukelt, daß die Ursache der Veränderung oder der Wirkung außen liegt, in der Tablette oder Injektion. Das Unbewußte löst dann die erwartete Reaktion aus.

Es wurde auch schon behauptet, daß die Medizin insgesamt zu einem bestimmten Grad aufgrund des Placeboeffektes funktioniert. Medikamente können körperliche Veränderungen hervorrufen, die dann im Unbewußten die letztendliche Heilungsaktion auslösen.

Bei Hypnose jedoch sind *Sie* verantwortlich, die Reaktion zu schaffen. Es gibt keine Täuschung. Wenn die Motivation zur Veränderung da ist und stärker ist als die Motivation, der Veränderung zu widerstehen, kann die Veränderung stattfinden. Ob Sie glauben, daß die Veränderung durch Hypnose hervorgerufen wird oder nicht, ist nicht der Punkt.

Es gibt wahrscheinlich unzählige Wege, einen Zugang zum Unbewußten herzustellen und es als eine innere Quelle für positive Veränderungen zu nutzen.

In unserer Kindheit haben wir gelernt, daß uns der Arzt gesund macht. Er gibt uns Medizin, die wir nehmen müssen, um gesund zu werden. Es ist kein Wunder, daß wir aufwachsen und es nicht gerade einleuchtend finden, daß wir *uns selbst* heilen können. Es ist dann noch weniger verwunderlich, daß auch Ärzte es schwierig finden, dieses Phänomen zu verstehen.

Aber auch Wissenschaftler sind nicht in der Lage, Erklärungen zu finden, weshalb viele Medikamente Veränderung bewirken. Das einfache Aspirin, das „Wunder-Schmerzmittel" – seine genaue schmerzlindernde Wirkung ist bisher nicht bekannt. Viele wirksame Medikamente, die in der *Roten Liste*, der Bibel der Medikamente, aufgelistet sind, werden mit dem Satz beschrieben: „Der genaue chemische Wirkungsmechanismus ist nicht bekannt." Dieses unvollständige Wissen hält uns jedoch nicht davon ab, die Behandlung zu beginnen oder von diesen Medikamenten zu profitieren.

Bis wir die Wechselwirkung zwischen unserem Unbewußten und unserem Körper völlig verstehen, sollten wir unseren Geist für die Methoden offenhalten, die positive Veränderungen bewirken. Wenn Sie Aspirin anwenden, warum nicht auch Selbsthypnose?

Herpes

Herpes im Gesicht und im Genitalbereich werden durch Viren hervorgerufen. Es gibt Dutzende, vielleicht Hunderte von individuellen Abarten dieser Viren.

Sobald der Virus im Körper ist, tritt in der Regel nach ein paar Tagen entweder an den Lippen oder im Genitalbereich ein Geschwür auf. Der Virus hat im Durchschnitt einen Zyklus von acht bis 14 Tagen.

Während sich der Zyklus ausläuft, wandern einige im Körper verbliebene Viren von der ursprünglich infizierten Region in die Nervenscheide. Der Virus nistet sich in den Nervenscheiden ein und wird von den natürlichen Abwehrmechanismen des Körpers nicht mehr erreicht. Wenn die Bedingungen günstig sind, wandert der Virus wieder den Nerv hoch und verursacht einen erneuten Infektionsausbruch. Zum gegenwärtigen Zeitpunkt gibt es keine Heilung von diesem Virus, wenn er erst einmal in den Nervenscheiden ist. Es gibt gegen Viren wirkende Medikamente, die einigen Leidenden helfen, sowohl die Schwere und Häufigkeit der Infektionen als auch die Ansteckungsgefahr zu reduzieren.

Einer der schwierigsten Aspekte bei einem genitalen Herpesausbruch (wie bei Genitalwarzen) sind die emotionalen Probleme, die die Erkrankung mit sich bringt. „Für die meisten Menschen ist Herpes körperlich nicht sehr behindernd, aber es kann zu einem furchtbaren psychologischen Problem werden", kommentiert Sam Knox vom *Herpes Resource Center* (Freudberg 1982).

In unserer Gesellschaft wird uns beigebracht, daß es nichts gibt, was nicht möglich ist – zumindest nicht auf Dauer. Es gibt immer irgendeine Heilung. Aber für den Herpes-Virus gibt es immer noch keine Heilung, und Frustration breitet sich aus.

Bei denjenigen, die darunter leiden, kann die Vorstellung, diese Infektion „für immer" zu haben, ein Gefühl der Hilf- und Hoffnungslosigkeit hervorrufen. Das muß nicht sein.

Das Ausbrechen von Herpes an den Lippen erzeugt nie ein derartiges emotionales Trauma, wie Herpesbläschen an den Genitalien. In einer Präsentation mit dem Titel *Psychological Responses to Genital Herpes* (Psychologische Reaktionen auf Herpes Genitalis) (Freudberg, 1982) zitierte Dr. Elliot Luby eine Reihe von Reaktionen auf den Virus, die von Klinikern an einem Herpes-Selbsthilfezentrum beobachtet worden waren:

1. Schock, emotionale Betäubung, ähnlich den Reaktionen auf eine ernsthafte Krankheit oder Seuche.
2. Nachdem der Schock vorüber ist, beginnt eine verzweifelte Suche nach Heilung oder die Suche nach Wegen, mit der Krankheit umzugehen.
3. Gefühle von Isolation, Hilflosigkeit und Einsamkeit entstehen. Der Patient entwickelt ein Bewußtsein für die Eigenarten der Krankheit, während die Tatsache ihrer Unheilbarkeit sich allmählich gegen die anfängliche Leugnung durchsetzt. Innere Dialoge werden darüber geführt, wie die Krankheit sich auf Beziehungen, zukünftige Freundschaften und (bei Frauen) die Möglichkeit, Kinder zu haben, auswirken kann.
4. Es kann sein, daß Ärger jetzt zur dominanten Gefühlsregung wird. Wenn sich diese Wut gegen eine Person richtet, die verdächtigt wird, die Krankheit übertragen zu haben, kann sie manchmal mörderische Dimensionen annehmen. Oder die Wut richtet sich gegen den Arzt, der nicht fähig ist, den Patienten zu heilen.
5. Angst kann sich in vielen Lebensbereichen des Patienten einstellen – Ansteckung, Krebsgefahr, Geburt von Kindern. Wann und wie

sollte man potentiellen Liebhabern von der Krankheit erzählen? Welche persönliche Verantwortung hat der einzelne?

6. Nach einer Weile fühlt sich der Patient beschmutzt, häßlich oder nicht begehrenswert. Angst, Scham und Schuld können zu sozialer Isolation führen. Beziehungen scheinen zu viel Energie zu kosten und zu kompliziert zu werden.
7. Mit jedem neuen Auftreten können sich Depressionen vertiefen. Die Leistung bei der Arbeit wird möglicherweise beeinträchtigt. In der „Warum-ich?"-Phase kann ein Gefühl von Selbsthaß, Wertlosigkeit und sogar Suizidgedanken ausgelöst werden. Gefühle von Gefangensein und Hoffnungslosigkeit dominieren oft das Leben des Patienten.

Ein Mensch, der den Herpesvirus hat, muß aus diesem stressigen, verzweifelten Zyklus ausbrechen. Wenn man zu lange von Hoffnungslosigkeit ergriffen ist, ist das, als würde man der Krankheit sagen: „O.K., hier bin ich. Ich habe nichts anderes verdient, weil ich diese Infektion habe. Ich gebe auf." Diese Einstellung wirkt lähmend und ist ein Vorwand, um zwischenmenschliche Beziehungen zu vermeiden.

Dr. Luby berichtet, daß nicht alle Patienten so negativ reagieren. Vielen gelingt es, sich auf die Infektion einzustellen.

Hippokrates sagte einmal: „Ein weiser Mensch sollte bedenken, daß die Gesundheit sein höchstes Gut ist, und er sollte kraft seines eigenen Verstandes lernen, aus einer Krankheit einen Nutzen zu ziehen."

Es scheint, daß Herpespatienten, die das verstanden haben, in der Regel älter und verheiratet sind und sich selbst und ihre Krankheit gut kennen. Sie sind ihren Freunden gegenüber offen und haben nur dann sexuelle Beziehungen, wenn sie keinen Krankheitsausbruch haben.

Manche Patienten berichten, daß sie zwar nicht gerade glücklich sind, mit dem Virus infiziert zu sein, daß sie die Krankheit jedoch zum Anlaß genommen haben, sich selbst und ihre sexuellen Beziehungen einmal gründlich einzuschätzen.

Viele Menschen haben herausgefunden, daß ihr persönlicher Wert und ihr Selbstvertrauen nicht mit einer Infektion zusammenhängen müssen. Man würde ja auch seinen Selbstwert bei Masern oder Grippe nicht in Frage stellen. Warum sollte man einem Virus, der kleiner ist als eine Hautzelle, erlauben, den ganzen Körper zu beherrschen, der doch die Fähigkeit hat, dem Virus zu widerstehen?

Selbsthypnose und Herpeskontrolle

Ob Sie nun an einem akuten Ausbruch leiden oder sich zwischen zwei Infektionen befinden – der emotionale Streß, der mit der Anwesenheit des Virus verbunden ist, kann schlimm sein.

Wenn Sie das Gefühl haben, daß Sie zu viel an den Herpesvirus denken, oder sich Sorgen machen, daß eine Infektion erneut ausbrechen könnte, nehmen Sie sich zehn bis fünfzehn Minuten Zeit, um Selbsthypnose zu üben. Wenden Sie die Technik der progressiven Entspannung an, um Verspannungen in Ihrem Körper abzubauen. Bestärken Sie Ihr Unbewußtes, daß Sie die Kraft haben, die unterschiedlichsten Infektionen in Ihrem Körper zu verhindern.

Dr. R. Arone di Bertolino von der Universität Bologna berichtete 1981 (Freudberg 1982), wie er neun Patienten mit Hypnose behandelte, die wöchentlich oder zweimal im Monat schwere Herpesausbrüche an den Genitalien hatten. Eineinhalb Jahre nach der Behandlung hatten sechs Patienten keinen einzigen Ausbruch mehr gehabt, und die anderen hatten nur einen oder zwei pro Jahr.

Sol Gould und Doreen Tissler (1984) von der *New Mexiko Pain Clinic* in Albuquerque berichteten, daß Sie in mehreren Fällen Hypnose erfolgreich angewandt hätten, um Schwere und Häufigkeit der Ausbrüche und die allgemeine Angst zu reduzieren, die mit Herpesausbrüchen an den Genitalien einhergeht. Ihre Strategien verwendeten Muster der Visualisationsarbeit, die Carl Simonton (1982) und sein Arbeitsteam anwandten, um bei Krebspatienten die Immunität zu erhöhen. In Kapital 6 finden Sie mehr über Simontons Arbeit.

Erkältungsviren sind permanent in und um uns, aber man erkältet sich doch eher selten. Sie sind häufig dem Virus ausgesetzt, ohne eine Grippe zu bekommen. Auf diese Art und Weise kann Ihr Körper seine Abwehrmechanismen in Schuß halten, um Herpesausbrüche nur selten zuzulassen.

Die spezifische, „Ausschußsitzung“ genannte Strategie, beschrieben in Kapitel 21 im Zusammenhang mit dem Abnehmen, ist ein hervorragender Ansatz, um Emotionen freizusetzen. Das emotionale Bewußtmachen und das Loslassen lassen Sie erkennen, wie sich Teile Ihres Unbewußten gegenüber Herpes oder einer anderen Hautfunktionsstörung fühlen.

Welche Rolle spielt Streß beim Auslösen von Ausbrüchen?

Viele Menschen, die an immer wiederkehrenden Infektionen leiden, stellen fest, daß emotionaler Streß und Anspannung einen Ausbruch auslösen können.

Streß kann, wie schon in früheren Kapiteln diskutiert, das Immunsystem angreifen. Es wird vermutet, daß der Virus auf irgendeine Weise entdecken kann, wann das Immunsystem schwach ist, und er dann seine Wanderung zu einer neuen Ausbruchsstelle beginnt.

Durch Selbsthypnose können Sie Streß und Anspannung wirksam bekämpfen, bevor sie eine neue Infektion verursachen. Lesen Sie Kapitel 12 zum Streßmanagement und entwickeln Sie ein paar posthypnotische Auslöser, um mit alltäglichen Belastungen fertigzuwerden. Das beste Mittel, um Ihren Herpesvirus unter Kontrolle zu halten, ist die Kontrolle Ihres Streßniveaus.

Marie, eine junge Frau, berichtet im folgenden, wie sie Selbsthypnose einsetzte, um Anspannung und Streß loszulassen, mit denen ihr Herpesvirus zusammenhing:

„Ich hatte die letzten Tage sehr viel Streß, aber nichts dagegen unternommen. Als ich dann eines Morgens aufwachte, hatte ich Herzklopfen und einen festen Knoten im Magen. Ich ging unter die Dusche, und als ich so dastand und das warme Wasser an mir herunterlief, kam mir die Idee, daß dieses Wasser meine Anspannung und damit das Potential für einen neuen Ausbruch abwaschen könnte.

Ich versetzte mich in eine leichte Trance, während das Wasser mir den Rücken herunterlief. Ich ließ das Wasser alle Spannungen wegspülen. Ich stellte mir vor, wie es durch den Abfluß lief, und sah, wie es den Streß von mir abwusch. Das dauerte etwa zehnMinuten. Zu diesem Zeitpunkt war das heiße Wasser alle, und ich fühlte mich zum ersten Mal seit Tagen total entspannt und bekam diesmal keine Infektion. Das Gefühl war so gut, ich kann es mir leicht in Erinnerung rufen. Immer wenn ich nun angespannt oder ängstlich bin, wende ich dieselbe Methode an, und sie funktioniert tatsächlich."

Eine andere Möglichkeit, Selbsthypnose anzuwenden, um Spannung und Streß zu beseitigen, ist im folgenden Bericht von Paul, der ebenfalls von dem Virus betroffen ist, beschrieben:

„Im ersten Jahr fing ich jedes Mal an zu rotieren, wenn die Entzündung ausbrach. Für eine Woche oder mehr traf ich mich nicht mal mehr mit meinen Freunden. Ich habe mich so geschämt und habe mit niemanden darüber gesprochen. Es war so deprimierend, manchmal saß ich zu Hause und weinte und tat mir selber leid.

Einige Zeit danach lernte ich bei einem Therapeuten, der mich behandelte, Selbsthypnose. In meiner Selbsthypnose habe ich nicht nur Anspannung und Nervosität abgebaut, sondern mich auch mit den positiven Dingen in meinem Leben beschäftigt.

Ich sagte mir, daß ich ja weiterhin einen guten Job machen würde und meine Freunde und meine Familie immer noch um mich hatte. Außer daß ich alle paar Monate für einige Wochen diese kleinere Infektion bekam, ging es mir ja gut. Es gab mir richtig Auftrieb, als mir klar wurde, daß ich für mich und andere Menschen trotz Herpes etwas bedeute. Ich konzentrierte mich neben den üblichen Suggestionen zum Streßabbau auf diese Dinge.

Mein Herpes kommt jetzt nicht annähernd so oft wie früher, vielleicht noch zwei- oder dreimal im Jahr. Und wenn er kommt, werde ich nicht mehr depressiv und lasse mich nicht mehr so leicht aus der Bahn werfen. Ich denke, die Zeit wird kommen, wo ich überhaupt keine Ausbrüche mehr haben werde."

Kann Selbsthypnose bei einer aktiven Infektion helfen?

Es ist immer besser, einen Ausbruch zu verhindern, als zu versuchen, ihn wieder zu beseitigen. Wenn Sie eine Infektion haben, kann sie die ihr eigenen Ängste und Spannungen hervorrufen.

Zunächst kümmern Sie sich um den Streß und die Anspannung der Infektion. Geben Sie sich Suggestionen, die Sie daran erinnern, daß die Infektion vorübergehend ist – sie wird bald vorbei sein. „Genau so, wie eine Erkältung oder eine Grippe nach einer Weile vorbeigeht, so geht auch diese Infektion vorbei."

Sie können auch Suggestionen und Bilder anwenden, bei denen der Virus vom Immunsystem eingeholt und zerstört wird. Stellen Sie sich Ihre weißen Blutkörperchen als Adler vor, die in Scharen den Virus angreifen und ausrotten.

Oder stellen Sie sich die körpereigene Abwehr als eine Armee vor, die den Herpesvirus dort angreift, wo er ausbricht. Die Soldaten Ihres Immunsystems können alle Viren vernichten und brauchen keine Geiseln zu nehmen.

Oder stellen Sie sich vor, daß der Virus von der körpereigenen Abwehr eingesperrt wird. Die weißen Blutkörperchen und Lymphozyten treiben die Viren, die die Infektion verursachen, zusammen und sperren sie in kleine Kapseln aus rostfreiem Stahl.

Sie können sich auch vorstellen, daß der Virus aus Ihnen entfernt wird. Sie sehen, wie er mit Streß und Spannung während einer progressiven Entspannungsübung aus Ihnen herausfließt.

Wenn Marie einen Ausbruch hat, ist dies eine Methode, die sie anwendet, um direkt damit umzugehen:

„Das Meer hat mich schon immer stark angezogen. So beschloß ich, diesen ‚Sog' zu nutzen, um den Herpes aus mir herauszuziehen. Während ich am Strand stand und die Vögel und die anbrandenden Wellen beobachtete, schloß ich meine Augen und versetzte mich in Trance.

Ich stellte mir vor, wie jede Welle gegen meinen Körper brandet und die Viren herausschwemmt an einen für sie besser geeigneten Ort. Ich stellte mir vor, daß die Viren froh sind, meinen Körper verlassen zu können, da er weniger gastfreundlich zu ihnen ist als das Meer. Ich sehe sie im Geiste vor mir, wie sie mit jeder abfließenden Welle aus mir herausfließen."

Maries Ausbrüche dauern, wenn Sie auftreten, nur etwa eine Woche.

Selbsthypnose zum Streßabbau ist ein ausgezeichnetes Mittel, um Ausbrüchen des Virus vorzubeugen. Die Anwendung von Vorstellungsbildern in Trance, die sich mit den Symptomen befassen, haben ebenfalls einen positiven Einfluß, da sie die Infektionsdauer verkürzen.

Wenn Sie das Gefühl haben, daß Sie mit einem Herpesvirus in Kontakt gekommen sind, und nach einer Abwehrstrategie suchen, selbst wenn Sie noch keinen Ausbruch hatten, schlagen wir den Ansatz vor, der einer Idee der Fernsehserie *Raumschiff Enterprise: Die nächste Generation*, entnommen ist.

Entwerfen Sie Ihre eigene Version eines Biofilters, der unerwünschte Bakterien und Viren aus Ihrem Körper entfernen kann. Es ist nicht wichtig, wie Sie sich den Prozeß vorstellen. Ihre Suggestionen können die folgende Vorstellung erweitern:

„Ich sehe meinen Körper vor meinem geistigen Auge und stelle mir ein Filtersystem vor, das sich in meinem Körper befindet und ihn umgibt. Dieses Filtersystem läßt nur das durch, was für mich und meinen Körper notwendig ist, um ein gesundes Leben zu führen. Dieser Biofilter kann Viren und Bakterien entfernen, die nicht notwendig sind."

Vermehrte Forschungsarbeiten und Experimente mit Selbsthypnose sind vonnöten, um die Fähigkeit des Körpers zu beeinflussen, den Virus davon abzuhalten, daß er Infektionen verursacht. Wie schon die alten griechischen Philosophen sagten: „Es gibt keine Krankheit des Körpers, die nicht mit dem Geist zusammenhängt." Die Heilung des Unheilbaren liegt wahrscheinlich in uns selbst.

Halten Sie sich durch Ernährung gesund

Sorgen Sie für eine ausgewogene Ernährung. Probieren Sie Vitamine und Zusatzstoffe aus, die Ihr Immunsystem stärken. Fragen Sie Ihren Arzt, um sich zu versichern, daß die Vitamine oder Zusatzstoffe, die Sie nehmen wollen, mit Ihrem gegenwärtigen Gesundheitszustand konform gehen!

Die Vitamine A, B-1, B-6, C und E und die Aminosäuren Zystein, Ornithin und die Pantothensäure sind Nährstoffe, die das Immunsystem stärken.

Ekzeme und Schuppenflechte

Die genaue Ursache dieser verbreiteten, nicht ansteckenden Hauterkrankungen ist nicht bekannt. Jedoch leiden Millionen von Menschen in den USA an der einen oder anderen der beiden sich ähnelnden Erkrankungen.

Schuppenflechte ist charakterisiert durch rosa, schuppige Flecken am Haaransatz und verdickte, gelbliche Fingernägel mit Vertiefungen und Einkerbungen. Manchmal sind große Bereiche des Körpers von Schuppen bedeckt, manchmal sind es silbrige oder rosa Flächen. An den Ellbogen und Knien treten die Ausbrüche am häufigsten auf.

Ein Ekzem ist ebenfalls eine Entzündung der Haut. Es erscheint als eine rote, schuppige, manchmal blasenartige oder nässende Oberfläche. Ein Ekzem beginnt in Form von mikroskopischen Bläschen, die aufbrechen und ausfließen. Schnell verbreitet sich der Ausschlag auf andere Bereiche, hauptsächlich im Nacken, der Stirn, den Handgelenken, Unterarmen und Kniekehlen.

Ein Ekzem unterscheidet sich von Schuppenflechte durch einen feuchten, stark geröteten, juckenden Ausschlag. Schuppenflechte ist trocken mit rosa oder silbrigen Flecken. Schuppenflechte tritt selten im Gesicht auf, während Ekzeme alle Bereiche des Körpers befallen.

Obwohl beide nicht lebensbedrohlich sind, können sie doch schwere körperliche und psychische Störungen hervorrufen. Für Schuppenflechte gibt es keine echte Heilung. Beide Krankheiten verschlimmern sich bei Sorgen, Streß, Anspannung und emotionalen Problemen oder werden dadurch hervorgerufen. Manchmal liegen diesen Störungen Übersensibilität, Aggressivität und unterdrückte Gefühle von Groll und Ärger zugrunde.

Ekzeme und Schuppenflechte können mit Medikamenten und Streßmanagement zum Stillstand und unter Kontrolle gebracht werden. Unterdrücken Sie Gefühle von Feindseligkeit und Ärger, Schuld oder Angst? Wie schon in diesem Kapitel erwähnt, kann Ihre Haut die erste Stelle sein, wo unterdrückte Gefühle auftauchen.

Nutzen Sie Selbsthypnose, um mit Streß und Emotionen fertig zu werden

Vielleicht möchten Sie Selbsthypnose anwenden, um Ihre Gefühle zu erforschen. Schauen Sie, ob es ein emotionales „Geschäft" gibt, mit dem Sie noch nicht fertig sind und das Ihnen „unter die Haut" geht. Kapitel 16 zur Selbsteinschätzung wird Ihnen dabei helfen.

Es ist womöglich eine wertvolle Ergänzung zur medizinischen Behandlung von Schuppenflechte oder Ekzemen, wenn Sie sich Ihr eigenes Selbsthypnose- und Selbsterkennungsprogramm erstellen. Entwickeln Sie posthypnotische Auslöser, die Ihnen erlauben, sich zu entspannen und Streß loszulassen, bevor ein Hautausschlag ausgelöst wird.

Vielleicht möchten Sie in Trance sich selbst erkennen. Suchen Sie nach denkbaren Zusammenhängen zwischen den ersten Anzeichen Ihrer Schuppenflechte oder Ihres Ekzems und einem Ereignis oder Geschehen, die vielleicht eine emotionale Reaktion ausgelöst haben. Versuchen Sie sich in Selbsthypnose zu erinnern, wie es war, als die Hautveränderung zum ersten Mal auftrat. Gab es damals etwas in Ihrem Leben, das Sie durcheinander gebracht hatte, aufregte, ärgerte oder einen anderen Gefühlsausbruch ausgelöst hatte?

Das ist keine leichte Aufgabe. Sie leiden wahrscheinlich schon recht lange an Ihren Hautproblemen. Üben Sie diese Selbsthypnosetechniken ein paar Wochen lang, bevor Sie den gewünschten Erfolg analysieren. Viele Menschen versuchen oft wochenlang ohne Erfolg, sich an einen bedeutenden Zusammenhang zu erinnern, bevor Sie den roten Faden finden. Es kann auch gut sein, daß mehr als eine Begebenheit oder Situation zu Ihren Beschwerden beigetragen haben. Aufgestauter Streß, unterdrückte Gefühle und andere Faktoren sind vielleicht dafür verantwortlich. Es ist überaus wichtig, den momentanen Streß in Ihrem Leben zu bearbeiten. Befreien Sie sich von überflüssigen Sorgen, Spannungen und Zwängen.

Üben Sie Selbsthypnose am Morgen, bevor Sie Ihren Tag beginnen. Programmieren Sie sich selbst, so entspannt zu sein, wie Sie nur können.

Selbsthypnose gegen Juckreiz

So wie man mit Selbsthypnose das Schmerzempfinden verändern kann, kann man auch die Empfindung des Juckens bei Schuppenflechte oder Ekzemen verändern. Lernen Sie zunächst, in Trance einige grundlegende Veränderungen in Ihrem Körper zu bewirken: Verlangsamen Sie Ihre Herztätigkeit; entwickeln Sie Gefühle von Empfindungslosigkeit, Kühle, Leichtigkeit oder Schwere in Ihren Fingern, Ihren Händen, der Mundgegend, in Ihren Füßen, überall in Ihrem Körper. Im ersten Teil dieses Buches lernen Sie, wie Sie

Selbsthypnose für diese grundlegenden Veränderungen anwenden können.

Üben Sie täglich mit Selbsthypnosetechniken und konzentrieren Sie sich auf die von Ausschlägen betroffenen Körperregionen. Visualisieren Sie, wie sich das Unbehagen anfühlt.

Beschreiben Sie sich die Reizung auf Ihre Art. Je besser Sie sich vorstellen können, wie sich Ihre Beschwerden anfühlen, desto besser können Sie diese Wahrnehmungen umdirigieren.

Angenommen, Sie haben das Gefühl, die Reizung sei wie Nadelstiche auf Ihrer Haut. Stellen Sie sich winzige Nadeln vor. Sehen Sie dann, wie sie sich in kühle, entspannende Wasserstrahlen verwandeln. Fühlen Sie, wie das nadelartige Wasser Ihre Haut empfindungslos macht.

Jucken kann sich wie das Kitzeln einer Feder oder das Piken winziger Nadelstiche anfühlen. Vielleicht fühlt es sich an, als ob ein Insekt über Ihre Haut krabbelt.

Lassen Sie in Trance Bilder entstehen, die für Sie möglichst lebendig und real sind. Verwandeln Sie dann Ihre Beschreibung der Juck- oder Reizgefühle in für Sie akzeptablere Empfindungen. Kombinieren Sie Ihre Beschreibung der Beschwerden mit dem neuen Gefühl, so wie die Metapher von den Nadeln mit den kühlenden Wasserstrahlen verknüpft wurde. Sie könnten das Gefühl von Insekten, die über Ihre Haut krabbeln, in schmelzende Schneeflocken verwandeln, die Ihre gereizten Hautzonen kühlen.

Seien Sie bei Ihren Vorstellungen kreativ

Kapitel 6, das die Entwicklung des Vorstellungsvermögens behandelt, wird Ihnen dabei helfen. Sie können auch posthypnotische Auslöser entwickeln, um mit Reizungen und Beschwerden außerhalb Ihrer Trance umzugehen. Geben Sie sich beispielsweise die folgende Suggestion: „Immer wenn ich das Jucken oder die Reizung der Schuppenflechte (oder des Ekzems) spüre und kratzen muß, nehme ich drei tiefe Atemzüge und stelle mir vor, wie kühl und erfrischend es sich anfühlt, wenn mir eiskaltes Wasser über die Haut läuft.“

Sie können jedes Wasser assoziierende Bild verwenden, um diesen posthypnotischen Auslöser wirksam werden zu lassen. Nehmen Sie etwas, was in Ihrer Umgebung häufig vorkommt – ob Springbrunnen, Rasensprenger, Bach oder sogar der Wasserhahn zu Hause oder am Arbeitsplatz, sie können als visueller Stimulus für einen posthypnotischen Auslöser dienen.

Die Suggestion, während Sie in Selbsthypnose sind, könnte lauten: „Immer wenn ich das Bedürfnis nach mehr Wohlbehagen habe und die Symptome des Ekzems oder der Schuppenflechte mildern will, wird mich der Wasserhahn bei der Arbeit an das Wohlgefühl erinnern, das ich mir selbst verschaffen kann."

Finden Sie verschiedene Symbole, wie den Springbrunnen und den Wasserhahn, um sich das Wohlgefühl und die Erleichterung, die Sie in Trance verspürt haben, wieder in Erinnerung zu rufen. Selbst das Schließen der Augen und die Vorstellung des kühlenden Wassers beim Atmen kann als Auslöser dienen.

Diese Art von Auslösern und Assoziationen können Sie für jede schmerzlindernde Empfindung entwickeln, die Ihnen angesichts Ihres Zustandes hilft. Die entspannende Wärme der Sonne oder das angenehme Gefühl eines Salzwasserbades können zur Quelle von Wohlbehagen werden. Auslöser lassen sich aus alltäglichen Begebenheiten ableiten, um Ihnen Erleichterung zu verschaffen: „Jedesmal wenn ich die Heizung meines Autos anstelle, erinnert mich die warme Luft, die über mich bläst, an das Wohlgefühl und die Erleichterung, die ich spürte, als ich an einem warmen Sommertag in der Sonne lag."

In Kapitel 5, das posthypnotische Suggestionen behandelt, werden Ihnen weitere Beispiele zur Entwicklung effektiver Auslöser angeboten. Die Techniken zum Umgang mit den Symptomen Ihrer Hauterkrankung müssen Sie immer wieder überarbeiten und Ihrem spezifischen Symptom anpassen.

Nehmen Sie sich Zeit, um mehrere verschiedene Ansätze zur Behandlung Ihrer Symptome und zum Streßabbau zu entwickeln. Passen Sie Ihre Suggestionsstrategien für die unterschiedlichen Hautzustände Ihrer eigenen Situation an. Sie investieren damit in eine Langzeitmethode, um Ihre Hauterkrankung zu heilen oder zu lindern.

Literatur

Barber, T.X. (1978): Hypnotic suggestion and psychosomatic phenomenon: A new look from the standpoint of recent experimental studies. *American Journal of Clinical Hypnosis* 21 (July).

Benson, H. (1979): The mind/body effect. New York (Simon & Schuster).

Benson, H. (1975): The relaxation response. New York (William Morrow).

Ewin, D.M. (1990): Suggestion with condyloma acuminatum (genital warts). In: Handbook of hypnotic suggestions and metaphors. (ed. C. Hammond). New York (W.W. Norton/American Society of Clinical Hypnosis).

Freedman, A.M., H.I. Kaplan a. B.J. Sadock (1972): Modern synopsis of psychiatry. Baltimore (Williams & Wilkins).

Freudberg, F. (1982): Herpes: A complete guide to relief and reassurance. Philadelphia (Running Press).

Gould, S.S. a. D.M. Tissler (1984): The use of hypnosis in the treatment of herpes simplex II. *American Journal of Clinical Hypnosis* 26 (3).

Grossbart, T.A. (1982): Bringing peace to embattled skin. *Psychology Today* 1982.

Hamilton, R. (1982): The herpes book. Los Angeles (J.P. Tarcher).

Hartland, J. (1971): Medical and dental hypnosis. Baltimore (Williams & Wilkins).

Mutter, C. (1986): The many applications of hypnosis. In: Zilbergeld, Edelstein a. Araoz: Hypnosis: Questions and answers. New York (W.W. Norton).

Sheean, D.V. (1978): Influence of psychosocial factors on wart remission. *American Journal of Clinical Hypnosis* 20 (Jan.).

Simonton, C. a. S. (1982): Getting well again. New York (Bantam Books). [dt. Ausg. (1992): Wieder gesund werden. Reinbeck (Rowohlt).]

Stoler, D.R. (1990): Suggestions for vaginal warts. In: Handbook of hypnotic suggestions and metaphors (ed. C. Hammond). New York (W.W. Norton/American Society of Clinical Hypnosis).

Tasini, M.F. a. T.P. Hacket (1978): Hypnosis in the treatment of warts in immunodeficient children. *American Journal of Clinical Hypnosis* 20 (Jan.).

Wicket, W.H., Jr. (1982): Herpes: Cause and control. New York (Pinnacle Books).
Zacarian, S.A. (1978): Your skin. Radnor, PA (Chilton Book).

Kapitel 20

▸ Stärken Sie Ihr Selbstvertrauen und lösen Sie Ihre Probleme

Ann zog fast jede Entscheidung, die sie traf, sofort wieder in Zweifel. „Ich hätte etwas anderes tun oder sagen sollen ..." war ein ständig wiederkehrendes Thema. Gleichgültig, ob es sich bei der Entscheidung um die Farbe einer neuen Bluse oder um die Auswahl einer Vorschule für ihr Kind drehte, Ann fehlte es bei Entscheidungen und Aufgaben, die sie sich selbst stellte oder die ihr von anderen gestellt wurden, häufig an Selbstvertrauen.

Wenn Sie Selbstzweifel oder mangelndes Selbstvertrauen haben, sind Sie nicht allein. Diese Gefühle umgeben fast alle von uns zu bestimmten Zeiten und in unterschiedlichem Umfang wie ein dichter Nebel.

Den meisten Menschen fällt es leichter, sich selbst wegen allem möglichen herunterzuputzen, als sich so zu akzeptieren, wie sie sind. Die meisten von uns haben als Kinder viel mehr „Neins" als „Jas" und mehr „Tu das nicht!" als „Ja, mach mal!" gehört. Den meisten von uns wurde in einem prägenden Alter ständig von anderen Leuten gesagt, was wir tun und lassen sollten.

Es ist für Kinder nicht einfach, mit diesen von außen gesetzten Maßstäben umzugehen. Als Kinder sind wir davon abhängig, daß uns andere – Eltern, Lehrer, Verwandte – helfen, unser Selbstbild und unsere Fähigkeiten zu entwickeln. Wir blicken zu ihnen auf, damit sie uns sagen, ob wir etwas gut gemacht und ob wir uns richtig benommen haben. Es ist kein Wunder, daß sich die meisten Menschen so fühlen, wie ihre Familie sich ihnen gegenüber verhalten hat.

Wir haben auch oft eine kindliche Vorstellung von Perfektion. Wir meinen, daß unser Körper, unser Handeln und unsere alltäglichen Entscheidungen perfekt sein müssen. Das Schlimmste ist, daß wir durch unsere Fragen und dadurch, daß wir auf andere hören, diese anderen bestimmen lassen, was Perfektion ist. Auch führen wir uns die hohen Erwartungen aus der Vergangenheit immer wieder vor Augen.

Aber wenn wir erwachsen werden, sollten die Maßstäbe für die eigene Leistung oder das Selbstbild von innen kommen. Wir müssen die alten Verhaltensmuster ablegen und Anerkennung nicht mehr bei anderen suchen. Wenn Sie immer versuchen, es anderen recht zu machen oder wie andere zu sein, sollten Sie sich vielleicht etwas mit Kapitel 16 – „Selbsteinschätzung – Seien Sie Ihr eigener Berater“ – beschäftigen. Versuchen Sie herauszufinden, warum Sie immer noch das Bedürfnis haben, anderen statt sich selbst zu gefallen.

Nobody's perfect

Wenn Sie Ihr Selbstvertrauen entwickeln und zu vernünftigen Entscheidungen kommen wollen, legen Sie Ihre Ansichten von Perfektion erst Mal beiseite und beginnen Begriffe zu verwenden wie, „mein Bestes ... meine Höchstleistung ... das Beste, was ich sein kann ... meine Grenzen erweitern ... oder meine unbewußten Potentiale entwickeln.“

Solche Ausdrücke sollten Sie verwenden, wenn Sie sich Suggestionen geben, um Ihr Selbstvertrauen zu stärken und Selbstzweifel zu beseitigen. Sie werden bestimmt davon profitieren, wenn Sie ehrlich zu sich selbst sind, und Sie werden Fortschritte machen.

Es ist erstaunlich, wie leicht wir uns durch negative Bemerkungen beeinflussen lassen. Wenn uns jedoch ein Kompliment gemacht wird, stellen wir es rasch in Frage und bezweifeln, daß es ehrlich gemeint ist.

Wir verbringen vielleicht viel Zeit damit, uns für eine Party oder ein anderes gesellschaftliches Ereignis hübsch zu machen und bekommen jede Menge Komplimente. Dann macht vielleicht jemand eine Bemerkung, daß die Farbzusammenstellung ungewöhnlich sei oder die Schuhe unbequem aussehen. Und schon fangen wir an zu rotieren. All das Positive verschwindet angesichts *einer* negativen Bemerkung. Unser Selbstbewußtsein ist erschüttert – zumindest für den Rest des Abends.

Das kann uns nicht passieren, wenn wir ein inneres Gefühl dafür haben, wer wir sind. Die Kunst besteht darin, in uns selbst zu entdecken, wie gut wir uns fühlen, und nicht von den Bemerkungen anderer Leute abzuhängen, sondern von dem, wie wir uns selbst sehen.

Dies ist etwas anderes, als eingebildet zu sein oder eine übertriebene Ichbezogenheit zu entwickeln. Wahres Selbstvertrauen zeigt sich darin, daß wir uns akzeptieren, verstehen und unterstützen, wie wir sind. Der Umgang mit anderen ist eine positive Fähigkeit. Dabei geht es darum, eine zu einem bestimmten Zeitpunkt und in der jeweiligen Situation getroffene Entscheidung als die bestmögliche zu akzeptieren. Aus Fehlern lernt man, und aus Schaden wird man klug.

Zurückweisungen zurückweisen

Eine Selbsthypnosetechnik, die aus Ritualen amerikanischer Indianer entwickelt wurde, besteht darin, sich vorzustellen, daß man einen unsichtbaren Schutzschild besitzt. Lassen Sie Ihrer Phantasie freien Lauf, um diese Idee in jeder nur denkbaren und passenden Form zu entwickeln, so daß alle auf Sie gerichteten negativen Bemerkungen auf den Sprecher zurückfallen, während positive Kommentare zu Ihnen durchdringen. Sie können die positiven Aussagen mit jeder Pore Ihres Wesens aufnehmen.

Wahres Selbstvertrauen geht nie auf Kosten anderer

Selbstvertrauen hat nichts damit zu tun, besser zu sein als jemand anderes. Es bedeutet, sich gut und stark zu fühlen. Es bedeutet, die eigenen Stärken und Fähigkeiten zu kennen und zu wissen, daß Sie die Möglichkeiten haben, sich selbst zu verändern, wenn Sie es wollen.

Selbstvertrauen bedeutet, selbst zu bestimmen, wie attraktiv, intelligent, fähig und gebildet Sie sind. Sie können lernen, sich nur an dem zu messen, was sie für richtig halten, und nicht was andere für richtig halten.

Und Sie können auch bestimmte Bereiche Ihres Lebens verbessern, wenn Sie das wollen. Setzen Sie sich Ziele, die für Sie erreichbar sind, aber nicht so niedrig, daß Sie keine Herausforderung darstellen.

Soll ich mit meinem Freund in eine andere Stadt ziehen und meine Eltern, meine Freunde und meinen Arbeitsplatz verlassen? Wäre es besser, meine alte Mutter zu uns zu nehmen oder Sie in einem Altersheim unterzubringen? Wie kann ich unter all den Bewerbern auf meinen Vorschlag aufmerksam machen?

Wenn Sie Ihr Unbewußtes öffnen, haben Sie Zugang zu einem tieferen Teil von sich selbst und können dadurch Ihr Verständnis erweitern. Sie können Selbstgespräche führen, Dialoge mit Ihrem inneren Ich abhalten und sich Ihr eigenes Beratungsgremium schaffen. Mit Selbsthypnose können Sie ein Repertoire guter Ideen entwickeln, aus denen Sie dann die besten Lösungen für das anliegende Problem auswählen können.

Sie werden von all Ihren Erfahrungen und dem Wissen, das Sie gewonnen haben, profitieren. Sie können mehr und bessere Alternativen für Probleme oder Herausforderungen entwickeln, indem Sie Ihren Denkprozeß von Ihren Emotionen und Gefühlen abgrenzen. Dadurch können Sie beide in der richtigen Mischung anwenden.

Wahlmöglichkeiten und das Treffen von Entscheidungen

Ihr Ziel beim Problemlösen mit Selbsthypnose ist es, viele Lösungswege zu finden. Versuchen Sie, viele Möglichkeiten zu sammeln, aus denen Sie später die besten auswählen können.

Wenn wir im Alltagstrubel unter dem Druck von Zwängen und Verpflichtungen nach Lösungen suchen und Entscheidungen treffen, um unsere Probleme zu lösen, sind wir oft sehr angespannt.

So treffen wir Entscheidungen, ohne sämtliche Alternativen bedacht zu haben.

Vielleicht erkennen wir erst hinterher, nachdem die Entscheidung schon getroffen ist, daß es einen anderen Weg, einen besseren Plan, eine effektivere Lösung gegeben hätte. Dann wünschen wir, daß wir das gesehen hätten, bevor wir uns festlegten. Fast jeder hat dies Gefühl schon erlebt. Akzeptieren Sie Ihre Entscheidungen als die zu diesem Zeitpunkt und unter den gegebenen Umständen bestmögliche. Hören Sie auf, sich für Vergangenes zu zerfleischen. Es ist vorbei, Sie haben Ihre Lektion gelernt, nun können Sie sich der Gegenwart zuwenden. Konzentrieren Sie sich auf das Hier und Heute.

Treffen Sie gerade eine bedeutende Entscheidung in bezug auf Ihr Leben oder Ihren Beruf? Versuchen Sie, alltägliche Probleme bei der Arbeit oder im Privatleben zu lösen? Selbsthypnose kann Ihnen die *Klarheit* verschaffen, um mehr *Alternativen* zu sehen als sonst.

Statt Selbsthypnose zu einer Zwangssituation zu machen, um *die* eine Lösung für Ihr Problem zu finden, sollten Sie sie zunächst nutzen, um Druck, Streß und Angst abzubauen und viele mögliche Antworten zu entdecken. Schon sehr kleine Erfolge stärken Ihr Selbstvertrauen bei der Entscheidungsfindung.

Problemlösungsmethoden

Beginnen Sie, indem Sie Ihre Situation eingrenzen. Machen Sie sich klar, was für ein Ergebnis Sie erreichen wollen. Was genau ist das Problem oder die Herausforderung? Geht es um das beste Design? Den besten Verkaufsvorschlag? Das beste Grundstück zur Firmenerweiterung? Wie Sie die Möbel am wirkungsvollsten arrangieren können? Wie Sie Ihre eigene Zeit am effektivsten organisieren? Auf welche Hochschule Sie gehen sollen? Oder eine andere mehr oder weniger wichtige Situation?

Tony Robbins, der Autor des Buches *Unlimited Power* (1986) sagt, daß Menschen aus zwei Gründen Entscheidungen treffen: entweder, um Schmerzen zu vermeiden, oder, um ihren Wunsch nach Lustgewinn zu befriedigen. Robbins hat vielen Menschen geholfen, sich im Beruf und im Leben besser zu verkaufen. Vielleicht können Sie sich selbst ein paar gute Ideen verkaufen. Ihr oberstes Ziel besteht darin, nicht zu entscheiden, welche der Ihnen schon zur Verfügung stehenden Wahlmöglichkeiten die beste ist, sondern möglichst viele Lösungswege zu finden. Das ist wichtig. Sie können unmöglich die beste Wahl treffen, wenn Sie nicht alle Möglichkeiten zur Verfügung haben.

Versetzen Sie sich als erstes in Trance und fühlen Sie sich wohl und entspannt. Sie haben die Kontrolle über Ihren Körper. Erlauben Sie

Ihrem Unbewußten, an einer Führung teilzunehmen. Untersuchen Sie etwas, was nichts mit dem Problem zu tun hat. Gehen Sie zum Beispiel mental schwimmen, irgendwo im warmen, sicheren, entspannenden Wasser. Schauen Sie ruhig durch Ihre Taucherbrille die interessanten Fische an. Stellen Sie sich vor, wie Sie die verschiedenartigen neuen Pflanzen angenehm berühren. Untersuchen Sie die unterschiedliche Bodenbeschaffenheit und die Gegenstände auf dem Grund.

Vielleicht möchten Sie lieber einen mentalen Flug unternehmen. Ziehen Sie sich ein Paar Flügel an. Klettern Sie in einen Ballon. Setzen Sie sich hinter den Steuerknüppel eines kleinen Flugzeugs oder fliegen Sie ganz ohne mechanische Hilfe. Fliegen Sie über den Wolken und sehen Sie aus einer neuen Sicht, wie das Leben über und unter Ihnen vorbeizieht.

Erforschen Sie die Wolken von innen und lassen Sie den feuchten Nebel sich dann lüften. Schauen Sie aus dieser neuen Perspektive hinunter und sehen Sie Vögel fliegen.

Vielleicht machen Sie einen langen Waldspaziergang, fahren durch die Berge, oder Sie unternehmen eine Reise ins Weltall.

Durch diese Phantasiereise bereiten Sie sich darauf vor und üben das ja auch tatsächlich, Dinge auf eine neue und andere Art und Weise zu „sehen“. Sie nutzen eine erstaunliche Eigenschaft des selbsthypnotischen Zustandes, nämlich das Abstreifen von alten, einschränkenden Grenzen Ihres Denkprozesses.

Diese Einschränkungen werden von Ihrem Bewußtsein gesetzt. Mit dieser Art von Übung setzen Sie in Ihrem Unbewußten einen kreativen Fluß in Gang. Es ist, als ob Sie sich durch Schnee schaufeln. Haben Sie erst einmal ein kleines Stück freigeschaufelt, können Sie den Weg erweitern und ausbauen, um all das aufzunehmen, was Sie möchten.

So ist es, wenn Sie Ihr Unbewußtes öffnen. Trauen Sie sich, neue, andersartige und unerforschte Orte aufzuspüren. Und genießen Sie Ihre Übungen und die Fortschritte aus diesen positiven, wechselnden Erfahrungen.

Es gibt bei diesen Übungen weder „richtig“ noch „falsch“. Nehmen Sie sich Zeit, oder beeilen Sie sich. Gleichgültig, für welches Tempo Sie sich entscheiden, Sie können sicher sein, ein gutes Ergebnis zu erzielen.

Autosuggestion

Verwenden Sie Bildersprache, verbale Beschreibungen, Situationen aus Phantasie oder Realität, verwenden Sie das, was Ihnen am angenehmsten ist. Schöpfen Sie aus Ihrem großen Ideenreichtum und entwickeln Sie neue Perspektiven.

Streuen Sie Suggestionen ein, damit Sie sich bei dem, was Sie tun, gut und selbstsicher fühlen und damit Sie sich auf die vielen Möglichkeiten freuen. Beim Problemlösen ist die genaue Struktur Ihrer Trance nicht so wichtig, da Sie Ihren eigenen Rhythmus und Fluß entwickeln. Ein Tempo oder eine Art, die für den einen gut funktioniert, ist für jemand anders gar nicht geeignet. Verlassen Sie sich auf Ihr Gefühl.

Vielleicht beginnen Sie Ihre Trance mit allgemeinen Suggestionen, die Ihre positiven Gefühle bezüglich der Selbsthypnose unterstreichen. Während Sie Ihre Phantasiereise unternehmen, könnten Sie Suggestionen einfügen, die feststellen, wie sehr doch eine solche Phantasiereise der Untersuchung eines Ihrer spezifischen Probleme ähnelt.

Sie könnten sich beispielsweise suggerieren: „Es fällt mir ganz leicht, mich über die Wolken konventioneller Lösungen zu erheben und die große Vielfalt an Möglichkeiten zu sehen, eine Vielfalt, wie die der Blumen auf dem Feld oder der Bäume im Wald. Ich kann den Fluß meiner Gedanken in Richtung Offenheit für neue Ideen und Veränderungen lenken."

Zu diesem Thema können Sie sich die unterschiedlichsten Suggestionen geben. Verwenden Sie Ihre eigenen Worte und Symbole und wiederholen Sie die suggerierte Idee in jeder Trance mehrere Male.

Selbsthypnose und Selbstvertrauen

Hier sind einige Möglichkeiten, wie Sie durch Selbsthypnose Ihr Selbstvertrauen stärken können:

1. Ihr Wunsch nach Veränderung sollte zum größten Teil von innen kommen. Er sollte wenig von dem beeinflußt sein, was andere

Ihnen erzählen. Selbsteinschätzung (siehe Kapitel 16) kann Ihnen helfen, Ihre Einzigartigkeit besser zu verstehen und zu akzeptieren.
2. Selbsthypnose gibt Ihnen die Möglichkeit, sich zu entspannen und viele Teile von sich selbst kontrollieren zu lernen. Dadurch erkennen Sie, daß Sie schon immer die Fähigkeiten und Fertigkeiten besaßen, um sich selbst zu verändern.
3. Sie können lernen, Ihre Stärken zu entwickeln und sich wohler zu fühlen. Sie können lernen, sich spezifische Suggestionen und posthypnotische Auslöser zu geben, um mit bestimmten Situationen umzugehen. Im Arbeitsumfeld, in gesellschaftlichen Situationen, in der Familie und in privaten Beziehungen kann Selbsthypnose Ihnen helfen, innere Stärke zu entfalten.
4. Wenn Sie erst einmal gelernt haben, selbstbewußter zu sein, werden Sie besser zuhören können. Sie brauchen sich nicht mehr zu verstecken oder die Bemerkungen anderer Leute ängstlich zu ignorieren. Sie werden einsehen, daß *Sie* darüber entscheiden, ob Sie die Ansichten anderer über sich akzeptieren oder zurückweisen. Sie werden in der Lage sein, Ihre Gefühle über sich selbst von den Gefühlen anderer zu trennen.

Selbstbewußtes Auftreten

Es gibt Dinge an Ihnen, die Sie nur wenig verändern können. Sie können sich zum Beispiel nicht größer oder kleiner machen. Vielleicht hätten Sie gerne mehr Muskeln oder eine andere Augenfarbe.

Erinnern Sie sich daran, daß Sie sich in den meisten Bereichen verbessern können und sich nicht mit anderen vergleichen müssen. Wenn Sie sich selbst gefallen – das heißt, daß Sie möglichst attraktiv und gepflegt sind – werden auch andere Sie als eine angenehme Erscheinung empfinden. Sie müssen nicht wie ein Fotomodell aussehen, um ein glückliches, erfülltes Leben zu führen.

Wir alle haben unsere Qualitäten, Stärken und Fähigkeiten, die uns einzigartig machen. Die meisten von uns haben auch die Fähigkeit, sich noch zu verbessern. Das Ziel der Selbsthypnose ist es, Ihnen zu helfen, Ihre eigenen Qualitäten zu entwickeln und Ihnen Einfluß auf die Bereiche zu geben, die Sie positiv verändern können.

Methoden, um Selbstvertrauen zu entwickeln

Identifizieren Sie zuerst die Lebensbereiche, in denen Sie die meisten Selbstzweifel und das geringste Selbstvertrauen haben. Vielleicht bei Ihrer Arbeit. Vielleicht beim Umgang mit Menschen des anderen Geschlechts. Vielleicht löst die Anwesenheit Ihrer Eltern bei Ihnen eine große Unruhe aus.

Es könnte auch sein, daß Sie in allen Lebensbereichen einen Mangel an Selbstvertrauen fühlen. Selbst wenn das zutrifft, ist es am besten, wenn Sie sich jeweils nur einen Bereich vornehmen. Entscheiden Sie, an welchem Bereich Sie zuerst arbeiten wollen. In Kapitel 9 über Motivation und Zielsetzung haben Sie gelernt, sich angemessene Ziele zu stecken. Anstatt sich am Anfang zuviel vorzunehmen, sollten Sie sich auf eine bestimmte Situation konzentrieren, in der Sie Selbstzweifel haben.

Nehmen wir einmal an, daß Sie pausenlos die Anerkennung Ihrer Eltern, Ihres Ehepartners oder eines anderen geliebten Menschen suchen.

1. Verwenden Sie Selbsthypnose zuerst dazu, sich auf einer inneren Forschungsreise selbst kennenzulernen. Versuchen Sie herauszufinden, warum Sie sich von anderen Leuten definieren lassen müssen. Warum sollten Sie deren Sichtweise zu Ihrer eigenen machen?
2. Wenn Sie die Techniken der Selbsteinschätzung anwenden, können Sie lernen, unterdrückte Emotionen loszulassen. Nehmen Sie mit diesen Gefühlen Kontakt auf, lassen Sie sie frei und lassen Sie sie hinter sich zurück. Konzentrieren Sie sich auf die notwendigen Veränderungen in sich selbst.
3. Während einer selbstgesteuerten Trance können Sie sich Situationen mit Menschen ins Gedächtnis rufen, in denen Sie sich unsicher fühlten. Sehen Sie, wie Sie sich verhalten haben, und versuchen Sie die Gründe zu verstehen.
4. Stellen Sie sich eine Situation vor, als Sie bei jemandem nach Anerkennung suchten. Doch aufgrund Ihres Selbstbewußtseins kommt es jetzt zu anderen Verhaltensweisen.
5. Spielen Sie zum Schluß noch einmal Situationen durch, in denen Sie Selbstzweifel hatten, und geben Sie sich posthypnotische

Suggestionsauslöser, die Ihr Selbstbewußtsein stärken. Nach einem Erfolg werden Sie in Selbsthypnose mehr Vertrauen haben, und Ihre zukünftigen Ziele lassen sich leichter erreichen.

Die Emanzipation der Frau

Ein Fall, der diese Prozesse sehr gut schildert, ist der der 28jährigen Liz, der Tochter eines Marineoffiziers. Aufgrund des väterlichen Berufs reiste die Familie in ihrer Kindheit sehr viel. Liz hatte mit 22 Pfund Übergewicht auch Gewichtsprobleme.

Mit Hilfe von Selbsteinschätzung in Selbsthypnose nahm Liz ihr Leben unter die Lupe. Sie glaubte, daß Sie es nicht schaffen würde zu studieren, obwohl Sie diesen Wunsch schon seit vielen Jahren hatte. Sie hatte eine gut bezahlte Arbeit, die sie allerdings nicht ausfüllte.

Während Liz in Selbsthypnose ihre Vergangenheit untersuchte, erkannte sie, daß sie die meiste Zeit ihres Lebens zu ihrem Vater geschaut hatte, um abzuschätzen, ob sie sich richtig oder falsch verhielt. Sie war auch vom Urteil ihres Freundes abhängig, von dem sie wissen wollte, ob sie gut aussah und sich richtig verhielt. Kurz gesagt, sie war immer von anderen abhängig, besonders von den Männern in ihrem Leben, die ihr sagen sollten, ob sie auch alles richtig machte.

Ihr Vater hatte ihr geraten, an ihrer Arbeitsstelle festzuhalten, da der Collegebesuch Zeitverschwendung sei.

Ihr Freund wollte sie heiraten und eine Familie gründen. Dann sollte sie ihn in seiner Karriere unterstützen. So sah ihr Leben aus: Sie ließ sich von anderen Leuten sagen, was sie tun und lassen sollte.

Wenn sie ihr Leben und ihre Wünsche betrachtete, sah sie viel zu viele Hindernisse. Liz wollte ihre Selbstzweifel ablegen und ihr Leben in die eigen Hände nehmen.

Ihre erste Aufgabe bestand darin, etwas Kontrolle über einen kleinen Ausschnitt ihres Lebens zu gewinnen. Mit einem Erfolg, wie klein er auch immer sei, läßt sich Selbstvertrauen aufbauen.

Sie erkannte, daß ihr erster kleiner Erfolg im Erkennen ihres Problems bestand. Sie erlaubte sich, auf ihren Vater ärgerlich zu sein, sich von ihrem Freund frustriert zu fühlen und sich von einigen ihrer unterdrückten, aufgestauten Emotionen zu befreien.

Sie tat das, indem Sie nach einer Hypnosesitzung jedem der beiden einen langen Brief schrieb. Liz bewahrte diese Briefe auf, um sie zum richtigen Zeitpunkt auszuhändigen. Dieses Bewußtmachen und ihr Tun führten zu einem gesteigerten Selbstvertrauen. Das war ein weiterer Erfolg.

In diesen ersten Wochen der Selbsthypnosepraxis gab sie sich auch Suggestionen für mehr Selbstvertrauen im Gespräch mit ihrem Vater. Sie entwickelte posthypnotische Auslöser, die sie im Gespräch mit ihm anwenden konnte. Wenn ihr Vater ihr zum Beispiel sagte, was sie tun sollte oder wie sie es tun sollte, rieb sie sich leicht den Nacken. Das war ein Signal für sie, entspannt und ruhig zu bleiben, ihren Kopf aus der Schlinge zu ziehen, sich jedoch das Verhaltensmuster, durch das er sie zu kontrollieren versuchte, bewußtzumachen. Ein anderer Auslöser war das Ballen und Öffnen ihrer Faust. Das, gekoppelt mit einem tiefen Atemzug, signalisierte, daß sie sich von der alten Kontrolle befreite und eine neue Stärke gewann. Sie nahm ihr Leben selbst in die Hand. Sie sagte sich, daß ihre Entscheidungen und Ansichten für ihr Leben viel wichtiger waren, als die Meinungen anderer.

In einer anderen Serie von Trancesitzungen sah Liz sich als Vogel. Zuerst konnte der Vogel nur laufen, noch nicht fliegen. Er glich einem Pinguin.

Dann sah sie vor ihrem geistigen Auge einen Vogel, der laufen und auch ein wenig fliegen konnte. Die Vögel waren eine Metapher für Ihre eigene Transformation. Nach einigen Wochen begann sie, sich einen Vogel vorzustellen, der ihre Zukunft repräsentierte. Dieser hatte ein buntes Federkleid, war stark und konnte weit fliegen. Sie sagte sich in ihren Suggestionen, daß Sie selbst so stark sein konnte wie dieser Vogel.

Liz suggerierte sich, daß die Leute, die diesen wunderschönen Vogel im Flug beobachteten, auf unterschiedliche Weise reagieren würden. Einige würden denken, er gehöre in einen Käfig. Andere, er sollte in einem anderen Land sein. Aber der Vogel kümmerte sich nicht um ihre Ansichten. Er war genau da, wo er sein wollte.

Ihr Leben war wie das des Vogels. Sie konnte sein, wo sie wollte, nicht dort, wo andere sie haben wollten. In den folgenden Selbsthypnosesitzungen gab sich Liz Suggestionen von Stärke und Macht, die durch ihren imaginären Vogel symbolisiert wurden. So wie er bunter und stärker wurde, wurde sie es auch.

Nach acht Monaten immatrikulierte sich Liz im College und kam gut voran. Die Beziehung zu ihrem Vater war distanzierter, aber viel besser.

Auch die Beziehung zu ihrem Freund hatte sich verbessert. Ihm gefielen die Veränderungen, die bei ihr stattgefunden hatten, obwohl er sich ihr gegenüber manchmal noch wie früher verhielt. Wenn das geschah, erinnerte sie ihn daran, daß er sich gerade auf einen Vogel bezog, der eine andere Farbe hatte. Bei diesem Gedanken konnten beide lächeln.

Der Bienenkorb

Der Arbeitsplatz kann eine sehr konkurrenzorientierte Umgebung sein. Manche Kollegen lassen nichts Gutes an Ihnen, damit sie selbst besser dastehen. Es gibt Menschen, die andere benutzen, sie zum eigenen Vorteil manipulieren. Unter Umständen machen sie Ihnen doppelzüngige Komplimente: „Das ist schön, aber können Sie das denn nicht besser?“

Andere wiederum sagen Dinge, die Ihr Selbstvertrauen untergraben, ohne daß sie es so meinen. Sie können sich im Gespräch mit anderen einfach schlecht ausdrücken.

Diese Situationen lassen sich nicht immer vermeiden, und Sie können diesen Menschen nicht immer aus dem Weg gehen. Sie können allerdings Ihre Reaktionen etwas verändern und die Zeit, die Sie sich mit ihnen einlassen, verkürzen.

Grenzen Sie in Trance die Ansichten anderer Leute über Sie von Ihrer eigenen ab. Machen Sie sich bei der Arbeit ein Bild von sich selbst. Stellen Sie sich vor, daß die sechs, zwölf oder 20 Kolleginnen und Kollegen, wie Bienen in einem Bienenstock um Sie herumsummen. Jeder sagt etwas anderes. Tatsächlich gleichen sich keine zwei Meinungen. Während die Kollegen weiterreden, können Sie vielleicht sogar ihre Bemerkungen anders hören und sehen, wie sich ihre Gestik und Mimik verändert. Je mehr Sie untersuchen, was sie sagen, desto weniger Sinn macht es. Warum sollten deren Meinungen über Sie oder Ihre Entscheidungen wichtiger sein als Ihre eigene?

Das Gerede anderer über Sie ist wahrscheinlich nicht genauer als das Selbstbild, das Sie von sich haben. So, wie nur Sie selbst sich verändern können, können auch nur Sie selbst beurteilen, was Sie verändern oder beibehalten wollen.

Geben Sie der kritischen Bemerkung eines anderen einen neuen Bezugsrahmen. Anstatt sie als „Stimme der Wahrheit" anzusehen, behandeln Sie sie einfach als eine von vielen Radio- oder Fernsehsendern. Sie entscheiden, ob Sie zuhören oder nicht oder ob Sie den Kanal wechseln. Wenn Sie Ihr Leben und die Menschen um Sie herum als Film im Kino oder Fernsehen anschauen würden, könnten Sie über einige dieser Bemerkungen wahrscheinlich sogar lachen.

Strategien für den besten oder den schlimmmsten Fall

Eine andere Möglichkeit, um ein bestimmtes Problem ins rechte Licht zu rücken, besteht darin, sich den schlimmsten oder den besten Fall vorzustellen. Stellen Sie sich vor, wie es wäre, wenn der schlimmste Fall eintreten würde. Versuchen Sie sich im Geiste in diesen Zustand zu versetzen.

Stellen Sie sich dann den besten Fall vor. Machen Sie sich ein möglichst klares und detailliertes Bild.

Die Realität liegt in der Regel irgendwo dazwischen.

Hier ist eine Situation, in der die Strategie des schlimmsten bzw. besten Falles einer jungen Frau schließlich half, die beste Lösung zu finden und sich großartig dabei zu fühlen.

Gloria war dafür zuständig, für ihre Firma einen Ausstellungsstand zu organisieren. Das Ziel bestand darin, die Ausstellungsstücke allen Besuchern zugänglich zu machen und die Auslage so zu organisieren, daß sie den Stand ohne Gedränge begehen konnten.

Sie hatte schon eine ganze Reihe von Lageplänen entworfen, aber sie war sich nicht sicher, ob der beste dabei war. Gloria entschloß sich, ihre Selbsthypnosefähigkeiten zu nutzen, um weitere Alternativen zu finden.

Sie stellte sich in Trance den schlimmsten Fall vor. In einer Szene waren die Kunden in einer Ecke zusammengequetscht und konnten sich nicht mehr bewegen. Sie stolperten über die elektrischen Kabel auf dem Fußboden, verschütteten Getränke über den Geräten, was Kurzschlüsse verursachte und Rauchschwaden aufsteigen ließ. Schließlich war den Kunden das Ganze zu viel, und sie machten sich in Richtung Ausgang davon. Es war die reinste Katastrophe.

Nach dieser zum Teil recht komischen und dennoch furchtbaren Vorstellung machte sich Gloria nun ein Bild vom Gegenteil. Nachdem die schlechten Möglichkeiten abgehandelt waren, war sie jetzt offen für den besten Fall. In diesem Szenario stellte sie sich vor, wie keine der schrecklichen Situationen entstehen konnte.

Obwohl sie die Grenzen des Möglichen gelegentlich überschritt, kamen ihr doch auch ein paar neue, kreativere Ideen, die umsetzbar waren. Sie wiederholte diese Übung mehrere Male. Am Ende jeder Trance machte sie sich Notizen über ihre schlimmsten und besten Situationen.

Ihr endgültiger Plan basierte auf einer ihrer ursprünglichen Ideen, mit Verbesserungen und Modifikationen, die sie in ihrer Selbsthypnose gefunden hatte. Das Design funktionierte so gut, daß Sie von einer anderen Abteilung der Firma mit einem neuen Auftrag für eine Ausstellung betraut wurde.

Schwierige Situationen durchspielen – Auftritte in der Öffentlichkeit

Vielleicht stellen Sie fest, daß Sie in den meisten Situationen genügend Selbstvertrauen haben, daß es jedoch Situationen gibt, die nervenaufreibend sein können. Eine Rede halten zu müssen ist ein typisches Beispiel dafür. Das Durchspielen in Selbsthypnose kann sehr nützlich sein, um Angst und Spannung zu beseitigen, die während der Rede oder ähnlichen Präsentationssituationen auftreten können.

Wie man dabei vorgeht, ist im Beispiel von Steve veranschaulicht, einem Verwaltungsbeamten, der einmal im Monat vor einer Gruppe angeseher Leute seiner Stadt eine Rede halten mußte. Der Gedanke an das, was die Leute denken würden, wenn er seine Rede vermasselte, belastete ihn ständig und bereitete ihm große Sorgen.

Auch Sie können in Situationen, in denen Sie sich unsicher fühlen, diese Methode anwenden, sie in Ihrer Vorstellung durchspielen und sich posthypnotische Auslöser geben.

Steve war in seiner Arbeit sehr tüchtig und bereitete sich auf seine Reden immer sehr gut vor. Es war das Sprechen vor den Zuhörern, das seine Selbstzweifel weckte. Er suchte Hilfe durch Selbsthypnose. Er begann damit, daß er lernte, sich in Trance zu versetzen und sich zu entspannen.

Nachdem er mit Selbsthypnosetechniken vertraut war, untersuchte Steve, was genau es war, das ihn beim Redenhalten so unsicher werden ließ. Es war ihm klar, daß es ihm peinlich wäre, die Rede zu verpfuschen, zu vergessen, was er sagen wollte, oder einen anderen „fatalen" Fehler zu machen.

In Trance bestand sein erster Schritt darin, sein mangelndes Selbstvertrauen mit der Strategie des schlimmsten bzw. besten Falles zu entschärfen und sich vorzustellen, daß er bei seiner Rede absolut versagte. Er sah sich über das Podium stolpern, beim Sprechen spucken, sah sich vergessen, was er eigentlich sagen wollte, die Lautsprecheranlage fiel aus – alles, was er sich nur vorstellen konnte, lief schief.

Die meisten dieser Peinlichkeiten würden wahrscheinlich nie passieren; dennoch befreite er sich durch seine Vorstellungen von allen negativen Möglichkeiten. Gelegentlich amüsierte er sich und lachte sogar über diese Teile seiner Selbsthypnose.

Dieser Prozeß nahm mehrere Trancesitzungen in Anspruch. Steve nutzte seine Vorstellungskraft auf diese Weise, bis ihm keine negativen Ereignisse mehr einfielen, die auch nur im entferntesten geschehen könnten. Dies desensibilisierte ihn gegen die negativen Möglichkeiten. Auch interpretierte er alle möglichen negativen Situationen viel selbstbewußter. Dann war er bereit, an seinen positiven Bildern zu arbeiten.

Steve stellte sich als nächstes vor, wie er eine glänzende Rede hielt. Er sah das Publikum applaudieren. Er nutzte geistige Bilder, um das Selbstvertrauen zu spüren, das er nach dieser sehr erfolgreichen Rede haben würde. Er stellte sich diese positiven Szenen bis ins kleinste Detail vor.

Noch in Selbsthypnose entwickelte er posthypnotische Auslöser, die ihm helfen würden, bei seinem Auftritt ruhig und konzentriert zu bleiben. Es gab beispielsweise in den meisten Fällen auf dem Podium ein Mikrophon. Er hatte die Möglichkeit, es einen Moment lang auszurichten, bevor er seine Rede begann. Dieser Moment des Ausrichtens wurde für ihn zum Auslöser, sich selbst positiv auszurichten.

Eine seiner Suggestionen lautete: „Ich weiß, daß ich das Mikrophon ausrichten kann, damit mich das Publikum besser versteht. Während ich das Mikrofon auf die richtige Entfernung zu mir ausrichte, kann auch ich mich ausrichten, um mich wohl zu fühlen und um besser in der Lage zu sein, mich dem Publikum klar, zuversichtlich und gelassen mitzuteilen."

Ein weiterer Auslöser war das Ballen seiner Hand zur Faust. Das konnte er tun, bevor er zu sprechen begann. Seine Faust war dem Publikum verborgen, und er konnte es zu jeder Zeit während seiner Rede wiederholen.

Seine Suggestion lautete so: „Während ich meine Faust balle und einen tiefen, wohltuenden Atemzug nehme, stelle ich fest, daß ich all die Spannung und Angst, die ich spüre, in diese Hand pressen kann. Je fester ich drücke, desto mehr konzentriere ich die Angst und Selbstzweifel. Während ich ausatme und meine Faust öffne, kann ich diese Spannung und die Selbstzweifel loslassen und mich nun viel wohler und selbstsicherer fühlen."

Mit diesen Auslösern schaffte es Steve, seine Selbstzweifel beim Redenhalten zu überwinden.

Andere Problemlösungsmethoden

Einige der schwierigsten Probleme, mit denen wir uns möglicherweise auseinandersetzen müssen, betreffen Familie und Freunde. Bei solchen Situationen kommt es häufig zu Gefühlsausbrüchen, und oft verwirren die Gefühle unser gesundes Urteilsvermögen. Es ist schwer, objektiv zu sein und Situationen klar zu sehen, wenn ihnen starke Gefühle von Loyalität, Schuld, Verantwortung, Ärger, Sorge, Enttäuschung oder andere Gefühle zugrunde liegen. Wenn Sie sich mit einem Problem beschäftigen oder versuchen, eine Entscheidung zu treffen, und Ihre Gefühle die Überlegungen vernebeln, kann Ihnen Selbsthypnose helfen, den Nebel zu vertreiben, um einen objektiveren Blickwinkel und eine neue Sicht zu ermöglichen.

In Trance können Sie sich mit Ihrem inneren Selbst beraten oder auch mit dem, was als „drittes Auge" bezeichnet wird. Sie können sich im Geist mit den Beteiligten unterhalten oder auch mit Menschen, deren Meinung Sie schätzen und denen Sie vertrauen. Sie können dadurch erfahren, was die anderen denken, ohne der emotionalen Belastung eines realen Gesprächs ausgesetzt zu sein. In vielen Fällen haben Sie wahrscheinlich sowieso schon diverse reale Diskussionen hinter sich.

Sie haben die Möglichkeit, Ihre eigenen Interessen zu erforschen, ohne durch Emotionen wie Schuld oder Trauer gestört zu werden. Ihr Ziel ist es zunächst, mehr Alternativen zu finden. Dann können Sie Ihren Trancezustand nutzen, um die Alternativen ohne emotionalen Ballast zu bewerten.

Mit Selbsthypnose werden Sie besser in der Lage sein, sich für Lösungen zu entscheiden, die Ihren Interessen und denen der anderen Beteiligten gerecht werden.

Die Entscheidung der fünf Schritte

Ein Dilemma, mit dem heutzutage viele Menschen konfrontiert sind und das in Familien einen großen Interessensausgleich erfordert, ist die Frage, was man mit den alternden Eltern macht. Das war das Problem, dem sich Doris und ihr Mann zu stellen hatten.

Angesichts der Gesundheit der verwitweten Mutter war es nicht länger ratsam, sie allein wohnen zu lassen. Doris' Mann hatte sich bei der Suche nach Alternativen beteiligt und war gewillt, seine Schwiegermutter im Haus aufzunehmen. Auch die drei Kinder im Teenageralter wollten ihre Großmutter gerne bei sich wohnen haben. Jedoch waren die Kinder alle in einem Alter, wo Sie in absehbarer Zeit selbst bald ausziehen würden. Doris und ihr Mann freuten sich darauf, bald wieder allein zusammen zu sein.

Es sah so aus, als müßte Doris die Entscheidung treffen. Sie war jedoch auch nach gründlichem Abwägen des Für und Wider von Altersheim, Veränderungen, die in ihrer Familie nötig wären, Verantwortlichkeiten, persönlichem Streß und der Bedürfnisse und des Glücks ihrer Mutter nicht in der Lage, eine Entscheidung zu treffen.

Schließlich entschloß sie sich, mit Hilfe von Selbsthypnose eine Richtung für das weitere Vorgehen zu finden.

In einer Serie von sechs oder sieben verschiedenen Trancesitzungen durchlief sie folgende Prozesse:

1. Sie führte einen inneren Dialog, um herauszufinden, wo sich ihre Familie in bezug auf Wachstum und Veränderung befand. Die Kinder würden bald aus dem Haus sein. Es wäre das erste Mal seit 20 Jahren, daß sie und ihr Mann miteinander allein sein könnten. Sie listete im Geiste alle Vorteile, Freuden und Erwartungen auf, die sie empfand – ohne Schuldgefühle dabei zu haben. Das war das erste Mal, daß sie sich das erlaubte.
2. Sie führte eine imaginäre Unterhaltung mit ihrer Mutter. Die Mutter äußerte ihre eignen Bedürfnisse, in der Nähe ihrer alten Freunde, der Familie, der Kirche und der gewohnten Umgebung sein zu wollen. Doris hatte jahrelang in der Nähe ihrer Mutter gelebt. Sie war in der Lage, die Bedürfnisse ihrer Mutter anzuerkennen, ohne Frustration oder Groll zu empfinden.
3. Dann stellte sich Doris vor, wie es in Zukunft wäre, wenn ihre Mutter bei ihnen leben würde. Sie machte sich ein Bild vom alltäglichen Tagesablauf. In einer anderen Trance stellte sie sich vor, wie es wäre, wenn ihre Mutter in einem nahegelegenen Altersheim leben würde. Sie „sah", wie sie sie dort besuchte und sie zu versorgen half.
4. Doris untersuchte ihre persönlichen Interessen auf eine außergewöhnliche Art und Weise, indem sie das Symbol zweier Schwimmbecken benutzte. Das eine war das Schwimmbecken ihrer Mutter, das andere ihr eigenes. Vor Jahren waren die beiden zur sportlichen Betätigung zusammen schwimmen gegangen, und aus dieser Erfahrung stammte diese Metapher. In jedem Schwimmbecken stellte Doris sich innere Röhren vor, um die individuellen Interessen jeder der beiden Frauen darzustellen, ohne sie zu bewerten. Schließlich zählte sie in ihrem eigenen Becken mehr. Doch sie wußte, daß sie nach Ausgleich strebte.
5. In einem anderen Selbstgespräch untersuchte Doris noch einmal alle Möglichkeiten. Sie erkannte, daß sie keine dauerhafte Entscheidung treffen wollte, die sich nicht rückgängig machen ließ.

Ihr wurde klar, daß eine vorübergehende Lösung, eine Versuchszeit ohne langfristige Verpflichtung, möglich war. Das war eine neue Idee, eine andere Option.

Sie entschied sich schließlich für eine einjährige Versuchszeit, in der ihre Mutter bei ihnen leben würde. Nach Ablauf dieser Zeit wollten sie, ihr Mann und ihre Mutter die ganze Situation noch einmal neu überdenken. Ihre Mutter erklärte sich einverstanden.

Obwohl es im Rückblick als eine logische Alternative erscheint, war zuvor niemand auf die Idee einer Versuchszeit gekommen. Alle waren gefühlsmäßig auf ein Entweder-Oder fixiert.

Im Verlauf des Jahres verschlechterte sich der Gesundheitszustand der alten Dame zunehmend. Als das Jahr um war, war jedem klar, daß sie in einem guten Pflegeheim mit einer medizinischen Versorgung rund um die Uhr am besten aufgehoben war.

Obwohl ihnen die Entscheidung auch jetzt nicht leichter fiel, hatten Doris und ihr Mann doch das Gefühl, daß sie im besten Interesse aller Beteiligten getroffen worden war. Es entwickelte sich dann so, daß die Kinder – zwei von ihnen waren bereits ausgezogen – ihre Großmutter im Pflegeheim viel öfter besuchten, als sie es nach ihren eigenen Aussagen getan hätten, wenn sie das Jahr zuvor direkt in ein Pflegeheim gekommen wäre.

Wir stellen oft fest, daß die besten Lösungen auf die Herausforderungen unseres Lebens nicht leicht sind. Meist gibt es keinen richtigen oder falschen Weg. Statt dessen gibt es viele Lösungen mit Vor- und Nachteilen. Nur wenn man einen bestimmten Weg einschlägt, kann man sehen, wohin er führt.

Beziehungsfragen

Bei Ihrer Arbeit und in vielen anderen Lebensbereichen haben Sie vielleicht ein gesundes Selbstbewußtsein, aber nehmen wir einmal an, es fehlt Ihnen, wenn Sie mit dem anderen Geschlecht zusammen sind. Die Methoden zu Beginn dieses Kapitels helfen Ihnen, Ihr eigenes Selbstbild zu definieren, statt sich dem Bild zu unterwerfen, das Ihr Freund oder Ihre Freundin von Ihnen hat.

Selbsthypnose kann Ihnen auch helfen, sich zu entspannen und sich mit posthypnotischen Auslösern zu versorgen, damit Sie ruhig und selbstsicher bleiben, wenn Sie eine Verabredung haben oder sich in anderen Beziehungssituationen befinden. Dies ist eine Technik, um sich selbst zu beruhigen und gelassener zu werden.

Vielleicht stellen Sie fest, daß Sie sich befangen fühlen, wenn Sie mit jemanden ausgehen oder zusammen sind, in den Sie verliebt sind. Möglicherweise haben Sie Angst, etwas Falsches oder Dummes zu sagen. Aus diesem Grund sagen Sie sehr wenig. Dann fühlen Sie sich unwohl, weil Sie zurückhaltend und distanziert erscheinen könnten.

Kommt Ihnen das bekannt vor? Wie können Sie diesen Kreislauf von Angst und Selbstzweifel unterbrechen? Zuerst müssen Sie lernen, sich in anderen Situationen zu entspannen.

Nutzen Sie Ihre Selbsthypnoseerfahrungen, um Auslöser zu entwickeln, die Sie befähigen, sich in jeder Situation innerlich ruhiger und weniger angespannt zu fühlen. Geben Sie sich Suggestionen, daß Sie sich in jeder Umgebung, wo immer Sie möchten, entspannt und natürlich verhalten können. Sie haben es nicht nötig, sich so aufzuführen, wie Sie gar nicht sind. Sie können gelassen, entspannt und Sie selbst sein.

Entwickeln Sie auf Sie zugeschnittene posthypnotische Auslöser, um sich zu entspannen, Auslöser, die Sie überall anwenden können. Nehmen Sie solche Auslöser wie das Ballen und Loslassen der Faust, tiefes Atmen, das Massieren des Nackens. Vielleicht suggerieren Sie sich, einen Moment die Augen zu schließen und eine Farbe oder ein Bild zu visualisieren, die Sie mit Entspannung assoziieren.

Sie können dann in Trance eine Art Generalprobe für eine bevorstehende Verabredung oder eine gesellschaftliche Situation, in der Sie sich befinden, durchführen. Proben Sie zuerst die negativen Aussichten und dann das erwünschte positive Ziel. Geben Sie sich Suggestionen, die die positiven Ergebnisse verstärken.

Jack hatte beispielsweise eine Frau getroffen, die er einfach wunderbar fand. Er hatte sich verliebt, hatte aber gleichzeitig Angst, daß er sie verlieren würde. Er wollte ihr sagen, was er für Sie empfand, aber das fiel ihm nicht leicht. Es war ihm immer schwergefallen, der Frau, mit der er zusammen war, seine Gefühle mitzuteilen.

Jack wußte, was er wollte – ihr sagen, was er fühlte. Er wußte, daß er dann seinen Kopf wieder frei hätte. Er wandte Selbsthypnose an, um mental durchzugehen, wie er diesen großen Schritt machen würde. Er spielte viele Möglichkeiten durch und bezog die vielen unterschiedlichen Reaktionen seiner Freundin mit ein.

Er hatte immer noch ein bißchen Angst, als er dann in der darauffolgenden Woche mit ihr sprach, aber er war in der Lage, ihr seine Gefühle mitzuteilen und war freudig überrascht, als sie mit einem „Ich auch!" antwortete. Dieses Sichmitteilen wurde für Jack zur Basis einer neuen Beziehungsmöglichkeit.

Durch die Anwendung von Selbsthypnose zur Stärkung des Selbstvertrauens und zur Entwicklung positiver Veränderungen schaffte es Jack, sich auch in anderen Situationen zu vertrauen. Ein Erfolg führt oft zum nächsten. Wenn er seiner Freundin so gegenübertreten konnte, so konnte er sich auch anderen Situationen stellen.

Denken Sie bei Ihren Übungen zur Entwicklung Ihres Selbstvertrauens daran, sich angemessene Ziele zu setzen. Sie werden feststellen, daß Sie sich nach der Anwendung von Selbsthypnose und dem Entwickeln einiger Auslöser ein wenig gelassener fühlen, wenn Sie ausgehen. Vielleicht bemerken Sie, daß Sie gesprächiger geworden sind. Oder daß Sie vielleicht öfter lachen. Oder Sie erkennen an anderen Zeichen, daß Ihre Suggestionen Wirkung zeitigen.

Es gibt in der Regel keine plötzlichen Verwandlungen. Die Veränderungen sind meistens graduell und bauen aufeinander auf. Bauen Sie auf Ihren kleinen Erfolgen auf. Wenn Sie ein positives Ergebnis haben – vielleicht, daß Ihr Freund oder Ihre Freundin bemerkt, Sie seien wohl bei guter Laune – nutzen Sie das in Ihrer nächsten Trancesitzung.

Entwickeln Sie Suggestionen, um Ihre guten Gefühle über positive Bemerkungen zu verstärken, und überprüfen Sie die negativen noch einmal, um zu sehen, ob sie berechtigt sind. Wenn ja, sollten Sie die Bemerkung als konstruktive Anregung nutzen; wenn nicht, kümmern Sie sich nicht um die negativen Bemerkungen.

Verstärken Sie Ihre positiven Gefühle, selbst wenn es sich nur um ein wenig mehr Zuversicht handelt, die Sie von innen wahrnehmen. Geben Sie sich Suggestionen, daß Sie kleine Veränderungen wie diese bewirken können und dann darauf aufbauen und sie ausdehnen können. Erinnern Sie sich an die Worte des chinesischen Philosophen, der sagte: „Eine Reise von tausend Meilen beginnt mit dem ersten Schritt." Und sicherlich ist Ihre Veränderungsreise der beste Schritt von allen.

Literatur

Freedman, A.M., H.I. Kaplan a. B.J. Sadock (1972): Modern synopsis of psychiatry. Baltimore (Williams & Wilkins).

Hartland, J. (1971): Medical and dental hypnosis. Baltimore (Williams & Willkins).

Maltz, M. (1974): Psycho cybernetics for creative living. New York (Pocket Books).

Newman, M. a. B. Berkowitz (1971): How to be your own best friend. New York (Ballantine Books).

Pelletier, A. M. (1979): Three uses of guided imagery in hypnosis. *American Journal of Clinical Hypnosis* 22 (July).

Robbins, A. (1986): Unlimited power. New York (Simon & Schuster).

Stanton, H.E. (1989): Ego enhancement: A five step approach. *American Journal of Clinical Hypnosis* 31 (Mar.).

Wollman, L. (1978): Self-confidence achieved by hypnotic techniques. *Journal of the American Society of Psychosomatic Dentistry and Medicine* 25.

Kapitel 21

Meditationen zum Schlankwerden

Wenn Sie Gewichtsprobleme haben, haben Sie wahrscheinlich schon viele Diäten, Pillen und anderes ausprobiert, bevor Sie dieses Buch zur Hand nahmen. Nicht jede Methode, Formel oder Suggestion ist bei allen Menschen wirksam.

Es kann an allem möglichen liegen, weshalb Sie sich überessen. Vielleicht haben Sie Ihre Eßgewohnheiten von Ihren Eltern übernommen. Vielleicht sind emotionale Faktoren dafür verantwortlich. Es kann sein, daß hinter Ihrem Eßproblem ein bestimmter Zwang, eine Sucht oder ein persönlicher Charakterzug steht.

In seltenen Fällen ist es ein Stoffwechselproblem. Wenn Sie sehr übergewichtig sind, sollten Sie einen Arzt aufsuchen, um feststellen zu lassen, ob es sich um ein organisches Problem handelt. Wenn sich keine zugrundeliegende körperliche Ursache findet, sind Sie selbst für Ihre Gewichtskontrolle verantwortlich. Das kann der schwierigste Teil einer jeden Schlankheitskur sein, nämlich Ihr Eßverhalten und Ihre Einstellung zum Essen zu verändern.

Funktionieren andere Diäten und Schlankheitskuren?

Einige funktionieren tatsächlich. Das Versagen hängt oft nicht mit der Effektivität der Diät zusammen, sondern mit der Unfähigkeit, das Gewicht nach dem Abnehmen zu halten.

Zuverlässige Beobachtungen und der normale Menschenverstand zeigen uns, daß es dann zu Übergewicht kommt, wenn man mehr Kalorien aufnimmt, als man verbraucht. Emotionen spielen immer eine Rolle bei Selbstkontrolle oder Selbstverleugnung. Wenn dieses Ungleichgewicht umgekehrt ist, nehmen Sie ab. Ganz einfach. Daher scheint es, daß eine Diät, die diese Umkehrung zuwege bringt, eine Gewichtsabnahme sicherstellt.

Die hohe Rückfallrate zeigt allerdings an, daß eine bleibende Gewichtsabnahme nur dann funktioniert, wenn es zu bewußter Nahrungsaufnahme, langfristiger körperlicher Fitneß und Sport, der Abkoppelung emotionaler Probleme vom Essen und der Umstellung von ungesunden auf gesunde Eßgewohnheiten kommt.

Selbsthypnose kann Ihnen helfen, diese Ziele zu erreichen. Um einem Irrtum vorzubeugen, sollten Sie einsehen, daß Sie die Veränderungen in sich selbst durchführen. Wir haben dieses Kapitel „Meditationen zum Schlankwerden" genannt, weil Selbsthypnose meditative Qualitäten hat und viele der Übungen wie Meditationen mit posthypnotischen Suggestionen sind.

Selbsthypnose zur Veränderung Ihrer Eßgewohnheiten

Überessen ist etwas sehr Persönliches und Individuelles. Keine zwei Leute überessen sich aus den gleichen Gründen. Ihr Leben ist einzigartig, und Ihre Erfahrungen unterscheiden sich von denen Ihrer Freunde und Nachbarn. Wenn Sie dieses Kapitel lesen, werden Ihnen einige Techniken relevanter erscheinen als andere.

Alle diese Methoden wirken, aber Sie müssen diejenigen herausfinden, die für Sie am besten sind. Am effektivsten ist es, verschiedene Techniken gleichzeitig anzuwenden.

Es gibt verschiedene Methoden, um mit dem Symptom Übergewicht umzugehen:

1. *Symptomersatz*: Mit Hilfe von posthypnotischen Suggestionen und Auslösern können Sie von einer Eßgewohnheit auf andere Verhaltensweisen übergehen, z.B. Kaugummi kauen oder bestimmte diätetische Nahrungsmittel oder Gemüse und Obst essen.
2. *Symptomverwandlung*: Sie können durch posthypnotische Suggestion den Zwang, essen zu müssen, in Aktivitäten wie körperliche Betätigung, Arbeit, Interesse an Projekten in der Nachbarschaft, Kindererziehung oder einen Schaufensterbummel verwandeln. Das ist so ähnlich wie Symptomersatz, nur daß es das Problem in etwas weniger Schlimmes verwandelt, ohne die Natur des Symptoms selbst anzusprechen.

3. *Symptomverbesserung*: Sie können das Überessen auch direkt reduzieren. Mit Hilfe von posthypnotischen Suggestionen essen Sie bewußt weniger. Die posthypnotischen Suggestionen, die Sie sich geben, haben das Ziel, Ihnen Selbstbeherrschung beizubringen. Genauso leicht wie Sie bisher mehr gegessen haben, können Sie jetzt weniger essen.
4. *Symptomnutzung*: Dies ermutigt Sie, Ihre Eßgewohnheiten zu akzeptieren und neu festzulegen. Es wird akzeptiert, wenn Sie darauf bestehen, daß Sie „das Überessen nicht stoppen können", statt es zu verleugnen oder in Frage zu stellen. Sie geben sich selbst die Anweisung, weiterhin eine bestimmte Menge zu viel zu essen. Diese Menge kann dann immer geringer werden.
5. *Meditationen zum Schlankwerden*: Diese kombinieren die obigen Strategien, während Sie besondere Aufmerksamkeit auf Gedanken, Gefühle und unbewußte Prozesse legen, die mit Ernährung und Essen zusammenhängen. Meditationen zum Schlankwerden helfen Ihnen, sich selbst besser zu akzeptieren und auf ganz natürliche Weise eine gesündere Wahl beim Essen zu treffen.

Innerhalb dieser allgemeinen Kategorien – die auch in Kombination angewandt werden können – finden Sie einige Selbsthypnosetechniken, die Sie ebenfalls nutzen können, um an der Verbesserung Ihrer Gesundheit und Ihres Aussehens zu arbeiten und um Ihr Verlangen nach Essen zu vermindern.

Vielleicht glauben Sie, daß es notwendig ist, in Ihrer Vergangenheit nach den Gründen Ihrer Eßsucht zu suchen. Wenn Sie davon fest überzeugt sind, sollten Sie Kapitel 16 (Selbsteinschätzung) zu Rate ziehen. Wir werden dieses Thema jedoch auch in diesem Kapitel besprechen.

Lösen Sie die Spannung

Entspannung ist ein wesentlicher Bestandteil von Gewichtsabnahme und der Veränderung von Eßgewohnheiten. Wenn Sie sich die Muster Ihres Eßverhaltens anschauen, werden Sie vielleicht bemerken, daß Sie mehr essen, wenn Sie nervös und angespannt sind oder unter Druck stehen. Selbsthypnose wird Ihnen helfen, mit diesen

Spannungs- und Streßgefühlen umzugehen und Ihr Verlangen nach etwas Eßbarem zu vermindern. In Kapitel 12 (Streßmanagement) wird erklärt, wie Sie Ihren Streß auch direkt beeinflussen können.

Meditationen zum Schmecken und Essen

Das folgende ist eine Meditation zum Schlankwerden, die Sie sich in Ihrer selbsthypnotischen Trance vorlesen können. Sie wird Ihnen helfen, sich zu entspannen und sich auf das zu konzentrieren, was Sie essen und schmecken.

Vor dem Essen schließe ich meine Augen ... begrüße meinen Körper ... und vergewissere mich, daß er bereit ist zu essen.

Ich entspanne mich durch Atmen ... bereite mir durch mein Atmen ein angenehmes Gefühl, wobei mir immer bewußter wird, was ich gerade tue. Ich erinnere mich daran, daß ich mein inneres Selbst akzeptiere und liebe ... so, wie ich jetzt bin.

Jetzt, genau in diesem Augenblick, werde ich immer bewußter ... ich esse mit Vergnügen ... ich lasse alles andere sein und lasse mich ganz vom Essen absorbieren.

Ich konzentriere mich beim Essen ganz auf Geschmack und Geruch ... ich lasse mir Zeit ... ich kaue und verlasse mich dann ganz auf meine Geschmacksnerven. Ich rieche und schmecke die Zusammensetzung ... ich lasse alles andere beiseite, nur die Erfahrung des Essens zählt.

Wenn ich zwei Dinge zur selben Zeit tue, kann ich keins richtig erleben ... nun kann das Essen zu einer meditativen Erfahrung werden ... ich kann respektvoll mit meinem Essensritual umgehen und mir Zeit nehmen, um mir bewußtzumachen, daß Essen ein Nahrungsmittel ist.

Durch Selbsthypnose verändern Sie Ihre Eßgewohnheiten. Sie bleiben dadurch gesund und essen genug, um Ihr erwünschtes Gewicht zu erreichen und zu halten. Wenn Sie den Wunsch haben, parallel zu Ihrer Arbeit mit Selbsthypnose einer ernährungsphysiologisch ausgeglichenen Diät zu folgen, können Sie das gern tun.

Diese erste Übung soll Ihnen helfen, zunehmend bewußter zu essen. Meditieren Sie auf Ihre ganz individuelle Art und Weise beim

Essen und Schmecken. Spielen Sie die Meditation im Geiste einmal am Tag drei Wochen lang durch. Machen Sie außerdem jeden Tag eine Pause und denken sie eine Minute lang an die Meditation.

Selbsthypnose zur Gewichtsabnahme

Abnehmen ist kein Sport zum Zuschauen. Sie müssen mitmachen. Viele Menschen konzentrieren sich auf den äußeren Körper, wenn Sie an Abnehmen denken. Doch die Experten sind sich einig, daß das, was wir den Körper nennen, im Grunde aus drei Teilen besteht, aus dem körperlichen, dem emotionalen und dem geistigen Teil.

Alle Veränderungsprozesse, einschließlich der Gewichtsabnahme, müssen diese drei Teile integrieren, um einen Kampf zwischen ihnen zu vermeiden, der die regelmäßige Gewichtsabnahme sabotiert. Mit anderen Worten, wenn Sie beim Abnehmen Teile Ihres physischen, Ihres emotionalen oder Ihres mentalen Selbst verleugnen, kämpfen Sie in der Tat „mit sich selbst".

Ein Beispiel: Mary, 41 Jahre alt, war mit Ihrem Beruf zufrieden, nicht aber mit ihrer zweiten Ehe. Sie war früher schlank und attraktiv gewesen, aber eine stressige Ehe, Scheidung, Kämpfe um das Sorgerecht für das Kind und der Wiedereinstieg in ihren Beruf, hatten Sie sehr mitgenommen. Sie hatte im Laufe der Jahre immer mehr zugenommen.

Von angenehmen 125 war Marys Gewicht auf 168 Pfund gestiegen, und sie schien nach ihrer eigenen Aussage „in letzter Zeit eher traurig als glücklich" zu sein. Neben den körperlichen und mentalen Lasten hatte Mary eine große emotionale Last zu tragen. Wegen verschiedener Dinge, die sie als Ungerechtigkeiten empfand, war Sie immer noch wütend auf ihren Exmann; sie war müde und mitunter mit der Erziehung ihre Tochter und dem Vorankommen in ihrem Beruf einfach überfordert; sie hatte das Gefühl, große Verluste erlitten zu haben. Mary setzte sich bei der Arbeit selbst unter Druck, und Sie spürte, wie sie sich selbst nach dem Essen noch leer fühlte.

Ihre Selbsthypnosearbeit bestand aus drei Trancesitzungen pro Woche. Sie führte auch Tagebuch, um all die Emotionen auf Papier zu bringen, die sie in ihren Trancen erlebte. Sie schrieb oft Briefe (die sie selten abschickte) an Menschen, denen sie immer noch etwas zu sagen hatte. Mary hatte beispielsweise während der Kindheit gelernt, daß Scheidung ein Fehler sei. Sie schrieb Briefe an ihren Vater, ihre Mutter, den Pfarrer und sogar an sich selbst, in denen sie die vielen Gefühle und Wahrnehmungen, die sie mit Scheidung verknüpfte, diskutierte. Nach dem Schreiben eines Briefes wartete sie immer eine Woche und las ihn dann noch einmal, um zu entscheiden, ob sie ihn abschicken würde oder nicht.

Die Trancearbeit half Mary, einen gewissen Abstand zu den schmerzlichen Erfahrungen und Gedanken zu halten. Sie konnte Begebenheiten aus der Vergangenheit betrachten, als wenn sie auf einer Kinoleinwand abliefen. Mit der Zeit und mit etwas Übung schaffte sie es, alte Gefühle loszulassen. Nachdem die Gefühle nun verstanden und akzeptiert waren, konnte sie sie an ihren Platz stellen und sie dort lassen.

Mary schrieb Ausdrücke in ihr Tagebuch, die ihr halfen, ihre Wut loszuwerden und ihre Trauer und inneren Konflikte zu lösen. Wie wir alle besteht auch Mary aus vielen unterschiedlichen Aspekten. Diese unterschiedlichen Teile oder Aspekte verfolgen gegebenenfalls unterschiedliche Ziele oder Prioritäten und geraten so miteinander in Konflikte. Ein Teil sagt: „Du solltest abnehmen." Ein anderer schreit: „Aber ich bin so hungrig!" Ein dritter sagt mitfühlend: „Es ist okay, sich ein bißchen gehen zu lassen, du hast ja so schwer gearbeitet." Dann sagt noch ein weiterer Teil: „Wenn du nicht alles aufißt, verschwendest du das Essen."

Solange es innere Auseinandersetzungen oder Konflikte gibt, ist Abnehmen immer ein Kampf. Ein Teil möchte schlank sein, während die anderen Teile diese Anstrengungen unterlaufen.

Wahrscheinlich haben Sie eine Vorstellung, wie diese Ansicht von verschiedenen Aspekten unserer Persönlichkeit oder unseres Selbst umgesetzt wird. Hier ist eine Übung, die Ihnen hilft, sich Ihrer unterschiedlichen Teile bewußter zu werden, besonders derjenigen, die das Essen, die Nahrung und Versorgung betreffen.

Ausschußsitzung

Ihr Handeln wird von einem Ausschuß gelenkt. Stellen Sie sich nun eine Ausschußsitzung vor. Sie stellen Stühle auf, besorgen Kissen und weiche Unterlagen, ganz nach Ihren Vorstellungen. Stellen Sie sich vor, daß sich der Ausschuß aus verschiedenen Teilen Ihres Selbst zusammensetzt, die sich versammelt haben, um über das Essen zu sprechen oder was immer mit Ihrem Ziel zu tun hat.

Vielleicht gibt es einige Selbstanteile, von denen Sie wissen, daß sie auf jeden Fall an der Besprechung teilnehmen sollten. Vielleicht Wut, Angst, Traurigkeit, Motivation, Schuld, Ihr inneres Kind, Ihre inneren Eltern, Ihr ideales Selbst. Vielleicht treffen Sie diesmal drei oder vier Teile oder vielleicht auch sechs oder zehn. Zu verschiedenen Zeiten wollen vielleicht unterschiedliche Teile gehört werden. Nehmen Sie sich Zeit, und lassen Sie diese Erfahrung zu, geben Sie jedem Teil eine Stimme, akzeptieren Sie sie, ohne zu urteilen oder zu streiten. Erlauben Sie allen Ausschußmitgliedern, ein paar Worte zu sagen oder auch mehr über das, worüber Sie sich mehr Bewußtheit wünschen.

Sie können auch der Hoffnung oder dem Zweifel, dem Genuß oder Ihrem schlanken oder dicken Teil Sitz und Stimme geben. Die Ausschußmitglieder müssen während der Selbsthypnose die Gelegenheit haben, all ihre Gefühle laut und deutlich zu äußern. Sie können sie natürlich auch aufschreiben.

Bestimmen Sie als nächstes einen Sitz für den „Beobachter", das ist der Vorsitzende des Ausschusses, Ihr beobachtender Teil, der zuhört und beobachtet. Der Beobachter kann alles sehen, was Sie tun, denken und fühlen, und er kann fragen: „Von welchem meiner Teile kommt dies jetzt? Wessen Stimme ist das?" Die Ausschußtrance hilft Ihnen herauszufinden, wessen Stimme Sie beeinflußt – Mutter, Vater, Pfarrer, Lehrer, Freund, ein alter Teil von Ihnen oder wer auch immer.

Der Beobachter hilft Ihnen, sich selbst zu vertrauen, und er kann Ihnen klar machen, welches Ausschußmitglied durch seine Taten spricht. Wenn unerwünschte Aktionen auf der Ausschußsitzung eine Stimme haben, werden Sie weniger dazu neigen, durch Sabotage, gemischte Gefühle oder Konflikte indirekt zu sprechen.

Dies ist eine wirksame Übung, die Sie immer wieder machen können, und bei jedem Mal lernen Sie mehr oder etwas anderes, während Sie alle Teile von sich und Ihres Ausschusses akzeptieren. Dies ist eine mutige Übung, um sich selbst zu verstehen und auszudrücken. Loben Sie sich selbst am Ende jeder Sitzung und danken Sie allen Teilnehmern für Anwesenheit und Redebeiträge.

Suggestionsmaterial

Hier sind einige spezifische Suggestionen. Kleiden Sie sie in Ihre eigenen Worte. Sie lassen sich ohne weiteres in andere Suggestionen oder Vorstellungen einbauen, und Sie werden auch sehen, daß sie erweitert und auf Ihre persönliche Situation angepaßt werden können. Sie tragen die Verantwortung dafür, daß Sie zugenommen haben; übernehmen Sie nun die Verantwortung und arbeiten Sie darauf hin, wieder abzunehmen.

1. Ich werde weniger Appetit haben, als vorher, und ich werde schneller satt sein.
2. Aus den kleineren Portionen, die ich mir serviere, werde ich all den Genuß und die Befriedigung ziehen, die ich für mein körperliches und seelisches Wohlbefinden benötige.
3. Ich kann mir zum Essen so lange Zeit nehmen, wie ich möchte.
4. Mir wird klar, daß ich im Grunde kalorienarme Nahrungsmittel vorziehe.
5. Ich sehe ein, daß es bessere, gesündere und befriedigendere Aktivitäten gibt, als zwischen den Mahlzeiten zu essen.
6. Ich kann jederzeit meine Augen schließen und mir ein Bild davon machen, wie ich aussehe, wenn ich das Gewicht habe, das ich mir wünsche.
7. Je näher ich meiner ersehnten Figur und dem erwünschten Gewicht komme, desto entspannter, ausgeglichener, selbstbewußter und zuversichtlicher fühle ich mich.
8. Das Verlangen zu essen wird durch ein Gefühl von Stolz ersetzt. Ich bin stolz auf meine neue Fähigkeit, gesünder zu essen und abzunehmen.

9. Während ich abnehme, fällt es mir leichter, als ich dachte, mein neues Selbstbild zu bewahren. Meine neuen Eßgewohnheiten lassen sich leicht einhalten, weil es meine Gewohnheiten sind, die ich für mich selbst geschaffen habe.

Weitere Methoden, um Ihre Eßgewohnheiten zu verändern

Sie können posthypnotische Suggestionen entwickeln, um ihr Verlangen zu essen in eine andere Aktivität zu verwandeln. Man nennt das Symptomumwandlung.

Geben Sie sich beispielsweise eine solche Suggestion: „Ich weiß, daß ich zu bestimmten Tageszeiten ein starkes Verlangen nach Essen habe. Wenn dies zwischen meinen normalen Mahlzeiten auftritt, mache ich einen kurzen Spaziergang, ein paar Gymnastikübungen oder vielleicht etwas Gartenarbeit. Ich weiß, daß ein Spaziergang oder eine Spazierfahrt genau so befriedigend sein kann wie zu essen. Ich merke, daß es viel gesünder für mich ist, mich sportlich zu betätigen, und daß ich mich danach viel besser fühle."

Vielleicht können Sie sich zu Abendkursen anmelden oder beginnen, Bücher zu lesen. Vielleicht können Sie ehrenamtlich arbeiten oder sich ein Hobby zulegen – Sport, handwerkliche Arbeit oder andere Aktivitäten, die nichts mit Essen zu tun haben.

Wie immer sollten Sie Ihre eigenen Worte verwenden, um die Botschaft Ihrer Suggestionen zu vermitteln. Formulieren Sie positive Suggestionen. Fügen Sie auch einige posthypnotische Auslöser ein. Zum Beispiel: „Wenn mein Magen anfängt zu knurren oder mein Körper mir auf eine andere Art mitteilt, daß ich etwas essen soll, weiß ich, daß ich dieses Signal oder dieses Verlangen benutzen kann, um mich zu motivieren, einen kurzen Spaziergang zu unternehmen. Ich werde mich viel besser fühlen und von dem Spaziergang so viel Energie bekommen, daß ich die Bewegung und die frische Luft viel mehr genieße als das Essen."

Suchen Sie sich mehrere posthypnotische Auslöser, die Sie sich in Trance geben können. Es ist immer am besten, die Auslöser geplant zu haben, bevor Sie mit Ihrer Selbsthypnose beginnen.

Sie können Ihre Auslöser auch aus anderen regelmäßigen Aktivitäten entwickeln. Das Öffnen der Kühlschranktür kann ein Auslöser dafür sein, sich anderen Formen des Konsums zu öffnen. „Wenn ich die Kühlschranktür öffne, um zwischen den Mahlzeiten etwas zu essen, wird mir bewußt, daß ich lieber ein Buch aufschlagen und das Lesen genießen möchte. Die Kühlschranktür zu schließen ist genauso einfach wie mein Verlangen nach etwas Eßbarem abzustellen. Ich kann die Tür schließen und das Essen hinter mir lassen, so wie ich meinen Hunger nach Extraportionen hinter mir lassen kann. Ich kann mich fragen, wonach es mich wirklich hungert oder dürstet. Mit Freunden zusammenzusein? Habe ich Langeweile und sehne ich mich nach Abenteuern?"

Wenn Sie posthypnotische Suggestionen und Auslöser entwickeln, richten Sie sie nur auf das Essen zwischen den Mahlzeiten. Vermeiden Sie Konflikte beim Entwickeln Ihrer posthypnotischen Auslöser. Ihre Suggestionen werden am besten funktionieren, wenn Sie sie positiv formulieren.

Ein weiteres Problem ist, zu den vorgeschriebenen Mahlzeiten vernünftig zu essen. Vielleicht stellen Sie fest, daß Sie zwar jetzt gut auf Essen zwischendurch verzichten können, aber sich bei den Mahlzeiten vollstopfen. Solch extremes Essen macht alles zunichte, was Sie vom Auslassen der kleinen Häppchen zwischendurch gewonnen haben. Es ist, als wenn Sie Ihr Auto zuerst sorgfältig waschen, um dann anschließend damit durch den Matsch zu fahren.

Setzen Sie sich Zwischenziele

Wenn Sie vorhaben, sehr viel abzunehmen, müssen Sie sich angemessene Ziele setzen. Wenn Sie 80 oder 100 Pfund oder gar mehr abnehmen wollen, erwarten Sie nicht, alles in einem oder zwei Monaten zu schaffen. Haben Sie Geduld.

Vielleicht sehen Sie nach zehn oder 20 Pfund noch keinen großen Unterschied in Ihrem Aussehen. Aber auf jeden Fall werden Sie den Unterschied *fühlen*. Sie werden mehr Energie haben, und Sie werden sich besser fühlen in dem Wissen, daß Sie Erfolg haben. Nach einigen weiteren Wochen werden Sie beginnen, schlanker auszusehen.

Während Sie in Ihrer Selbsthypnose die Veränderungen fühlen können, die durch die Trance ausgelöst werden, können Sie auch die Unterschiede fühlen, die durch die kleinen Gewichtsverluste zu spüren sind. Beachten Sie diese Veränderungen – seien Sie sich bewußt, daß Sie weniger Umfang spüren. Denken Sie im Kleinen. Fühlen Sie kleine Veränderungen, setzen Sie sich kleine wöchentliche Ziele, denken Sie an kleine Essensportionen und stellen Sie sich vor, daß Sie schmaler und schlanker werden. Denken Sie bei Ihrer Schlankheitskur an folgende Punkte:

1. Beraten Sie sich zuerst mit Ihrem Arzt, um festzustellen, wie gesund Sie sind und wieviel Sie gefahrlos abnehmen können. In den meisten Fällen sollte man einen Gewichtsverlust von drei Pfund pro Woche nicht überschreiten.
2. Es ist am besten, ein wöchentliches Ziel zu haben und es täglich zu überprüfen. Das gibt Ihnen ein Ziel, das Sie in einem angemessenen Zeitraum erreichen können, und erlaubt Ihnen, sich über Ihre Teilerfolge zu freuen.
3. Geben Sie sich alle paar Wochen eine Belohnung. Die Belohnung sollte nichts mit Essen zu tun haben – vielleicht etwas Neues zum Anziehen, in das Sie noch hineinpassen werden, oder einen kleinen Ausflug an einen friedlichen, entspannenden Ort – in die Berge, an den Strand, in einen Park oder irgendwohin, wo Sie einen gesunden, erfrischenden Spaziergang machen können. Vielleicht möchten Sie sich ein Buch oder eine CD kaufen. Belohnen Sie sich mit einem Anruf bei einem alten Freund oder einer alten Freundin.

Vorstellungen über den Körper

Körpervorstellungen sind eine sehr effektive Technik der Selbsthypnose. Während Sie in Trance sind, stellen Sie sich vor, wie Sie immer schlanker und leichter werden. Machen Sie sich ein Bild davon, wie Sie aussehen möchten. Malen Sie sich aus, wie Ihre Arme immer dünner werden. Sehen Sie jeden Teil Ihres Körpers, als ob Sie bei Ihrem Zielgewicht angekommen wären.

Vielleicht sehen Sie sich, wie Sie in Kleidung passen, die Ihnen früher zu eng war. Ihre Suggestionen können auch einschließen, sich dünner zu fühlen. Stellen Sie sich vor, daß andere Leute Ihnen Komplimente machen, wie gut Sie aussehen.

In Ihrer Phantasie könnten Sie auch an einem See vorbeigehen oder an einem Schaufenster, in dem Sie Ihr Spiegelbild sehen können. Sehen Sie sich in diesem Spiegelbild, wie Sie in sechs oder sieben Monaten aussehen werden, nachdem Sie Ihr erwünschtes Gewicht erreicht haben. Entwerfen Sie ein möglichst klares Bild.

Sie sind neu eingekleidet und sehen schlank und gesund aus. Stellen Sie sich die Farben vor. Sehen Sie Ihre Arme, Beine, Hüften und Ihren Bauch, so schlank, wie Sie sie haben möchten. Erkennen Sie, was Sie in den nächsten paar Monaten tun müssen, um dieses Bild Realität werden zu lassen.

Immer wenn Sie einen neuen Motivationsschub benötigen, um mit Ihren Übungen fortzufahren, schließen Sie Ihre Augen, nehmen einen tiefen Atemzug und erinnern sich an Ihre Spiegelbilder. Erschaffen Sie sich dieses Spiegelbild in Gedanken als Auslöser, um die Versuchung zu essen, überwinden zu können.

Diese Vorstellungen sollten Ihnen Spaß bereiten; seien Sie kreativ. Vielleicht wollen Sie sich vorstellen, daß Ihr Spiegelbild etwas unternimmt, wie z.B. einen Einkaufsbummel. Oder wie wäre es mit Tennis spielen oder schwimmen gehen?

Entwickeln Sie Suggestionen, die Ihnen helfen, das Abnehmen als etwas Gutes zu empfinden und Ihre Motivation stärken. Sie könnten sich beispielsweise folgendes sagen:

„Während ich hier in Selbsthypnose sitze, sehe ich, wie ich jetzt bin, wie mein Körper jetzt aussieht. Ich habe einige wohlformulierte Ziele, wie schlank ich aussehen möchte. Das sind Ziele für das schlanke Aussehen, das ich in sechs Monaten erreicht haben werde. Ich habe sie immer im Hinterkopf. Aber jetzt will ich mich auf das Heute konzentrieren. Ich werde an jedem Tag richtig essen, Sport treiben und mehr Kontrolle über mich gewinnen."

Was tun, wenn Sie Zweifel haben am Erfolg?

Vielleicht sind Ihre Versuche, Ihr Gewicht zu kontrollieren, in der Vergangenheit oft fehlgeschlagen. Möglicherweise glauben Sie, daß es für Sie unmöglich ist, abzunehmen. Vielleicht haben Sie ein paar Pfund abgenommen, dann aber schnell wieder zugenommen. Das ist ein sehr verbreitetes Problem.

Machen Sie die Ausschußsitzungsübung und geben Sie Ihrem Zweifel eine Stimme. Hören Sie der Aufzählung von Erlebnissen aus der Vergangenheit zu und hören Sie die Bedenken an, die Ihr zweifelnder Teil anzumelden hat. Hören Sie zu und beobachten Sie. Erlauben Sie dem Zweifel, sich ganz auszusprechen, ohne Streit oder Widerspruch.

Führen Sie Tagebuch über Dinge, an denen Sie in der Vergangenheit zweifelten. Vielleicht zweifelten Sie an Ihrer Sicherheit oder an der Liebe, oder Sie zweifelten daran, akzeptiert zu werden. Hören Sie und beobachten Sie alles, was mit Ihren Zweifeln zusammenhängt. Dann akzeptieren Sie, daß der Zweifel im Ausschuß bleibt. Ihr Beobachter kann dem Zweifel Aufmerksamkeit schenken, selbst wenn es in eine neue Richtung geht.

Befriedigen Sie ihr Bedürfnis nach Essen mit weniger

Indem Sie sich Suggestionen und Auslöser geben, während Sie in Trance sind, können Sie Ihr Verlangen nach Essen mit kleineren Portionen stillen und Ihre Kalorienaufnahme reduzieren. Wenn Sie eine Lieblingsdiät haben oder einen Speiseplan mit weniger Kalorien, nehmen Sie sie ruhig zu Hilfe. Suggestionen können Ihnen helfen, um mit einer kleineren Essensmenge zufrieden zu sein.

Sie können sich beispielsweise die folgende posthypnotische Suggestion geben: „Ich merke, daß ich mein Essen langsamer kaue. Während ich dies tue, weiß ich, daß einige positive Dinge geschehen. Ich helfe meinem Verdauungssystem, da ich das Essen besser zerkaue. Ich ziehe mehr Befriedigung aus dem Essen, weil ich den Geschmack und die Beschaffenheit und das Aroma meiner Mahlzeiten bewußter genieße, wenn ich langsamer esse. Ich weiß auch, daß ich mich beim langsameren Essen eher satt und zufrieden fühle, vielleicht noch, bevor ich alles aufgegessen habe. Ich kann dann aufhören zu essen."

Gewichtskontrolle durch Selbstkontrolle

Fühlen Sie sich in Trance mehr in Kontrolle – Sie haben die Kontrolle über Ihren Körper, über sich selbst. Spüren Sie die körperlichen Veränderungen, die Sie mit Selbsthypnose bewirken können: Veränderungen Ihres Hautempfindens, der Herztätigkeit und Veränderungen der Empfindungen von Schwere oder Leichtigkeit. Und sie kontrollieren auch Ihre Emotionen.

Suggerieren Sie sich, daß Sie der Lösung eines Problems, mit dem Sie lange gerungen haben, näher gekommen sind. Vielleicht hatten Sie schon lange Übergewicht. Wenn es eine Zeitlang braucht, um es wieder los zu werden, ist das in Ordnung. Haben Sie Geduld mit sich selbst. Es gibt gute Gründe, sich über die Arbeit in Selbsthypnose zu freuen. Sie können alle Gefühle von Frustration und Enttäuschung, die mit dem Übergewicht zusammenhängen, loslassen.

Erwarten Sie von Selbsthypnose keine Wunder. Erwarten Sie Ergebnisse, die ein Leben lang anhalten. Ihr ganzes Leben lang. Und das kann durch die Veränderungen, die Sie selbst vornehmen, ein längeres, gesünderes und glücklicheres Leben sein.

Kroger und Fezler (1976) empfehlen, jede Trancesitzung zur Gewichtskontrolle mit Suggestionen abzuschließen, um sich zu motivieren. „Denken Sie daran, daß Sie sich nicht zum Abnehmen zwingen können. Je mehr Sie es versuchen, desto weniger Chance haben Sie, Ihre Ziele zu erreichen. Also entspannen Sie sich – machen Sie sich keinen Druck."

Um eine chinesische Weisheit zu paraphrasieren: Entspannen Sie sich und konzentrieren Sie sich auf die Gegenwart, denn jede Reise von 100 Pfund beginnt mit dem ersten Schritt, mit dem ersten Pfund.

Literatur

Alman, B.M. (ed. Ryan) (1992): Thin meditations. In press, 1992.

Erickson, M.H. (1977): Patterns of the hypnotic technique of Milton H. Erickson, M.D. Vol. 2. Cupertino, CA (Meta Publications).

Erickson, M.H. (1967): The utilization of patient behavior in the hypnotherapy of obesity: Three case reports. *American Journal of Clinical Hypnosis* 10 (Oct.).

Hartland, J. (1971): Medical and dental hypnosis. Baltimore (Williams & Willkins).

Jaoquin, H. A. (1977): Brief group treatment of obesity through ancillary self-hypnosis. *American Journal of Clinical Hypnosis* 19 (Apr.).

Kroger, W.S. (1970): Comprehensive management of obesity. *American Journal of Clinical Hypnosis* 12 (Jan.).

Kroger, W.S. (1977): Clinical and experimental hypnosis. Philadelphia (J.B. Lippincott).

Kroger, W.S. a. W.D. Fezler (1976): Hypnosis and behavior modification: Imagery conditoning. Philadelphia (J.B. Lippincott).

Mott, T. a. J. Roberts (1979): Obesity and hypnosis: A review of the literature. *American Journal of Clinical Hypnosis* 2 (July).

Rajneesh, Bhagwan Shree (1986): Beyond psychology. West Germany (Rebel Publishing House).

Ryan, B. a. P. Roughan (1984): Women and weight: A treatment programme for both normal and overweight women preoccupied by eating and related issues. *Australian Journal of Family Therapy* 5 (4).

Sanders, S. (1986): Self-hypnosis and problem solving in the treatment of obesity. *Psychotherapy in Private Practice* 4 (3).

Wadden, T.A. a. J. Flaxman (1981): Hypnosis and weight loss: A preliminary study. *International Journal of Clinical and Experimental Hypnosis* 19.

Kapitel 22

Lösen Sie Ihre Schlafprobleme

Fast alle Menschen haben zu einer bestimmten Zeit in ihrem Leben Probleme mit dem Schlafen. Dies kann ganz verständliche Ursachen haben: die Erwartung des Kommenden – eine Reise, eine bevorstehende Rede, der Besuch eines Verwandten –, eine neue oder ungewohnte Umgebung, laute Nachbarn oder ein unbequemes Hotelbett, körperliche Beschwerden wie Zahnschmerzen oder eine Rückenzerrung.

Manche Menschen schlafen acht Stunden und erwachen doch müde, nachdem sie sich die ganze Nacht von einer Seite auf die andere gewälzt haben. Die Qualität Ihres Schlafes ist schlecht. Andere wiederum schlafen sofort ein, wachen in den frühen Morgenstunden auf und können nicht wieder einschlafen. Die Art der Schlafstörungen ist so zahlreich wie ihre Ursachen. Nach Angaben der Amerikanischen Gesellschaft für Schlafstörungen leiden fast 30 Millionen Amerikaner zu einem bestimmten Zeitpunkt ihres Lebens an Schlaflosigkeit.

Wenn Sie an einer Schlafstörung leiden, die Ihre alltägliche Arbeit beeinträchtigt, ist es ratsam, daß Sie sich von Ihrem Arzt untersuchen lassen, um körperliche Ursachen auszuschließen. Gegenreaktionen auf Koffein oder Alkohol können beispielsweise zu Schlafstörungen führen.

Wissenschaftler finden immer mehr Beweise, daß Mangel an ausreichendem Schlaf schwerwiegende gesundheitliche Probleme nach sich ziehen kann. Es gibt in der Tat immer mehr Beweise, daß Schlafentzug eines der am weitesten verbreiteten Gesundheitsprobleme ist, denen Amerikaner gegenüberstehen.

Schlaf- und Wachbewußtsein

Die meisten von uns sind in dem Glauben aufgewachsen, daß Schlaf etwas Einzigartiges, von unserem Wachbewußtsein Getrenntes ist.

Fast das Gegenteil ist wahr. Im Schlaf kehren wir uns von der Außenwelt ab nach innen.

Aber unser schlafendes Selbst ist keine andere Person. Es ist lediglich eine andere Seite von uns. Wir sind im Schlaf dieselbe Person, die wir während des Tages waren, die lachte, liebte, sich fürchtete oder freute, ärgerlich wurde oder weinte.

Wenn wir einsehen, daß unser schlafendes und unser waches Selbst eine Einheit sind, können wir besser verstehen, warum wir an Schlaflosigkeit leiden. Der Trubel des Tages zeigt Nachwirkungen in der Zeit der Ruhe. Daher können uns Ärger bei der Arbeit, Depressionen, Krach in der Familie oder sonstige Probleme des Tages den Schlaf rauben.

Richard Garver (1990), ein Kliniker aus San Antonio, stellt fest: „Ihr Bewußtsein hat ein Gedächtnis für fast alles, was Sie tun, einschließlich der Schlafmuster und des Verhaltens. Es registriert Zeiten von ruhevollem, qualitativ hochwertigem Schlaf sowie Zeiten von gestörtem, schlechtem Schlaf."

Sie können sich in den Trancesitzungen an den guten, ruhevollen Schlaf erinnern und sich suggerieren: „Positive Erinnerungen an Schlaf lassen sich jetzt, in Trance, aufrufen und können heute Nacht wieder erlebt werden ... tagsüber ist Zeit genug, um sich Sorgen zu machen, um über Probleme, Projekte, Aufgaben und Vorhaben nachzudenken."

Wie steht es mit Medikamenten oder Schlaftabletten?

Schlaftabletten, sei es auf Rezept oder rezeptfrei, können Ihnen über zeitweilige Schlafschwierigkeiten hinweghelfen – über eine oder zwei unruhige Nächte oder ein vorübergehendes körperliches Unwohlsein. Aber Medikamente können viele Schlafprobleme verschlimmern. Sie können auch die zugrundeliegenden Ursachen verschleiern.

Manche Beruhigungsmittel verhindern die Schlafqualität, die Sie brauchen, um sich vollkommen ausgeruht und erneuert zu fühlen. Sie unterbinden den sogenannten REM-Schlaf. REM, eine Abkürzung für „Rapid Eye Movements" (schnelle Augenbewegungen), beschreibt ein Phänomen, das mit den Traumphasen in unserem Schlaf zusammenhängt.

Die moderne Schlafforschung kann die wellenartigen Ausschläge der Gehirnrhythmen aufzeichnen, die im Schlaf auftreten. Studien haben gezeigt, daß man bei Entzug dieses REM-Schlafs feindselig, reizbar und ängstlich wird. In einigen Fällen wurden Persönlichkeitsstörungen beobachtet.

Menschen, denen man diesen Schlaf entzog, zeigten ein heftiges Verlangen danach. Übertriebene Einnahme von Tabletten und Medikamenten, die zwar Bewußtlosigkeit hervorrufen, aber diese Traumphase während des Schlafes verhindern, richten langfristig mehr Schaden an, als daß sie helfen, und führen auf Dauer zu Abhängigkeit.

Akute Schlaflosigkeit

Akute Schlaflosigkeit hängt meist mit einem bestimmten Ereignis oder mit Situationen wie den oben erwähnten zusammen. Es gibt etwas im Leben, das Angst auslöst und sich vom Tag in die Nacht überträgt.

Den meisten Menschen, die an Schlaflosigkeit leiden, kann Selbsthypnose helfen, sich zu entspannen und die beunruhigenden Gedanken loszulassen.

Symptombehandlung

Menschen mit Schlafproblemen gehören oft zu den Denkern. Ihre Schlafprobleme hängen mit Sorgen, Spannungen, Ängsten und emotionalen Störungen zusammen. Ein gemeinsamer Nenner, weshalb diese Faktoren den Schlaf stören, läßt sich vielleicht im vielen Denken finden.

Viele Menschen versuchen, Ihre Probleme durch Nachdenken zu lösen. Leider kann man die meisten Probleme nicht lösen, indem man sich darüber den Kopf zerbricht.

Bestimmte Herausforderungen oder Schwierigkeiten, wie z.B. solche im Beruf, erfordern Nachdenken, um gelöst zu werden. Das kann zu vorübergehenden Schlafproblemen führen. Dennoch würden Menschen, die sich in dieser Situation befinden, ihre übermäßigen Sorgen lieber auf dem Schreibtisch zurücklassen, wenn Sie abends ins Bett gehen.

Selbsthypnose kann helfen, die Angewohnheit abzulegen, vor dem Zubettgehen aus welchem Grund auch immer zuviel nachzudenken. Rufen Sie sich in Selbsthypnose die letzten Nächte in Erinnerung, in denen Sie unruhig geschlafen haben. Untersuchen Sie, was in letzter Zeit in Ihrem Leben geschehen ist, das Sie in Angst versetzt haben könnte.

Am besten ist es, wenn Sie Ihre Selbsthypnoseübungen früh am Morgen durchführen, lange vor dem Schlafengehen. Erwarten Sie nicht sofort am ersten Abend Ergebnisse, sondern gedulden Sie sich ein paar Tage. Rechnen Sie mit allmählicher Besserung und Veränderung Ihrer Schlafmuster und nicht mit einer „Wunderkur".

Sie können sich folgende Suggestion geben: „So wie ich alles im voraus planen kann, kann ich auch einen guten Schlaf einplanen. So wie es viel Energie braucht, ein komplexes Gebäude zu bauen, kann ich meine Energie dahin lenken, einen mentalen Urlaubsort zu bauen."

Entwerfen Sie recht detailliert im Geist eine Bergidylle oder ein Häuschen am Strand. Beschreiben Sie es sich selbst. Stellen Sie sich die Farben der Wände, die Oberfläche des Bodenbelags, den Duft der Blumen vor.

Auf diese Weise konzentrieren Sie Ihre Gedankenenergie auf eine Aktivität, die mit Entspannung und Ruhe zu tun hat.

Geben Sie sich Suggestionen, die die Kontrolle Ihres Schlafes ebenso fördern, wie Sie Ihre wache Zeit kontrollieren können. „Ich weiß, daß ich am Tag meine Handlungen kontrollieren kann. Ich kann essen, wenn ich Hunger habe, ich kann mich strecken, wenn ich verkrampft bin, mich bewegen, wenn ich es will. Ich habe die gleiche Kontrolle über meinen Körper, wenn ich schlafe. Mein nächtliches Bewußtsein wird von den gleichen Prozessen regiert wie mein Wachbewußtsein. Ich kann schlafen und mich ausgeruht fühlen, und das fällt mir so leicht wie Autofahren oder Essen."

Neben dieser Stärkung der Kontrolle über Ihr schlafendes Selbst können Sie auch vorprogrammieren, wie Sie die Nacht verbringen wollen. Wie diese Suggestionen entwickelt werden, hängt von Ihren Schwierigkeiten ab. Wenn Ihr Problem z.B. darin besteht, nachts wiederholt aufzuwachen, anstatt durchzuschlafen, können Sie folgende Suggestionen bei Ihrer Selbsthypnoseübung anwenden:

„Es gibt viele Dinge, die ich jeden Tag, wenn ich wach bin, vollständig und ohne Unterbrechung zu Ende bringen kann. Ich kann von zu Hause zur Arbeit fahren, ohne anzuhalten. Ich kann ohne Unterbrechung einen Brief schreiben. Oft konzentriere ich meine Aufmerksamkeit darauf, einen Film von Anfang bis zum Ende anzuschauen. Ich kann ja auch jeden Tag von morgens bis abends wachbleiben, ohne einzuschlafen oder ein Nickerchen zu halten.

So wie ich diese oder andere Funktionen täglich ohne Unterbrechung zu Ende bringe, bin ich wohl bald in der Lage, tief und fest und ohne Unterbrechung vom Abend bis zum Morgen durchzuschlafen. Vielleicht geschieht es nicht sofort. Es dauert vielleicht einige Tage, vielleicht einige Wochen, oder aber es erfolgt viel früher, als ich erwartet habe. So wie ich viele alltägliche Routinearbeiten ganz und ohne Unterbrechung durchführen kann, kann ich auch ohne Unterbrechung schlafen."

Bei diesen Suggestionen ist einiges zu beachten:

1. Sie beginnen mit einem Rückblick auf viele Situationen, in denen Sie demonstriert haben, daß Sie Kontrolle über Ihr Leben haben. Sie suggerieren auf positive Weise, daß es möglich, wenn auch nicht gewiß ist, diese Kontrolle auch auf den Schlaf zu übertragen.
2. Es ist wichtig, die Suggestionen offenzuhalten, zu erlauben, daß Sie mit einer für Ihr Unbewußtes passenden Geschwindigkeit akzeptiert werden. Natürlich werden Sie Ihre eigenen Beispiele von Prozessen, Aufgaben und Lebensfunktionen einfügen, die Sie ohne Unterbrechung durchführen. Stimmen Sie die Suggestionen persönlich ab und gestalten Sie sie so detailliert wie möglich. Sie können sich auch einige ausdenken – probieren Sie es aus!

Führen Sie Tagebuch

Es ist eine gute Möglichkeit, um die Einsichten und das Hintergrundmaterial Ihrer Phantasie zu nutzen, wenn Sie Ihre Gefühle und Gedanken in einem Tagebuch festhalten.

Notieren Sie auch die Zeiten und Tage, an denen Sie Selbsthypnose durchgeführt haben. Bringen Sie Ihre Gefühle zu Papier, noch während Sie in Trance sind. Sie können damit auch bis nach der Selbsthypnose warten. Finden Sie heraus, womit Sie am besten zurechtkommen. Selbst wenn Sie Ihre Träume aufschreiben und Sie zu Rate ziehen, bringt Ihnen das etwas.

Unter Umständen können Sie sich am besten in Bildern oder Zeichnungen ausdrücken. Das ist auch gut. Schreiben Sie Einsichten und Lösungsmöglichkeiten auf, die in Ihren Phantasievorstellungen auftauchen. Sie können das Material später nochmals durchgehen, um zu sehen, ob es Lösungsmöglichkeiten für Ihre realen Sorgen und Ängste gibt.

Sie können die Informationen aus Ihren Phantasievorstellungen nutzen, um positive Lösungen für Ihre Probleme zu entwickeln. Es kann zum Beispiel sein, daß Sie beim Tagebuchschreiben erkennen, daß viele Tage – sagen wir vier von sieben – schlechte Tage sind, Sie wissen aber vermutlich auch, daß es Wochen gab, als sechs von sieben Tagen gute Tage waren.

Finden Sie heraus, was diese Tage so gut machte, und versuchen Sie, diese Bedingungen mit Ihren Suggestionen wieder herzustellen. Verstärken Sie Ihre positiven Erfahrungen und ersetzten Sie so die schlechten oder negativen Erfahrungen.

Posthypnotische Auslöser zum Einschlafen

Ein Teil der Symptombehandlung bei Schlafmangel besteht darin, eine Reihe von Handlungen zu finden, mit denen Sie Ihre Schlafauslöser verknüpfen können. Geben Sie sich in Ihrer morgendlichen Selbsthypnose Suggestionen für Handlungen, die am Abend zum Einschlafen führen können.

Ein mögliches Beispiel wäre: „Wenn ich abends vor dem Zubettgehen meine Zähne putze, achte ich darauf, daß ich gleichzeitig auch meinen Geist von Sorgen, Spannungen und Ängsten befreie." Kleiden Sie diesen Einfall in Ihre eigenen Worte.

Weitere Selbsthypnosesuggestionen können Handgriffe einbeziehen, die Sie abends beim Entkleiden vornehmen: „Wenn ich abends meinen Bademantel ausziehe und auf den Kleiderhaken hänge, stelle ich mir vor, daß all meine Probleme, Ärgernisse und Sorgen des Tages am Bademantel hängen bleiben. Ich kann Sie jetzt sehen, sie sehen aus wie Karteikarten oder Zeichen, auf denen all die Sorgen stehen, die mich sonst vom Schlafen abgehalten hätten. Sie sind zu klein, um lesbar zu sein, aber ich fühle, daß ich beim Ablegen meines Bademantels auch diese Sorgen und Ängste ablege. Der Bademantel und diese Sorgen hängen im Schrank, und ich kann sie Morgen wieder anziehen, wenn ich will. Doch heute nacht kann ich ohne sie schlafen."

Beachten Sie den Handlungsablauf und die Elemente dieser posthypnotischen Suggestionen. Erkennen Sie die Elemente und schreiben Sie Ihre Suggestionen in eigenen Worten auf, um dieselben Ziele zu erreichen.

1. Die Suggestionen enthalten Handlungen, die Sie normalerweise tun, wenn Sie sich auf die Nacht vorbereiten – Kleider ausziehen, Zähne putzen, die Kissen aufschütteln, das Licht löschen.
2. Die Suggestionen verwenden Handlungen, die in mehrfacher Hinsicht auf den Schlaf vorbereiten. Das Zähneputzen wird beispielsweise auch dafür genutzt, den Kopf frei zu bekommen und das Denken von Sorgen zu befreien.
3. Die Suggestionen implizieren, daß die Sorgen und Ängste klein sind und daß Sie zur Schlafenszeit nicht über sie nachzudenken brauchen. Sie können sich am Tag Zeit nehmen, um sich mit diesen Sorgen und Gedanken zu beschäftigen. Oder Sie können sich abends zehn oder 20 Minuten Zeit nehmen und in Selbsthypnose all diese beunruhigenden Gedanken Revue passieren lassen, um Sie dann wie Ihre Kleidung abzulegen.
4. Die Suggestionen sind flexibel und offen. Sie bieten die Gelegenheit, die beunruhigenden Gedanken abzulegen, ohne Zwang auszuüben. Seien Sie kreativ und nutzen Sie Ihr Vorstellungsvermögen, um Wege zu finden, wie Sie Ihre Sorgen und Bedenken loslassen können – mit bunten Ballons, zum Beispiel, die Ihre Sorgen und Bedenken im Flug davontragen.
5. Da die Suggestionen nicht eindeutig festgelegt sind, halten Sie Ihrem Unbewußten keine widersprüchlichen Aussagen entgegen.

Es gibt nichts in der Sprache, gegen das das Unbewußte sich wehren müßte. Sie schlagen eine Auswahl überzeugender Möglichkeiten vor, geben jedoch keine Befehle.

Natürlich würden Sie lieber schlafen, statt wach zu bleiben, daher wird Ihr Unbewußtes wahrscheinlich Ihrer in keiner Weise bedrohlichen Suggestionsreihe folgen.

Üben Sie Selbsthypnose am Anfang mehrmals am Tag, vielleicht drei- oder viermal. Ändern Sie in den verschiedenen Sitzungen die Worte, das Thema aber und die Auslöser sollten gleich bleiben. In den ersten Selbsthypnosesitzungen sollten Sie sich vielleicht die Suggestionen auf Kassette aufnehmen. Oder lesen Sie sie vor der Übung noch einmal durch.

Eine aktive Selbsthypnosetechnik zum Einschlafen

Planen Sie für einen bestimmten Zeitpunkt am Tag einen fünf- oder zehnminütigen Spaziergang ein. Geben Sie Ihrem Körper auf diesem Spaziergang die Möglichkeit, sich zu strecken, sich zu bewegen, Verspannungen, Gedanken oder Sorgen loszulassen. Denken Sie über Ihre Gedanken nach, selbst über absurde Gedanken, die kreativ sein können und nichts mit den Dingen in Ihrem Leben zu tun haben.

Oft bewirkt das Akzeptieren und Anhören dieser Vorstellungen, daß sich Ihr Geist besser entspannen kann. Vielleicht möchten Sie auch während des Spaziergangs einige Gedanken aufschreiben oder anderweitig festhalten, um sie wirklich aus Ihrem Kopf zu bekommen. Sie wissen, daß sie nicht verlorengehen, und Sie können Ihre Aufzeichnungen später wieder anschauen.

Sie lassen es auf diesem Spaziergang auch zu, Ihre Emotionen zu spüren. Akzeptieren Sie, daß alle Gefühle, die da sind, an die Oberfläche kommen und erlebt werden können. Es gibt keine „falschen" Gefühle. Ein Spaziergang ist eine gute Zeit, um Ärger, Traurigkeit, Frustration, Schmerz, Enttäuschung oder andere Emotionen zu erleben, die den Schlaf stören können, wenn man sie nicht rechtzeitig wahrnimmt und erlebt.

Nach Wochen haben Sie vielleicht den Wunsch, in Selbsthypnose imaginäre Spaziergänge zu unternehmen. Es ist jedoch weiterhin hilfreich, tatsächlich spazierenzugehen, um sich durch die körperliche Aktivität ein bißchen zu verausgaben und Spannungen abzubauen.

Indem Sie alle Gefühle akzeptieren, die da sind (vielleicht kann auch hier das Führen eines Tagebuchs hilfreich sein), machen Sie Ihren Spaziergang zu einer aktiven Selbsthypnosezeit, kümmern sich um Ihr GANZES Selbst, so daß Sie die GANZES Nacht schlafen können.

Klopfen Sie Ihre Ängste weich, bevor Sie auf ihnen schlafen

Vielleicht ist Ihnen klar, was Ihnen auf der Seele lag und Sie davon abhielt, gut zu schlafen. Es waren vielleicht Schwierigkeiten bei der Arbeit, ein Streit mit Ihrem Ehepartner oder einem Familienmitglied oder finanzielle Sorgen.

Wenn Sie wissen, was Ihr Schlafproblem verursacht, können Sie in Selbsthypnose an diesem Problem arbeiten. Um jedoch an der Situation zu arbeiten, ohne noch mehr Ängste oder Spannungen zu erzeugen, sollten Sie die Situation oder das Umfeld des Problems verändern.

Sehr wirkungsvoll ist es, das Umfeld und die beteiligten Personen in Tiere, Insekten oder gar Fische zu verwandeln. Dies hört sich vielleicht lächerlich an, aber wenn Sie das tun, machen Sie die Situation irreal. Das gibt Ihnen die Möglichkeit, sie zu überdenken, ohne noch mehr Spannung zu schaffen, als Sie ohnehin schon haben.

Dies kann aus verschiedenen Gründen eine wertvolle Technik sein. Vor allen Dingen können Sie sich jetzt mit einer angstauslösenden Situation oder einem Dilemma auseinandersetzen, ohne weiteren Streß oder Anspannung in den Prozeß zu bringen. Und auch Ihr Sinn für Humor kann dabei auf natürliche Weise zur Entspannung beitragen.

Zweitens öffnen Sie dadurch, daß Sie die Situation von der Realität abgrenzen, Ihr eigenes Denken für kreativere Lösungen. Ihre Gedanken werden nicht durch die Grenzen der konventionellen Realität eingeschränkt. Sie gewinnen vielleicht neue Erkenntnisse über Ihr Problem.

Drittens wird durch die Suche nach der Ursache Ihrer Schlafstörung Ihr Konflikt oder das Problem nicht unbedingt gelöst. Ihr Unbewußtes hat jedoch die Gelegenheit, es zu untersuchen. Wenn Sie einige Minuten mit Selbsthypnose verbringen und Ihr Problem auf nicht bedrohliche Weise anschauen, kann das dazu beitragen, Spannungen und Ängste, die Sie vielleicht empfinden, aufzulösen.

Angenommen, es gibt an Ihrem Arbeitsplatz Konflikte mit Ihren Kolleginnen und Kollegen – eine häufig Ursache von Spannungen. Indem Sie die Situation in Ihrer Selbsthypnose mit Fischen in einem Aquarium oder mit Tieren auf einem Bauernhof darstellen, können Sie sich die Details noch einmal genau anschauen und neue Möglichkeiten erforschen. Indem Charaktere und Umfeld in eine Phantasiewelt versetzt werden, entfernen Sie die bedrohlichen, angstauslösenden Emotionen, die in der realen Situation vorhanden sind.

Diese Technik kann man besser durch ein Beispiel erklären. Lassen Sie uns annehmen, daß Sie sich entschlossen haben, einen Konflikt an Ihrem Arbeitsplatz in Form von Fischen in einem großen Aquarium darzustellen. Ein arroganter, aggressiver Arbeitgeber wird zum Pfeilhecht. Einen schwierigen Mitarbeiter stellen Sie sich als Karpfen oder Wels vor. Ihr bester Freund wäre der Engelbarsch. Und sich selbst können Sie als Sonnenfisch, Marlin oder Goldfisch sehen.

Diese Fische können nun die Rollen spielen, die auch in der Realität ihrem Anteil am Konflikt oder Problem entsprechen. Sie können verschiedenste Wege ausprobieren, um mit der Situation auf spielerische Art umzugehen.

Vielleicht sagen Sie dem Pfeilhecht die Meinung. Schreien Sie Ihn an, werden Sie ärgerlich oder fluchen Sie – in Ihrer Phantasie können Sie tun, was Sie wollen. Sie können sich auch vorstellen, was der andere Fisch Ihnen entgegnet. Auf kreative, imaginative Weise können Sie viele Möglichkeiten herausarbeiten, die Ihr Dilemma lösen.

Mentale Vorstellungen sind eine Möglichkeit für Sie, neue Wege zu finden, um die Situationen zu betrachten. Es gibt nicht die Gefahr, etwas Falsches zu sagen oder etwas, das Sie hinterher bereuen. Durch diese Vorstellungsbilder machen Sie sich genug Luft, um Ängste und Spannungen abzubauen, so daß Sie besser schlafen können.

Vielleicht finden Sie mit Hilfe dieses aquarischen Bildes eine Lösung, vielleicht auch nicht. Das wichtigste ist, daß Sie Ihrem Unbewußten erlauben, sich auf diese subtile Weise auszudrücken. Oft sind mangelnde Ausdrucksmöglichkeiten dafür verantwortlich, daß sich in Ihrem Bewußtsein Sorgen und Probleme festsetzen und Ihnen den Schlaf rauben.

Sie können diese Art von Phantasievorstellungen für alle möglichen Probleme oder zwischenmenschliche Konflikte einsetzen – bei Familien- oder Eheschwierigkeiten, Freundschaften, Unsicherheiten, finanziellen Sorgen oder sogar bei körperlichen Problemen und Krankheiten.

Eine Ericksonsche Schlafbehandlung

Einige von uns, die mit Milton Erickson arbeiteten, konnten eine Technik beobachten, die er bei seinen Patienten anwandte und die vielleicht auch bei Ihnen wirkt. Dabei nimmt man posthypnotische Suggestionen zu Hilfe, daß Sie immer dann, wenn Sie nicht mehr schlafen können, aufstehen und etwas tun, wozu Sie überhaupt keine Lust haben.

Wenn Patienten Schlafprobleme hatten, verschrieb ihnen Erickson, aufzustehen und den Kühlschrank sauberzumachen, ihr Auto zu waschen (ja, tatsächlich um Mitternacht), den Küchenfußboden zu schrubben und zu wachsen, Schreibtischschubladen aufzuräumen oder irgendeine andere Aufgabe zu erfüllen. Erickson half diesen Klienten zu erkennen, wie viel Energie sie verbrauchen, um wach zu bleiben.

Wenn Sie eine posthypnotische Suggestion dieser Art anwenden, sollten Sie auch die Möglichkeit einschließen, daß Sie, sobald Sie von Ihrer Arbeit genügend ermüdet sind, aufhören und wieder ins Bett gehen können. Das ist natürlich das eigentliche Ziel.

Probieren Sie diese Technik für sich aus, fügen Sie die Suggestion ein, daß Sie bei Schlafschwierigkeiten aufstehen und eine bestimmte Arbeit erledigen werden. Geben Sie sich diese Suggestion in Ihrer morgendlichen Trancesitzung. Vielleicht brauchen Sie ein paar Tage Übung, um die beabsichtigte Handlung fest einzubauen.

Ihre Suggestionen sollten in folgender Form gehalten sein:

1. Suggerieren Sie sich, daß Sie vielleicht bemerken, wie Sie angenehm, leicht und schnell zur Ruhe kommen. Das Wort „Schlaf" kann zu spezifisch und direkt für Sie sein. Falls Sie sensibel oder mit Aversion auf das Wort „Schlaf" reagieren, nutzen Sie Worte wie „tief entspannt" oder „vollkommen ruhig". Vermeiden Sie Worte, die in Ihnen eine Abwehrhaltung erzeugen.
2. Entwickeln Sie Suggestionen, daß Sie, wenn Sie nicht einschlafen können, aufstehen werden und die festgelegte Aufgabe durchführen. Machen Sie es sich nicht zu leicht; suchen Sie eine schwierige Aufgabe, die Sie schon einige Zeit vor sich hergeschoben haben. Suchen Sie sich eine Arbeit aus, die Sie am liebsten gar nicht machen würden.
3. Bauen Sie in Ihren Suggestionen die Möglichkeit ein, daß Sie mit der Arbeit aufhören und wieder zu Bett gehen können, um angenehm und tief zu schlafen.
4. Entwickeln Sie für dasselbe Ziel verschiedene Suggestionen. Halten Sie sie offen und flexibel. Verwenden Sie Ausdrücke wie „Ich merke womöglich" und „Vielleicht fällt mir auf, daß...". Eine typische Suggestion könnte sich folgendermaßen anhören: „Wenn ich feststelle, daß ich nicht einschlafen kann, stehe ich vielleicht auf und fange an, den Herd sauberzumachen. Wenn ich merke, daß ich zu müde und erschöpft bin, um mit der Arbeit weiterzumachen, kann ich ja wieder in mein Bett gehen und schnell einschlafen. Vielleicht träume ich sogar etwas Angenehmes oder Phantasievolles."

Der Zweck dieser Übung besteht nicht darin, ständig aus dem Bett aufzustehen, um eine unangenehme Aufgabe zu erledigen. Er besteht darin, schlafen zu gehen. Nachdem Sie mehrmals zum Arbeiten in der Nacht aufgestanden sind, wird Ihr Unbewußtes es vorziehen, direkt einzuschlafen.

Musik, Kassetten und andere Auslöser

Einige von Ihnen haben vielleicht eine Lieblingsmusik, die Sie beruhigend und schlaffördernd finden. Sie können diesen Auslöser zum Einschlafen benutzen. Stellen Sie Ihre Anlage an und so ein, daß Sie sich selbst ausstellt, wenn Sie im Bett sind.

Wenn Sie glauben, daß eine Kassette mit selbstaufgenommenen Schlafsuggestionen hilft, dann nehmen Sie sie auf jeden Fall. Suggerieren Sie sich, daß die Musik oder die Kassette ein Auslöser sein wird, damit Sie in einen natürlichen, ruhevollen Schlaf eintauchen. Sie können selbst das Lesen eines Buches oder Fernsehen vor dem Schlafengehen zu Auslösern machen.

Visualisieren Sie sich in Trance, wie Sie die Handlungen Ihrer Auslöser und Suggestionen durchlaufen. Fühlen Sie sich in Ihrer Vorstellung müde und schläfrig werden und gähnen. Visualisieren Sie, wie Sie sich hinlegen, Ihre Augen schließen und einschlafen. Stellen Sie sich vor, wie gut und friedlich Ihr Schlaf sein kann.

Oft ist es normal, daß die Körpertemperatur abnimmt, wenn man tief schläft. Sie können sich vorstellen, daß die Temperatur leicht absinkt, während Sie Ihre Augenlider in der Nacht senken. Dies kann ein anderer Auslöser sein.

Ihre Atmung, Ihre Herztätigkeit, Ihr Blutdruck und andere Körperfunktionen verändern sich im Schlafen wie auch im Wachen. Aber im allgemeinen beginnen Sie langsam und regelmäßig zu atmen, während sich gleichzeitig Ihre Herztätigkeit vermindert und Ihr Blutdruck sinkt. Durch die Kontrolle, die Sie durch Ihre grundlegenden Selbsthypnosetechniken entwickelt haben, können Sie Ihren Körper in Vorbereitung auf den Schlaf verlangsamen.

Um alle anderen Auslöser zu nutzen, die Sie sich in Selbsthypnose gegeben haben, nutzen Sie zuerst die progressive Entspannung, wenn Sie sich zum Schlafen hinlegen.

Einige abschließende Bemerkungen über den Schlaf

Wenn wir den Wunsch haben zu schlafen, hält die Welt um uns nicht an und schweigt. Man weiß, daß Menschen trotz ohrenbetäubenden

Lärms – Preßlufthammer, Bauarbeiten, Autobahnverkehr, Katzengeschrei, Bombenhagel und dröhnender Musik – schlafen können.

Statt diesen Lärm als Grund dafür anzusehen, daß Sie nicht schlafen können, nutzen Sie die Geräusche als Ablenkung und Konzentrationspunkt für Ihre Vorstellungen.

Außerdem ist die notwendige Menge an Schlaf von Mensch zu Mensch verschieden. Heranwachsende Kinder brauchen mehr Schlaf, da sich das körperliche Wachstum zumeist im Schlaf vollzieht. Die Tatsache, daß Sie vielleicht nicht sieben oder acht Stunden durchschlafen können, muß nicht bedeuten, daß Ihnen Schlaf fehlt. Dies ist insbesondere dann der Fall, wenn wir älter werden. Ältere Menschen brauchen weniger Schlaf, da Ihr Körper nicht mehr die „Wachstumszeit" im Schlaf braucht.

In unserer Kultur hat man uns den Glauben eingetrichtert, daß es mit den acht Stunden Schlaf etwas Magisches auf sich hat. Zeitungsanzeigen, Fernsehwerbung und andere Medien haben die Anschauung verbreitet, daß sieben oder acht Stunden Schlaf mit geschlossenen Augen normal sei.

Jeder von uns ist einzigartig. Was immer auch für Ihren Nachbarn oder Ihren Ehepartner gut ist, kann für Sie zuviel sein. Die Bestsellerautorin Daniell Steel berichtet, daß Sie weniger als fünf Stunden pro Nacht schläft.

Zu den Variablen, die beeinflussen, wieviel Schlaf wir brauchen, gehören äußere Faktoren wie berufliche Verpflichtungen und Zwänge, persönliches Temperament, Vererbung und Alter. Sie können nicht herausfinden, was für Sie selbst normal ist, indem Sie sich mit anderen vergleichen. Führen Sie einige Wochen lang Tagebuch und schreiben Sie Ihre guten und schlechten Tage auf und wie gut und lange Sie vor jedem dieser Tage geschlafen haben.

Betrachten Sie, welche Schlafmuster Sie früher hatten, und schauen Sie nach, ob sich Ihr Schlaf mit den Jahren verändert hat. Wenn Sie 65 oder 70 Jahre alt sind und statt acht Stunden fünf schlafen, ist das gut. Vielleicht brauchen Sie die Extrazeit gar nicht.

Untersuchungen haben gezeigt, daß selbst Leute, die glauben, sie würden „kein Auge zutun", tatsächlich mehr schlafen, als sie glaubten. Unsere Wahrnehmung davon, wie viel wir geschlafen haben, kann sehr unzuverlässig sein.

Aber wenn Sie ein Schlafproblem haben, ist Selbsthypnose eine sichere, natürliche Weise, um eine langfristige Lösung zu finden – und süße Träume zu haben.

Literatur

Bourke, D.H. (1990): The sleep management plan. New York (Harper Collins).

Garver, R.B. (1990): Suggestions with sleep disturbance. In: Handbook of hypnotic suggestions and metaphors (ed. by C. Hammond). New York (W.W. Norton/American Society of Clinical Hypnosis).

Grings, W.W. a. M.E. Dawson (1978): Emotions and bodily responses. New York (Academic Press).

Hartland, J. (1971): Medical and Dental Hypnosis. Baltimore (Williams & Willkins).

Langren, D. (1978): Speaking of: Sleeping problems. New York (Consolidated Book Publishers).

Nardi, T.J. (1981): Treating sleep paralysis with hypnosis. *International Journal of Clinical and Experimental Hypnosis* 29 (Oct.).

Toufexis, A. (1990): Drowsy America. *Time Magazine*, Dec. 17, 1990.

Kapitel 23

Werden Sie bessere Eltern durch Selbsthypnose

Die Elternrolle kann heutzutage schwierig und frustrierend, aber auch lohnend sein. Oft sind beide Elternteile berufstätig. Viele Familien haben nicht den Vorteil, Großeltern, Tanten und Onkel oder andere Bekannte in der Nähe zu haben, die beim Aufziehen der Kinder helfen könnten. Heutzutage brauchen Eltern alle Hilfe und Unterstützung, die Sie bekommen können.

Hypnotische Prinzipien können die Erziehungsarbeit der Eltern erleichtern und wirksamer machen. In diesem Kapitel werden Sie erfahren, wie Sie Selbsthypnose anwenden können, um sich zu entspannen und Spannungen und Ängste abzubauen, die mit dem Elterndasein verbunden sind. Wir zeigen, wie Selbsthypnose Ihnen helfen kann, Ihre Entscheidungen und Reaktionen bei der Erziehung noch einmal zu überdenken. Angesprochen wird auch, wie Sie Suggestionsstrategien direkt mit Ihrem Kind oder Ihren Kindern anwenden können, um ihre Kooperation und ihr Verhalten zu verbessern.

Kinder sind für Hypnose offen, meist viel offener als Erwachsene. Kinder haben ein sehr aktives Phantasieleben, was hilfreich ist, um für positive Selbsthypnosesuggestionen offen zu sein. Sie scheinen oft ganz in ihre innere Welt vertieft zu sein, wenn Sie fernsehen, essen, spielen oder einfach nur dasitzen und tagträumen. Kinder fallen oft für kurze Zeit in Trance.

Viele Untersuchungen weisen darauf hin, daß Kinder zwischen Vorschulalter und Adoleszenz für hypnotische Suggestionen am offensten sind. Wenn sie die Adoleszenz erreicht haben, müssen sie gemäß den Anforderungen der Sozialisation rationaler und realistischer sein. Das hat häufig zur Folge, daß junge Leute skeptischer und für ihre imaginativen Fähigkeiten weniger offen sind.

Das Erlernen von Selbsthypnose kann sowohl für die Eltern als auch für die Kinder neue Welten der Selbstkontrolle und Vorstellungskraft eröffnen. Und wir sind davon überzeugt, daß Kinder, die

Selbsthypnose lernen, diese imaginativen Fähigkeiten wahrscheinlich ins Jugend- und Erwachsenenalter mit hinübernehmen.

Formale Hypnose mit Kindern sollte von ausgebildeten und qualifizierten Therapeuten durchgeführt werden, insbesondere bei klinischen Problemen wie chronisches Bettnässen, Hyperaktivität oder Einkoten.

Hyperaktivität ist beispielsweise ein Symptom, das mit einer Reizbarkeit des zentralen Nervensystems zusammenhängt, auslösbar durch metabolische, postinfektiöse oder sogar toxische Prozesse. Der Neuropsychiater und verhaltenswissenschaftlich orientierte Neurologe Sydney Walker (1977) empfiehlt die Durchführung einer Differentialdiagonose, um zu klären, welche Ursachen der Hyperaktivität zugrunde liegen. Obwohl solche Symptome ein Ausdruck von psychologischen oder emotionalen Faktoren sein können, ist es wichtig, sorgfältig zu diagnostizieren, um physiologische Ursachen auszuschließen, bevor man das Verhalten behandelt. Das wird nicht nur bei hyperaktiven Symptomen, beim chronischen Bettnässen, Einkoten, bei Lernschwierigkeiten, gewalttätigem oder überaggressivem Verhalten und anderen schweren Problemen empfohlen.

Versuchen Sie niemals in Fällen, in denen eine fachspezifische oder medizinische Behandlung erforderlich ist, Selbsthypnose als Ersatz einzusetzen! Selbsthypnose kann jedoch als zusätzliche Hilfe bei vielen Problemen eingesetzt werden.

Eltern können informelle Hypnose oder Suggestionsstrategien ganz routinemäßig anwenden, um ihre Kinder zur Mitarbeit zu bewegen, ihre Lernfähigkeiten und Lerngewohnheiten zu verbessern, Ängste abzubauen und ähnliche Ziele zu erreichen. Ziel dieses Kapitels ist es, Eltern, Lehrern und anderen verantwortlichen Einzelpersonen und Berufsgruppen zu helfen, erfolgreichere Muster und Strategien zu entwickeln, um Probleme zu lösen oder die Entwicklung des Kindes zu unterstützen.

Kinder können von Selbsthypnosefähigkeiten auf vielfältige Weise profitieren. Einige Bereiche, in denen Selbsthypnose angewandt werden kann, sind: Prüfungsangst abbauen, Lern- und Konzentrationsfähigkeiten verbessern; Schlafgewohnheiten verbessern; Angst vor Arzt- oder Zahnarztbesuchen reduzieren; mit Angst vor Dunkelheit, Tieren oder anderen Phobien fertigwerden; Hilfe beim Modifizieren von Verhaltensmustern wie z.B. schlechtem Appetit und Daumenlutschen.

Wir empfehlen, grundsätzlich die Individualität und Einzigartigkeit des Kindes zu respektieren. Wir wissen, daß Kinder auf ganz natürliche Weise auf Suggestionen von Erwachsenen reagieren, die sie lieben und respektieren und denen sie vertrauen. Und Sie werden erstaunt sein, wie selbst kleine Kinder in der Lage sind, Selbsthypnosefertigkeiten zu entwickeln, wenn Sie ihnen erst einmal einige Grundlagen beigebracht haben.

Beide Autoren haben ihren Kindern Selbsthypnose beigebracht, und diese haben ihre neuen Fertigkeiten auf kreative Weise in sich aufgenommen. Entscheidend dabei ist, mit dem Kind und mit sich selbst Geduld zu haben.

Selbsthypnose für Eltern

Bevor Sie versuchen, Ihrem Kind hypnotische Strategien beizubringen oder sie bei ihm anzuwenden, sollten Sie sich selbst zuerst mit der Anwendung vertraut machen. Dieser Teil des Kapitels wird Ihnen helfen, Selbsthypnose zu nutzen, um Ihre Fähigkeiten als Eltern zu verbessern. Wenn Sie den ersten Teil dieses Buches bisher noch nicht gelesen haben, ist es jetzt unerläßlich, dies zu tun.

Wenn ein Elternteil gestreßt oder angespannt ist, kann sich dieses Gefühl, oft auch nonverbal, auf das Kind übertragen. Sie haben vielleicht bemerkt, wie genau Ihr Kind oder Ihre Kinder Sie beobachten. Sie beobachten Sie oft auch, wenn Ihnen das nicht bewußt ist. Wenn Sie wegen Ihrer Arbeit, wegen Beziehungsschwierigkeiten, finanziellen Sorgen oder Problemen, die direkt mit Ihrem Kind zusammenhängen, unter Streß stehen, so wird das wahrgenommen und kann auch beim Kind zu Streß führen. Ihr Kind agiert diesen Streß dann vielleicht durch Verhaltensweisen aus, die wiederum bei Ihnen zu vermehrtem Streß führen, und ein Kreislauf von Streß und Reaktion beginnt, aus dem man nur schwer ausbrechen kann.

Sie sollten Kapitel 12 (Streßmanagement) zu Rate ziehen, um Ihren Streß zu bewältigen. Wenn Sie entspannter sind, werden Sie feststellen, daß auch Ihre Kinder in Ihrer Gegenwart entspannter und friedlicher sind. Diese positive Einstellung wird auf das Kind übertragen, und dadurch werden Gefühle der Hoffnung und Stärke mit ihm geteilt.

Zusätzlich zur Entspannung kann Selbsthypnose in der Praxis auch genutzt werden, um auf Ihre Interaktionen mit Ihrem Kind zurückzublicken und sie noch einmal durchzuspielen. Sam, der 36jährige Vater von zwei sechs und acht Jahre alten Jungen, nutzte Selbsthypnose beispielsweise auf folgende Weise:

Sams Kinder hatten die Angewohnheit, sich buchstäblich auf ihn zu stürzen, wenn er abends von der Arbeit kam. Sie zerrten an seinen Armen und bestanden darauf, daß er mit Ihnen spielte. Er konnte kaum seinen Mantel ausziehen und Luft holen. Ihm fiel auf, daß er angespannt und reizbar wurde, sobald er sich seinem Haus näherte, und wenn er dann durch die Eingangstür ging, war er völlig genervt.

Zuerst wandte Sam Selbsthypnose an, um sich noch einmal anzuschauen, wie er mit seinen Jungen umging. Er stellte sich vor, wie er von der Arbeit nach Hause fuhr, als würde er einen Film sehen, den Film „Sam kommt heim". Während er sich beim Nachhausefahren betrachtete, bemerkte er, daß er an bestimmten Punkten immer angespannter wurde, und er stellte fest, daß er sogar an einigen Stellen darüber nachdachte, zuerst woanders hin zu fahren.

Sam erkannte, daß seine negativen Gefühle bei der Abfahrt von der Schnellstraße einsetzten. Der nächste Punkt war eine Ampel, die fast immer rot war, wenn er ankam. Früher hatte er gedacht, es sei die Verzögerung durch die rote Ampel, die ihm Streß bereitete, aber als er seinen „Film" anschaute, erkannte er, daß er an der roten Ampel daran dachte, wie sich die Jungs gleich auf ihn stürzen würden; dies war es, was ihm wirklich Beklemmungen bereitete. Bestimmte Teile seines Heimwegs waren zu Auslösern geworden, die Sam daran erinnerten, was er in Kürze zu erwarten hatte. Bei seinen Beobachtungen erkannte er, wie er auf dem Heimweg immer verspannter wurde, in Erwartung des bevorstehenden Empfangs mit den Bitten, dem Betteln, dem Zerren und dem generellen Ansturm der Kinder auf ihn, sobald er die Haustür öffnete. Im Folgenden lesen Sie, wie er die sich selbst erfüllende, negative Erwartung veränderte.

Nachdem ihm der Ablauf klar war, entschloß sich Sam, Selbsthypnose auf eine zweite Art und Weise anzuwenden – um seine

Reaktionen auf dem Heimweg und den Empfang durch die Kinder zu verändern.

Er spielte verschiedene Möglichkeiten durch, um mit den Jungen zu verhandeln. Er stellte sich vor, sie mit einem Mitbringsel, mit Süßigkeiten oder einer Vergünstigung zu bestechen, damit Sie ihn beim Heimkommen nicht sofort bestürmten. Er stellte sich vor, sich mit ihnen hinzusetzen und zu diskutieren, wie er sich fühlte und wie er sich sein Nachhausekommen vorstellte. Dann stellte er sich ihre Antworten vor. Er sah im Geiste, wie er die Angelegenheit zuerst mit seiner Frau diskutierte, um bei ihr Unterstützung in dieser Sache zu erhalten. Er stellte sich vor, so weiterzumachen wie bisher und erst mit den Kindern zu spielen, bevor er sich Zeit nehmen und seine Arbeitskleidung ausziehen würde. Kurz, Sam versuchte, sich so viele Möglichkeiten auszudenken, wie er konnte, bevor er etwas unternahm.

Sam stellte sich die möglichen Alternativen und die wahrscheinlichen Ergebnisse vor. Schließlich entschied er sich auf Grund seiner Selbsthypnoseerfahrungen (wofür er mehrere Trancesitzungen brauchte) dafür, daß die Alternative eine Kombination mehrerer Möglichkeiten sei. Er wollte nach Hause kommen und zuerst mit den Söhnen spielen und sie zugleich dafür belohnen, wenn sie ihm erlaubten, mit dem Spielen aufzuhören, sich umzuziehen und zu entspannen. Die Belohnung bestand darin, daß er sich Zeit nehmen würde, um mit ihnen Selbsthypnosephantasien zu erleben. Natürlich nannte er es nicht Selbsthypnose, sondern er sagte ihnen, Sie würden alle zusammen das Spiel „Stell dir das mal vor" spielen.

Also machte Sam es sich zur Gewohnheit, nach Hause zu kommen, Ball zu spielen, sich an Videospielen zu beteiligen oder etwas anderes zu unternehmen, was den Buben gefiel. Nach 20 Minuten sagte er, daß es Zeit für ihn sei, sich umzuziehen und zu Abend zu essen. Danach würde er mit ihnen, wenn sie artig wären, das Spiel „Stell dir das mal vor" spielen.

Wie vorauszusehen, waren die Kinder von Anfang an sehr neugierig auf dieses neue Spiel. Er nutzte ihre natürliche Neugier und sagte ihnen, er würde ihnen alles erklären und mit ihnen spielen, wenn Sie sich benehmen würden. Nachdem sie das Spiel kennengelernt hatten, freuten sie sich schon voller Erwartung jedesmal darauf und ließen ihm mehr Zeit mit der Mutter.

Das Spiel ging so, daß sie im Zimmer der Jungs auf dem Boden saßen (Sam wollte, daß sie dort auch nach diesem Spiel weiterspielen), während Sam sie bat, sich aus Cartoons oder Büchern eine beliebige Figur auszusuchen. Er selbst entschied sich für Zorro, den er aus seiner eigenen Kindheit kannte. Dann dachte er sich ein Problem oder eine Aufgabe aus, wie z.B. jemanden zu retten, vielleicht eine Prinzessin, oder die Mutter, das Land, ein Königreich, den Hund der Familie oder wen auch immer.

Sie schlossen dann ihre Augen, atmeten tief ein, hielten den Atem an und atmeten ihren Zauberatem dreimal langsam aus und stellten sich die Figur vor, der Sie das Leben retten wollten. Natürlich kam jeder dran und durfte sein „Stell dir das mal vor" erzählen.

Wie Sie ja bereits wissen, half das tiefe Atmen den Buben, sich zu entspannen und ihren Körper zu beruhigen. Das Erzählen der Geschichten war der lustige Teil, in dem beide Jungen Zeit hatten, zu sprechen und ihre Geschichte zu erzählen. Und Sam entdeckte, daß es ihm mehr Spaß machte, die Phantasieabenteuer zu hören, als er gedacht hatte. Das ganze dauerte kaum länger als 15 Minuten. Und als sie es beendet hatten, verließ er das Zimmer, und die Jungen waren für gewöhnlich beruhigt und bereit, ins Bett zu gehen.

Nachdem er sich für diesen Plan entschieden hatte, wandte Sam seine Selbsthypnose an, um mental eine neue Reihe von posthypnotischen Auslösern für seinen Heimweg durchzugehen. Er wollte sich auf ein positives Heimkommen und einen angenehmen Abend mit unterschiedlichen Aktivitäten vorbereiten, Zeit haben mit den Kindern und mit seiner Frau und Zeit für sich allein, denn auch das war für ihn wichtig.

Die Abfahrt von der Schnellstraße wurde für ihn zum Bild einer Spielplatzrutsche. Die rote Ampel wurde zum Signal, eine Pause zu machen und mehrere tiefe, langsame Atemzüge zu nehmen, um sich zu entspannen und die Anspannung und den Streß des Tages loszulassen. Das Öffnen des Garagentors mit der Fernbedienung erinnerte ihn an eine Fernbedienung bei einem Spielauto und half ihm, sich in Spiellaune zu versetzen.

Wenn Sam dann die Haustür öffnete, war er in einer anderen geistigen Verfassung. Er war bereit, etwa 20 Minuten lang zu spielen. Er stellte fest, daß er jetzt sogar an den Spielen seiner Kinder Spaß hatte. Natürlich wurde das „Stell-dir-das-mal-vor"-Spiel oft modifiziert, und schließlich hatten die Jungs keine Lust mehr und wollten etwas anderes machen. Sam war offen für ihre Vorschläge, sofern sie praktikabel waren, und sein Beitrag zu jeder neuen Version war immer das tiefe Atmen.

Sam war überrascht, wie viel einfacher es war, Ihre gemeinsame Zeit zu strukturieren und auch Zeit für sich auszuhandeln, weil die Kinder wirklich diese besondere Zeit mit ihrem Vater haben wollten.

Es erübrigt sich zu sagen, daß es nicht an jedem Abend immer ohne Probleme abging. Jedoch stellte Sam fest, daß er geduldiger und weniger gestreßt war. Seine eigene Ruhe übertrug sich auf seine Söhne, und die Stimmung im Haus war nun gewöhnlich viel besser.

Sie werden kreative Lösungen finden, wenn Sie Selbsthypnose anwenden, um für möglichst viele Alternativen offen zu sein. Sie werden genau wie Sam feststellen, daß Sie sich in einem entspannten Zustand mehr Möglichkeiten vorstellen können, um auch ihre spezifischen Elternprobleme zu lösen.

Berücksichtigen Sie das Alter des Kindes

Die Kliniker Karen Olness und Gail Gardner (1988) haben auf dem Gebiet der Hypnose mit Kindern hervorragende Forschungsarbeit geleistet und einige wichtige, vom Alter des Kindes abhängige Unterschiede herausgearbeitet. Man kann beispielsweise Kindern im Alter zwischen zwei und vier Jahren Suggestionen in Form von Geschichten geben, indem man durch bekannte Stoffpuppen spricht oder ein beliebtes Spiel mit ihnen spielt.

Im Alter von vier bis sechs Jahren ist das Vorstellungsvermögen schon weiter entwickelt, und man kann die Kinder anleiten, sich hilfreiche Suggestionen anhand fiktiver Bilder vorzustellen, wie die eines Fernseh- oder Videoszenarios oder Aktivitäten wie Ballspielen oder Schaukeln oder Bilder eines Gartens.

Kinder zwischen sieben und elf Jahren reagieren auf Musik, das Beobachten der Wolkenformen, der Vorstellung, auf einem magischen Teppich zu fliegen oder sich Lieblingsplätze vorzustellen. Und ältere Kinder und Jugendliche können Sie mit den gleichen Bildern anleiten, die Sie auch für sich selbst anwenden.

Am Beispiel von Kelly, einer Schülerin der sechsten Klasse, wird deutlich, wie Selbsthypnose zur Hebung des Selbstbewußtseins angewandt werden kann. Schon im März begann Sie Angst zu haben, im September in die neue Schule gehen zu müssen. Ihre Familie war gerade erst in die Gegend gezogen, und so beendete Sie das sechste Schuljahr in einer neuen Schule.

Kelly ging nicht viel aus dem Haus und empfand die Neckereien und das Ausgeschlossenwerden, das neue Schüler oft erleben, als sehr belastend.

Der Schulpsychologe half Kelly, Vorstellungsbilder zu entwickeln, die darauf gerichtet waren, ihrer Ängste in sozialen Situationen zu vermindern.

Kelly lernte, sich mit geschlossenen Augen zu entspannen und sich dann einen Bildschirm mit einem Film, einem Videospiel oder etwas anderem vorzustellen, was sie sich aussuchte. Sie lernte, sich auf das „Schulprogramm" zu konzentrieren. Auf diesem Kanal konnte sie jede Szene aus der Schule noch einmal anschauen und jede neue Szene entstehen lassen, wenn sie wollte.

Zu unterschiedlichen Zeiten ließ Kelly Teile Ihres Schultags Revue passieren, zum Beispiel die Situation, wo sie in der Pausenhalle war und eine Freundin vorbeiging, ohne „Hallo" zu sagen oder sie überhaupt wahrzunehmen. Kelly war sich sicher, daß ihre Freundin aus einem ihr unerfindlichen Grund von ihr genervt oder auf sie ärgerlich war. Das Gefühl, ignoriert zu werden, verletzte sie, und diese Gefühle führten dazu, daß sie der Freundin den ganzen Tag aus dem Weg ging.

An diesem Abend entwickelte Kelly auf ihrem Fernsehschirm einen mentalen Film darüber, wie sie am nächsten Tag in der Schule ihre Freundin fragen würde, warum sie sie in der Pausenhalle ignoriert hätte. Früher war Kelly viel zu ängstlich gewesen, um eine solche Frage zu stellen, die sie wirklich beantwortet haben wollte. Mit Hilfe von Selbsthypnose konnte sie sich in den verschiedenen Szenarien beobachten, wie sie ihre Frage stellte und auf die Antwort reagierte. Das machte es ihr leichter, am nächsten Tag ihre Frage tatsächlich zu stellen.

Als sie ihre Freundin fragte, warum sie nicht „Hallo" gesagt hatte, stellte sich heraus, daß ihre Freundin in dem Moment gerade ihren

Walkman auf hatte und Kelly weder gesehen noch gehört hatte. Ihre Freundin fragte sich, was überhaupt so schlimm sei. Kelly war erleichtert.

Am wichtigsten war, daß dies bei Kelly eine Veränderung darstellte. Früher hätte Sie über die Zurückweisung gebrütet und sich daraufhin entsprechend verhalten. Jetzt konnte sie die Begebenheiten noch einmal ansehen und durchspielen und etwas tun, das ihr mehr Erfolg brachte. Dies führte dazu, daß sie sich fähiger und selbstbewußter fühlte.

Das Selbstbewußtsein eines Menschen wird gestärkt, wenn er in der Lage ist, Ergebnisse zu verändern. Wie Michael Yapko (1988) in seinem Werk betont, resultiert unsere Selbstsicherheit aus unserer Erkenntnisfähigkeit, wann und wie wir fähig sind, eine positive Wirkung auf unsere Umwelt auszuüben. Mit Selbsthypnose konnte Kelly ihre Angst überwinden, bestimmten Leuten schwierige Fragen zu stellen. Als sie erkannte, daß sie etwas tun konnte, was sie vorher nicht zu können glaubte, stieg ihr Selbstbewußtsein.

Entspannung vermitteln

Wenn Sie Ihrem Kind Selbsthypnose beibringen, damit es sich entspannt, richtig atmet und seine Phantasie entwickelt, hat dies besondere Vorteile. Wenn Sie Selbsthypnose gemeinsam erleben und Ihrem Kind vormachen, kann sich zwischen Ihnen ein starkes Gemeinschaftsgefühl herausbilden.

Hier ein Beispiel: Die acht Jahre alte Sarah litt unter Allergien und Kopfschmerzen. Die Symptome begannen, als ihr Vater starb, und man nahm an, daß sie daher kamen. Die Probleme hielten jedoch auch nach therapeutischer Beratung an, obwohl man einige Fortschritte sehen konnte. Es wurde ihr empfohlen, Selbsthypnose zu lernen.

Sarah und ihre Mutter verbrachten jede Woche zwei Stunden mit der gemeinsamen Selbsthypnoseübung. Sie atmeten zusammen, jede hatte dann im stillen ihre eigenen Vorstellungsbilder, und sie malten dann, da Sarah gern malte, zusammen einen Teil ihrer Phantasiereise. Diese besondere Zeit mit der Mutter wurde für Sarah sehr wichtig, und je öfter sie die Atemübungen ausführte, um so mehr besserte sich ihre Allergie.

Die entspannte Zeit, die sie mit Malen und Reden verbrachten, ermöglichte es Sarah, auf ihre Weise ihre Gefühle über den Verlust des Vaters auszudrücken. In einem ergreifenden Bild befand sie sich mit ihrem Vater auf dem Gipfel eines Berges in einer Wolke, so daß sie mit ihm sprechen konnte. Ihre Mutter unterstützte sie, und sie waren in der Lage, zusammenzusein und ihre Gefühle und Gedanken auf eine angenehme Weise auszudrücken.

Informelle Hypnose zur Verhaltensänderung

Eltern sind von Natur aus in einer machtvollen, autoritären Rolle, und ihre Suggestionen werden bis zu einem gewissen Grad auch ohne hypnotische Elemente wirksam. Es gibt jedoch verschiedene Bereiche, in denen die elterliche Beobachtung der Kinder in Verbindung mit dem Wissen um Suggestionsstrategien helfen kann, positive Verhaltensänderungen durchzuführen.

Die Zeit des Zubettgehens ist beispielsweise für viele Eltern ein einziger Kampf, bei dem es darum geht, ihren Willen durchzusetzen. Kinder zwischen zwei und sechs oder sieben neigen besonders dazu, ihre Grenzen zu testen und zu verschieben. Eine Strategie besteht darin, dem Kind eine Geschichte vorzulesen und gelegentlich die Wörter „Schlaf", „müde", „schwer" oder ähnliches einzustreuen. Solche Einstreuungen sind am effektivsten, wenn Sie bemerken, daß ihr Kind durch die Bilder oder Worte in Trance versetzt worden ist.

Es ist nicht immer leicht, gegen die Tagesordnung eines kleinen Kindes anzugehen, daher braucht diese Strategie vielleicht einige Zeit, um zu wirken, oder sie funktioniert vielleicht nur gelegentlich. Verlieren Sie nicht den Mut. Wenn Sie keinen Erfolg haben, versuchen Sie es mit einem anderen Ansatz, vielleicht so:

Machen Sie Ihrem Kind den Vorschlag, das „Summspiel" zu spielen. Machen Sie ihm vor, was Sie mit summen meinen, und fordern sie es dann auf mitzusummmen. Versuchen Sie hoch und dann ganz tief zu summen. Zeigen Sie ihm ein Atemmuster mit langsamem Einatmen, dann halten Sie den Atem drei Sekunden an und summen dann beim Ausatmen. Machen Sie das Spiel so kreativ und unterhaltsam wie möglich, damit es den Vorlieben Ihres Kindes entspricht. Es könnte sich z.B. eine Nachtigall vorstellen, einen Ton oder aber das Geräusch des Radios, wenn kein Sender eingestellt ist.

Während Sie Ihr Kind auf kreative Weise dazu bringen, langsam und tief zu atmen und die Entspannung zu erleben, lassen Sie auch einen posthypnotischen Auslöser einfließen. Wenn Ihr Kind älter wird, können Sie auf diesen Grundfähigkeiten aufbauen.

Viele Kinder haben es gern, wenn Mama oder Papa ihnen beim Geschichtenvorlesen, Fernsehen oder bei anderen passiven Aktivitäten den Rücken oder den Bauch streicheln. Wenn sich diese Gelegenheit ergibt, können Sie Ihr Kind bitten, tief Luft zu holen und sie für einen Moment anzuhalten, während Sie einen Rückenmuskel massieren, der sich angespannt anfühlt. Wenn das Kind anfängt einzuatmen, massieren Sie mit ein bißchen mehr Druck und lassen dann beim Ausatmen des Kindes den Druck los. Wieder suggerieren Sie dem Kind tiefe Atmung und Entspannung in Verbindung mit einem angenehmen Erlebnis von einer liebenden Mutter oder einem liebenden Vater.

Obwohl diese Strategien bei Kindern effektiv sind, funktionieren Sie nicht immer und auch nicht mit allen Kindern. Haben Sie Geduld und passen Sie die Techniken in phantasievoller Weise an Ihre besondere Situation an.

Im Folgenden wird eine erfolgreiche Intervention mit Selbsthypnose bei einem Vierjährigen beschrieben, um einige besondere Techniken zu demonstrieren.

Der vierjährige Taylor war sehr still und schien scheuer zu sein als die meisten Kinder seines Alters. Im Jahr zuvor hatte er recht gut sprechen gelernt, aber in jüngster Zeit hatte es Rückschritte gegeben, und er sprach weniger, obwohl er anscheinend ganz gut zuhörte.

Taylors Eltern waren mit ihm beim Kinderarzt gewesen, der keine organischen Gründe für sein Verhalten finden konnte und ihn an einen Psychologen weiterempfahl, der mit Hypnose arbeitete.

Die Selbsthypnose begann damit, daß Taylor die Erlaubnis bekam, jederzeit, wann immer er wollte, mit sich selbst zu sprechen (in dem Wissen, daß dies sowieso ziemlich häufig vorkommt, sowohl bewußt als auch unbewußt).

Als nächstes wurde ihm beigebracht, wie er mit geschlossenen Augen den „Taylor-Film" anschauen könnte (um die besten Wirkungen zu erzielen, können die Eltern Vorstellungsübungen mit geschlossenen Augen vormachen). Dann wurde er ermuntert, das, was er sah, zu „zeichnen“, in jeder beliebigen Farbe, jedes Bild war in Ordnung. Einige Kinder sprechen auf Malen an, andere nicht so sehr. Taylor wurde ermutigt, seinen Film so zu lenken, daß er das sah, was er sich wünschte. Wenn er sich in seinem Film Musik vorstellte oder hörte, wurde er ermuntert, etwas davon zu summen. Taylors Eltern stellten fest, daß er, wenn er allein war, offenbar fast unhörbar eine Melodie summte. Das war ein neues Verhalten.

Nach und nach begann Taylor wieder mehr zu sprechen, bis er innerhalb von drei Monaten auf einem für sein Alter angemessenen Niveau war. Die Wurzel des Problems wurde später entdeckt, als er verriet, daß er Angst bekommen habe, etwas falsch zu sagen und bei seinen Eltern Mißfallen hervorzurufen.

Die Erfahrung der Selbsthypnose half allen, sich zu entspannen und sich zu akzeptieren. Dieses Beispiel illustriert, wie ein Symptom seine eigene Stimme haben kann und welche Auswirkungen Verständnis und Mitgefühl haben können.

Jungen Menschen Selbsthypnose beibringen

Kinder können Selbsthypnose als ein So-tun-als-ob verstehen, als Tagträumen oder Trance spielen. Daher kann man ihnen ganz ehrlich sagen, daß sie schon wissen, wie man sich eine phantastische Geschichte ausdenkt oder wie auch immer Sie diese Fähigkeit benennen wollen. Die Autoren fanden, daß ihre Kinder den Begriff „Selbsthypnos"e ziemlich leicht akzeptierten.

Dem sechsjährigen Adam wurde von seinem Vater Selbsthypnose beigebracht, der es als Teil eines Trainingsprogramms bei seiner Arbeit gelernt hatte. Adam hatte in den letzten Wochen seit Beginn des neuen Schuljahres wieder ins Bett gemacht. Der Kinderarzt fand keine physiologischen Probleme und hatte den Verdacht, die Ursache könnte der Streß der neuen Klasse sein.

Zusammen übten Adam und sein Vater entspannendes Atmen und dann das Vorstellen von unterschiedlichen Szenen.

Adam lernte schnell, seinen Atem zu kontrollieren, während er sich entspannte und sich Lastwagen vorstellte, Lastwagen, die mit ihren sehr starken Bremsen schnell anhalten konnten. Adams Laster hatten auch große Motoren, um wirklich die Berge hochzuklettern, wenn es nötig wäre. Sein Vater unterstützte ihn bei dieser Vorstellung.

Es kam im Grunde nicht darauf an, was Adam sich vorstellte. Wenn man Kinder für ihre Vorstellungen lobt, wird dies ihre Fertigkeiten verstärken. Adam wurde über eine Woche lang ermutigt, diese Lastwagenvorstellung weiterzuführen, bis die Lastwagen die Kraft hatten, zu fliegen oder zu stoppen oder Barrieren zu durchbrechen.

Schnell lernte Adam, daß er auch ins Bett gehen konnte (den Tag anhalten) und später wieder aufstehen, um zur Toilette zu gehen (mit voller Kraft), selbst in der Nacht. Drei Wochen später war er viel ruhiger und entspannter und machte nicht mehr ins Bett.

Eltern haben von beratender Anleitung bei der Entwicklung ihrer elterlichen Fertigkeiten einen Gewinn. Thomas Gordon (1975) macht in seinem Buch Parent Effectiveness Training den Vorschlag, einen Lernvertrag abzuschließen, bei dem Eltern und Kinder davon profitieren, sich gegenseitig zuzuhören und sich mitzuteilen. Wir glauben, daß durch Selbsthypnose ebenso ein Austausch stattfinden und sie eine neue Lernerfahrung sein kann, die beim Lösen von Konflikten hilft.

Eine der besten Techniken mit kleinen Kindern besteht darin, sie in ein Märchen einzubeziehen, bei dem es um ihre Herausforderung geht. Lassen Sie sie sich das Märchen mit offenen oder geschlossenen Augen vorstellen. Während Sie oder Ihr Kind mehr Details hinzufügen, schließen Sie selbst die Augen. Kinder kopieren ihre Eltern, und wenn Sie beginnen, Teile der Geschichte mit geschlossenen Augen zu erzählen, werden sie Sie bald imitieren.

Schlagen Sie innerhalb der Geschichte die Lösung vor, von der Sie glauben, daß Ihr Kind daraus etwas über das Problem oder die Herausforderung lernen kann, der es gegenübersteht. Stellen Sie dem Kind Fragen und hören Sie einfach nur den Antworten zu, ohne sie zu bewerten oder zu kommentieren.

Das erste Ziel ist, Ihr Kind zur Zusammenarbeit zu gewinnen, um dieses aufregende neue Spiel (diese Fertigkeit) zu lernen. Wenn Sie es anregen können mitzumachen, zeigt sich auf der Verhaltensebene häufig eine Lösung.

Sie wollen das Allerbeste für Ihre Kinder. Wenn Sie ihnen neue Fertigkeiten beibringen, ist dies ein Geschenk für das ganze Leben. Ihrem Kind zu helfen, mit entspannter Zuversicht und Selbstvertrauen aufzuwachsen, ist eines der wichtigsten Ziele des Elterndaseins; es kann auch eines der lohnenswertesten sein.

Selbstbewußtsein ist das Schutzschild gegen viele Formen von Selbsterniedrigung. Kinder, die mit einem guten Selbstbewußtsein aufwachsen, haben die besten Chancen, glückliche Erwachsene zu werden.

Literatur

Crailsneck, H.B. a. J.A. Hall (1975): Clinical hypnosis: Principles and applications. New York (Grune & Stratton).

Erickson, M.H. (1983): Healing in hypnosis. (ed. by Rossi, Ryan a. Sharp). New York (Irvington).

Gardner, G.G. (1974): Parents: Obstacles or allies in child hypnotherapy? *American Journal of Clinical Hypnosis* 17(1).

Gordon, T. (1975): Parent effectiveness training. New York (Plume Books).

Kuttner, L. (1989): Management of young children's acute pain and anxiety during invasive medical procedures. 16 (1-2).

Levine, E.S. (1980): Indirect suggestions through personalized fairy tales for treatment of childhood insomnia. *American Journal of Clinical Hypnosis* 23 (1).

Olness, K. a. G.G. Gardner (1988): Hypnosis and hypnotherapy with children. 2nd ed. Orlando (Grune & Stratton).

Smith, M.S., W.M. Womack a. A.C. Chen (1989): Hypnotizability does not predict outcome of behavioral treatment in pediatric headache. *American Journal of Clinical Hypnosis* 31 (4).

Walker, III. S. (1977): Help for the hyperactive child. Boston (Houghton Mifflin).

Yapko, M.D. (1988): When living hurts: Directives for treating depression. New York (Brunner/Mazel). [dt. Ausg. (1995): Depression und Hypnose. München (Pfeiffer).]

Kapitel 24

▸ Neue Strategien bei der Geburt

Das Erlebnis der Geburt ist ein Wunder, das jeder von uns erlebt hat, an das sich aber nur die wenigsten erinnern. Für die Mutter ist körperliche Flexibilität, die Fähigkeit sich zu dehnen und dann die Schmerzen zu lindern, sehr wichtig für eine entspannte und zuversichtliche Geburt. Dies sind charakteristische Merkmale der selbsthypnotischen Trance, die in das Geburtserlebnis einfließen können.

In den letzten 100 Jahren ist das Kinderkriegen zu einer medizinischen, manchmal sogar zu einer chirurgischen Angelegenheit geworden. Zweifellos glauben viele Experten, daß traumatische Geburtserfahrungen das Neugeborene tief beeinflussen können. Einige Psychologen sind darauf spezialisiert, mit Hypnose das Erlebnis der Geburt bei Erwachsenen wieder wachzurufen. Diese Art der Anwendung von Altersregression kann helfen, Ereignisse aufzudecken, die noch immer Verhalten, Einstellung und Gefühle beeinflussen.

In der Vergangenheit war die Rolle der Mutter bei der Geburt oft auf die eines funktionierenden Objektes reduziert. Der Einsatz von Medikamenten und Anästhesie kann ein Gefühl der Distanz gegenüber dem Geburtsvorgang erzeugen.

Glücklicherweise hat unsere Kultur in den letzten Jahren erkannt, wie wichtig es ist, daß die zukünftige Mutter über das Reflexverhalten ihres Körpers hinaus eine aktive Rolle bei der Geburt spielt. Lamaze und die „natürliche Geburt“ sind populär geworden. Die Krankenhäuser achten mehr darauf, eine angenehme, „häusliche“ Atmosphäre für die Phasen vor, während und nach der Geburt zu schaffen.

Einer der größten Vorteile bei der Anwendung von Selbsthypnose während des Geburtsvorgangs ist die Verminderung von Ängsten. Es geht jedoch meistens darum, die Schmerzen zu vermindern, und Hypnose hat auf diesem Gebiet eine lange Erfolgsgeschichte.

Es gibt verschiedene Gründe dafür, chemische Anästhesie bei normalen, gesunden Entbindungen zu reduzieren. Diese beziehen sich auf die folgenden zwei Bereiche:

1. unerwünschte Nachwirkungen der Medikation bei Mutter und Kind;
2. Wochenbettdepression, die man auf chemische Anästhesie zurückführt.

Die Vorteile von Selbsthypnose bei der Geburt

Selbsthypnose kann für die werdende Mutter folgende Vorteile haben:

1. Die Menge der benötigten chemischen Betäubungsmittel wird reduziert. Weniger Betäubungsmittel vermindern die unerwünschten Nachwirkungen und verringern die Anästhesierisiken für Mutter und Kind.
2. Selbsthypnose mindert Ängste, Verspannungen und Schmerzen vor und während der Geburt.
3. Die schmerzhaften Wehen lassen sich besser kontrollieren, ohne daß Medikation benötigt wird.
4. Die Mutter erholt sich nach der Geburt schneller.
5. Die Mutter ermüdet nicht so schnell und ist nicht so rasch erschöpft.
6. Die Mutter erlebt die Geburt bewußt und findet dadurch mehr Befriedigung und mehr Erfüllung.

Lamaze, „natürliche Geburt" und Selbsthypnose

Die Geburtsmethode nach F. Lamaze wurde von hypnotischen Techniken abgeleitet und in den 50er Jahren in den USA von Lamaze modifiziert und popularisiert.

Sowohl Lamaze als auch natürliche Geburtstechniken nutzen das Training konditionierter Reflexe, um Schmerzen abzublocken. Tiefes Atmen und Entspannung spielen bei diesen beiden Methoden eine wichtige Rolle, genau wie beim Entwickeln einer selbsthypnotischen Trance.

Während Lamaze (1958) Hinweise auf Selbsthypnose in seiner Sprache sorgfältig vermeidet, ist es doch genau das, was die werdenden Mütter anwenden.Durch die kontrollierten Atemübungen helfen ihnen Ehemann oder Partner, sich in einen Trancezustand zu versetzen.

Wie auch immer Sie es nennen wollen, Selbsthypnose kann von fast jeder schwangeren Frau angewandt werden, um die genannten Vorteile zu haben. Die kurze Zeit, die man braucht, um die Techniken zu erlernen, wird durch das Wohlbehagen, die Zuversicht und die Zeiteinsparung bei der Geburt mehr als aufgewogen.

Selbsthypnose in der Schwangerschaft

Beginnen Sie mit Selbsthypnose lange genug vor dem Geburtstermin. Eine gute Zeit, um damit zu beginnen, ist der fünfte oder sechste Monat. Üben Sie mindestens drei- oder viermal pro Woche. Sie benötigen nur einen leichten Grad an Selbsthypnose, um mit den Techniken wirklich Erfolg zu haben.

Arbeiten Sie in unterschiedlichen Sitzungen daran, sich zu entspannen, Ihre Ängste und Sorgen zu verstehen, ein positives Selbstbild zu fördern, gute Ernährungsgewohnheiten und Gymnastikübungen zu entwickeln und Ihre Schmerzen zu kontrollieren.

Dr. Bertha Rodger (1990) fokussiert ihre Patientinnen auf die jeder Frau innewohnende Fähigkeit, Teile des Geburtsvorganges kontrollieren zu können. Sie empfiehlt, den ganzen Geburtsvorgang genau kennenzulernen. Dann werden posthypnotische Suggestionen eingesetzt, um eine entspannte Atmung zu verstärken und damit die zeitweisen körperlichen, emotionalen oder psychischen Stressoren, die bei einer Schwangerschaft auftreten können, zu kontrollieren.

Wir stimmen mit Roger überein, daß es sehr effektiv ist, einige der natürlich ablaufenden Vorgänge bei der Geburt als posthypnotische Auslöser zu benutzen. Solche natürlichen Ereignisse können die Wehen sein, die Gegenwart des Partners oder selbst der Gang ins Krankenhaus.

Andere Experten auf dem Gebiet der Hypnoseanwendung bei der Geburt, wie z.B. Erickson (1967), Kroger (1977) und Goldmann (1990), haben einige hervorragende Hypnoseskripte für die Geburt erstellt. Wir haben uns auf ihre und die Arbeit anderer gestützt, um ein effektives, flexibles und entspannendes Skript zu entwickeln, das

Sie lesen, auf Kassette aufnehmen oder von Ihrem Partner vorlesen und aufnehmen lassen können. Sie können diese Aufnahme sogar mit in den Kreißsaal nehmen, um sie dort anzuhören.

Das folgende Selbsthypnoseskript enthält viele Zielsuggestionen, einschließlich der oben genannten. Vielleicht möchten Sie das Manuskript noch etwas modifizieren, um weitere Suggestionen für die einzelnen Ziele hinzuzufügen.

Wenn Sie schon ein gutes körperliches Trainingsprogramm durchführen und Ihre Ernährungsgewohnheiten der Schwangerschaft angepaßt haben, können Sie diese guten Gewohnheiten mit Selbsthypnose verstärken. Wenn Sie diese Gewohnheiten erst noch entwickeln müssen, geben Sie sich posthypnotische Auslöser, die Ihnen helfen, die Schwangerschaftsgymnastik durchzuführen und sich gesund zu ernähren.

Seien Sie sowohl bei der Anwendung Ihrer hypnotischen Fähigkeiten als auch bei der Entwicklung relevanter Bilder und Vorstellungen phantasievoll und kreativ, um dadurch Ihre Suggestionen zu fördern.

Das Manuskript

„Zuerst werde ich mich entspannen. Ich entspanne mich möglichst gut und nehme mir Zeit, diese Erfahrung zu genießen. Ich entspanne mich auf eine Weise, die mir das größte Wohlbehagen bereitet ... mir die tiefste Entspannung ermöglicht.

Ich kann umhergehen und mich in die Position begeben, die für mich am angenehmsten ist. Ich beginne, indem ich einen tiefen ... wohltuenden Atemzug nehme. Das ist sehr natürlich ... sehr leicht. Und vielleicht fällt mir beim Einatmen ... durch Nase und Mund auf ... daß mein Körper sich ganz natürlich zu entspannen beginnt. Mein Atem ist so natürlich und kraftvoll wie der Wind oder wie das beruhigende Anbranden und Zurückströmen der Meereswellen.

Die Geburt ist ein ganz natürlicher Vorgang, körperlich und emotional. Die Wehen der Gebärmutter sind wie das Zusammenziehen von Muskeln im Körper. Jede einzelne Wehe bringt mich dem Augenblick der Geburt näher.

Ich kann mich auf meine Zehen konzentrieren ... oder auf meinen Kopf ... oder auch auf meine Hände ... und die Spannung für einen Moment dort fühlen ... Ich kann sie fühlen, und dann kann ich sie loslassen. Vielleicht beginnen meine Hände oder Zehen zu kribbeln, wenn die Spannung sich löst. Vielleicht spüre ich eine Taubheit in der Mundgegend ... und auch das ist in Ordnung.

Ich kann mich auf jeden einzelnen Teil meines Körpers konzentrieren, und das lenkt mich von anderen Teilen ab. So wie ich einen Radio- oder Fernsehsender einschalten kann, kann ich mich in jeden einzelnen Teil von mir einschalten.

Vielleicht spüre ich, wie die Entspannung und das Wohlgefühl sich in meinem ganzen Körper ausbreiten ... mit jedem Atemzug und jeder Wehe ... breitet sich die Entspannung in allen Teilen meines Körpers aus. Das Wohlbehagen beginnt vielleicht außen ... es breitet sich aus ... es sinkt nach innen ... wird absorbiert, und bald spüre ich die Entspannung tief in mir.

Mein Unbewußtes hilft mir, mich mit jeder Wehe und mit jedem Atemzug zu entspannen ... mit jedem Atemzug und jeder Wehe wird meine Zuversicht größer. Ich entwickle diese Kontrolle durch jedes ermutigende Wort oder jede zärtliche Berührung der Menschen, die bei mir sind ... und auch durch diese Worte der Selbstermutigung.

Es ist ganz natürlich, wenn ich mich tiefer ... und tiefer ... immer tiefer entspanne. Ich muß nicht versuchen, mich zu entspannen ... ich muß auch nicht versuchen einzuschlafen. Die Gedanken können kommen und gehen ... vielleicht denke ich über viele verschiedene Dinge nach ... oder vielleicht nur über eine Sache.

Vielleicht fällt mir auf, daß mein Kopf für ein paar Augenblicke vollkommen leer ist. Ich kann sicher sein, daß mein Bewußtsein nichts wichtiges tut.

Während ich mir diese Pause gönne ... etwas ganz Besonderes, was sich manche Menschen niemals gönnen ... darf ich mich noch entspannter fühlen. Sehr natürlich ... ohne überhaupt über mich selbst nachdenken zu müssen, hat sich mein Blutdruck reguliert und, wenn es hilft, angepaßt ... vollkommen natürlich. Das Blut fließt durch meinen Körper und zu meinem Baby ... sehr gleichmäßig und sehr natürlich ... wie ein Fluß, der in einen See fließt. Während ich mich entspanne, stelle ich möglicherweise mit Interesse fest, daß sich auch das Baby entspannt.

Und ich weiß, daß es wichtig ist für mich, während der Zeit, in der ich mich auf die Geburt vorbereite, entspannt zu sein. Es ist wichtig für mich, Pausen einzulegen … mir selbst zuzuhören … diese Techniken zu üben … alles ganz allein oder mit jemandem zusammen … ich möchte mich entspannter fühlen … angenehmer, fähige, und meine in Millionen von Jahren der Evolution entwickelten Fähigkeiten sich natürlich entfalten lassen.

Ich weiß, daß ich während der eigentlichen Preßwehen und der Geburt … in der Lage sein werde, mich ganz tief entspannt zu fühlen…sehr natürlich. Indem ich einen tiefen … wohltuenden Atemzug nehme, kann ich wieder dieses gleiche Gefühl von Entspannung und Wohlbehagen gewinnen. Ich weiß, daß ich meine Leistung noch in vielen Jahren respektieren werde … selbst in Monaten, Wochen, Tagen, Stunden.

Ich werde sehr positiv eingestellt sein … und natürlich werde ich auch aufgeregt sein, und ich fühle, wie meine Beschwerden fast völlig verschwinden, genau, völlig natürlich, sehr angenehm.

Je mehr ich mich entspanne und bei jeder Wehe weiteratme, desto mehr Kribbeln und Taubheit fühle ich … überall. Meine Kontrolle hat wie meine Atmung einen Eingang und einen Ausgang … und ich weiß, daß Eingänge und Ausgänge vorübergehend, zeitweilig sind. Genau wie meine Beschwerden nur zeitweilig sind und wieder vorübergehen. Vielleicht bin ich überrascht, wie sehr ich meine körperlichen Gefühle und Wahrnehmungen verändern kann … durch diese Atemerfahrung … vom Anfang bis zur Mitte … und ganz hindurch bis zum Augenblick nach der Geburt.

Ich stelle vielleicht mit freudiger Überraschung fest, daß das Erlebnis mit meinem Baby … eine lebende Meditation ist … eine Zwiesprache … ein harmonisches Verhältnis. Ich merke, daß sich mein Geist beruhigt und sich auf die inneren Signale einstellt. Die Inhalte meines Geistes und des Geistes meines Babys werden freier sein von Angst … entspannter.

Ich kann die körperlichen Veränderungen der Entspannung an mein Baby weitergeben. Ich kann die natürliche Erfahrung dankbar annehmen, in diesem Augenblick … und wissen, wie gesund diese Erfahrung für mich und für mein Baby ist.

Während ich mein Baby gebäre, kann ich mich genauso wohl und entspannt fühlen wie jetzt ... indem ich einige tiefe, wohltuende Atemzüge nehme, kann ich entspannt werden ... so entspannt, wie ich jetzt bin. Und es ist ganz natürlich, daß sich etwas taub anfühlt ... mein Körper kann sich in einigen Bereichen taub anfühlen.

Ich kann diese Empfindungslosigkeit fühlen, mit oder ohne Anästhetikum. Ich wende eine natürliche Schmerzlinderung an, die bereits bei Hunderttausenden von Geburten angewandt wurde. Und die Empfindungslosigkeit, die ich in diesem Zustand tiefer Entspannung fühlen kann ... eine Empfindungslosigkeit, die ich vielleicht jetzt fühle, breitet sich in andere Bereiche meines Körpers aus.

Sie kann in meinen Wangen beginnen ... vielleicht in meiner rechten oder meiner linken Seite ... es ist nicht wichtig, wo. Ein Teil von mir kann taub werden, so wie auch mein Zahnfleisch und meine Wange zu kribbeln beginnen und taub werden, wenn mein Zahnarzt sie betäubt. Vielleicht fühle ich gerade jetzt, wie ein Teil von mir empfindungslos wird, in diesem Augenblick ... als hätte man einen Teil von mir, vielleicht meine Hand, betäubt.

Ich kann meine Hand sogar zu meinem Gesicht bewegen ... und je näher meine Hand an mein Gesicht herankommt, desto tiefer entspanne ich mich. Wenn meine Hand mein Gesicht berührt, kann ich eine tiefen Atemzug nehmen und fühlen, wie sich die Taubheit von meiner Wange auf meine Hand überträgt.

Nun, nachdem ich sicher bin, daß der Bereich meines Gesichtes taub ist, kann ich meine Hand wieder herunternehmen, und meine Wangen werden sich wieder normal anfühlen und alle Empfindungen spüren. Meine Hand fühlt sich immer noch taub an und kribbelt. Ich kann meine Hand jetzt auf meinen Bauch legen ... ich bestimme die Zeit ... sehr natürlich ... und die Taubheit auf meinen Bauch übertragen oder auf jeden anderen Teil meines Körpers.

Ich kann dies immer wieder tun, wann immer ich möchte, jetzt oder später. Ich muß dazu nur ein paar tiefe, wohltuende Atemzüge nehmen und mit meiner Hand meine Wange berühren, und ich kann dieses taube, kribbelnde Gefühl wiederbekommen und kann es überallhin übertragen, wohin ich möchte.

Ich werde mit zunehmender Übung dieser Technik feststellen ... daß ich mir einfach nur einen bestimmten Teil meines Körpers im

Geist vorzustellen habe, damit er taub wird. Wenn ich den Teil meines Körpers visualisiere, den ich gern taub und schmerzfrei haben möchte ... wird dieser Bereich leicht beginnen zu kribbeln und sich schmerzfrei anfühlen. Je mehr ich dies übe ... desto leichter wird es geschehen.

Je mehr ich Selbsthypnose übe, desto leichter werde ich mich beim nächsten Mal wieder in Trance versetzen können. Es ist solch ein wunderbar entspannendes Gefühl ... so behaglich und so entspannt zu sein. Diese neue Erfahrung ist ein anderes Gefühl ... und sie gibt mir die Möglichkeit, mich um mich und mein Baby zu kümmern.

Es ist eine Fähigkeit zur Entspannung, die ich habe ... eingebaut in meinen Organismus ... in meinen Geist und meinen Körper ... die mir auf eine Weise helfen kann, die ich nie für möglich gehalten hätte. Ich merke vielleicht, daß ich sehr leicht einschlafen kann, wenn ich möchte.

Wenn ich von fünfzig bis null rückwärts zähle, entspanne ich mich immer mehr, je mehr ich mich der null nähere. Und wenn ich zu einem wachen Zustand zurückkehren will, zähle ich einfach von null bis zehn, und je näher ich der zehn komme, desto frischer und munterer fühle ich mich.

Und immer wenn ich wieder in diesen Zustand tiefer, wohltuender Entspannung zurückkehren möchte ... brauche ich einfach nur ein paar tiefe, wohltuende Atemzüge zu nehmen und mir vorzustellen, wie entspannt ich sein kann.

Ich werde mir nun ein paar Augenblicke Zeit nehmen, um vollkommen wach zu werden ... mich so gut zu fühlen, als hätte ich ein schönes langes Nickerchen gehalten ... sehr natürlich. Ich atme durch meine Nase ein und werde wach ... fühle mich ganz wunderbar."

Suggestionsstrategien gegen Krämpfe

Milton Erickson (1967) setzte Hypnose bei schwangeren Frauen einund half ihnen, die Geburt angenehmer zu erleben. Dabei benutzte er die folgenden Vorstellungen, die Sie in Ihre Trancearbeit einflechten können, wenn Sie befürchten, Krämpfe zu bekommen.

1. Sie haben verschiedene Erwartungen entwickelt, unter anderem, dieses Baby auf die angenehmste Weise zur Welt zu bringen.
2. Stellen Sie sich vor, Sie ergreifen die Hand Ihres Partners. Das heißt, wenn Sie das unbedingt müssen; von diesem Griff sollten Sie einen Krampf bekommen, und lassen Sie diesen Krampf auch wirklich zu, denn nur Sie wissen, welche Art von Beschwerden oder Schmerzen Sie bei den Wehen haben wollen.
3. Ihnen ist klar, daß Sie eine glückliche und annehmbare Geburt haben wollen und auf die Geburt Ihres Kindes als ein vollkommen erfreuliches Ereignis zurückblicken wollen. Deshalb sollten Sie vielleicht einen Krampf in Ihrem rechten oder linken Arm erzeugen oder sogar ein Jucken oder Kribbeln im Bein, so daß Sie die Preßwehen in drei Stufen erleben.
4. Wenn Sie das erste Stadium der Preßwehen fühlen können, gibt Ihnen das mehr Zeit, die Wehe zu untersuchen und sich ihrer bewußt zu werden. Aber Sie können auch die zweite oder dritte Stufe fühlen, wenn Sie möchten. Vielleicht fragen Sie sich auch, ob Ihr Kind ein Mädchen oder ein Junge wird.

Einige Bilder, die Frauen angewandt haben

Vielleicht möchten Sie sich ein Bild davon machen, wie Sie gebären. Wenn Sie sich das Erlebnis vorstellen, ist es Ihnen möglich, die Geburt in einer positiven, entspannenden Weise durchzuspielen. Mit Hilfe des Durchspielens in Selbsthypnose können Sie einige posthypnotische Auslöser entwickeln, um das Gefühl von Wohlbehagen und Entspannung zu wiederholen, wann immer Sie es beim Geburtsvorgang brauchen.

Nachfolgend finden sich einige Kommentare und Erfahrungen von Frauen, die bei der Geburt Selbsthypnose angewandt haben.

Judy: „Ich habe mir die Geburt vorgestellt wie Rosenblätter, die sich öffnen und entfalten, um eine wunderschöne neue Knospe zu enthüllen. Mit jedem tiefen Atemzug sah ich mich selbst als diese erblühende Rose.“

Liz: „Ich habe jede Wehe als einen posthypnotischen Auslöser genutzt, um die nächste Serie tiefer Atemzüge zu beginnen. Die Atmung war ein Auslöser, um mich zu entspannen. Ich stellte mir jeden Atemzug als eine Welle des Meeres vor, jede einzelne, wie sie sich auftürmte und sich zur nächsten Wehe entwickelte. Aber jede einzelne, jeder Atemzug und jede Welle, brachte mir mehr Entspannung."

Gayle: „Je intensiver die Wehen wurden, desto mehr rieb ich meinen Bauch. Ich stellte mir jeden Atemzug vor als einen Hauch neuen Lebens, der durch meine Nase hineinkam und bis zu meinem Baby hinunterwehte. Als ich tiefer atmete, fühlte ich, daß ich mir selbst und auch dem Baby dadurch mehr Entspannung gab. Ich hatte mir dieses Bild in den Wochen vor der Geburt sehr oft in Trance vorgestellt."

Wendy: „Ich habe bei den Geburten meiner zwei Kinder Selbsthypnose angewandt. Ich nahm mir eine Selbsthypnosekassette auf und hörte sie mir in den Wochen vor der Geburt täglich an, so daß ich in der Lage war, alle Teile meines Körpers einzeln und in Gruppen zu entspannen. Während ich in Trance war, stellte ich mir einen warmen, sonnigen Spaziergang an einem Sandstrand vor, mit Möwen und einer sanften Brise, die mir durchs Haar wehte.

Ich wurde mir meines Atems bewußt und visualisierte, daß sich mit jedem Zunehmen und Abnehmen der Wehen mein Muttermund mehr und mehr öffnete, wie eine Frühlingsblume. Dies half mir, ein positives, kontrolliertes und bewußtes Verständnis einer wunderbaren Erfahrung zu schaffen."

Sie sollten bei der Entwicklung Ihrer eigenen Bilder und posthypnotischen Auslöser so kreativ sein, wie Sie wollen. Stellen Sie sich beispielsweise vor, Ihren Bauch zu reiben oder die Hand Ihres Partners zu ergreifen. Verwenden Sie das, was Ihnen hilft, mehr Wohlbehagen und Ruhe zu empfinden. Wenn Sie bei der Geburt Schmerzen spüren, konzentrieren Sie sich auf Ihren Atem und atmen Sie durch diese Schmerzen hindurch.

Ihre aktive Teilnahme an der Geburt mit Selbsthypnose wird Ihnen große Befriedigung bringen.

Literatur

August, R. (1961): Hypnosis in obstetrics. New York (McGraw-Hill).

Chertok, L.S. (1959): Psychosomatic methods in painless childbirth. New York (Pergamon Press).

Chertok, L.S. (1973): Motherhood and personality: Psychosomatic aspects of childbirth. New York (Harper & Row).

Erickson, M.H. (1967): Advanced techniques of hypnosis and therapy (ed. by J. Haley). New York (Grune & Stratton).

Fromm, E. a. R. Shor (1979): Hypnosis: Developments in research and new perspectives. New York (Aldine Publishing).

Goldmann, L. (1990): Childbirth suggestions. In: Handbook of hypnotic suggestions and metaphors. (ed. by C. Hammond). New York (W.W. Norton/American Society of Clinical Hypnosis).

Hammond, D.C. (1990): Handbook of hypnotic suggestions and metaphors. New York (W.W. Norton/American Society of Clinical Hypnosis).

Hartland, J. (1971): Medical and dental hypnosis. Baltimore (Williams & Wilkins).

Hilgard, E. a. J. Hilgard (1975): Hypnosis in the relief of pain. Los Altos, CA (William Kaufmann).

Kroger, W.S. (1977): Clinical and experimental hypnosis. Philadelphia (J.B. Lippincott).

Lamaze, F. (1958): Painless childbirth. London (Burke).

Malyska, W. a. J. Christenson (1967): Autohypnosis and the prenatal class. *American Journal of Clinical Hypnosis* 9.

Martin, A.A. (1989): The effects of hypnosis and supportive counseling on the labor processes and birth outcomes of pregnant adolescents. *Dissertation Abstracts International* 49 (8-A9).

Pratt, G.J., D.P. Wood a. B.M. Alman (1988): A clinical hypnosis primer, expanded and Updated. New York (John Wiley & Sons).

Read, G.D. (1953): Childbirth without fear. New York (Harper).

Rodger, B.P. (1990): Outline of hypnotic suggestions in obstetrics. In: Handbook of hypnotic suggestions and metaphors (ed. by C. Hammond). New York (W.W. Norton/American Society of Clinical Hypnosis).

Speigel, H. (1963): Current perspective on hypnosis in obstetrics. *New York State Yournal of Medicine* 63.

Zeig, J. (1980): Erickson's use of anecdotes. In: J. Zeig (ed.): A Teaching Seminar with Milton H. Erickson, M.D. New York (Brunner/Mazel). [dt. Ausg. (1991): Meine Stimme begleitet Sie überallhin: Ein Lehrseminar mit Milton H. Erickson (4. Aufl.). Stuttgart (Klett-Cotta).]

Kapitel 25

Optimieren Sie Ihre sportliche Leistung

Selbsthypnose kann ein nützliches Instrument sein, um Ihr Wochenendtennis oder Golfspiel zu verbessern, um ein besserer Volleyball- oder Badmintonspieler zu werden oder beim Bowling oder Billard genauer zu treffen. Heute weiß man, daß Hypnose, wenn sie im Sport korrekt angewandt wird, sehr wertvoll sein kann, um durch mentales Training die Leistung zu steigern.

Viele professionelle Sportler haben zweifelsohne von Hypnose profitiert und werden es weiterhin tun, um ihre Leistung zu steigern. Der Boxer Ken Norton nutzte Hypnose für sein Training vor seinem großen Sieg über Mohammed Ali. Das war der Kampf, in dem er Alis Kiefer brach.

Viele professionelle Baseballspieler haben Hypnose angewandt, um Wettkampfkrisen zu überwinden oder um ihre Treffsicherheit zu verbessern. Der erste Malspieler der „Chicago Cubs", Bill Buckner, begann im August 1982 mit Selbsthypnose. Sein Trefferdurchschnitt stieg von .278 im Verlauf eines Jahres auf .405. Er schaffte sechs Läufe um sämtliche Male jeweils auf einen Schlag. Außerdem gelangen ihm in einem Monat 35 Schläge als Schlagmann, durch die andere Spieler ihre Läufe beenden konnten. Er wurde im August zum Spieler des Monats gewählt.

Hypnotische Techniken machen aus einem mittelmäßigen Spieler keinen Superstar. Aber Selbsthypnose kann einem Sportler helfen, an seine Bestleistung heranzukommen.

Sie kann auch die Konzentration verbessern, so daß man schneller lernt und sich der eigenen Stärken und Schwächen bewußter wird. Sie können Ihre Konzentration auch dafür verwenden, den Gegner davon abzuhalten, ihr Spiel zu stören.

Jim Palmer, ehemaliger Spieler der „Baltimore Orioles" – jetzt Sportreporter bei ABC – berichtete, daß er in einer Saison Hypnose angewandt hatte, um seine Angst vor den Würfen in den Griff zu bekommen. Er nutzte sie, um Gedanken, was wohl der Manager denkt, was die Fans von ihm halten, was für einen schlechten Start er letztes Mal hatte und andere negativen Ablenkungen auszublenden.

Die meisten professionellen Sportler, die hypnotische Techniken anwenden, um ihre Leistungen zu verbessern, sind nicht willens, offen darüber zu diskutieren. Es könnte den Anschein von Schwäche erwecken, als ein künstliches Aufputschmittel angesehen oder in der Öffentlichkeit falsch ausgelegt werden. Jedoch ist mentales Training bei Olympiamannschaften und Amateursportlern überall in der Welt ein ganz normaler Bestandteil des Trainings. Sie können auch natürlich auftretende Selbsthypnosezustände nutzen, um sich zur Verbesserung Ihrer sportlichen Leistungen positive Suggestionen zu geben. Wenn Sie diesen Trancezustand beim Laufen oder Trainieren erlebt haben, sind Sie schon mit einem Aspekt von Selbsthypnose vertraut.

Viele Menschen berichten, daß Sie sich beim Laufen oder wenn Sie 15 Minuten oder länger in eine Aktivität vertieft sind in einem Trancezustand befinden. Dieses Vertieftsein ist ein veränderter Bewußtseinszustand. Er ist gekennzeichnet durch eine erhöhte Produktion von Endorphinen, natürlichen chemischen Stoffen, die mit Ruhe und Entspannung einhergehen.

Motivieren Sie sich, um besser zu spielen

Jeder, der eine Sportart ausübt, möchte sich verbessern. Sie müssen nicht in Ihrer Vergangenheit suchen oder nach innen schauen, um zu verstehen, warum Sie besser spielen wollen. Sich an einem Gegner zu messen oder die eigene Bestleistung anzugreifen ist etwas Natürliches und Gesundes.

Gleichgültig, welchen Sport Sie betreiben, Selbsthypnose kann Ihnen dabei helfen, Bestleistungen zu erzielen. Sport und Athletik setzen sich durch ein Kriterium von vielen anderen persönlichen Zielen ab – durch die eigene Motivation, sich zu verbessern.

Es ist wichtig, die speziellen Techniken der eigenen Sportart zu erlernen. Das körperliche Training erscheint häufig als der leichteste Teil. Wie oft haben Sie sich schon gesagt, daß Sie wissen, wie es geht, wenn Sie es bloß auch dann könnten, wenn es darauf ankommt. Wenn Sie sich doch bloß konzentrieren könnten, dann würden Sie es vielleicht hinkriegen.

Jack Nicklaus (1974) hat oft gesagt, daß er glaubt, Golf sei zu 90 Prozent mentale Vorbereitung und nur zu zehn Prozent körperliches Geschick. Er bereitet sich auf Spiele in der Weise vor, daß er problematische Schläge visualisiert und mental durchspielt, wie er jeden Schlag ausführt.

„Selbst im Training", sagt Nicklaus, „mache ich nie einen Schlag, ohne vorher ein ganz klares geistiges Bild davon zu haben. Zuerst sehe ich den Ball dort landen, wo ich ihn haben will. Ich sehe, wie der wunderbar weiße Golfball ganz weit vorne auf dem satten Grün aufsetzt. Dann ändert sich die Szene plötzlich, und ich sehe den Ball im Flug. Ich beobachte seinen Weg, seine Form, ja sogar seine Art aufzusetzen. Dann gibt es eine Art Ausblendung, und die nächste Szene zeigt den Schlag, der das voraufgegangene Bild zur Realität werden läßt."

Sie können die gleichen Techniken mit Selbsthypnose lernen. Dieses Kapitel wird Ihnen zeigen, wie Sie Ihr bildliches Vorstellungsvermögen verbessern können, um posthypnotische Suggestionen und Auslöser zu entwickeln, die Sie vor und während des Spiels einsetzen können. Diese Auslöser werden Ihre Konzentrationsfähigkeit stärken, während Sie entspannt bleiben.

Anspannung versus mentale Aufmerksamkeit

Bei fast jeder Sportart – vom Tennis bis zum Hufeisenwerfen – sind mentale Konzentration und Aufmerksamkeit wichtig. Viele Menschen glauben jedoch, um geistig voll da zu sein, müßten sie angespannt und aufgeregt sein. Und in der Tat ist es wahr, daß einige Situationen extreme körperliche Anspannungen erfordern. Wenn etwa der Verteidiger einer Fußballmannschaft auf der Linie zu klären versucht oder auch beim Gewichtheben.

Aber in den meisten Einzel- und Mannschaftssportarten zerstört übermäßige geistige Anspannung die Konzentration und geistige Beweglichkeit. Wenn Sie sich in einem entspannten und höchst wachen Geisteszustand befinden, werden Sie in der Lage sein, viel besser zu spielen und Ihre Fähigkeiten effektiver einzusetzen.

In seinem Buch *Use Your Head in Tennis* (Benutzen Sie beim Tennis Ihren Kopf) betont Bob Harman (1974) vor allem die Notwendigkeit, sich zuerst zu entspannen. Er macht den Vorschlag, sich schon bei der Vorbereitung auf ein Spiel zu entspannen, so daß Sie bei Beginn des Spiels viel entspannter sind. Das ist das erste, was Ihnen Selbsthypnose gibt. Sie entspannen sich und können auch während des Spiels entspannt bleiben.

Ruhige Kraft

Sie können mit Hilfe von Selbsthypnose einen sogenannten Zustand von ruhiger Kraft entwickeln. Das ist ein Grad mentaler Erregung in Ruhe, die mit optimaler Leistung einhergeht.

Während Sie in Selbsthypnose sind, können Sie sich suggerieren: „Während ich vier oder sechs tiefe und beruhigende Atemzüge nehme, konzentriere ich mich und bin bereit, zu agieren und zu reagieren. Das Einatmen ist ein aktivierendes Unternehmen. Ich nehme Sauerstoff auf und rege meinen Geist und meinen Körper an, ihr Bestes zu geben. Das langsame Ausatmen beruhigt Körper und Geist und konzentriert meine innere Kraft."

Selbsthypnose ist oft am effektivsten, wenn Sie entspannt sind und sich auf Ihre innere Stärke konzentrieren. Wenn Sie sich von Ablenkungen befreien, hilft Ihnen das, einen inneren Rhythmus zu finden, den Sie überallhin mitnehmen.

Mike, ein 30jähriger Tennisspieler, war bekannt dafür, das Potential zu haben, einer der Besten auf dem Platz zu sein. Dennoch verlor er die meisten großen Spiele. Er war ein hervorragender Zweiter, aber selten der Erste.

Mike wollte gewinnen, aber er wollte keinen anderen wegen der Meisterschaft schlagen, insbesondere nicht sich selbst. Anstatt *sein* Spiel zu spielen, reagierte er nur auf das Spiel der anderen. In Selbsthypnose schaute er sich sein Spiel noch einmal an und stellte fest, daß er sich in den entscheidenden Spielen selbst schlug. Er war so übermotiviert und überdreht, daß er sich selbst schlug. Er reagierte, statt zielgerichtet zu agieren.

In Selbsthypnose konzentrierte sich Mike als nächstes auf solche Suggestionen: „Ich beginne das Spiel mit einer gesunden und positiven Einstellung und lasse meine ängstliche, verschreckte Einstellung zurück. Ich werde nun ruhig und kraftvoll spielen ... und nach jedem Schlag bringe ich den Schläger wieder zurück zur Mitte und konzentriere dabei meinen Geist ebenfalls auf meine Mitte. Ich bin entspannt und zuversichtlich ... und beruhige meinen Geist, um ihn auf das Ziel zu konzentrieren, während mein Körper völlig aufmerksam bleibt. Mein Geist kann agieren und mein Körper reagieren."

Auf diese Weise änderte Mike seine Spielweise. Anstatt sich selbst zu besiegen, fand er zu ruhiger Stärke und dominierte seine Gegner. Seine Erfolge in großen Spielen entwickelten sich konsequent, und er konnte seine Plazierung in den nächsten Jahren deutlich verbessern.

Mentales Durchspielen in Selbsthypnose

Es ist möglich, daß Sie durch das mentale Durchspielen Ihrer Sportart genausoviel profitieren wie vom eigentlichen Spielen oder Trainieren. Das hört sich vielleicht zu schön an, um wahr zu sein, aber Studien haben gezeigt, daß Basketballspieler, die mentales Training anwandten, um Freiwürfe zu üben, besser abschnitten als die Spieler, die nur auf dem Feld trainierten.

Forscher wie Edmond Jacobson (1932) fanden heraus, daß die Muskeln beim mentalen Durchspielen einer Fertigkeit, wie z.B. im Basketball Freiwürfe auszuführen, einen Tennisball aufzuschlagen, einen Golfball oder eine Billardkugel einzulochen, geringfügig stimuliert werden. Das Nervenpotential, das in dieser Vorstellungsübung entsteht, ist so gering, daß man es nicht wahrnehmen kann, aber sensible elektronische Geräte können die Stimulation entdecken. Denken ist echtes Training.

Wissenschaftler glauben, daß die Muskeln beim Durchspielen einer bestimmten Fertigkeit in Trance genauso stimuliert werden, als würden Sie die Tätigkeit tatsächlich ausführen. Auf diese Weise „erinnern" sich die Muskeln an die Durchführung genauso, wie das Gehirn sich die Muster der Handlung einprägt. Das Phänomen nennt man „Muskelgedächtnis", und die Bahnen im Gehirn heißen Engramme.

Wenn Sie die Bewegung tatsächlich ausführen, profitieren Sie von dem mentalen Durchspielen genauso, als wenn Sie auf dem Platz, dem Feld oder anderswo geübt hätten. Der Unterschied ist, daß Sie bei

Ihrem mentalen Durchspielen niemals einen Fehler machen. All Ihre Schüsse oder Aufschläge können exzellent sein, und Sie verbessern Ihr Spiel, Ihre Gewinnchancen und Ihr Wohlbefinden.

William Kroger (1977) beschreibt folgende Fallstudie über Selbsthypnose zur Steigerung sportlicher Leistungen:

Einer der besten professionellen Golfspieler hatte Schwierigkeiten, seine Bälle einzulochen. Immer wenn er das Grün erreicht hatte, machten ihn die Zuschauer so nervös, daß seine außergewöhnlichen langen Schläge durch zittriges Einlochen null und nichtig wurden.

Er lernte Selbsthypnose und Vorstellungstechniken und gab sich Suggestionen, die Zuschauer völlig zu ignorieren. Weiterhin suggerierte er sich, daß er fähig sei, eine gestrichelte Linie von seinem Ball zum Loch zu „sehen". Außerdem würde das Loch ihm zwei- oder dreimal so groß wie normal erscheinen.

Er stellte sich die erfolgreichen Schläge vor, noch bevor er sie ausgeführt hatte, und suggerierte sich, daß ihm ein schlechter Schlag nichts ausmachen würde. Obwohl seine langen Bälle hervorragend waren, suggerierte er sich auch hier mehr Kraft und Präzision.

In kurzer Zeit verbesserten sich durch diese Konditionierung und Selbsthypnoseübungen sowohl sein Einlochen als auch seine Schläge. Kurz darauf steuerte er den Platzrekord im „National Open" an und verpaßte nur knapp den Sieg. Nach mehreren Monaten gewann er eine begehrte Meisterschaft und schrieb einen Gutteil seines Erfolges der Selbsthypnose zu.

Sie können die gleiche Methode des mentalen Durchspielens anwenden, um Ihre eigenen sportlichen oder athletischen Leistungen zu verbessern. Nachdem Sie einen angenehmen Trancezustand entwickelt haben, entspannen Sie sich so gut wie möglich. Geben Sie sich Suggestionen, daß Sie zu diesem entspannten Geisteszustand jederzeit wieder zurückkehren können. Indem Sie einige tiefe, wohltuende Atemzüge nehmen, können Sie dieses Gefühl von tiefer Entspannung überall und zu jeder Zeit wieder herbeiführen.

Wenn Sie entspannt und in einem Trancezustand sind, beginnen Sie, den Platz oder das Feld zu sehen oder was immer Ihr Sportumfeld ist. Visualisieren Sie es und erinnern Sie sich so gut wie möglich an alles. Stellen Sie sich sich selbst in der Szene vor, vielleicht so als würden Sie sich von der Seitenlinie aus beobachten. Oder sehen Sie den Spielverlauf durch Ihre eigenen Augen. Vielleicht können Sie sich den Spielverlauf auch am besten so vorstellen, als wenn Sie sich selbst über die Schulter schauen. Es ist in Ordnung, Ihre Perspektive bei der Visualisation zu verändern. Sie können sich sogar vorstellen, sich im Fernsehen oder auf einer Filmleinwand zu beobachten.

Benutzen Sie das, was für Sie am besten paßt. Stellen Sie sich im Geist Ihren Schläger, den Ball, das Netz, die Wände, die Linien des Feldes oder Platzes vor – visualisieren Sie alle physischen Elemente, die bei Ihrer sportlichen Aktivität vorhanden sind.

Stellen Sie sich vor, wie Sie sich in Ihrer mentalen Umgebung bewegen. Vielleicht brauchen Sie dazu ein wenig Übung. Wenn Sie dazu zwei oder drei Selbsthypnosesitzungen brauchen, bis Sie in der Lage sind, sich leicht bei Ihrer Sportart zu visualisieren, ist das in Ordnung. Manchen Menschen gelingt dies schnell, andere brauchen etwas mehr Zeit. Die Zeit, die Sie brauchen, um diese Vorstellungen zu entwickeln, hat keine Auswirkung auf den Erfolg, den Sie mit den Techniken haben können.

Geben Sie sich posthypnotische Auslöser, die Sie in Ihrer speziellen Sportart finden. Wenn Sie z.B. Tennis spielen, können Sie sich suggerieren, daß immer dann, wenn Sie auf den Tennisplatz gehen, dies für Sie ein Auslöser sein wird, sich zu entspannen. Geben Sie sich diese posthypnotischen Suggestionen und stellen Sie sie sich eine oder zwei Wochen vor Ihrem Spiel regelmäßig vor.

Visualisieren Sie, wie Sie auf den Platz gehen. Geben Sie sich etwa die folgende Suggestion: „Das Betreten des Platzes assoziiere ich mit einem Gefühl von Konzentration und Bereitschaft. Meine Dehnübungen vor dem Spiel dehnen mich vollkommen. Meine körperliche Beweglichkeit und meine mentale Bereitschaft können mit diesen Übungen einsetzen."

So wie Sie in der Lage sind, das wahrzunehmen, was um sie herum geschieht, können Sie sich auch Ihrer inneren Veränderungen bewußt werden. Vielleicht bemerken Sie in Ihrer Vorstellung, daß Ihr Atem beim Hin- und Herlaufen schneller wird und Ihr Herz beginnt, schneller zu schlagen. Sie können in Ihrer Vorstellung die inneren

Veränderungen erkennen – Sie schwitzen mehr, Sie können sich besser konzentrieren, wenn das Blut schneller fließt, und Ihre Ausdauer nimmt zu, während Sie sich vorstellen zu spielen.

Siegbringende Verbesserungen

Bei den meisten Sportarten gibt es drei Bereiche, die man verbessern sollte: (1) die Konzentration, (2) das Timing und (3) die Technik.

Konzentration ist schon wichtig, bevor das Spiel beginnt. Sie können beginnen, Ihre Konzentration zu steigern, während Sie Ihre Sportkleidung anziehen. Sie können beginnen, indem Sie sich an den Tagen oder Wochen vor Sportveranstaltungen erhöhte Konzentration bei fast all Ihren Aktivitäten suggerieren.

Beginnen Sie den Prozeß der Entwicklung Ihrer Konzentration, indem Sie alle äußeren Sorgen und Bedenken, die Sie vielleicht haben, ausschalten. Lassen Sie Ihre Probleme und Gedanken über Ihre finanzielle, berufliche oder persönliche Situation außer acht.

Sie können sich in Selbsthypnose die Suggestion geben: „Wenn ich meine Sportkleidung anziehe, lasse ich alle Probleme hinter mir und konzentriere mich geistig ganz auf das vor mir liegende Spiel."

Sie könnten sich den folgenden Auslöser suggerieren: „Wenn ich auf dem Spielfeld meinen Schweiß mit einem Handtuch entferne, kann ich auch alle ablenkenden Gedanken aus meinem Kopf entfernen. Ich kann das Handtuch mit den ablenkenden Gedanken an den Spielfeldrand werfen."

Benutzen Sie möglichst greifbare Symbole, wie das Handtuch oder das Anziehen, um Suggestionen zu verstärken.

Dr. George Pratt und Dr. Errol Korn (1986) betonen ebenfalls, daß man durch Selbsthypnose die Konzentration steigern kann. Sie verwenden bei Athleten das folgende Bild: „Sie wissen, daß das Spielfeld aus Linien und Winkeln besteht. Sie wissen auch, daß der Ball in die Richtung fliegt, die durch den Schlagwinkel bestimmt ist. Vielleicht fällt Ihnen auf, daß Sie, ohne darüber nachdenken zu müssen, den genauen Winkel kennen, mit dem der Ball geschlagen werden muß, um den gewünschten Ort zu erreichen. Indem Sie einen Augenblick oder einige Sekunden vor dem Schlag einen tiefen

Atemzug nehmen, können Sie Ihre Konzentration steigern. Stellen Sie sich vor, das geschieht jetzt."

Eine andere posthypnotische Suggestion zur Konzentrationssteigerung könnte lauten: „Während ich meine Schuhe binde und die Schnürsenkel fest und bequem zusammenziehe, weiß ich, daß ich diesen Handgriff auch als einen Auslöser benutzen kann, um meine Konzentration für das Spiel zusammenzuziehen."

Geben Sie sich mehrere posthypnotische Auslöser für jeden Bereich, in dem Sie sich verbessern möchten.: „Wenn ich den Platz betrete, sehe ich Linien, die die Grenzen des Spielfeldes markieren. Ich kann in meiner Konzentration Grenzen bilden und meine Aufmerksamkeit nur auf die Handlungen und Ereignisse richten, die sich innerhalb dieser Grenzen befinden.

Alle Handlungen, Geräusche und Ereignisse, die außerhalb meiner mentalen Grenzen dieses Spiels liegen, kann ich ignorieren. Alles andere kann an mir vorbeigehen, ohne meine Konzentration zu stören. Wenn ich abgelenkt bin, werde ich in der Lage sein, die Ablenkung als vorübergehend zu betrachten. Durch eine automatische Kurskorrektur kann ich wieder zu meinem Spiel zurückkehren und mich konzentrieren."

Achten Sie darauf, daß Ihre Suggestionen positiv formuliert sind. Verwenden Sie positive Wörter, die darauf hinweisen, was Sie wollen, können oder vielleicht tun werden, statt negative Wörter wie „nein" und „nicht".

Aus nahezu jeder Aktion oder jedem Element in Ihrer Sportart können Sie Suggestionen und Auslöser bilden. So wie Sie Ihren Tennis-, Golf- oder Baseballschläger im Griff haben, kann dies ein Symbol dafür sein, daß Sie auch Ihre Konzentration im Griff haben. Ein Netz, ein Tor oder andere Markierungen können suggerieren, daß es auf dem Spielfeld bestimmte Bereiche gibt, so wie auch Ihre Aufmerksamkeit und Konzentration in bestimmte Bereiche eingeteilt ist.

Seien Sie kreativ und finden Sie die Aktionen oder Dinge in Ihrer Sportart, die Sie als Auslöser benutzen können, um Ihre Konzentration zu verbessern. Pflanzen Sie diese Suggestionen und Auslöser in Ihr Unbewußtes ein, indem Sie Ihr Spiel oder Ihre Sportart in der Vorstellung durchspielen und sich selbst „sehen", wie Sie in Ihrem visualisierten Spiel oder in Ihrer Sportart auf diese Auslöser reagieren.

Timing ist nötig, wenn Sie mit dem Tennis- oder Golfschläger den Ball oder Ihre eigenen Bewegungen koordinieren wollen. Diese Auge-Hand-Koordination erreicht man in der Regel durch Übung. Sie können dieses Timing mit Selbsthypnoseübungen verstärken.

Stellen Sie sich den entscheidenden Augenblick in Ihrer Sportart vor. Angenommen, Sie spielen Tennis. Während Ihr Gegner den Ball schlägt, müssen Sie sich darauf vorbereiten, den Ball zurückzuschlagen. Ihre Fähigkeit, Ihre Bewegungen so abzustimmen, daß Sie mit dem Flug des Balls zusammentreffen, wird Sie an die Stelle bringen, die am besten geeignet ist, um den Schlag Ihres Gegners zu retournieren.

Visualisieren Sie die schwierigen Schläge. Sehen Sie sich hinten im Feld, wie Sie einen Schlag in die vordere linke Ecke abzuwehren haben. Sehen Sie, wie Sie reagieren, während der Ball den Schläger des Gegners verläßt, und nehmen Sie die Richtung des Schlages war. Üben Sie Ihr Timing in so vielen Varianten, wie Sie können. Stellen Sie sich vor, wie Sie auf alle Situationen in der korrekten Weise reagieren.

Vielleicht wollen Sie ein bißchen mehr Zeit damit verbringen, sich in Ihrem Selbsthypnosedurchlauf Ihre Technik vorzustellen. Stellen Sie sich vor, wie Sie jeden Schlag durchführen. Fühlen Sie den Ball oder den Schläger in Ihrer Hand und erlauben Sie, daß sich das Spiel in Zeitlupe entwickelt.

Visualisieren Sie Ihre Technik mit all ihren Bestandteilen, die Haltung Ihrer Füße, Ihrer Hände und Schultern. Sehen Sie, daß all Ihre Bewegungen und Techniken, die Sie kennen, korrekt sind. Stellen Sie sich jede Ihrer Bewegungen perfekt und optimal ausgeführt vor.

Sehen Sie, wie der Ball sich in Zeitlupe auf den angezielten Bereich zubewegt. Fühlen Sie, wie Sie selbst dorthin folgen. Stellen Sie sich vor, wie gut Sie sich fühlen, wenn Sie einen Korb geworfen, einen Punkt gewonnen oder das erreicht haben, worum es in Ihrem Sport geht.

Sie können sich einen dünnen Draht vorstellen, der von Ihrem Schläger aus zu dem Punkt führt, wo der Ball auftreffen soll. Visualisieren Sie, wie der Ball an dem Draht entlangfliegt. Oder sehen

Sie – wie bei früheren Beispielen – eine gestrichelte Linie, die genau dort hingeht, wo Ihr Ball hin soll. Sie können sich auch den Zielbereich doppelt so groß wie normal vorstellen.

Spielen Sie diese erfolgreichen Manöver durch. Achten Sie sowohl auf die äußeren Bilder Ihres Erfolges als auch auf Ihre inneren Gefühle beim Erfolg. Fühlen Sie das Glücksgefühl bei einem perfekten Schlag. Ihre Gefühle sind genauso wichtig bei der Optimierung Ihrer Leistung wie das Visualisieren des Balles im Flug.

Jeff McCullough (1984), professioneller Tennistrainer des Amerikanischen Tennisverbandes lehrte seine Schüler, sich mental den korrekten Verlauf der Schlägerbewegung für jeden speziellen Schlag vorzustellen: den Grundschlag, Vorhandvolley, Lob, usw. Die Spieler werden gebeten, sich zwischen den körperlichen Trainingseinheiten Zeit zu nehmen und diese mentalen Übungen durchzuführen. Er stellt fest, daß die Spieler, die sich Zeit für das mentale Training nehmen, schneller lernen und Ihre Fähigkeiten länger erhalten, als Spieler, die es nur auf dem Spielfeld durchgehen.

Mentales Trainingsprogramm

Die Arbeit, die Sie in jedem der drei Bereiche Konzentration, Timing und Technik ausführen, kann in folgende Teile untergliedert werden:

1. In Selbsthypnose die erwünschte Aktivität oder bestimmte Reaktion, wie z.B. einen Ball schlagen oder abwehren, den Tennis-, Baseball- oder Golfschläger kontrollieren, mental durchspielen.
2. Posthypnotische Suggestionen und Auslöser entwickeln, um bestimmte positive Reaktionen und ein Gefühl des Gewinnens vor und während des Spiels aufzubauen. Entwickeln Sie Auslöser zur Entspannung, zur Konzentration oder zum Ausschalten von Ablenkungen und um Ihre Konstitution zu stärken.
3. Nochmaliges Durchgehen Ihrer eigenen Arbeit in bezug auf die beiden oberen Punkte, und zwar etwa einen Tag nach dem Spiel oder Sport. Sie können dieses Revue-passieren-Lassen in Selbsthypnose nutzen, um Ihre posthypnotischen Auslöser zu verstärken und neue Wege für Ihre eigenen Ziele von entspannter Konzentration, Timing und Kontrolle über die Techniken zu finden.

Kombinieren Sie alle Elemente

Kombinieren Sie bei Ihrem mentalen Durchspielen die Elemente Konzentration, Timing und Technik. Während Sie sich darauf vorbereiten, z.B. beim Tennis auf den Aufschlag, können Sie sich entspannt und konzentriert fühlen. Sie wissen, daß Sie alle unnötigen Ablenkungen ausschalten und sich darauf konzentrieren können, perfekt aufzuschlagen.

Während Sie den Ball hochwerfen, visualisieren Sie, wie Sie ihn genau im richtigen Winkel, genau im richtigen Augenblick mit Ihrem Schläger treffen, um ihn in das Feld ihres Gegners zu befördern. Fühlen Sie den ganzen Aufschlag in einem fließenden Moment, vielleicht in Zeitlupe.

Dann stellen Sie sich vor, den Ball zu sehen, der über das Netz fliegt und genau dort landet, wo Sie es wollen.

Sie werden es sehen, wenn Sie es sich vorstellen

Wenn Sie dieses Visualisieren und Durchspielen in Selbsthypnose durchführen, machen Sie Ihre Bilder so lebendig und klar, wie möglich. Möglichst detaillierte und klare Vorstellungsbilder sind am effektivsten.

Machen Sie sich keine Sorgen, wenn Ihre Bemühungen etwas Zeit brauchen, um sich auszuwirken. Mit Selbsthypnose lassen sich rasch Ergebnisse erzielen, gelegentlich benötigen sie allerdings etwas mehr Zeit, um sich zu entfalten. Setzen Sie Ihr mentales Durchspielen ein paar Wochen lang fort, bevor Sie versuchen, Ihre Effektivität zu bewerten.

Die Vorteile summieren sich und bauen aufeinander auf. So wie Ihre Muskeln sich an eine bestimmte Leistung anpassen und ihre Stärke nach und nach aufbauen, so kann auch Ihr Unbewußtes Fähigkeiten mit mentalen Übungen aufbauen.

Vermeiden Sie die Falle, Ihre Bewegungen zu überdenken

Wenn Michael Jordan einen schnellen Paß erhält und einen Korb wirft, denkt er nicht jede Bewegung bewußt durch. Wenn er das täte, würde ihm der Ball in wenigen Sekunden aus der Hand geschlagen. Es ist ein Muster, das er sehr oft trainiert hat. Es ist „Muskelgedächtnis“, ein Muster von Muskelverhalten, das im Gehirn aufgezeichnet ist. Sein Wurf in den Korb ist eine Gewohnheit, so wie für die meisten Leute das Gehen.

Viele Menschen gehen in die weitverbreitete Falle, ihre Aktionen und Reaktionen zu durchdenken. Wenn Sie Ihre körperlichen Reaktionen in einem Spiel durchdenken, können Sie Opfer von Paralyse durch Analyse werden.

Während Sie spielen und Ihr Bestes geben, ist nicht die Zeit, neue Strategien oder Techniken auszuprobieren. Lassen Sie Ihr Unbewußtes reagieren und Ihre Muskeln lenken. Analysieren und untersuchen Sie Ihre einzelnen Spielzüge in Selbsthypnose hinterher. Verschieben Sie die genaue Analyse Ihres Spiels auf später, vielleicht wenn Sie bewußt spielen, um eine neu gelernte Technik zu trainieren. Wenn Sie gegen einen Gegner spielen, müssen Sie Ihr Bestes geben und die trainierten Fertigkeiten und Fähigkeiten anwenden.

Sie können Ihr Bewußtsein nutzen, um die Bewegungen des Balles oder des Gegners genau zu prüfen. Bleiben Sie voll konzentriert und lassen Sie sich nicht ablenken.

Dadurch kann Ihr Unbewußtes für Sie arbeiten, während Sie spielen. Wenn Sie in Ihrem Trancezustand Aktionen und Reaktionen mental durchspielen, werden Sie das Muskelgedächtnis entwickeln, das Ihre Bewegung während des Spiels unbewußt lenkt. Aus Ihrer Selbsthypnose kann ein persönlicher Trainer werden, den sie immer bei sich haben.

Das hier beschriebene mentale Training kann Ihr Wettkampfverhalten verbessern und hilft Ihnen, näher an Ihre persönliche Bestleistung heranzukommen. Denken Sie daran, daß auch das mentale Training, wie jede andere Form von Training, am besten wirkt, wenn Sie es regelmäßig üben und auf die Grundbedürfnisse nach guter Ernährung und angemessenem Schlaf achten.

Benson, H. (1979): The mind/body effect. New York (Simon & Schuster).

Hammond, D.C. (1990): Handbook of hypnotic suggestions and metaphors. New York (W.W. Norton/the American Society of Clinical Hypnosis).

Harman, B. (1974): Use your head in tennis (Kennikat Press).

Jacobson, E. (1932): Electrophysiology of mental activities. *American Journal of Psychology* 4.

Kaplan, J. (1982): He's in a zone of his own. *Sports Illustrated*, Sep. 13, 1982.

Kolanay, B. (1977): The effects of visual motor behavior rehearsal on athletic performance. Unpublished Master Thesis. Hunter College, City University of New York.

Kostrubala, T. (1976): The joy of running. Philadelphia (J.B. Lippincott).

Kroger, W.S. (1977): Clinical and experimental hypnosis. Philadelphia (J.B. Lippincott).

Leonard, G. (1975): Ultimate athlete. New York (Avon Books).

McCullough, J. (1984): Two-handed tennis. New York (M. Evans).

Nicklaus, J. (1974): Golf my way. New York (Simon & Schuster).

Pratt, G.J. a. E.R. Korn (1986): Using hypnosis to enhance athletic performance. In: Zilbergeld, Edelstein a. Araoz (eds.): Hypnosis: Questions and answers. New York (W.W. Norton).

Prokap, D. (1981): The inside story of hypnosis. *Runner's World* (Sep.).

Robinson, R. (1985): Look deeply into my eyes and you'll hit . 300 again. *TV Guide* (Aug. 13).

Unestahl, L.E. (1983): The mental aspects of gymnastics. Orebro, Sweden (Veje Publishers).

Kapitel 26

Selbsthypnose für Generationen

Selbsthypnose ist ein tiefer und versunkener Zustand. Bei diesem natürlichen, selbstinduzierten Erlebnis sind wir offener für neue Ideen. Selbsthypnose hat historische Wurzeln, die möglicherweise Millionen Jahre alt sind. Es ist wahrscheinlich, daß die Fähigkeit, hypnotisiert zu werden, in den Genen unseres zentralen Nervensystems einprogrammiert ist.

Man kann sich vorzeitliche Feuergesänge unter sternenklarem Nachthimmel vorstellen, wo sich alle Mitglieder der Gemeinschaft darauf konzentrieren und entschlossen sind, Antworten über das Leben zu erhalten. Innerhalb dieser kraftvollen Rituale und Überzeugungen liegen die Wurzeln der modernen Selbsthypnose. Wir glauben, daß jede Hypnose von dem Selbst, das die Trance erlebt, entwickelt und aufrechterhalten wird. Fast alle Menschen wünschen sich ein größeres Geschick, um Bewußtseinszustände zu erreichen, in denen sich Selbstveränderungen leicht durchführen lassen.

In ferner Zukunft werden die Menschen noch offener sein, um Ihre körperlichen, mentalen, emotionalen und kreativen Fertigkeiten zu erweitern. Selbsthypnose wird helfen, diese erwünschten Veränderungen zur Entfaltung zu bringen. „Fokussierte unbewußte Zeit" oder „Unzeit" wird genutzt werden, um Zugang zu hypnotischen Zuständen zu erhalten und um Suggestionen zur persönlichen Entwicklung zu kreieren.

Das Erlernen von Selbsthypnose wird in fast allen Schulen Teil des Lehrplans sein, zur Förderung von Konzentration, Motivation und Selbstbewußtsein. Das Erschließen des eigenen unbewußten Potentials wird akzeptiert und gefördert werden, weil die Ergebnisse den Prozeß bestätigt haben.

Wir haben uns gedacht, daß wir die Evolution der Hypnose und die zukünftige Entwicklung beschreiben werden, so wie wir sie sehen, indem wir einige Meilensteine aus der Vergangenheit skizzieren und dann unseren Blick in die Zukunft richten. Unsere Zukunftsprognosen sind zum Teil extrapolierte Resultate gegenwärtiger Forschungstrends. Es wird interessant sein zu sehen, was zukünftige Generationen über die Fähigkeiten des Geistes entdecken werden.

Hier ist ein kurzer Blick auf Vergangenheit, Gegenwart und Zukunft. Wir wollen sehen, wie die menschliche Kapazität zur Selbststeuerung durch hypnotische Prozesse aussah und wie sie in Zukunft aussehen könnte:

1959 – Viktor Frankl, Überlebender eines Konzentrationslagers der Nazis, beschreibt seine Entdeckung, daß „es eine Besonderheit des Menschen (ist), daß er nur leben kann, wenn er in die Zukunft schaut". Sein Buch, *Man's Search for Meaning* (wörtl.: Der Mensch auf der Suche nach Sinn) beschreibt, wie der Mensch selbstbestimmt lebt.

1976 – Nachdem Norman Cousins einen fast tödlichen Zustand überlebt hat, schreibt er *Anatomy of an Illness* (wörtl.: Anatomie einer Krankheit), in dem er ein anschauliches Beispiel einer Genesung und der Mobilisierung der inneren Heilkräfte schildert. Er berichtet, wie die Bewältigung von Angst, Panik und Hilflosigkeit dem Gehirn dabei hilft, ausführliche Verordnungen für unseren Körper zu geben.

1978 – Als Ergebnis einer Forschung mit Krebspatienten im Endstadium veröffentlicht Carl Simonton *Getting Well Again* (dt.: *Wieder gesund werden*), in dem er beschreibt, wie sein Team 159 Patienten trainierte, die als „unheilbar" abgestempelt waren. Obwohl erwartet wurde, daß all diese Patienten innerhalb eines Jahres sterben würden, überlebten die meisten von ihnen mindestens 20 Monate, während mehr als ein Viertel teilweise oder vollkommen gesund wurden. Simonton führte diese Ergebnisse auf seine revolutionären „Selbstwahrnehmungs- und Vorstellungstechniken" zurück.

1982 – In ihrem Buch *The Possible Human* (dt.: *Der mögliche Mensch*) beschreibt Dr. Jean Housten Übungen zur Erweiterung körperlicher, mentaler und kreativer Fähigkeiten. Sie regt jeden dazu an, beim Erwecken von Körper und Geist den eigenen Rhythmus zu finden und mit dieser Erfahrung spielerisch umzugehen.

1986 - Der Autor Ernest Rossi veröffentlicht *The Psychobiology of Mind-Body Healing*, (dt.: *Die Psychobiologie der Geist-Körper-Hei-*

lung), in dem beschrieben wird, daß das, was wir denken und glauben, grundlegende Auswirkungen auf Gesundheit und Krankheit hat. Er zeigt die elektro-biochemische Verbindung zwischen den neuralen Netzwerken im Gehirn und dem Immunsystem auf. Die Mechanismen von Simontons Arbeit aus dem vorangegangenen Jahrzehnt werden besser verstanden.

1987 – Die Februarausgabe der Zeitschrift *Discover* beschreibt die Arbeit der Psychoneuroimmunologieforscher Gerard Renoux, Candace Pert, Ed Blalock, Nick Hall, Hugo Besedovsky und anderen. Gelenkte Phantasiebilder und Vorstellungen werden als Methoden beschrieben, um mit dem Immunsystem Kontakt aufzunehmen.

1995 – Drei *Fortune-500*-Firmen berichten darüber, daß Selbsthypnosetraining bei Managern das Auftreten von kardiovaskulären Krankheiten in der Geschäftsleitung vermindert hat. Diese Firmen werden für alle Angestellten Selbsthypnose- oder mentale Fitneßzeiten während des Tages einführen, um streßbedingte Krankheiten zu reduzieren und die Produktivität zu erhöhen.

1997 – Berichte zur Anwendung von Hypnose bei Paaren und Familien werden veröffentlicht. Ziel ist mehr Intimität, eine bessere Kommunikation und ein besseres Verständnis für den anderen durch diese neuen Dimensionen.

1998 – In einem Zeitschriftenartikel wird berichtet, daß Kliniker Hypnose zur Altersregression anwandten, mit denen sie Patienten in kontrollierten Settings ermöglichten, jeweils für einige Tage ein bestimmtes Alter zu erleben, um Entwicklungsprozesse zu lernen, die ihr emotionales Wachstum und ihr angepaßtes Verhalten behinderten. Sie berichten, daß die Offenheit für das Lernen in Trance den Fortschritt beschleunigt. Was früher Jahre dauerte, kann man heute in Monaten erreichen.

1999 – Ein führender Baseballclub gibt seinen Plan bekannt, mentales Training und Selbsthypnoseübungen beim Trainingslager im Frühjahr einzuführen. Alle Spieler, nicht nur die Werfer, werden an täglichen Übungen zur Entspannung, zur Konzentration und zum mentalen Durchspielen von Spielsituationen teilnehmen. Die Spieler, die bereits mit Selbsthypnose gearbeitet haben, sind von der Aussicht begeistert, die neuen Gruppenhypnoseübungen zur Leistungssteigerung einzusetzen.

2001 – Zum ersten Mal unterstützen die Krankenkassen Selbsthypnosetraining als zusätzliche medizinische Behandlung, um die Funktion des Immunsystems maximal zu erhöhen.

2004 – Geriatrieforscher berichten, daß Selbsthypnosetraining und die Förderung klarer Träume bei älteren Patienten zu einem verringerten Medikamentenbedarf, mehr Energie und einem längeren Leben führen.

2006 – Das staatliche Schulsystem schreibt vor, daß Selbsthypnose in die Lehrpläne aller Grund- und weiterführenden Schulen aufzunehmen ist, um Schüler in ihren Lernleistungen, in der Entwicklung ihres Selbstvertrauens und Wohlbefindens zu unterstützen.

2015 – Wissenschaftler finden heraus, wie man mit Selbsthypnose in der Lage ist, Zugang zu Komponenten des Immunsystems zu bekommen, um diese als „sechsten Sinn" einzusetzen. Durch Anwendung von Trance zur inneren Kommunikation mit dem Bewußtsein kann das Immunsystem in der Luft befindliche chemische Signale erkennen, die durch emotionale Prozesse anderer Menschen freigesetzt wurden. Menschen, die in Selbsthypnose trainiert sind, können sich diese Signale bewußtmachen und sie interpretieren. Was wir Gefühl oder Intuition nennen, hat jetzt zu diesem sechsten Sinn geführt, den man mit selbsthypnotischen Trancezuständen kultivieren und einfacher zugänglich machen kann.

Ihre zukünftige Generation

Fortschritte und neue Entdeckungen, wie man unsere mentalen Fähigkeiten zur Erhaltung der Gesundheit und zur Verbesserung des Lebens nutzen kann, entfalten sich in rasendem Tempo. Je mehr wir über uns selbst entdecken, desto mehr Ehrfurcht bekommen wir vor der Macht und Stärke, die wir als Menschen innehaben. Die Vorhersagen von heute werden wahrscheinlich die neuen Berichte der Zukunft sein, vielleicht so, wie wir es oben beschrieben haben.

Unser Körper ist wie ein Miniaturkosmos, komplexer und in sich besser abgestimmt als der höchstentwickelte Computer. Unser unentdecktes und schlummerndes Potential zur Verbesserung unseres körperlichen und geistigen Lebens ist vielleicht eine der größten Ressourcen unseres Planeten.

Das hypnotische Phänomen ist sicherlich ein Weg zur Erforschung und Verbesserung unserer inneren Welt. Was wir über die natürlichen hypnotischen Fähigkeiten zur Selbsterforschung jedes Menschen gelernt haben, ist so ermutigend wie die Weltraumforschung oder das Aufdecken der Rätsel menschlicher Gene.

Sie haben begonnen, zu diesem Phänomen einen Zugang zu finden, indem Sie die Techniken in diesem Buch nachgelesen und geübt haben. Wenn Sie die Barrieren zwischen Körper und Geist abbauen, stehen persönlichen Erfolgen tatsächlich keine Schranken mehr im Wege. Sie können lernen, Ihren Geist effektiver einzusetzen, um Ihre körperliche Gesundheit und Ihre Fähigkeiten, Ihre emotionale Entwicklung und Ihre persönlichen Leistungen zu steigern.

Sie haben es in der Hand, Ihre Zukunft zu gestalten und zu genießen.

Ablenkungsstrategie – die Erfahrung, daß man sich in Hypnose auf Geräusche, Gefühle, Objekte oder Gedanken konzentrieren kann und dabei von anderen Erlebnissen abgelenkt wird, wie z.B. die Ablenkung von Schmerzen oder die Konzentration auf einen Brennpunkt.

Absorption – die Erfahrung des vollkommenen Vertieftseins in eine Aktivität. Es handelt sich um einen Zustand, der die ganze Aufmerksamkeit in Anspruch nimmt und die Konzentration auf ein Objekt oder eine Tätigkeit richtet.

akuter Schmerz – plötzlich einsetzende Beschwerden, die meist nur kurz anhalten, aber wiederkehren können.

Altersregression – siehe Zeitregression

American Society Of Clinical Hypnosis – eine professionelle Organisation, die sich mit Training und Ausbildung im Gesundheitswesen Tätiger auf dem Spezialgebiet hypnotischer Strategien beschäftigt.

Analgesie – Abwesenheit von Schmerzempfindung oder das Lindern von Schmerzen ohne eintretenden Bewußtseinsverlust.

Anästhesie – ein Stoff, der schmerzunempfindlich macht. Es gibt zwei Arten von Anästhesie: die schlafauslösende Vollnarkose und die Regional- oder Lokalanästhesie, die ein begrenztes Körpergebiet schmerzunempfindlich macht.

Augenfixierung – Eine der ältesten Methoden zur Entwicklung einer hypnotischen Trance durch das Anstarren eines Objekts, was meist zum Schließen der Augen, zu körperlichem und psychologischem Wohlbefinden und zur Aufnahmebereitschaft für Suggestionen führt; eine Art des Vertieftseins.

bewußte Gedanken – der Teil der menschlichen Wahrnehmung, der sich auf logische, rationale, analytische oder konkrete Gedanken konzentriert.

chronischer Schmerz – seit langem anhaltende Beschwerden. Schmerz, der seit mehr als sechs Monaten besteht, wird normalerweise als chronisch bezeichnet.

Desensibilisierung – Unterbrechen der Assoziationsverbindung zwischen einem bestimmten Stimulus (Handlung oder Gedanke) und einer geistigen oder körperlichen Reaktion, z.B. das Fliegen könnte unbewußt mit einem Kontrollverlust über die direkte Umgebung assoziiert werden. Man kann diese Verbindung unterbrechen, indem man sich langsam dem Stimulus annähert, während man Entspannungsübungen durchführt.

direkte Hypnose – die Technik hypnotischer Suggestionen, die eine befehlende oder autoritäre Sprache verwendet.

Emotionen – ein Zustand geistiger Aufregung, der durch die Veränderung von Gefühlen charakterisiert ist und oft von körperlichen Veränderungen, die äußerlich sichtbar oder unsichtbar sein können, begleitet wird.

Endorphine – natürliche, im Körper auftretende chemische Stoffe, die eine morphiumähnliche Wirkung haben, normalerweise im Gehirn gefunden werden und mit Schmerzlinderung und anderen Körperreaktionen in Zusammenhang stehen.

Engramme – Gedächtnisspuren im Gehirn, die durch Stimulation entstehen und den Gedankenprozeß und die Muskelfunktion beeinflussen können und Teil der Gedächtnisgrundlage sind.

Hypnose – ein Phänomen, das durch die individuell erhöhte Offenheit akzeptablen Suggestionen gegenüber charakterisiert ist. Gleichzeitig befindet man sich in einem Zustand erhöhter und fokussierter Konzentration.

Hypnoseempfänglichkeit – Die Wahrscheinlichkeit, während des Austestens hypnotischer Technik(en), hypnotische Reaktionen auszulösen. Die Zuverlässigkeit derartiger Tests ist abhängig von Faktoren wie der Art oder Länge des zuvor bestehenden Verhältnisses zum Hypnotiseur, der Erwartungs- und Glaubenshaltung des Hypnotisanden, der Motivation zum Hypnoseeintritt und von vielen individuellen Unterschieden.

Hypnotherapie – die Anwendung von Hypnose, um körperliche, emotionale oder psychische Symptomerleichterung zu bekommen. Auch Symptomursachen oder andere Dinge können verändert werden.

Imagination – die natürliche Fähigkeit, eigene Erinnerung und Vorstellungskraft zu nutzen, um Ideen, Bilder oder Gefühle mit einem oder allen fünf Sinnen wahrzunehmen, mental zu schaffen oder wieder zu erschaffen.

indirekte Hypnose – der Ansatz hypnotischer Suggestionen, der eine gewährende, flexible und wahlorientierte Sprache anwendet. Diese Methode beinhaltet oft Worte, Symbole und Bilder, die der jeweiligen Person vertraut sind.

Katharsis – das Abreagieren von Ängsten, Konflikten oder Emotionen, indem man sie ins Bewußtsein ruft, um sie dann verbal, körperlich und/oder emotional auszudrücken.

Metaphern – Suggestionssprache, die ein bekanntes Subjekt oder eine vertraute Idee benutzt, um eine Assoziation mit einer gewünschten Suggestionsidee herzustellen. Z.B.: „Mein Schmerz kann von mir abgewaschen werden, wie die Seife von meiner Haut beim Duschen abgewaschen wird."

neuro-linguistisches Programmieren (NLP) – die Erforschung des Verhältnisses zwischen Kommunikationsstilen, Lernen und Reagieren in der jeweiligen Umgebung.

Phobie – eine quälende, andauernde, unrealistische, intensive oder einschränkende Angst vor einem Objekt oder einer Situation. Eine Phobie stammt häufig aus einem unbewußten Prozeß, wobei ein innerer unbewußter Konflikt auf eine äußere Sache übertragen wird, die vielleicht symbolisch mit dem Konflikt zusammenhängt. Andere Phobien entstehen durch übertriebene Reaktionen auf wirkliche Situationen oder Objekte.

Placebo – eine inaktive Substanz, die dem Patienten auf seinen Wunsch nach therapeutischer Versorgung hin gegeben wird; wird auch bei vergleichenden Studien zum Austesten verschiedener Medikamente und Behandlungen benutzt.

posthypnotische Auslöser – Signale oder Symbole, die während der Trance suggeriert wurden und einige Zeit nach Beendigung der Trance posthypnotisches Verhalten auslösen können.

posthypnotisches Verhalten – Handlungen, die nach Beendigung der Hypnose und als Reaktion auf während der Trance gegebene Suggestionen ausgeführt werden.

progressive Entspannung – eine Entspannungstechnik, bei der man sich auf bestimmte Muskelgruppen konzentriert und diese systematisch entspannt. Eine Variante besteht darin, jede Muskelgruppe über den Normalzustand hinaus anzuspannen und dann, um noch größere Entspannung herbeizuführen, die Muskelanspannung wieder loszulassen; wird oft in Kombination mit kontrollierter, tiefer Atmung durchgeführt.

Psychiatrie – Teil der Medizin, der sich mit der Diagnose und Behandlung geistiger Erkrankungen beschäftigt.

Psychologie – Das Studium von Geist und mentalen Prozessen, Gefühlen, Wünschen und Verhalten.

Psychoneuroimmunologie (PNI) – untersucht Interaktion und Auswirkung von mentalen oder psychologischen Aktivitäten auf die Funktion des Immunsystems.

„Rapid eye movement" (REM) (schnelle Augenbewegung) – eine Beobachtung während des Schlafes, die man mit dem Träumen und anderen physischen und psychologischen Aktivitäten in Verbindung bringt.

Selbsthypnose – die natürliche Fähigkeit, eigene innere Prozesse fokussierter Aufmerksamkeit und Konzentration zu nutzen, um einen Zustand erhöhter Ansprechbarkeit auf Suggestionen für positive Veränderungen herbeizuführen.

Symbolismus – das Nutzen von Suggestionsworten oder Ideen, um ein Konzept oder eine Idee zu beschreiben, die ein anderes Suggestionskonzept oder eine andere Suggestionsidee repräsentiert. Zum Beispiel kann das Hinabsteigen auf einer Treppe als Symbol für das Hinabsteigen auf einen tieferen Grad selbsthypnotischer Trance verwendet werden. Suggestionsmetaphern enthalten oft Symbolismus.

Trance – ein natürlicher Zustand von Konzentration und Absorption. Dieser veränderte Bewußtseinszustand kann wie Selbsthypnose genutzt werden, um gewünschte Veränderungen mit Hilfe spezifischer Suggestionen zu schaffen.

unbewußte Gedanken – Ihre Gedankenprozesse, die nicht im wachen oder bewußten Wahrnehmungsbereich liegen. Jene Prozesse, die oft mit dem Teil des Geistes in Verbindung stehen, bei dem es um Phantasie, Erinnerung, Träumen und Kreativität geht, und zu denen man besonders in Trance besseren Zugang findet.

Visualisation – Die Fähigkeit, Erfahrungen, Phantasien oder Emotionen durch mentale Vorstellungsbilder wahrzunehmen. Eine visuelle Art der Imagination.

Zeitprogression – Ein mentales Erforschen zukünftiger Erfahrungen mit Hilfe hypnotischer Suggestionen. Das Nutzen des unbewußten Potentials zum Voraussehen und Erschaffen wird hierbei betont.

Zeitregression – Eine mentale Rückkehr zu früheren Entwicklungsebenen oder Erfahrungen mit Hilfe hypnotischer Suggestionen. Es gibt verschiedene Stufen von Zeitregression, die einige oder viele unbewußte Bereiche einbeziehen. Zeit- und Altersregression können als Therapiemethoden eingesetzt werden, um Ereignisse aus der Vergangenheit und damit verbundene Emotionen zu verstehen und zu erforschen.